# 昭和レトロ間取り探訪

## 大大阪時代の洋風住宅デザイン

橋爪紳也

青幻舎

# Retro Floor Plans of the house from the Showa Era

Shinya Hashizume

Seigensha

はじめに

# 郊外生活と洋風モダン住宅

橋爪紳也

## 1―和と洋の折衷　大正・昭和初期の住宅事情

「洋風住宅」という言葉がある。対となる表現は「和風住宅」だろう。

私たちが共有する「洋風住宅」の原型は、おおよそ大正時代から昭和戦前期に誕生した。純粋な欧米式の住宅でもなく、町家や長屋のような伝統的な木造家屋でもない。明治時代以降に欧米から取り入れられた椅子とテーブルを用いる生活と、畳に座する和式の暮らし方を折衷する新しい生活様式である。

加えて大正時代から喧伝された生活改良運動の影響下にあって、専門家たちは台所などの設備を改善することで、家事労働の合理化を推奨した。あわせて間取りのあり方に関する提案がなされる。従来の日本の住まいは、もっとも日当たりの良い南面を、接客用の座敷として確保することが当然のこととされた。対して、家族の生活を重視した居間のある住まいの意義が提案される。また昭和になると、照明を始めとする電化製品も一般化する。

このような生活実態の変化に応じて工夫されたのが、日本独自の「洋風住宅」である。外観は洋風を基本に、日当たりの良い南面を居間とする。食堂は椅子式とするが、和室を設けることも好まれた。

いっぽうで真壁造の和風家屋であっても、住まいの中央に廊下を設け、また居間などの洋間を設ける住まいも設計される。和式と洋式が混在する生活のなかで、日本家屋の洋風化も同時に進行したわけだ。

「洋風住宅」の一般化は、郊外電車が沿線に住宅地を切り拓き、販売を行った足跡と符合する。いわゆるホワイトカラーや中産階級が、環境の悪化した都市から田園に移り住むことで、庭付きの一戸建て住宅を所有するようになった。彼らの需要に応じた「洋風住宅」が、広く供給されたわけだ。

## ２―田園都市と田園郊外

郊外住宅が供給された背景には、英国において提唱された「田園都市」の実践があった。産業革命によって工業化が進展したイギリスでは、生産地である都市に人口が集中した。都市の過密さや高い家賃、失業、環境悪化などが社会問題となる。

これを解決する手段として、社会改良家であるエベネザー・ハワードは、都市が有する経済的利点と農村に残る優れた生活環境を結合、すなわち「都市と農村の結婚」により「第三の生活」を生み出すことが必要だと説いた。彼は１８９８年に『明日―真の改革にいたる平和な道』を出版、５年後に『明日の田園都市』として改訂する。

ハワードの提案は、人口３万人程度の限定された規模の職住近接型の都市群を、大都市であるロンドン周辺に配置用とするものであった。彼の思想に共鳴した人たちが「田園都市協会」を設立、１９０３年にレッチワース、ついで１９２０年にウェリンの田園都市整備に着手した。ハワードの思想と実践は、明治41年（１９０７）、内務省地方局有志が翻訳出版した『田園都市』でいちはやく紹介され、日本の専門家に広く知られることになる。

この新しい都市の概念に注目し、沿線開発のビジネスモデルとして採用したのが郊外電車の経営者たちである。大阪にあっては、阪神電気鉄道が先んじて、明治40年代には西宮北口や鳴尾などの沿線で住宅経営を手がけている。同社は、煤煙と過密で環境が悪化した都心の問題を提起、健康面からみた郊外居住の優位性を強調するべく、明治41年に郊外居住を勧める冊子『市外居住のすゝめ』を発行している。

続いたのが、小林一三が率いる箕面有馬電気軌道（のちの阪急電鉄）である。同社はまず、池田室町と桜井で自社経営地を開発した。明治42年に配布した『如何なる土地を選ぶべきか　如何なる家屋に住むべきか』と題するパンフレットでは、「煙の大阪」を脱して、風光明媚な箕面有馬電気軌道の沿線に住まいを移せば、都市生活における健康面や衛生的な不安を解決すると同時に、田園趣味に興じる生活ができると強調した。さらに古くから「衣食住」というが、「住食衣」と考えるのが自然だろうと強調する。家庭の平和や私たちの健康も、住まいのあり方に起因することを思えば、家屋に意を払うことは十分に理があると説いている。

その後、資本家や各地の地主も参入する。土地会社を起業して、農地を転用し、また山林を切り拓いて新興住宅地を開発した。大阪商工会議所の会頭であった山岡順太郎が設立した大阪住宅経営株式会社による千里山住宅地や、竹原友三郎の経営になる関西土地が手がけた大美野田園都市のように、英国の田園都市に学んで事業化した本格的な試みもあった。

もっとも、わが国にあって実際に開発された事案は、職住近接のコミュニティ形成を主張したハワードの田園都市ではなく、住居機能を郊外に配置して都心に通勤を行う日本的な「田園郊外」であった。人々は電車で朝夕に通勤、通学する生活様式を受け入れたのだ。

明治時代にあって、富裕層は和風の母屋に別棟の洋館を建てて、和洋の生活様式を使いこなしていた。対して大正から昭和にかけて、新たに都市の担い手となった郊外居住者のために、和洋双方の要素を折衷する中流住宅が大量に供給された。

私は、当時の都市文化や生活様式を研究する資料として、住宅の販売促進に配布されたパンフレットや案内図の類を集めてきた。特に大阪を母都市として電鉄会社や土地会社が郊外に開発した事例を中心に、数十の住宅地に関する販売促進資料などを保有する。

そこには分譲地の地図や価格はもとより、住環境の良さや利便性を訴求する宣伝文句が記載されている。土地だけを販売したケースもあるが、建売住宅として家屋とあわせて販売することもあった。なかには「住宅博覧会」などの催事を開催、多数の工務店に競い合わせるかたちで見本となる家屋を建築、見学客に直売をした事例もある。今日の住宅展示場の原点となるビジネスモデルである。また土地分譲に際しても、工務店などを紹介して住宅を建設、早期の転居を条件とすることもあった。

この種の郊外住宅にあって、新しい「洋風住宅」、もしくは和洋折衷を試みた住まいが、多く提供されることになる。本書は、私の収集した多数の事例から、当時の住宅事情を推察することができる間取り図をいくつか抜粋して、小著として編んだものである。

竣工時には最新のモダン住宅であったが、今日の眼で眺めると、懐かしいレトロな住まいという評価になるのだろう。モダンかつレトロな間取りを探訪いただければ幸いである。

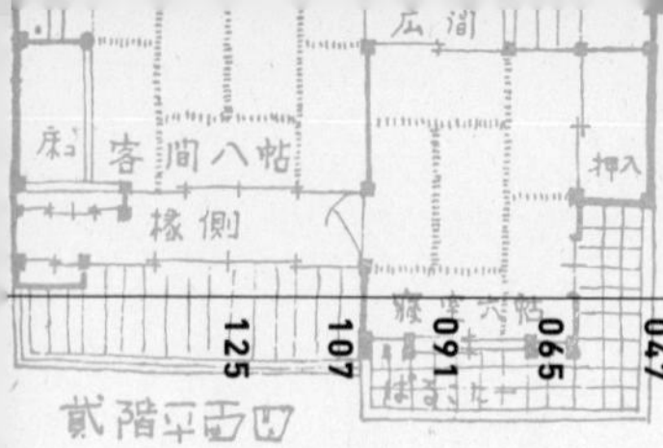

広間
客間八帖
押入
縁側
寝室六帖
弐階平面図




目次



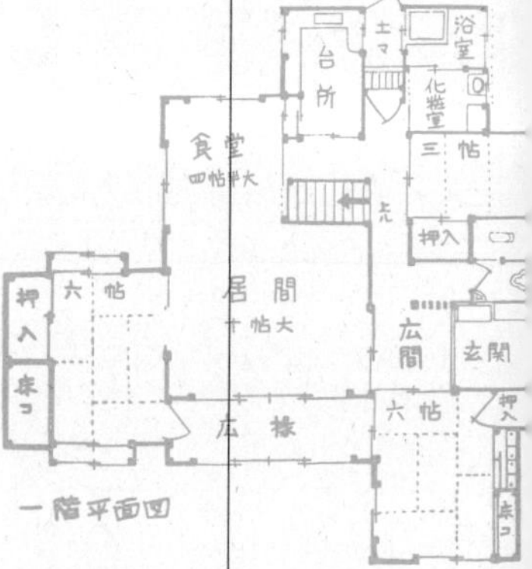

浴室
台所
化粧室
三帖
食堂
押入
六帖
居間
十帖大
広間
玄関
広縁
一階平面図

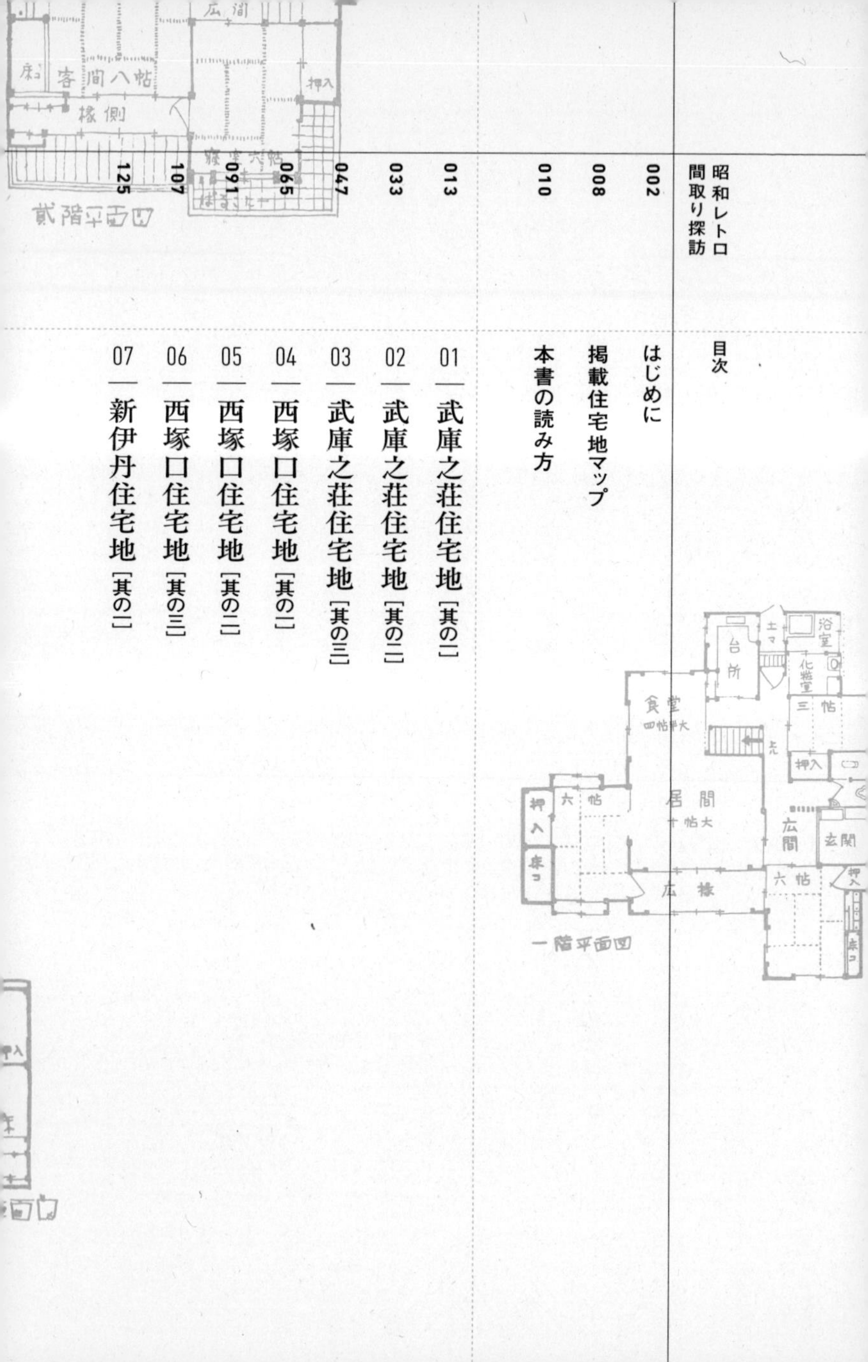

押入

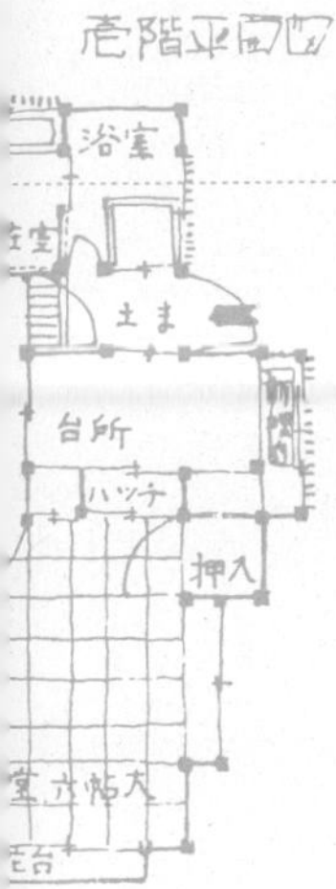

浴室
土ま
台所
ハッチ
押入


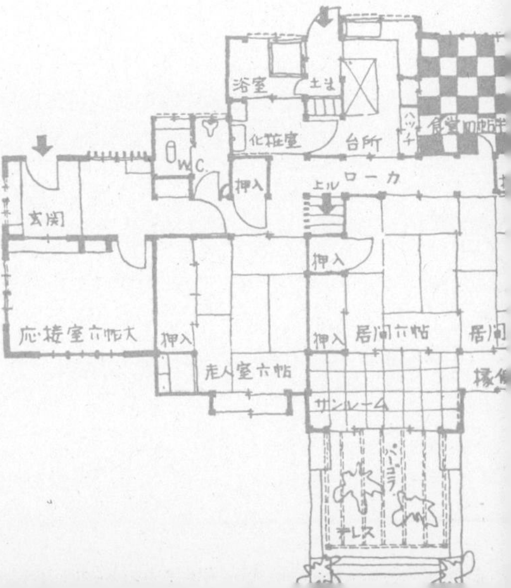

浴室
土ま
化粧室
台所
ハッチ
W.C.
押入
ローカ
玄関
応接室六帖大
押入
居間六帖
老人室六帖
押入
サンルーム
パーゴラ
テレス

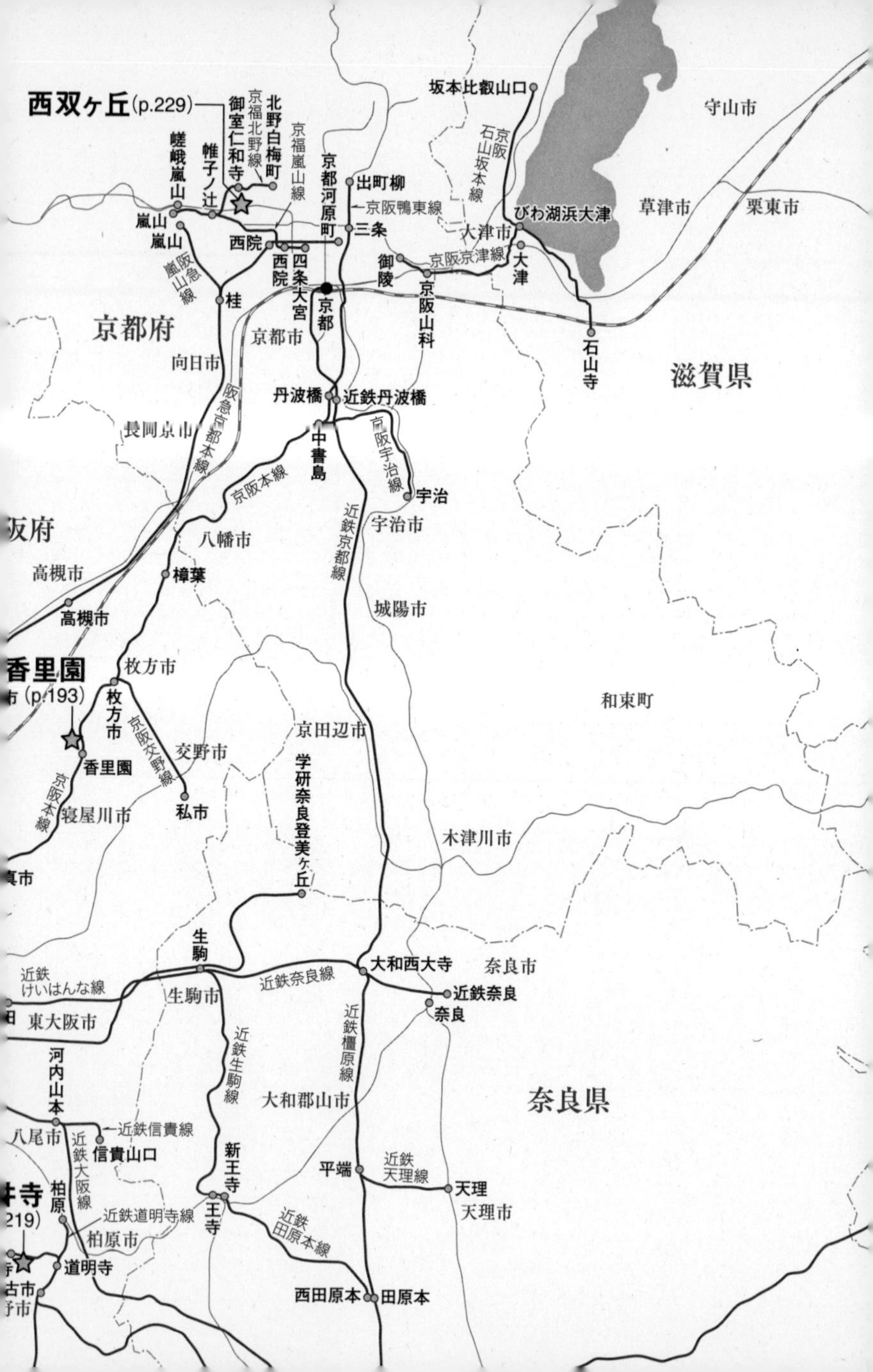
西双ヶ丘(p.229)
北野白梅町
御室仁和寺
京福北野線
京福嵐山線
帷子ノ辻
嵯峨嵐山
嵐山
嵐山
阪急嵐山線
西院
西院
四条大宮
桂
京都河原町
出町柳
京阪鴨東線
三条
京都
御陵
京阪京津線
京阪山科
坂本比叡山口
京阪石山坂本線
びわ湖浜大津
大津市
大津
石山寺
守山市
草津市
栗東市
滋賀県
京都府
京都市
向日市
丹波橋
近鉄丹波橋
長岡京市
阪急京都本線
中書島
京阪本線
京阪宇治線
宇治
宇治市
近鉄京都線
八幡市
阪府
高槻市
樟葉
高槻市
城陽市
香里園
(p.193)
枚方市
枚方市
京阪交野線
交野市
私市
香里園
京阪本線
寝屋川市
和束町
京田辺市
学研奈良登美ヶ丘
木津川市
生駒
大和西大寺
奈良市
近鉄けいはんな線
近鉄奈良線
生駒市
近鉄奈良
奈良
東大阪市
近鉄生駒線
近鉄橿原線
河内山本
大和郡山市
奈良県
八尾市
近鉄信貴線
近鉄大阪線
信貴山口
新王寺
平端
近鉄天理線
天理
天理市
寺
219)
柏原
王寺
近鉄道明寺線
近鉄田原本線
柏原市
道明寺
西田原本
田原本

# 掲載住宅地マップ

※駅名は現在（2020年9月時点）のものです。
当時の駅名とは異なる場合があります。

能勢町
豊能町
三田市
兵庫県
箕面市
川西市
宝塚市
伊丹市
豊中市
西宮市
芦屋市
神戸市
尼崎市
大阪市
堺市
東豊中（p.161）
新伊丹（p.125）
稲野（p.183）
園田（p.147）
武庫之荘（p.13）
西塚口（p.91）
阪急宝塚本線
阪急今津線
阪急箕面線
阪急伊丹線
阪急甲陽線
阪急神戸本線
阪急千里線
川西能勢口
箕面
石橋阪大前
北千里
宝塚
伊丹
新伊丹
稲野
豊中
甲陽園
夙川
西宮北口
今津
武庫之荘
塚口
園田
新大阪
十三
大阪梅田
大阪
京阪中之島線
中之島
淀屋橋
大阪難波
大阪上本町
天王寺
大阪阿部野橋
新神戸
神戸三宮
三ノ宮
神戸
N
0
5km

# 本書の読み方

※建物データは資料から読み取れる範囲で掲載しました。

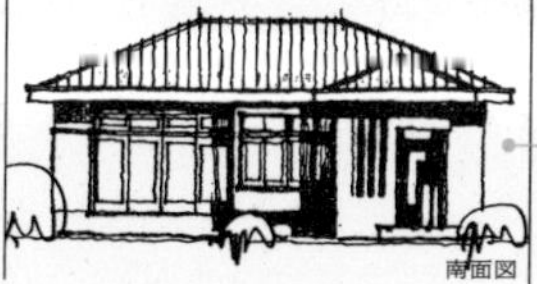

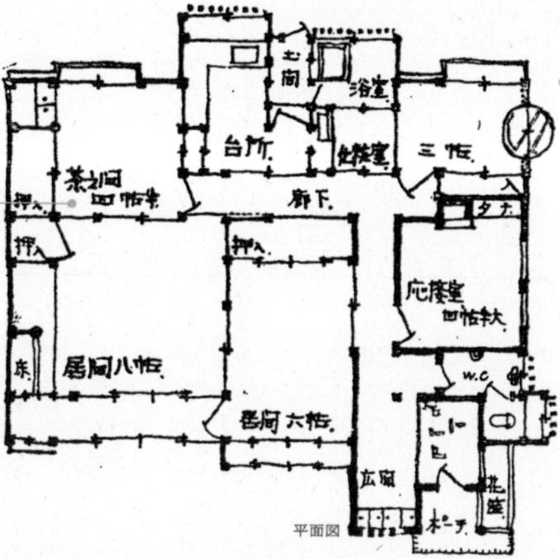

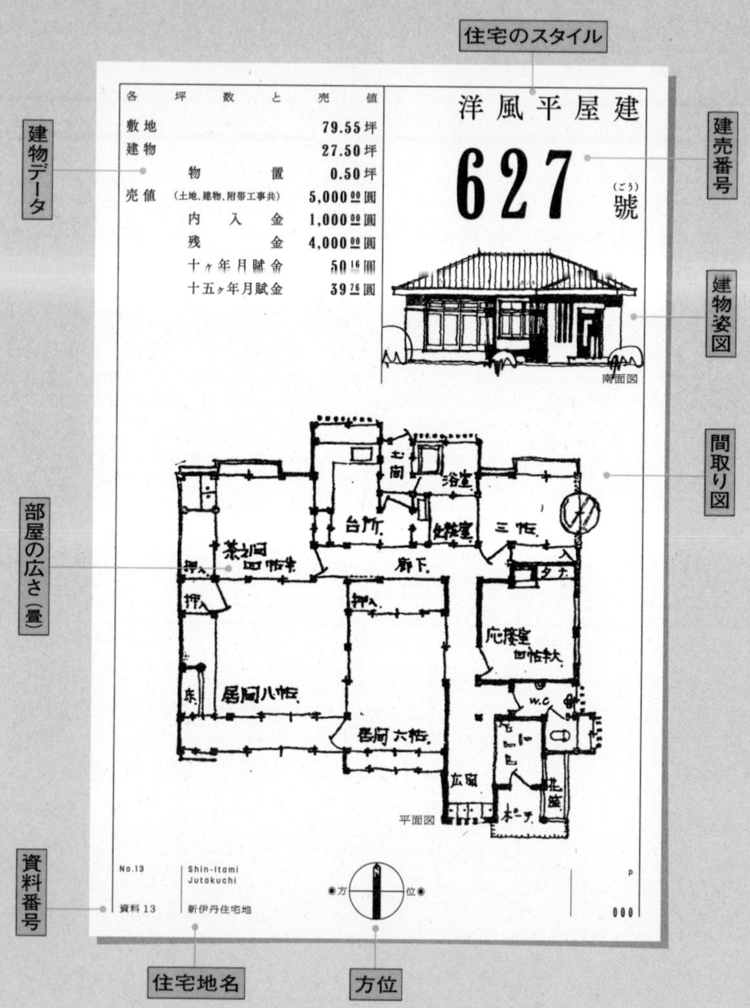

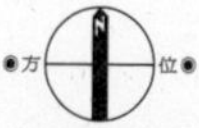

# 間取りに関する主な用語

| | |
|---|---|
| [帖（畳）] | 広さの単位。1帖あたり約1.62㎡。地域によって異なる。 |
| [坪] | 広さの単位。1坪あたり約3.31㎡。 |
| [テレス] | テラスのこと。 |
| [バルコン] | バルコニーのこと。 |
| [土間] | 家の中で床を張らずに土足で歩く場所。 |
| [取次] | 玄関で家の人が客人を迎えに立つ場所。 |
| [ホール] | 玄関と応接室をつなぐ洋の空間として用いられることが多い。 |
| [ポーチ] | 玄関前の屋根がついた空間。 |
| [広縁（ひろえん）] | 幅を広くとった縁側。 |
| [濡縁（ぬれえん）] | 家の外側から張り出した外部の床のこと。ウッドデッキと同じ役割。 |
| [土庇] | 地面に柱を立てて深く張り出させた庇。 |
| [肘掛窓] | 床に座ったときに肘を掛けられる高さの窓。 |
| [地袋] | 和室の窓下や、床脇の下部に設けられた袋戸棚のこと。 |
| [マントルピース] | 壁につくりつけられた暖炉まわりの装飾。 |
| [月賦金] | 前払金以外に販売業者に対して毎月々発生する支払金。 |

# 図面記号

[開き扉]

[回転扉]

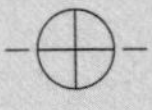

[引違い戸]

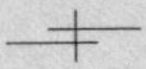

[引込み戸]

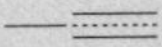

[はめ殺し窓]

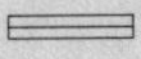

[階段]

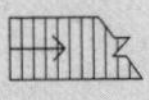

[柱]

※記号は現代に用いられる表記のため、本書に掲載する記号とは異なる場合があります。

## 凡例

・本書に収録した資料は、すべて橋爪紳也氏の所蔵するコレクションから選定されています。

・本文中の情報は原典を生かしながら、適宜読みやすさに配慮した編集を施しました。

・旧漢字は新漢字に改めましたが、號、圓などあえて残したものもあります。

・本文中の1階平面図と2階平面図は同倍率の縮尺を基本としていますが、実線で囲まれている2階平面図についてはその限りではありません。

・平面図内の破線は、庭や配置図など、図面の一部を省略していることを意味しています。

・図面内の文字で一部読み取りづらい箇所や表現がありますが、元の資料がもつ歴史的性格を考慮し、原典のままとしました。

・巻末の掲載資料一覧は、原典から読み取れる範囲で編集部が作成しました。

神戸線
新設武庫之荘駅前
武庫之荘住宅地大賣出

| 各坪数と売値 | | |
|---|---|---|
| 敷地 | | 114.00坪 |
| 建物 | 階上 | 9.50坪 |
| | 階下 | 26.50坪 |
| | 物置 | 1棟 |
| 売値 | | 13,150$^{\underline{00}}$圓 |
| | 手附金 | 2,630$^{\underline{00}}$圓 |
| | 残金 | 10,520$^{\underline{00}}$圓 |
| | 十ヶ年月賦金 | 131$^{\underline{92}}$圓 |
| | 十五ヶ年月賦金 | 104$^{\underline{57}}$圓 |

# 洋風二階建

# 019號《ごう》

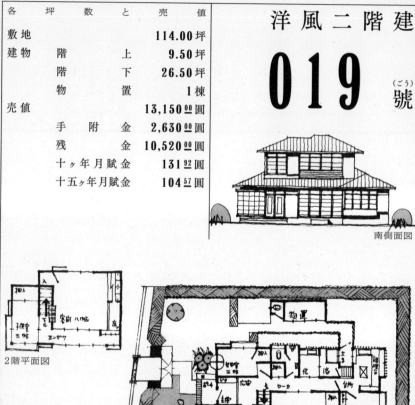

南側面図

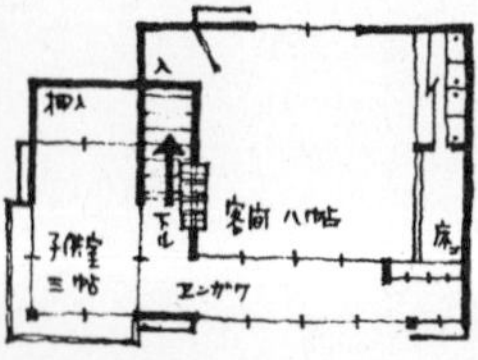


2階平面図

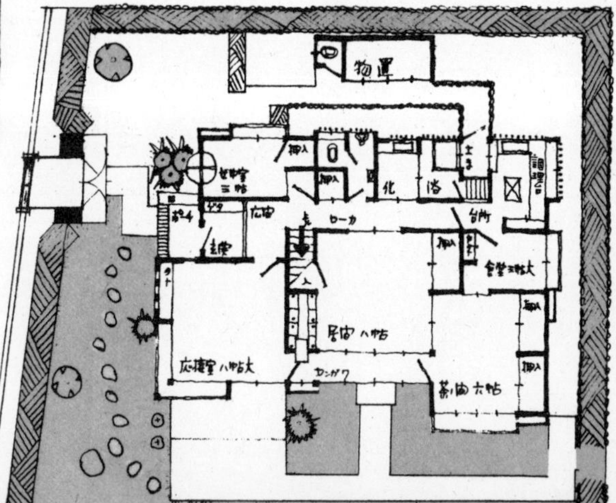


1階平面図



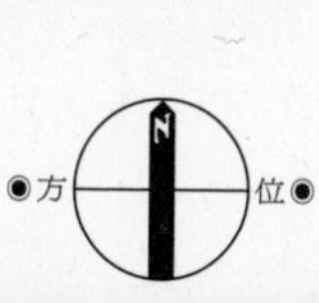

# 洋風二階建

# 021號《ごう》

| 各坪数と売値 | | |
|---|---|---|
| 敷地 | | 117.00坪 |
| 建物 | 階上 | 10.035坪 |
| | 階下 | 28.125坪 |
| | テレス | 2.25坪 |
| | 物置 | 1棟 |
| 売値 | | 13,600$^{00}$圓 |
| | 手附金 | 2,720$^{00}$圓 |
| | 残金 | 10,880$^{00}$圓 |
| | 十ヶ年月賦金 | 136$^{44}$圓 |
| | 十五ヶ年月賦金 | 108$^{15}$圓 |

東側面図

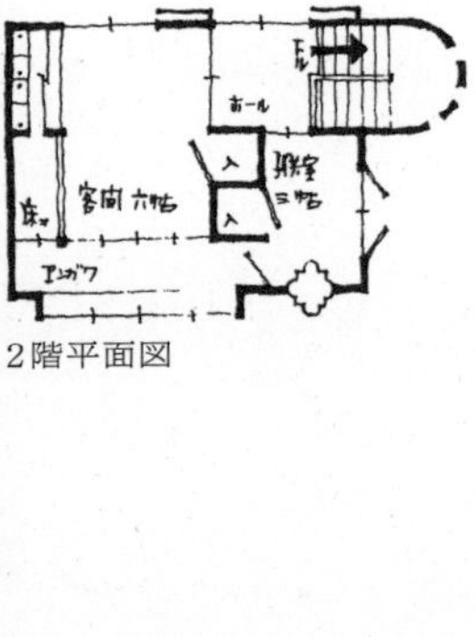


2階平面図

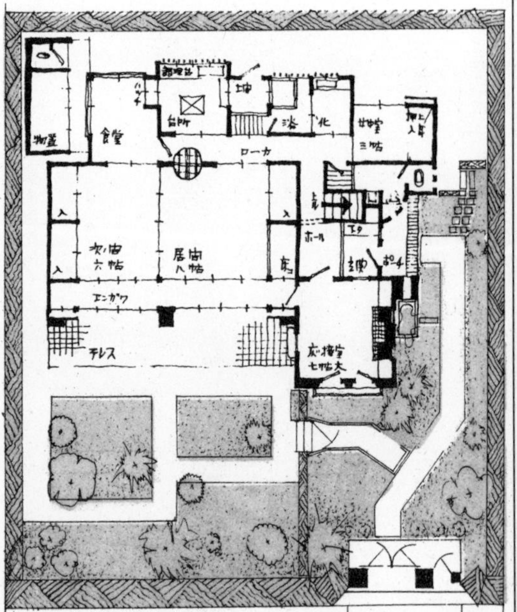


1階平面図

# 洋風二階建

# 023 號《ごう》

| 各坪数と売値 | | |
|---|---|---|
| 敷地 | | 148.00坪 |
| 建物 | 階上 | 10.50坪 |
| | 階下 | 26.25坪 |
| | テレス | 2.50坪 |
| | 物置 | 1棟 |
| 売値 | | $14,950^{00}$圓 |
| | 手附金 | $2,990^{00}$圓 |
| | 残金 | $11,960^{00}$圓 |
| | 十ヶ年月賦金 | $149^{98}$圓 |
| | 十五ヶ年月賦金 | $118^{89}$圓 |

南側面図

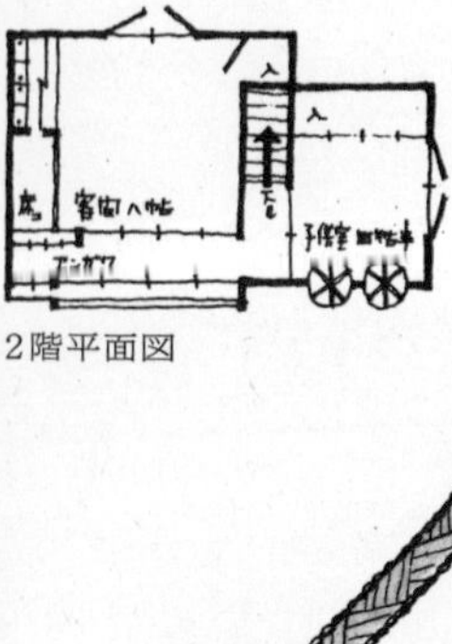


2階平面図

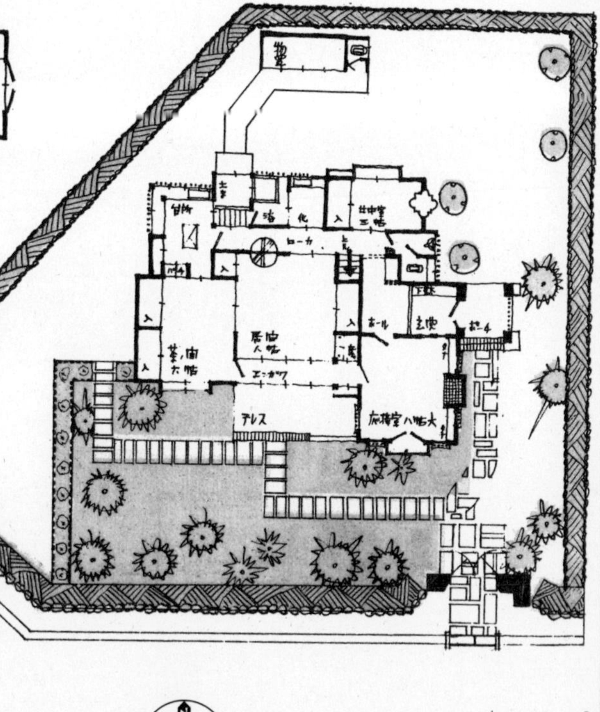


1階平面図

◉方  位◉

| 各坪数と売値 | | | |
|---|---|---|---|
| 敷地 | | | 105.00坪 |
| 建物 | 階 | 上 | 8.25坪 |
| | 階 | 下 | 29.00坪 |
| | テレス | | 3.00坪 |
| | 物 | 置 | 1棟 |
| 売値 | | | 12,900$\underline{^{00}}$圓 |
| | 手附金 | | 2,580$\underline{^{00}}$圓 |
| | 残 | 金 | 10,320$\underline{^{00}}$圓 |
| | 十ヶ年月賦金 | | 129$\underline{^{42}}$圓 |
| | 十五ヶ年月賦金 | | 102$\underline{^{58}}$圓 |

# 洋風二階建 036號《（ごう）》

南側面図

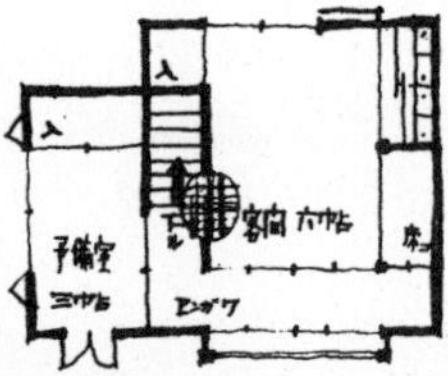


2階平面図

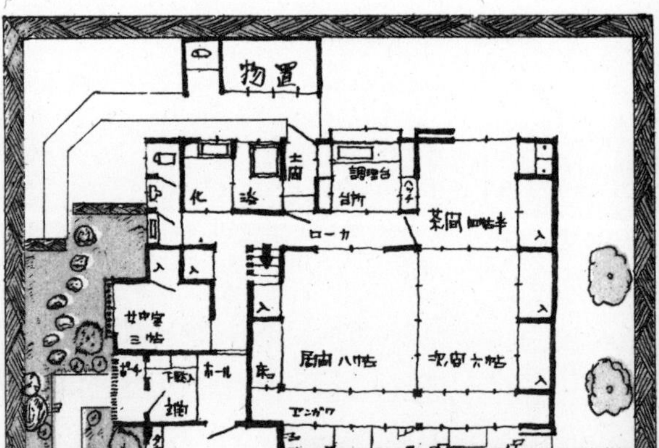


1階平面図

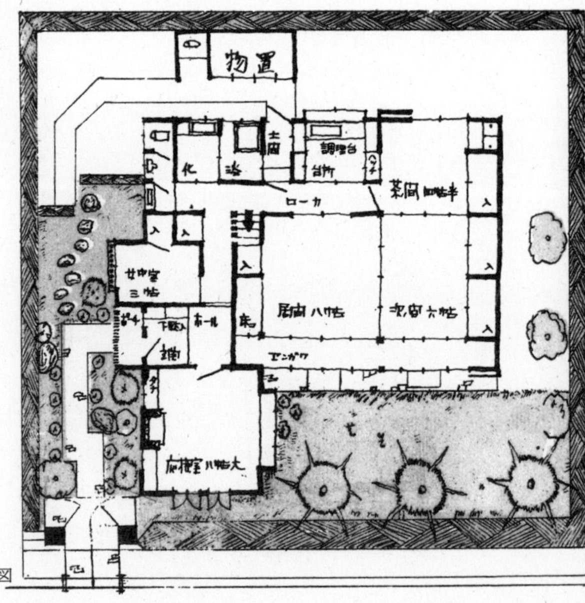

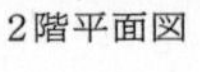

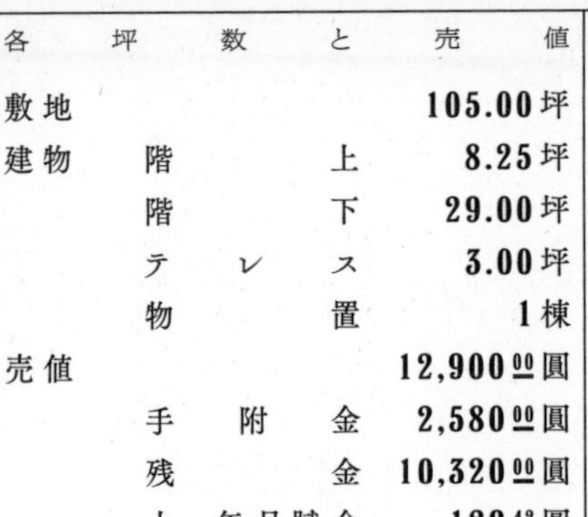

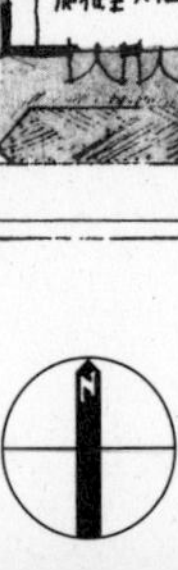


◉方　位◉

| 各坪数と売値 | | | |
|---|---|---|---|
| 敷地 | | | 175.00坪 |
| 建物 | 階 | 上 | 12.50坪 |
| | 階 | 下 | 29.00坪 |
| | テレス | | 2.00坪 |
| | 物 | 置 | 1棟 |
| 売値 | | | 17,100$^{00}$圓 |
| | 手附金 | | 3,420$^{00}$圓 |
| | 残金 | | 13,680$^{00}$圓 |
| | 十ヶ年月賦金 | | 171$^{55}$圓 |
| | 十五ヶ年月賦金 | | 135$^{00}$圓 |

# 洋風二階建 045號《(ごう)》

南側面図

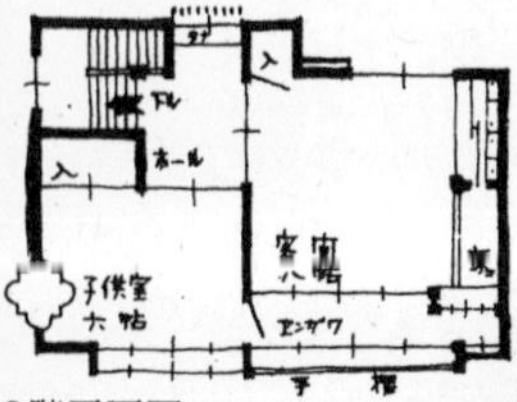

2階平面図

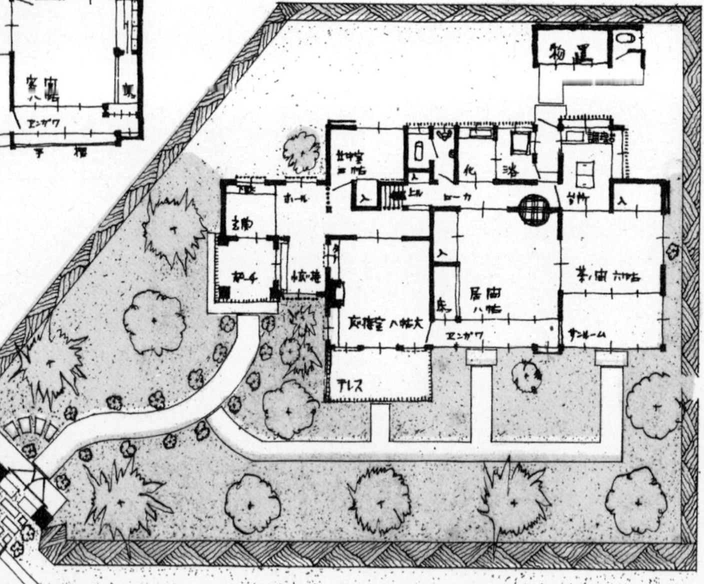

1階平面図

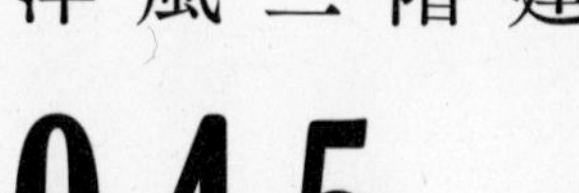

# 洋風二階建

# 089 號《ごう》

| 各坪数と売値 | | | |
|---|---|---|---|
| 敷地 | | | 147.00坪 |
| 建物 | 階 | 上 | 10.25坪 |
| | 階 | 下 | 26.875坪 |
| | テ | レス | 2.00坪 |
| | 物 | 置 | 1棟 |
| 売値 | | | 13,800$^{00}$圓 |
| | 手附 | 金 | 2,760$^{00}$圓 |
| | 残 | 金 | 11,040$^{00}$圓 |
| | 十ヶ年月賦金 | | 138$^{45}$圓 |
| | 十五ヶ年月賦金 | | 109$^{74}$圓 |

西側面図

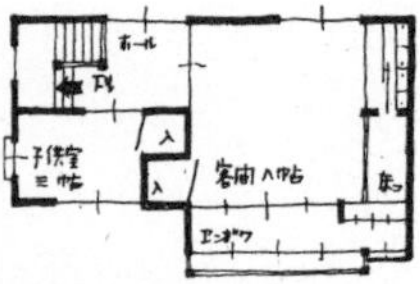


2階平面図

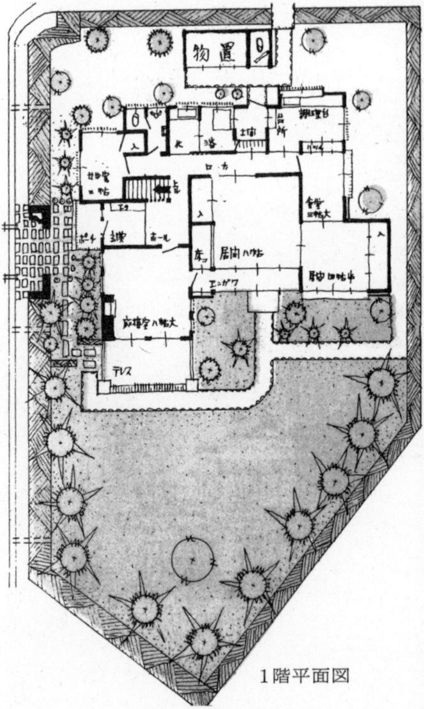


1階平面図

# 和風二階建

# 094 號《(ごう)》

| 各坪数と売値 | | |
|---|---|---|
| 敷地 | | 121.00坪 |
| 建物 | 階上 | 10.50坪 |
| | 階下 | 26.25坪 |
| | テレス | 0.65坪 |
| | 物置 | 1棟 |
| 売値 | | 12,950$^{\underline{00}}$圓 |
| | 手附金 | 2,590$^{\underline{00}}$圓 |
| | 残金 | 10,360$^{\underline{00}}$圓 |
| | 十ヶ年月賦金 | 129$^{\underline{92}}$圓 |
| | 十五ヶ年月賦金 | 102$^{\underline{98}}$圓 |

南側面図

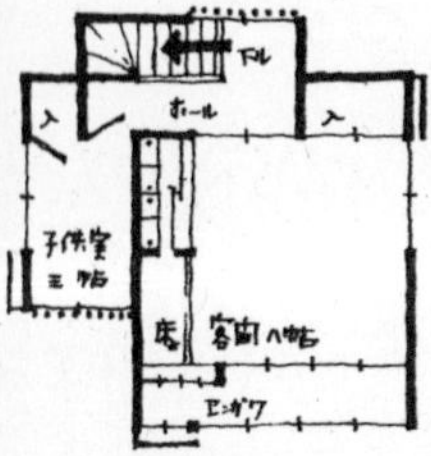


2階平面図

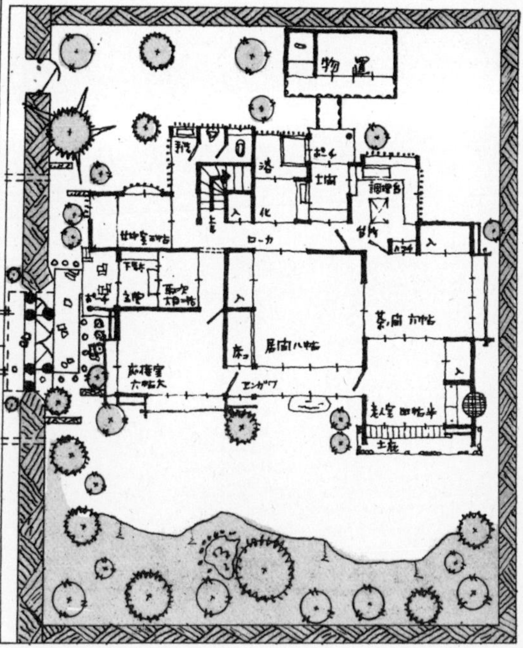


1階平面図

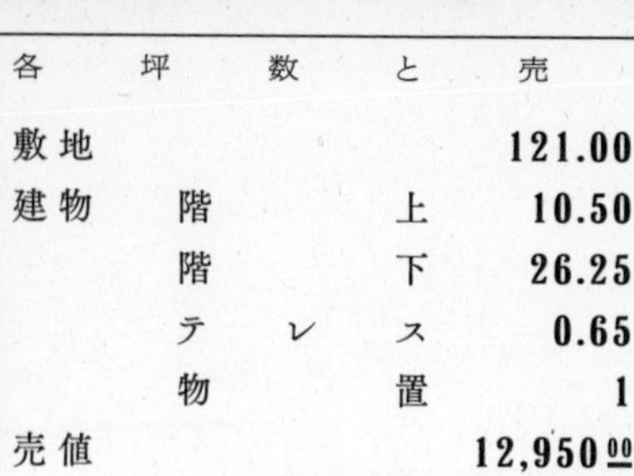

# 洋風二階建

# 101號《（ごう）》

| 各坪数と売値 | | | |
| --- | --- | --- | --- |
| 敷地 | | | 200.00坪 |
| 建物 | 階 | 上 | 11.25坪 |
| | 階 | 下 | 34.50坪 |
| | 物 | 置 | 1棟 |
| 売値 | | | 18,300$^{\underline{00}}$圓 |
| | 手附金 | | 3,660$^{\underline{00}}$圓 |
| | 残 | 金 | 14,640$^{\underline{00}}$圓 |
| | 十ヶ年月賦金 | | 183$^{\underline{59}}$圓 |
| | 十五ヶ年月賦金 | | 145$^{\underline{53}}$圓 |

南側面図

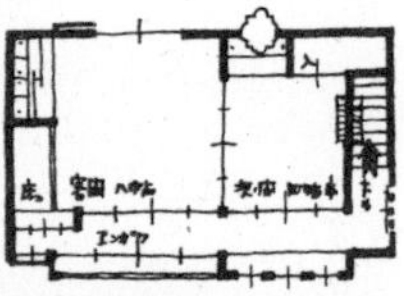
2階平面図

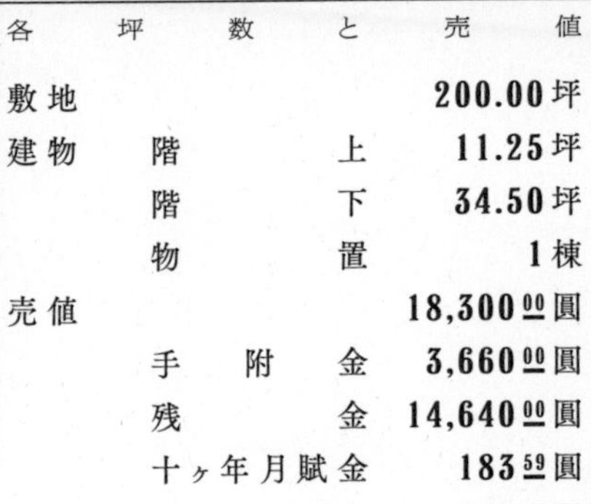

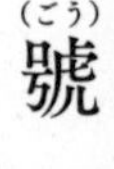

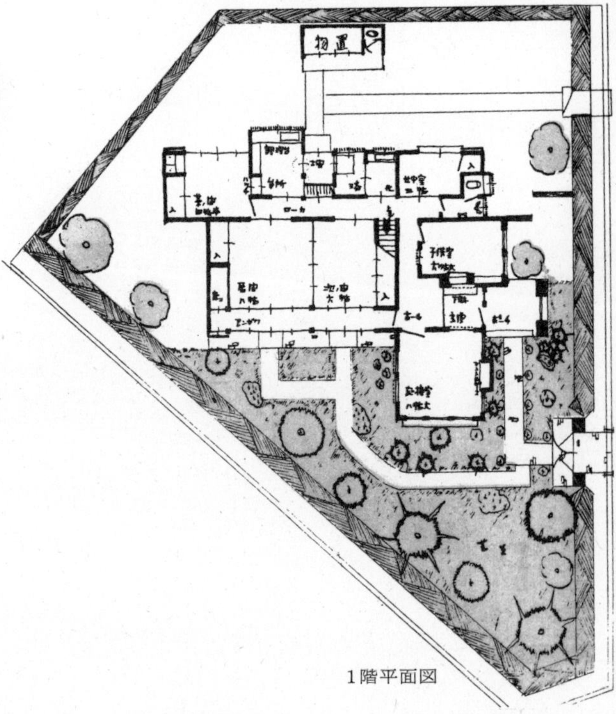

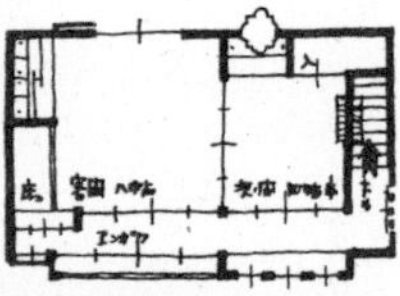

1階平面図

# 洋風二階建

# 129號《（ごう）》

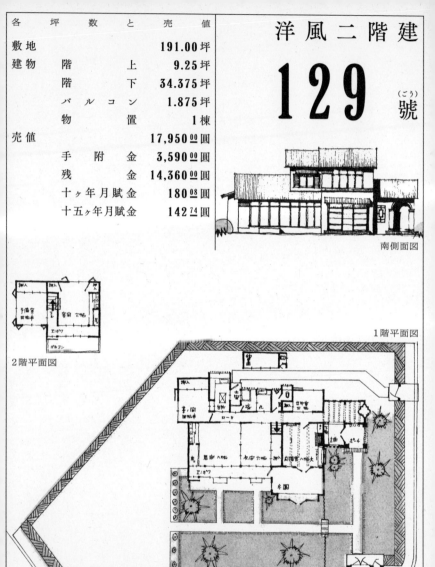

| 各坪数と売値 | | |
|---|---|---|
| 敷地 | | 191.00坪 |
| 建物 | 階上 | 9.25坪 |
| | 階下 | 34.375坪 |
| | バルコン | 1.875坪 |
| | 物置 | 1棟 |
| 売値 | | 17,950$^{00}$圓 |
| | 手附金 | 3,590$^{00}$圓 |
| | 残金 | 14,360$^{00}$圓 |
| | 十ヶ年月賦金 | 180$^{08}$圓 |
| | 十五ヶ年月賦金 | 142$^{74}$圓 |

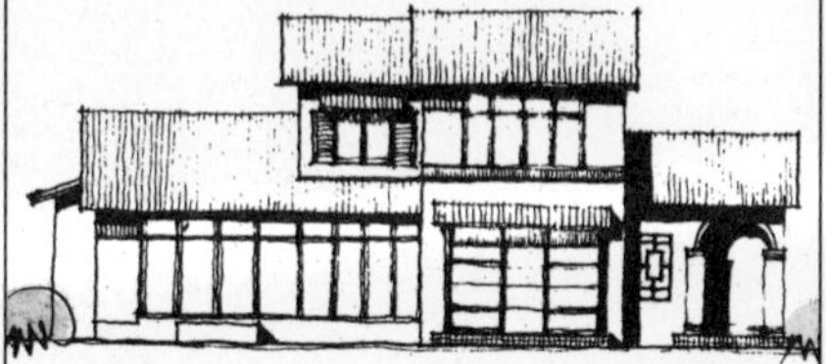

南側面図

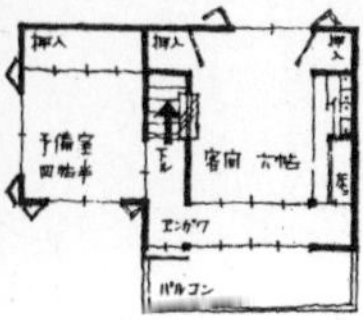


2階平面図

1階平面図

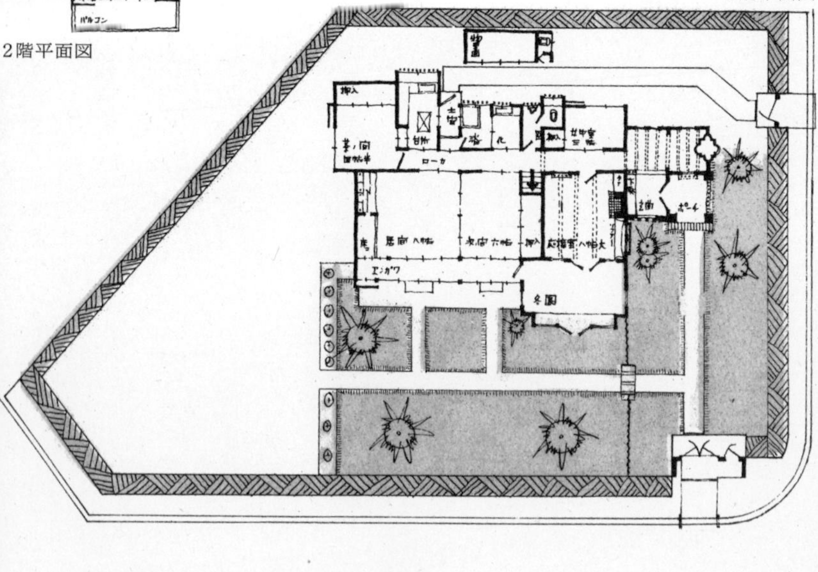

方位

# 洋風二階建 131號《(ごう)》

| 各坪数と売値 | | |
|---|---|---|
| 敷地 | | 132.00坪 |
| 建物 | 階上 | 9.75坪 |
| | 階下 | 28.375坪 |
| | 物置 | 1棟 |
| 売値 | | 13,350$^{\underline{00}}$圓 |
| | 手附金 | 2,670$^{\underline{00}}$圓 |
| | 残金 | 10,680$^{\underline{00}}$圓 |
| | 十ヶ年月賦金 | 133$^{\underline{93}}$圓 |
| | 十五ヶ年月賦金 | 106$^{\underline{16}}$圓 |

南側面図

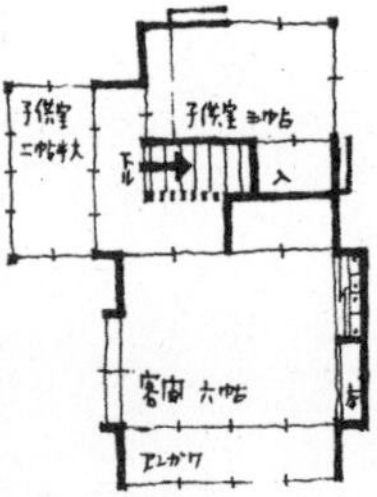


2階平面図

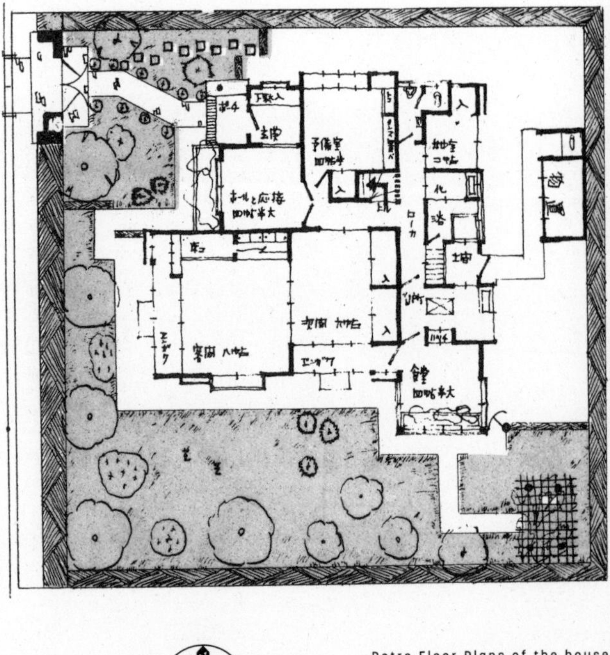


1階平面図

# 洋風二階建

# 139 號《ごう》

| 各坪数と売値 | | |
|---|---|---|
| 敷地 | | 139.00坪 |
| 建物 | 階上 | 12.00坪 |
| | 階下 | 24.25坪 |
| | テレス | 7.75坪 |
| | 物置 | 1棟 |
| 売値 | | 14,100$^{\underline{00}}$圓 |
| | 手附金 | 2,820$^{\underline{00}}$圓 |
| | 残金 | 11,280$^{\underline{00}}$圓 |
| | 十ヶ年月賦金 | 141$^{\underline{46}}$圓 |
| | 十五ヶ年月賦金 | 112$^{\underline{13}}$圓 |

南側面図

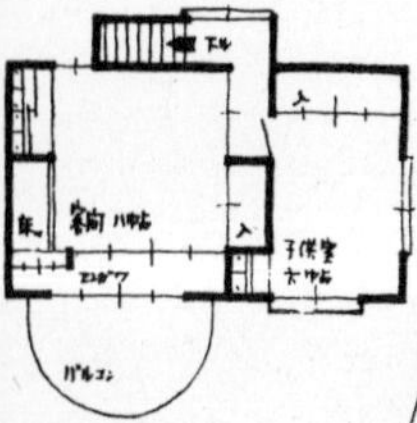


2階平面図

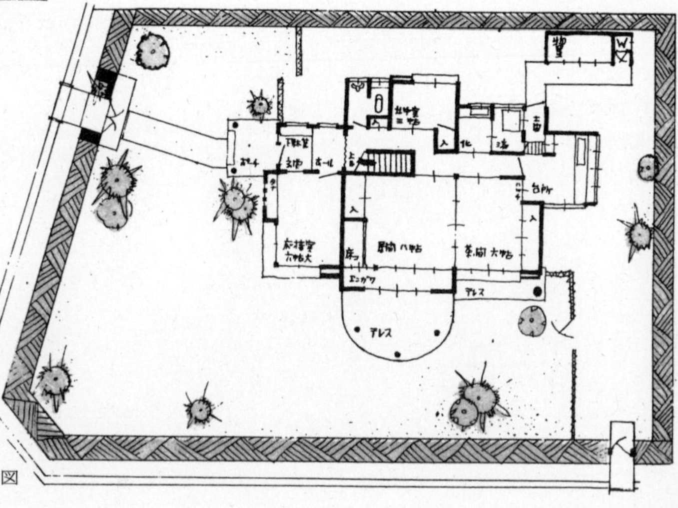


1階平面図

# 和風二階建 146号（ごう）

| 各坪数と売値 | | |
|---|---|---|
| 敷地 | | 117.00坪 |
| 建物 | 階上 | 8.75坪 |
| | 階下 | 24.25坪 |
| | 物置 | 1棟 |
| 売値 | | 9,550$^{\underline{00}}$圓 |
| | 手附金 | 1,910$^{\underline{00}}$圓 |
| | 残金 | 7,640$^{\underline{00}}$圓 |
| | 十ヶ年月賦金 | 95$^{\underline{81}}$圓 |
| | 十五ヶ年月賦金 | 75$^{\underline{95}}$圓 |

南側面図

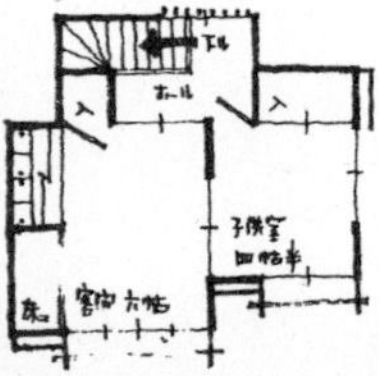

2階平面図

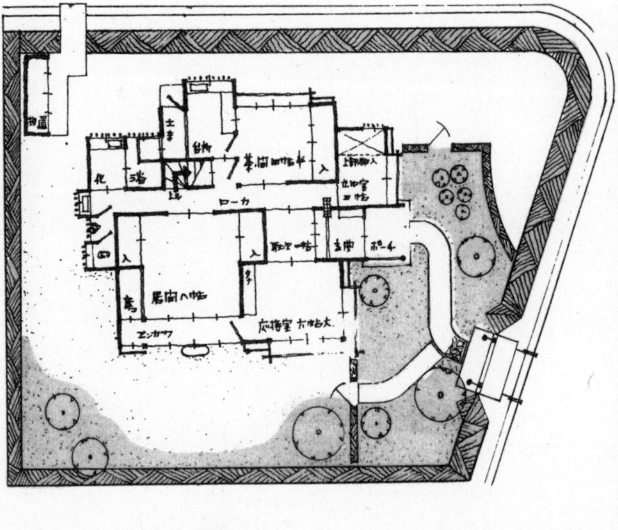

1階平面図

| 各坪数と売値 | | |
|---|---|---|
| 敷地 | | 107.00坪 |
| 建物 | | 27.00坪 |
| | 物置 | 1棟 |
| 売値 | | 7,950$^{\underline{00}}$圓 |
| | 手附金 | 1,590$^{\underline{00}}$圓 |
| | 残金 | 6,360$^{\underline{00}}$圓 |
| | 十ヶ年月賦金 | 79$^{\underline{76}}$圓 |
| | 十五ヶ年月賦金 | 63$^{\underline{22}}$圓 |

# 和風平屋建

# 163 號《ごう》

南側面図

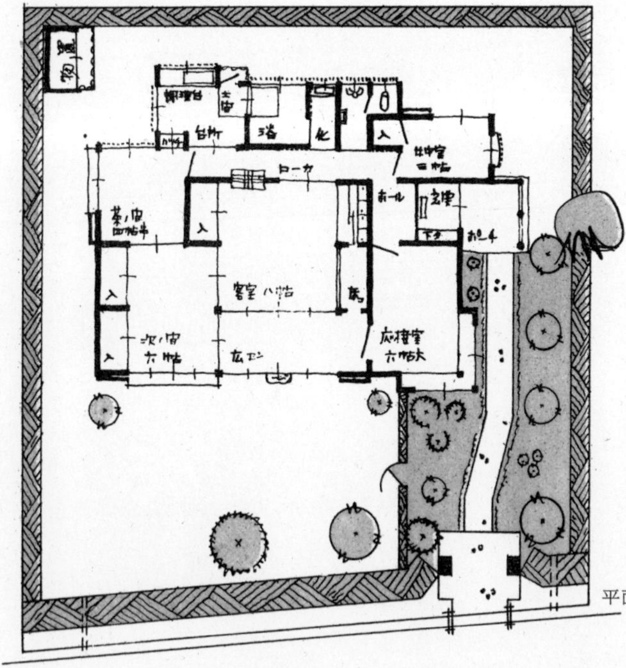


平面図

◉方 位◉

| 各坪数と売値 | | |
|---|---|---|
| 敷地 | | 121.00坪 |
| 建物 | | 28.875坪 |
| | 物置 | 1棟 |
| 売値 | | 8,950$^{00}$圓 |
| | 手附金 | 1,790$^{00}$圓 |
| | 残金 | 7,160$^{00}$圓 |
| | 十ヶ年月賦金 | 89$^{79}$圓 |
| | 十五ヶ年月賦金 | 71$^{17}$圓 |

# 和風平屋建 214號《ごう》

南側面図

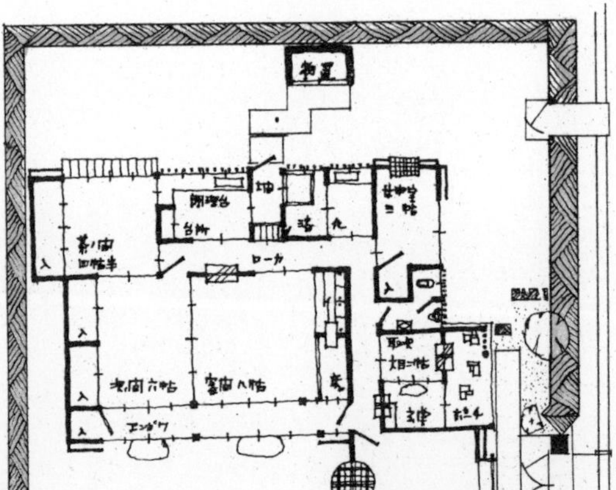


平面図

◉方  位◉

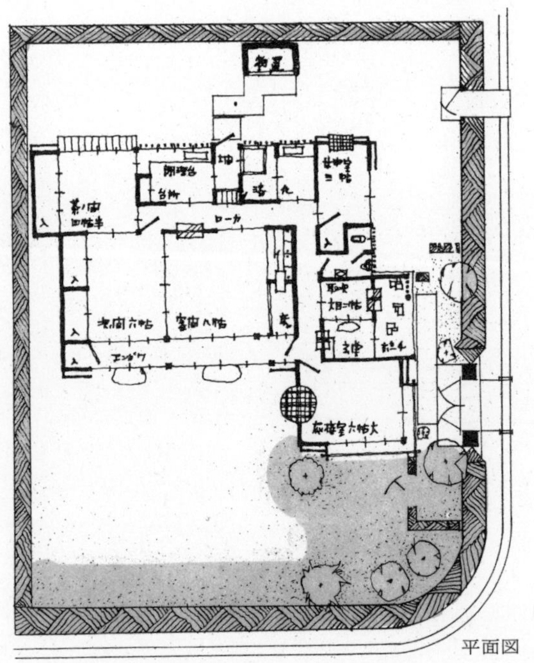

# 和風平屋建

# 218 號《ごう》

| 各坪数と売値 | | |
|---|---|---|
| 敷地 | | 111.00坪 |
| 建物 | | 24.75坪 |
| | 土庇 | 0.37坪 |
| | 物置 | 1棟 |
| 売値 | | 7,950.00圓 |
| | 手附金 | 1,590.00圓 |
| | 残金 | 6,360.00圓 |
| | 十ヶ年月賦金 | 79.76圓 |
| | 十五ヶ年月賦金 | 63.22圓 |

南側面図

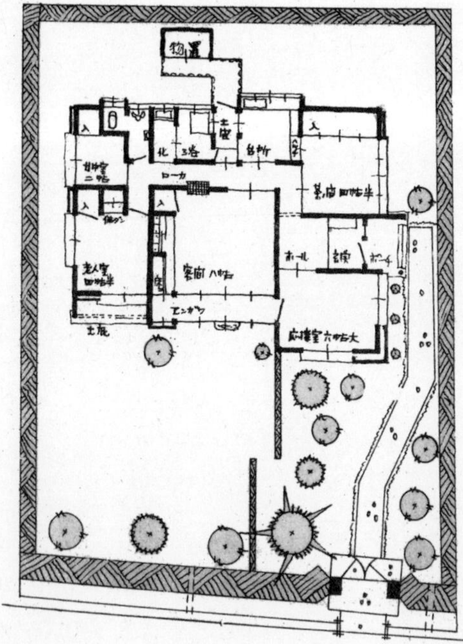


平面図

| 各坪数と売値 | | |
|---|---|---|
| 敷地 | | 109.00坪 |
| 建物 | | 24.00坪 |
| | 土庇 | 1.00坪 |
| | 物置 | 1棟 |
| 売値 | | 7,700$^{00}$圓 |
| | 手附金 | 1,540$^{00}$圓 |
| | 残金 | 6,160$^{00}$圓 |
| | 十ヶ年月賦金 | 77$^{25}$圓 |
| | 十五ヶ年月賦金 | 61$^{23}$圓 |

# 和風平屋建

# 233 號《ごう》

南側面図

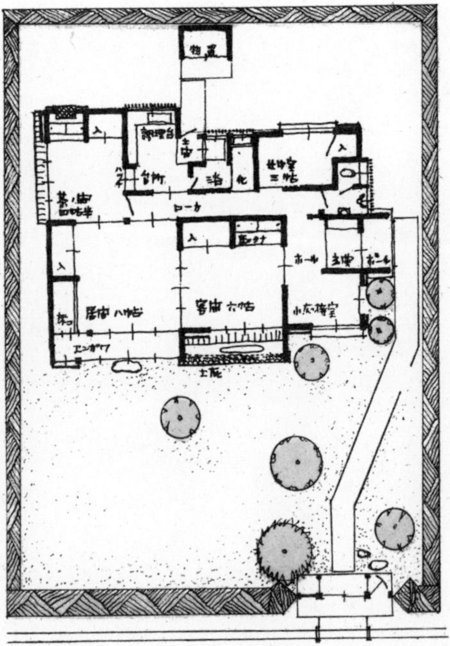

平面図

◉方  位◉

# 和風平屋建

# 243號《(ごう)》

| 各坪数と売値 | | |
| --- | --- | --- |
| 敷地 | | 108.00坪 |
| 建物 | | 25.875坪 |
| | 物置 | 1棟 |
| 売値 | | 7,350$^{00}$圓 |
| | 手附金 | 1,470$^{00}$圓 |
| | 残金 | 5,800$^{00}$圓 |
| | 十ヶ年月賦金 | 73$^{74}$圓 |
| | 十五ヶ年月賦金 | 58$^{45}$圓 |

南側面図

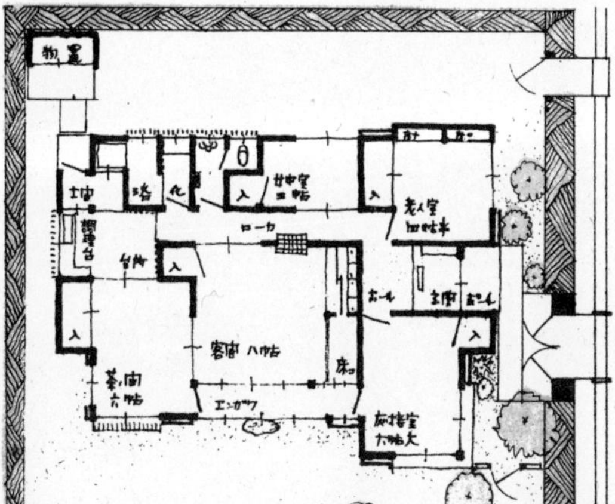


平面図

◉方 

位◉

# 和風平屋建

# 247號《ごう》

| 各坪数と売値 | | |
|---|---|---|
| 敷地 | | 108.00坪 |
| 建物 | | 26.75坪 |
| | 物置 | 1棟 |
| 売値 | | 7,550.00圓 |
| | 手附金 | 1,510.00圓 |
| | 残金 | 6,040.00圓 |
| | 十ヶ年月賦金 | 75.75圓 |
| | 十五ヶ年月賦金 | 60.04圓 |

南側面図

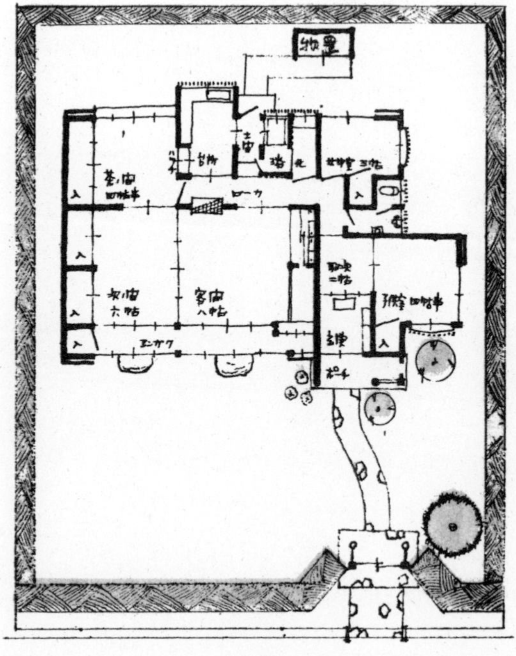


平面図

| 各坪数と売値 | | |
|---|---|---|
| 敷地 | | 113.00坪 |
| 建物 | | 26.125坪 |
| | 物置 | 1棟 |
| 売値 | | 7,600$^{\underline{00}}$圓 |
| | 手附金 | 1,520$^{\underline{00}}$圓 |
| | 残金 | 6,080$^{\underline{00}}$圓 |
| | 十ヶ年月賦金 | 76$^{\underline{25}}$圓 |
| | 十五ヶ年月賦金 | 60$^{\underline{44}}$圓 |

# 和風平屋建 277號《(ごう)》

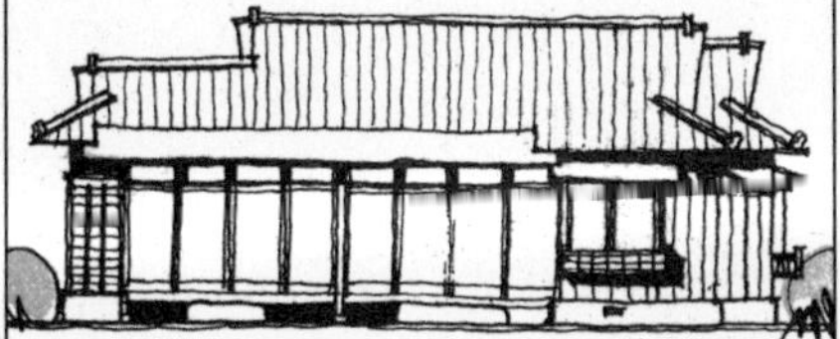

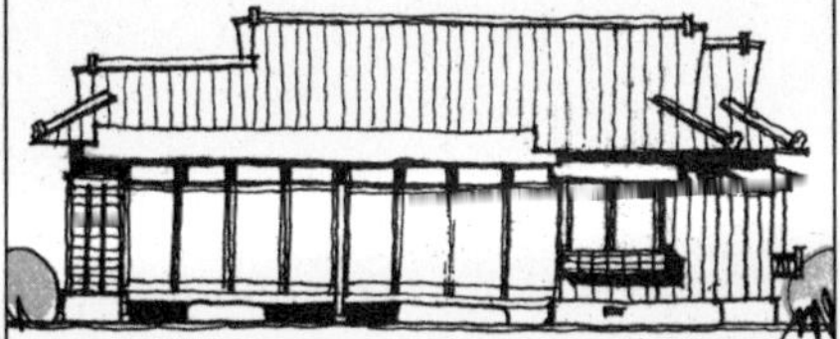

南側面図

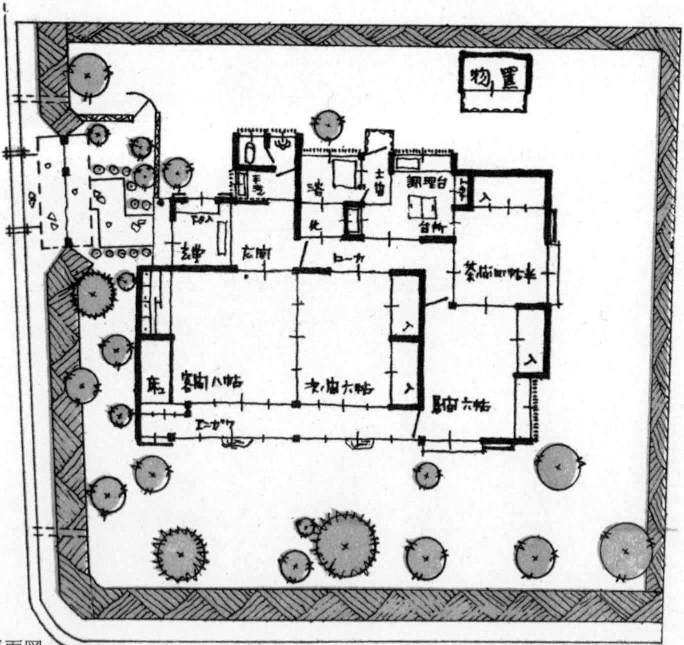


平面図

◉方 位◉

# 武庫之荘大住宅地

特価分譲

大阪梅田 阪急電鉄地所課

電話北八〇一〇番

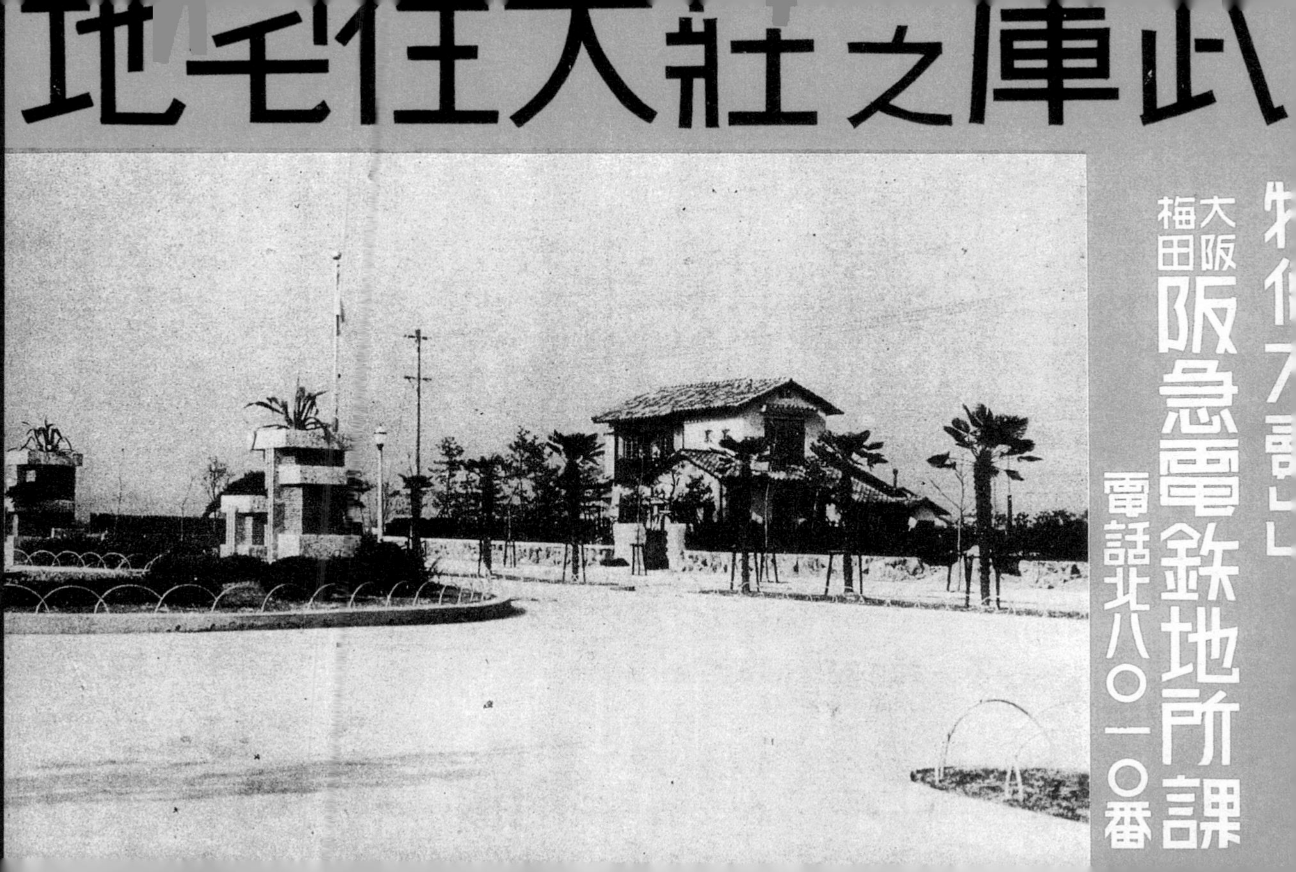

# 和風二階建

# 076號《（ごう）》

| 各坪数と売値 | | |
|---|---|---|
| 敷地 | | 133.92坪 |
| 建物 | 階上 | 9.25坪 |
| | 階下 | 29.125坪 |
| | 土庇 | 0.50坪 |
| | 物置 | 1棟 |
| 売値 | | 13,700$^{00}$圓 |
| | 手附金 | 2,740$^{00}$圓 |
| | 残金 | 10,960$^{00}$圓 |
| | 十ヶ年月賦金 | 137$^{44}$圓 |
| | 十五ヶ年月賦金 | 108$^{95}$圓 |

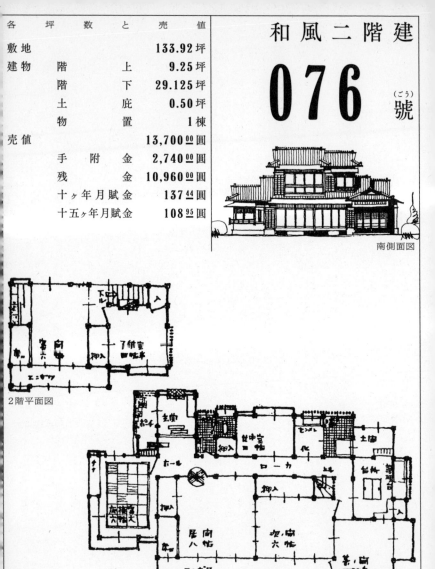

南側面図

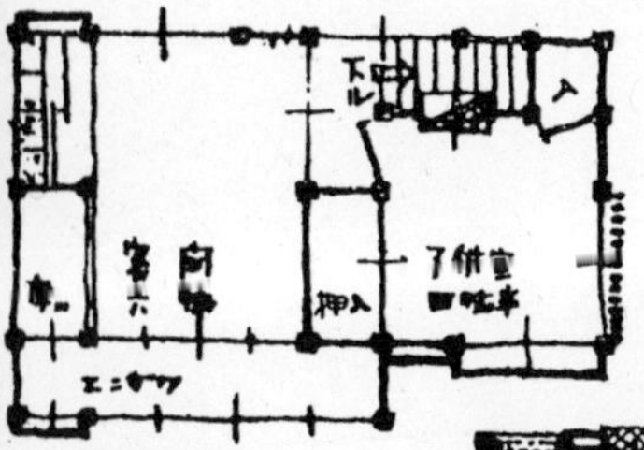


2階平面図

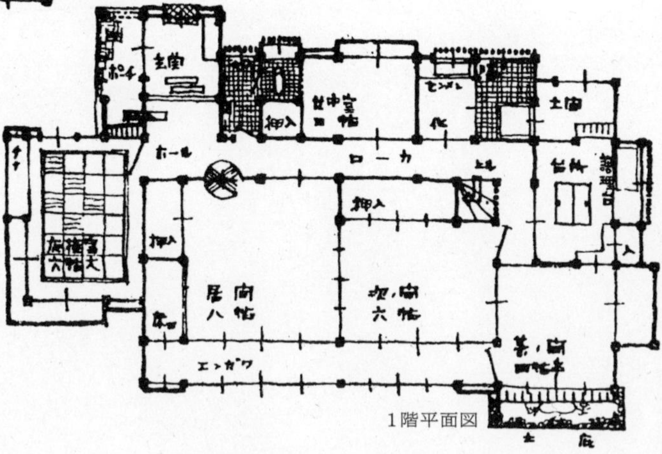


1階平面図

# 洋風二階建 139號《（ごう）》

| 各坪数と売値 | | |
|---|---|---|
| 敷地 | | 141.28坪 |
| 建物 | 階上 | 12.25坪 |
| | 階下 | 24.25坪 |
| | テレス外 | 7.75坪 |
| | 物置 | 1棟 |
| 売値 | | 14,100$^{00}$圓 |
| | 手附金 | 2,820$^{00}$圓 |
| | 残金 | 11,280$^{00}$圓 |
| | 十ヶ年月賦金 | 141$^{46}$圓 |
| | 十五ヶ年月賦金 | 112$^{13}$圓 |

南側面図

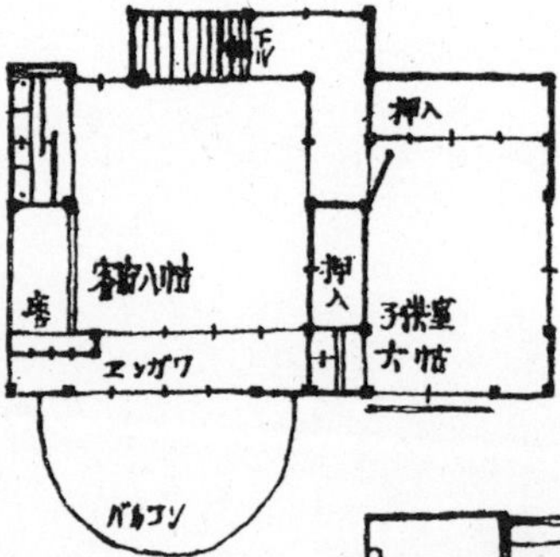


2階平面図

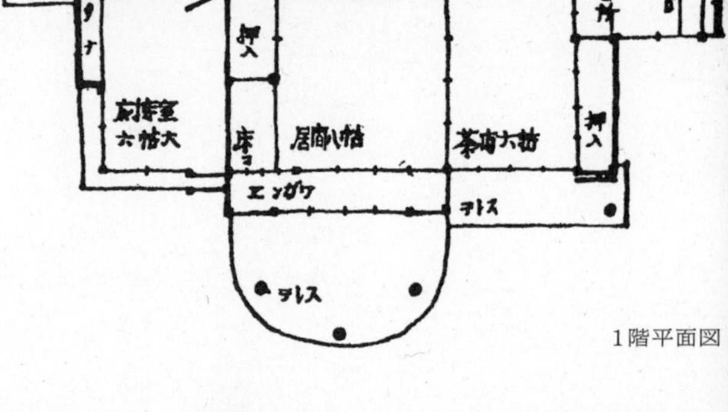


1階平面図

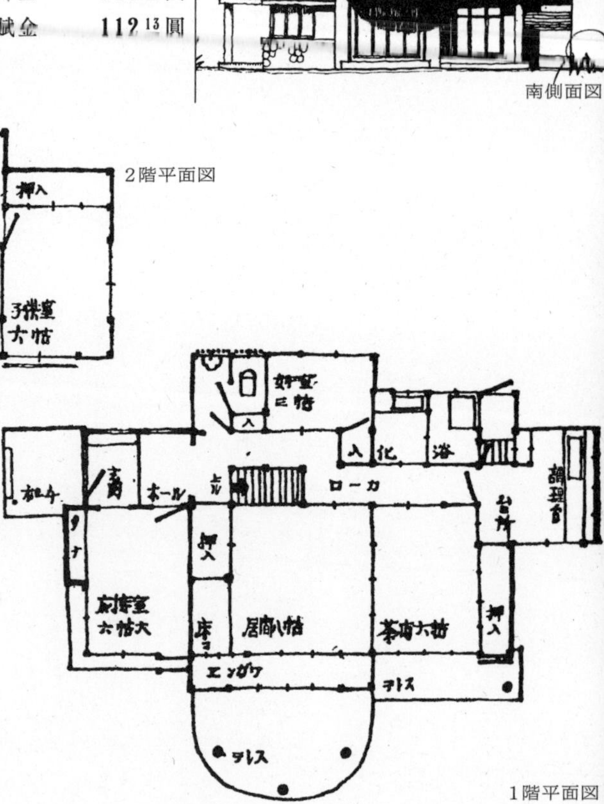

# 和風二階建

# 175 號《ごう》

各坪数と売値

| | | |
|---|---|---|
| 敷地 | | 108.04坪 |
| 建物 | 階上 | 8.25坪 |
| | 階下 | 24.625坪 |
| | 物置 | 1棟 |
| 売値 | | 9,950 00 圓 |
| | 手附金 | 1,990 00 圓 |
| | 残金 | 7,960 00 圓 |
| | 十ヶ年月賦金 | 99 82 圓 |
| | 十五ヶ年月賦金 | 79 13 圓 |

南側面図

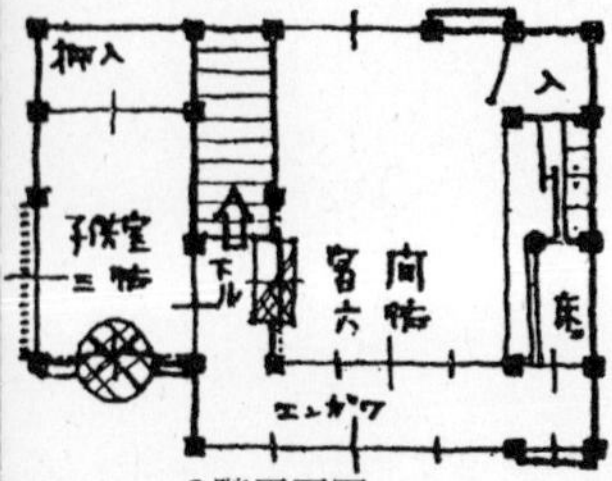


2階平面図

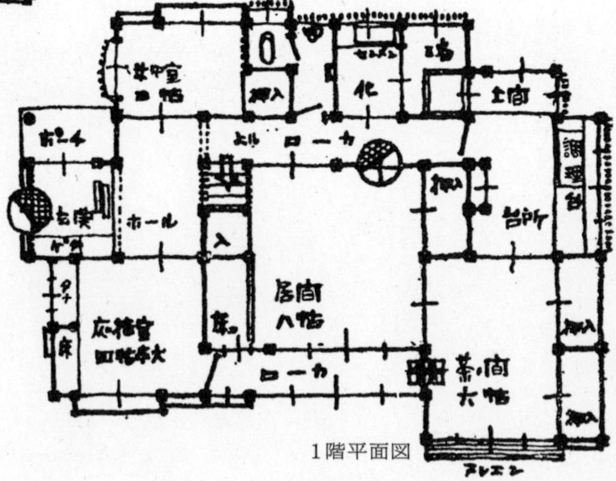


1階平面図

◉方 位◉

# 洋風二階建

# 196 號《(ごう)》

| 各坪数と売値 | | | |
|---|---|---|---|
| 敷地 | | | 109.37坪 |
| 建物 | 階 | 上 | 8.25坪 |
| | 階 | 下 | 24.25坪 |
| | 物 | 置 | 1棟 |
| 売値 | | | 10,300$^{00}$圓 |
| | 手附金 | | 2,060$^{00}$圓 |
| | 残金 | | 8,240$^{00}$圓 |
| | 十ヶ年月賦金 | | 103$^{33}$圓 |
| | 十五ヶ年月賦金 | | 81$^{91}$圓 |

南側面図

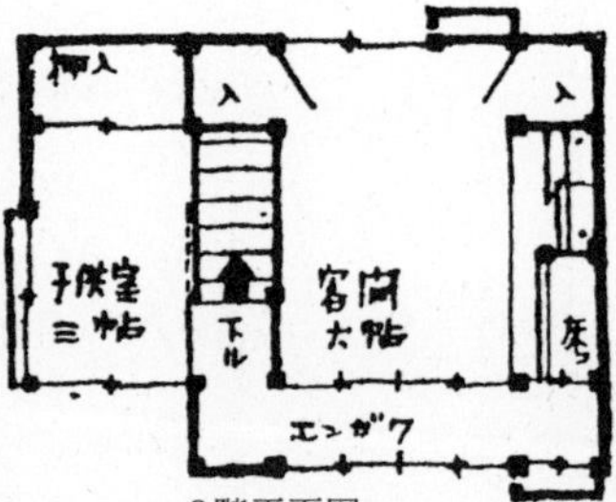


2階平面図

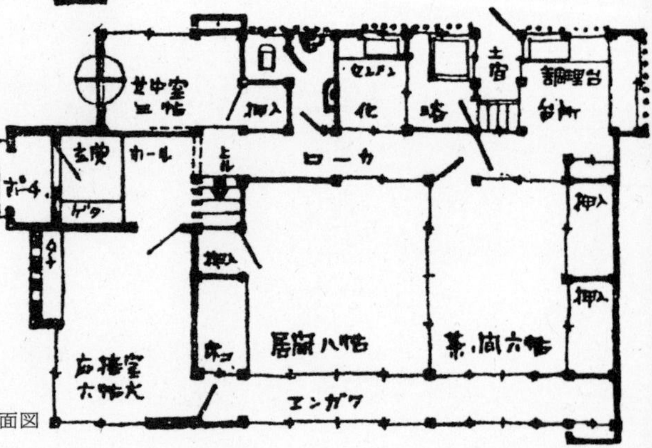


1階平面図

◉方位◉

| 各坪数と売値 | | |
|---|---|---|
| 敷地 | | 111.22坪 |
| 建物 | 階上 | 8.25坪 |
| | 階下 | 25.625坪 |
| | 物置 | 1棟 |
| 売値 | | 9,950.00圓 |
| | 手附金 | 1,990.00圓 |
| | 残金 | 7,960.00圓 |
| | 十ヶ年月賦金 | 99.82圓 |
| | 十五ヶ年月賦金 | 79.13圓 |

# 洋風二階建

# 212號《ごう》

南側面図

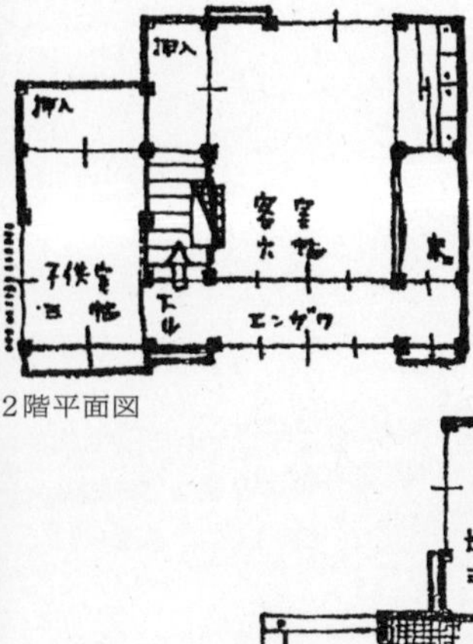


2階平面図

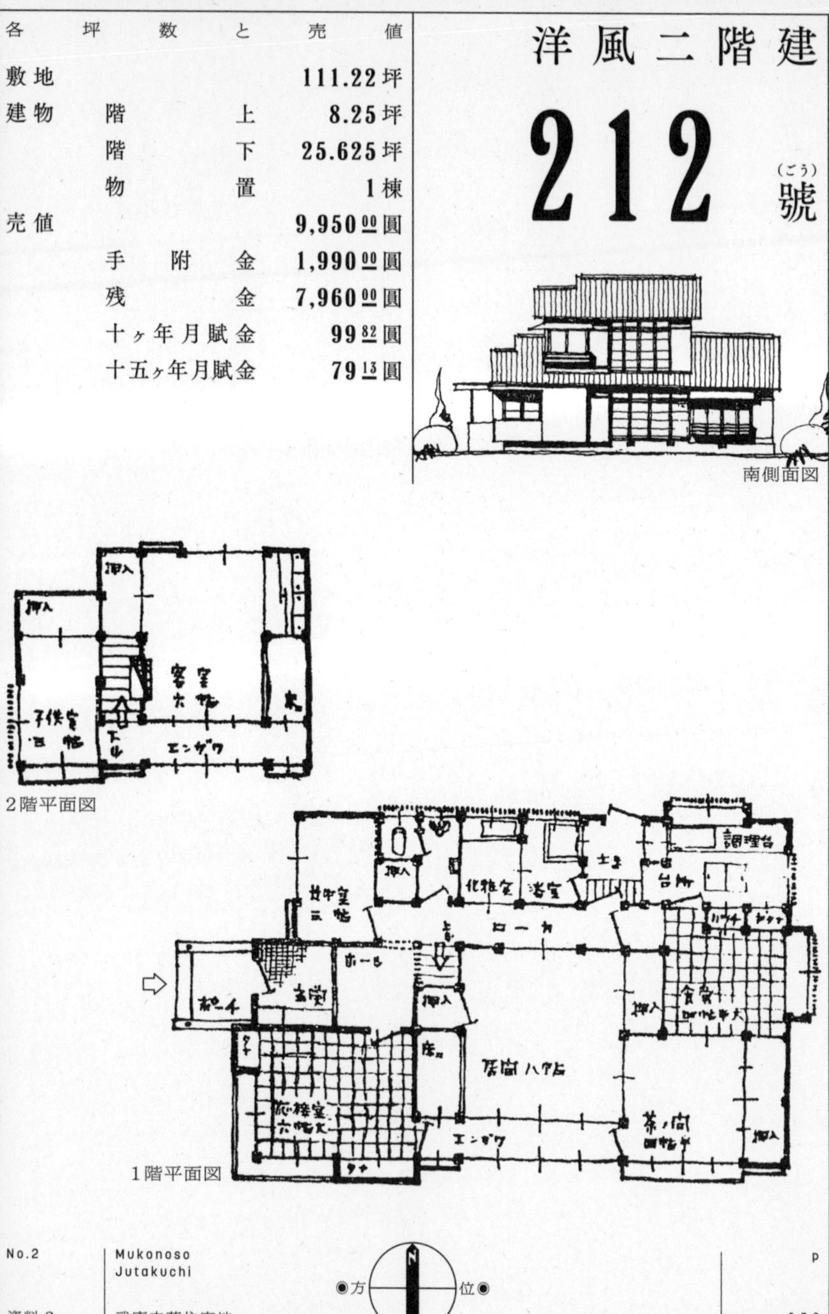

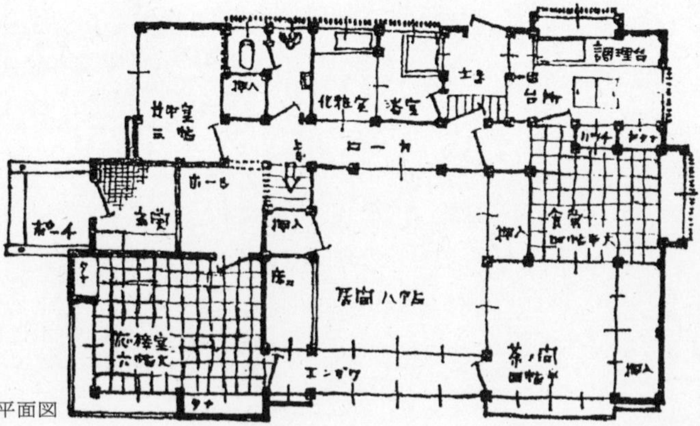


1階平面図

# 洋風二階建

# 230 號《ごう》

| 各坪数と売値 | | |
|---|---|---|
| 敷地 | | 96.80坪 |
| 建物 | 階上 | 9.00坪 |
| | 階下 | 23.75坪 |
| | 物置 | 1棟 |
| 売値 | | 9,300.00圓 |
| | 手附金 | 1,860.00圓 |
| | 残金 | 7,440.00圓 |
| | 十ヶ年月賦金 | 93.30圓 |
| | 十五ヶ年月賦金 | 73.96圓 |

南側面図

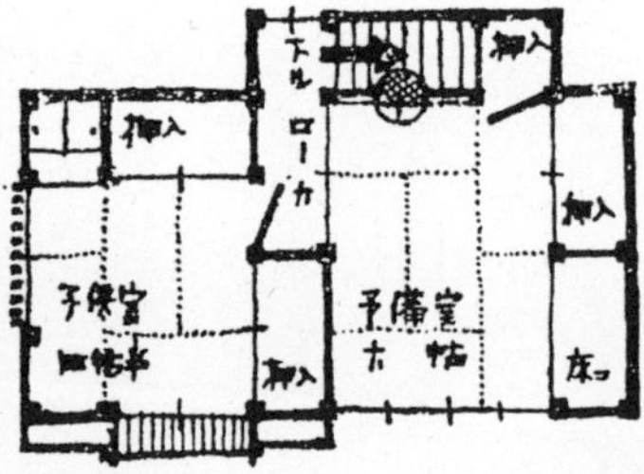


2階平面図

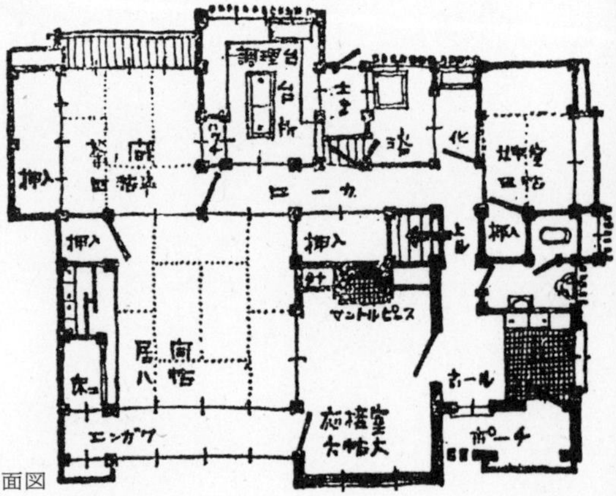


1階平面図

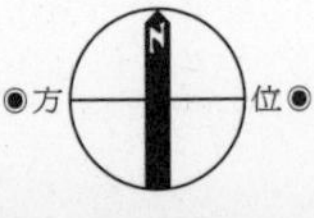

| 各坪数と売値 | | |
|---|---|---|
| 敷地 | | 65.88坪 |
| 建物 | 階上 | 23.00坪 |
| | 階下 | 27.00坪 |
| 売値 | | 11,900.00圓 |
| | 手附金 | 2,380.00圓 |
| | 残金 | 9,520.00圓 |
| | 十ヶ年月賦金 | 119.38圓 |
| | 十五ヶ年月賦金 | 94.63圓 |

# 店舗付 洋風二戸建

# 328號《ごう》

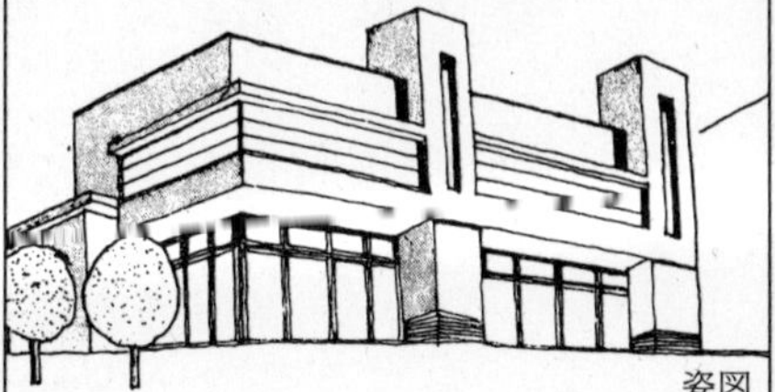

姿図

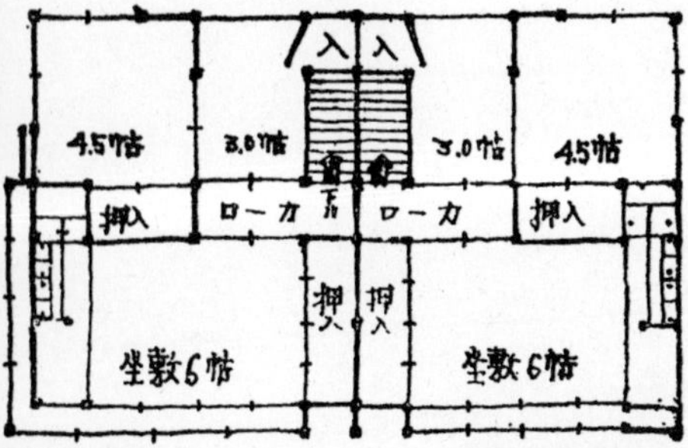


2階平面図

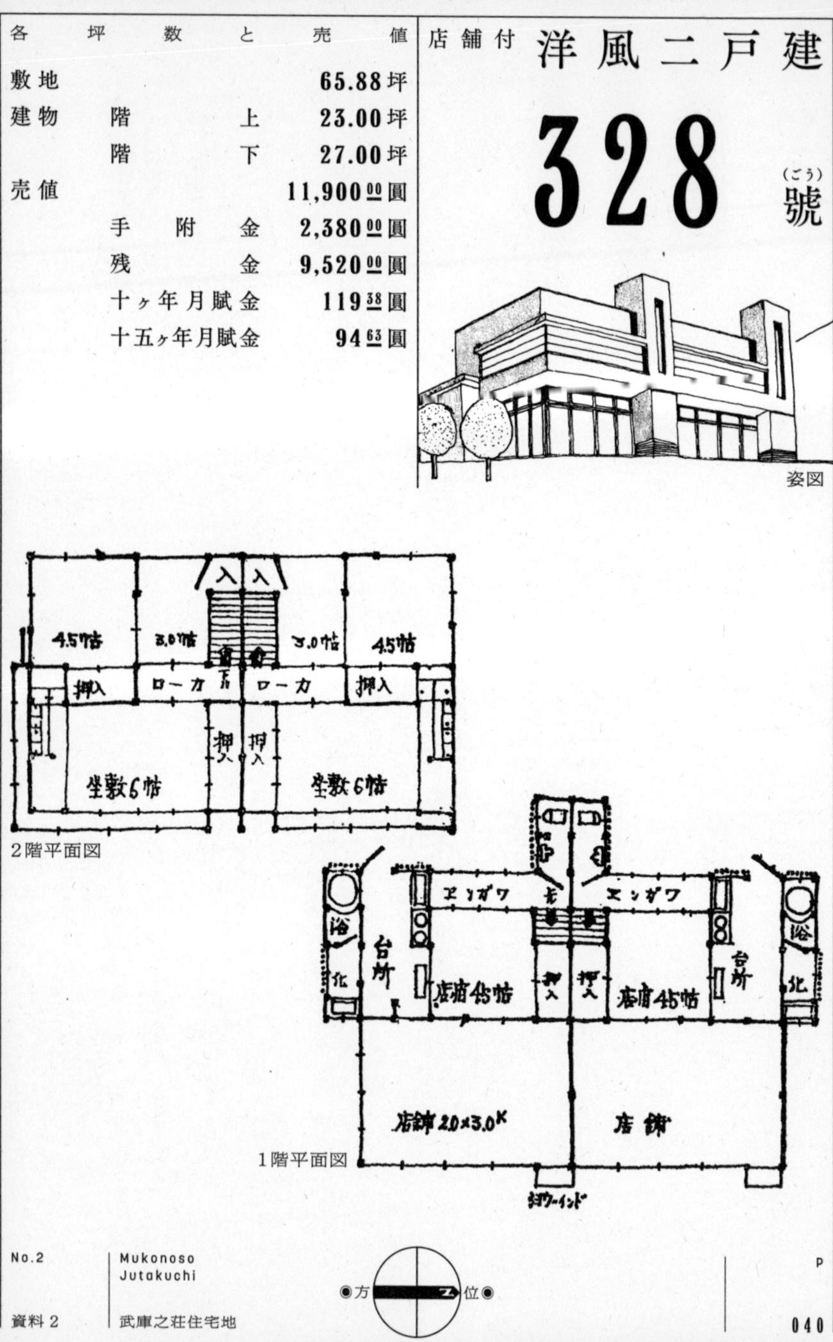

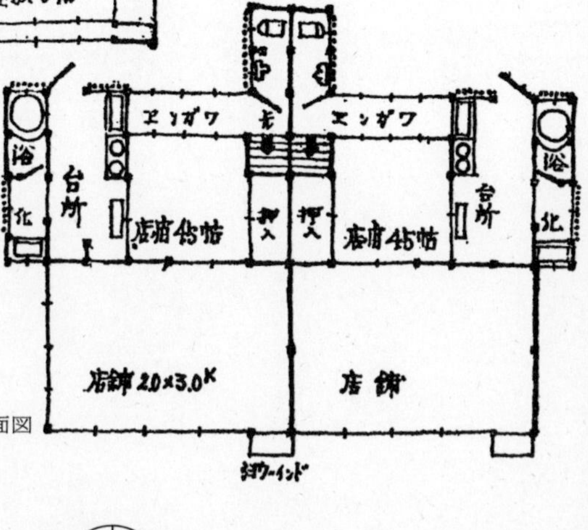


1階平面図

方位

| 各 | 坪 | 数 | と | 売 | 値 |
|---|---|---|---|---|---|
| 敷地 | | | | | 181.44坪 |
| 建物 | 階上 | | | | 11.75坪 |
| | 階下 | | | | 27.75坪 |
| | 物置 | | | | 1棟 |
| 売値 | | | | | 16,050$^{00}$圓 |
| | 手附金 | | | | 3,210$^{00}$圓 |
| | 残金 | | | | 12,840$^{00}$圓 |
| | 十ヶ年月賦金 | | | | 161$^{02}$圓 |
| | 十五ヶ年月賦金 | | | | 127$^{63}$圓 |

# 洋風二階建

# 452號《ごう》

南側面図

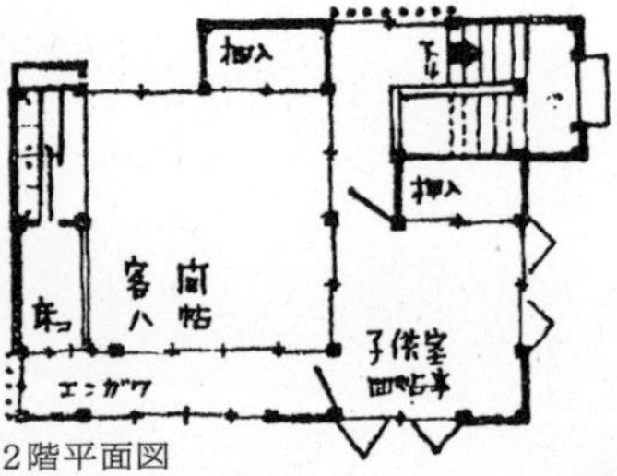


2階平面図

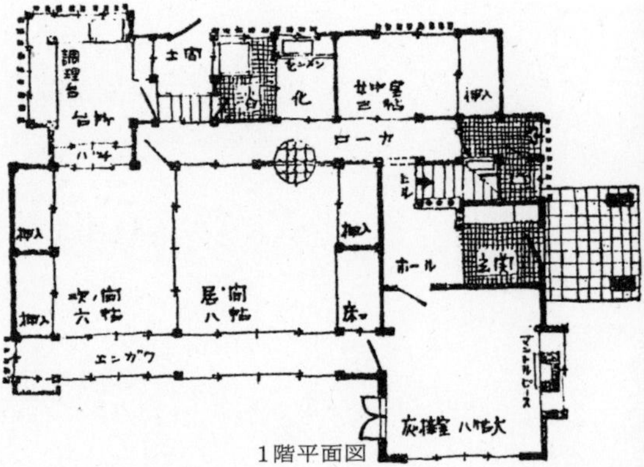


1階平面図

◉方　位◉

# 洋風二階建

# 484號《ごう》

| 各坪数と売値 | | |
|---|---|---|
| 敷地 | | 135.52坪 |
| 建物 | 階上 | 10.50坪 |
| | 階下 | 28.00坪 |
| | テレス | 2.50坪 |
| | 物置 | 1棟 |
| 売値 | | 12,800$^{00}$圓 |
| | 手附金 | 2,560$^{00}$圓 |
| | 残金 | 10,240$^{00}$圓 |
| | 十ヶ年月賦金 | 128$^{41}$圓 |
| | 十五ヶ年月賦金 | 101$^{79}$圓 |

南側面図

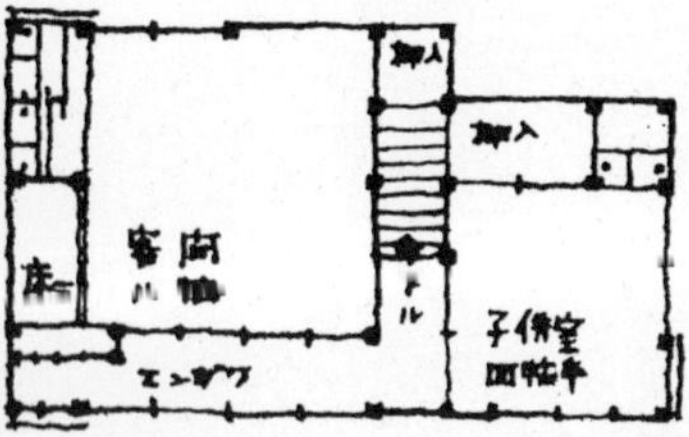


2階平面図

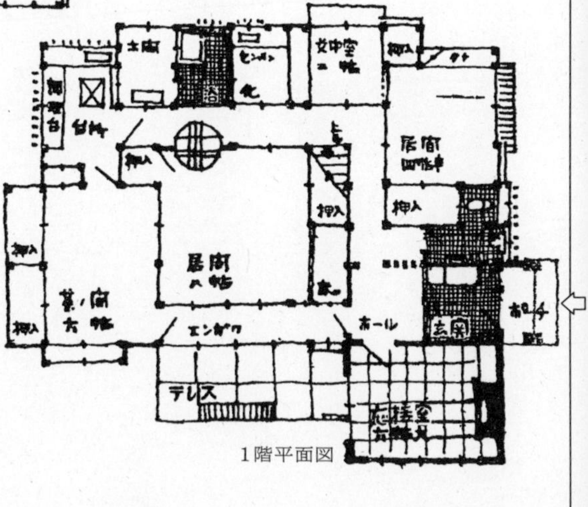


1階平面図

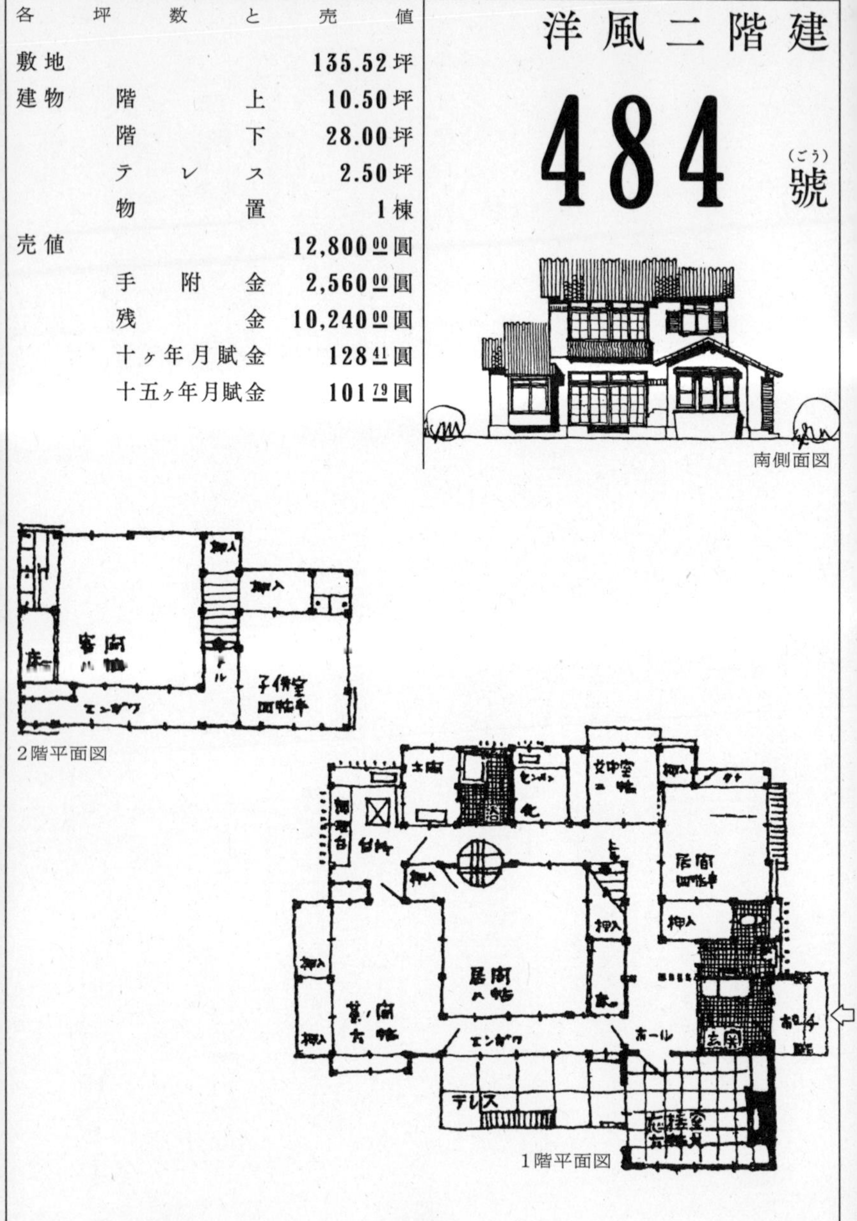

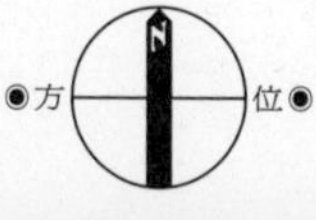

# 和風二階建

# 500 號《ごう》

| 各坪数と売値 | | | |
|---|---|---|---|
| 敷地 | | | 107.84坪 |
| 建物 | 階 | 上 | 8.00坪 |
| | 階 | 下 | 23.50坪 |
| | 物 | 置 | 1棟 |
| 売値 | | | 9,300$\underline{00}$圓 |
| | 手附 | 金 | 1,860$\underline{00}$圓 |
| | 残 | 金 | 7,440$\underline{00}$圓 |
| | 十ヶ年月賦金 | | 93$\underline{30}$圓 |
| | 十五ヶ年月賦金 | | 73$\underline{96}$圓 |

南側面図

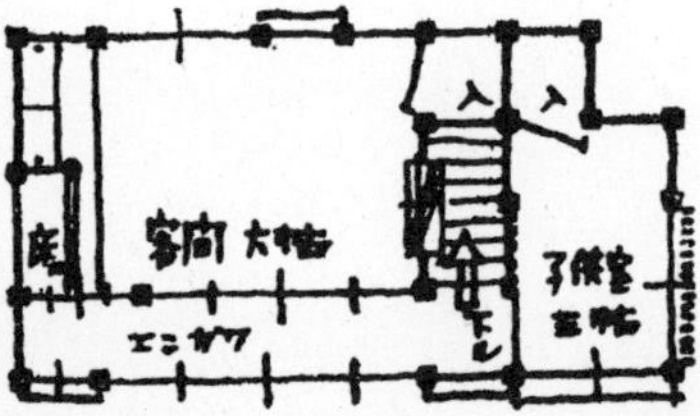


2階平面図

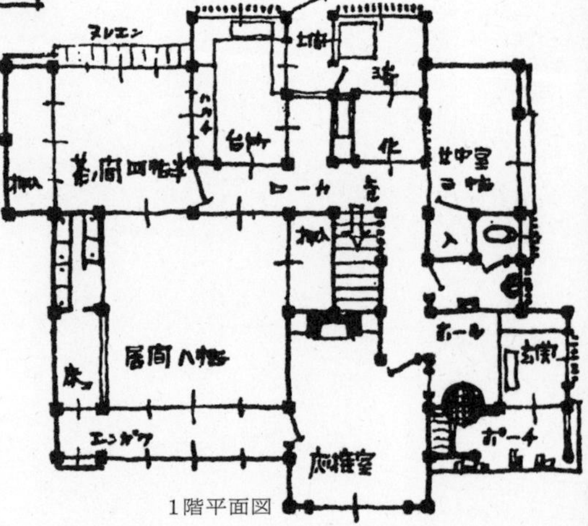


1階平面図

◉方　位◉

| 各 | 坪 | 数と売値 |
|---|---|---|
| 敷地 | | 108.90坪 |
| 建物 | 階上 | 9.50坪 |
| | 階下 | 24.00坪 |
| | 物置 | 1棟 |
| 売値 | | 9,600.00圓 |
| | 手附金 | 1,920.00圓 |
| | 残金 | 7,680.00圓 |
| | 十ヶ年月賦金 | 96.31圓 |
| | 十五ヶ年月賦金 | 76.34圓 |

# 和風二階建

# 523 號《ごう》

南側面図

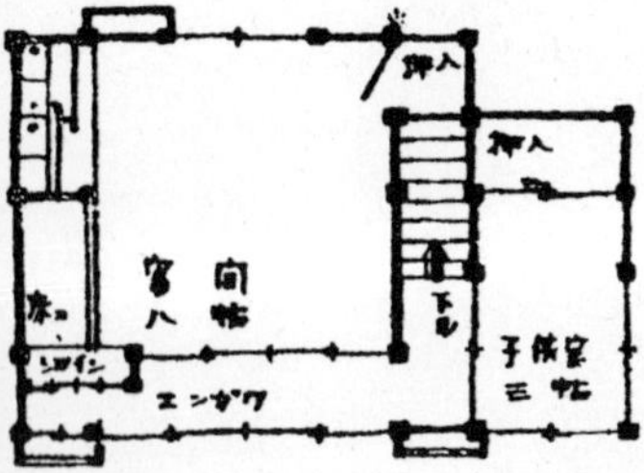


2階平面図

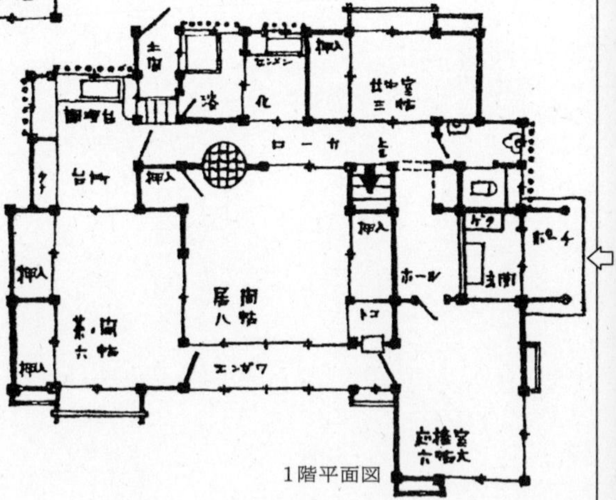


1階平面図

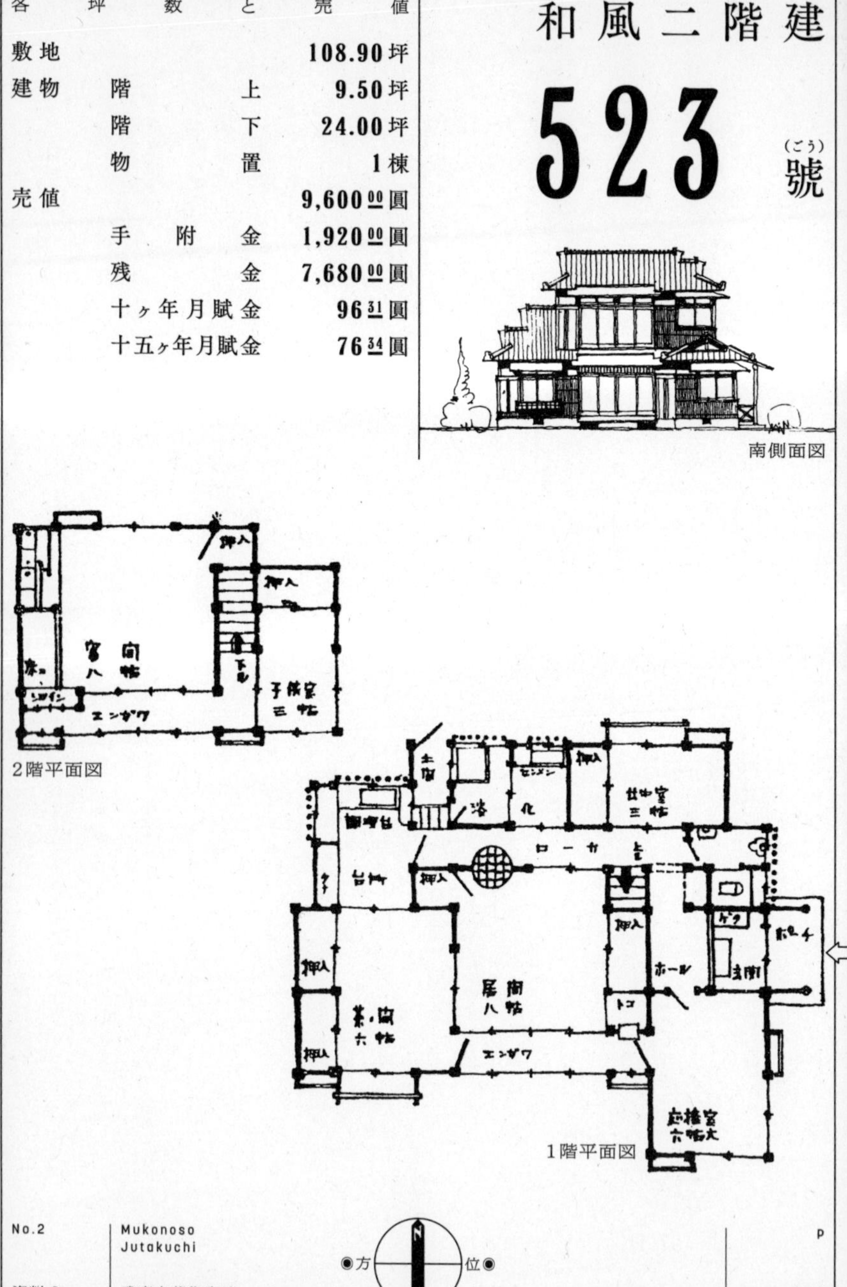

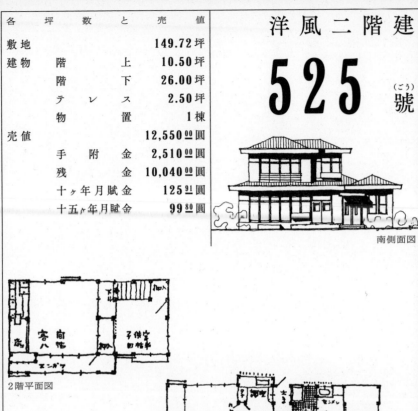

| 各坪数と売値 | | |
|---|---|---|
| 敷地 | | 149.72坪 |
| 建物 | 階上 | 10.50坪 |
| | 階下 | 26.00坪 |
| | テレス | 2.50坪 |
| | 物置 | 1棟 |
| 売値 | | 12,550$^{\underline{00}}$圓 |
| | 手附金 | 2,510$^{\underline{00}}$圓 |
| | 残金 | 10,040$^{\underline{00}}$圓 |
| | 十ヶ年月賦金 | 125$^{\underline{91}}$圓 |
| | 十五ヶ年月賦金 | 99$^{\underline{80}}$圓 |

# 洋風二階建

# 525號《ごう》

南側面図

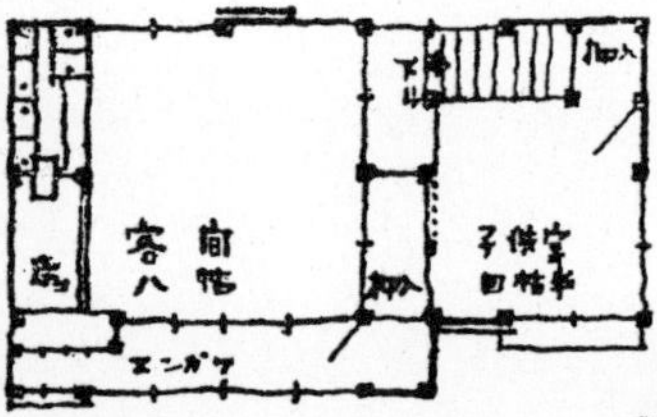


2階平面図

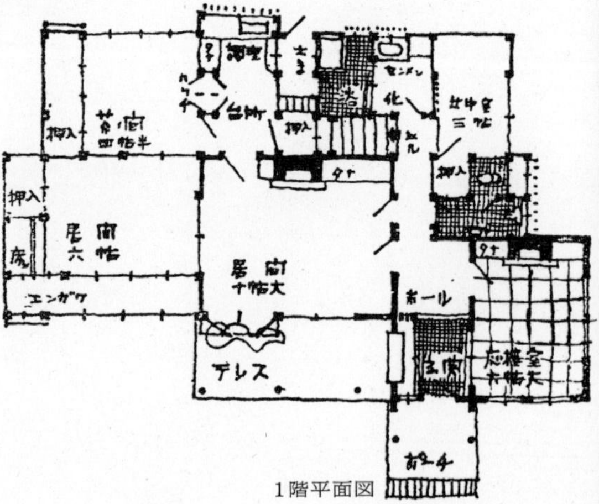


1階平面図

# 現代に続く和洋折衷スタイル

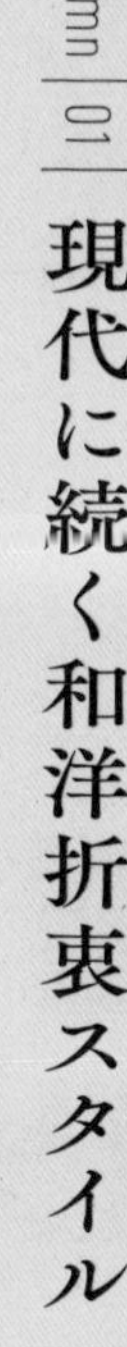

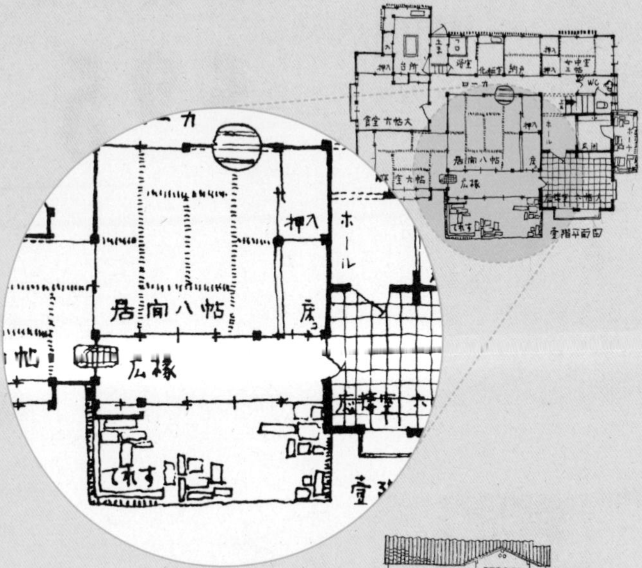

洋風二階建 | 271號 (p.132)

東側にある玄関からホール、応接間を抜けて奥に進むと、畳敷きの居間や寝室があります。外観や客用の空間は洋風ですが、家族が暮らす生活空間やプライベートな部屋には、やはり使い慣れた和式が選ばれていたことがわかります。一見すると洋風モダンな住宅でありながら、室内には一部和式が取り入れられている和洋折衷の住まいは、現代を生きる私たちの住宅にも、通じるスタイルではないでしょうか。（編集部）

武庫之荘住宅地
特價大賣出
大阪梅田
阪急電鉄地所課
電話北八〇一〇番

| 各坪数と売値 | | | |
|---|---|---|---|
| 敷地 | | | 137.50坪 |
| 建物 | 階 | 上 | 11.25坪 |
| | 階 | 下 | 31.62坪 |
| | 物 | 置 | 0.75坪 |
| 売値 | | | 15,600.00圓 |
| | 手附金 | | 3,120.00圓 |
| | 残金 | | 12,480.00圓 |
| | 十ヶ年月賦金 | | 156.50圓 |
| | 十五ヶ年月賦金 | | 124.06圓 |

# 洋風二階建

# 011號《ごう》

北側面図

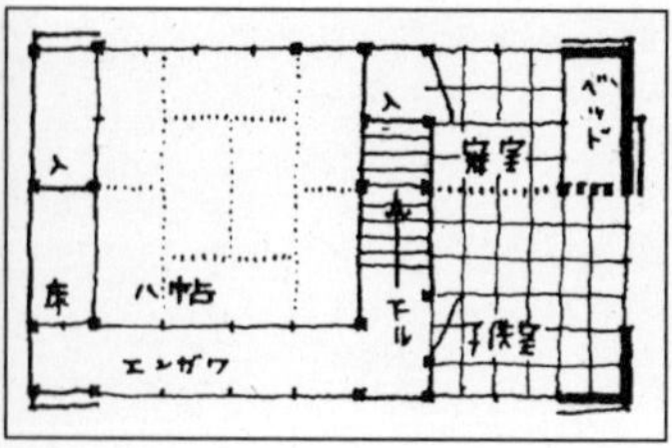

2階平面図

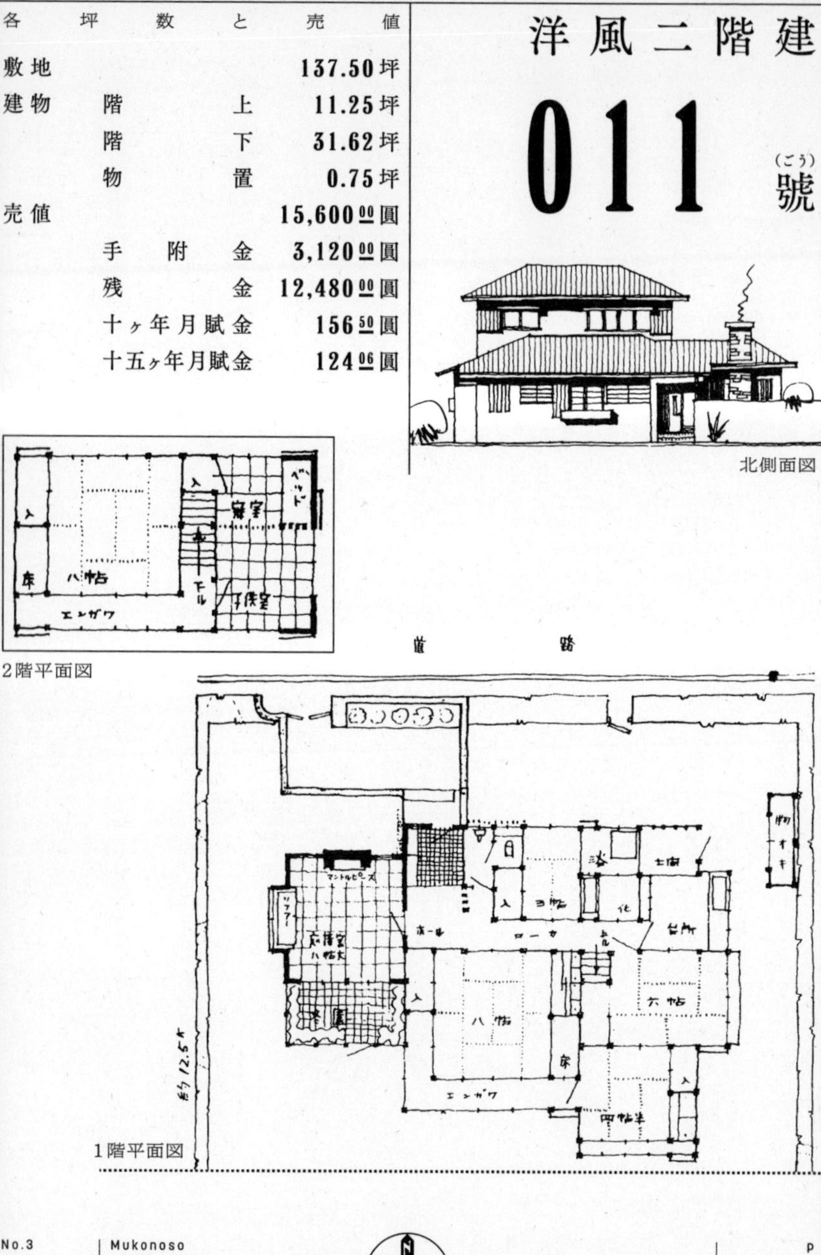

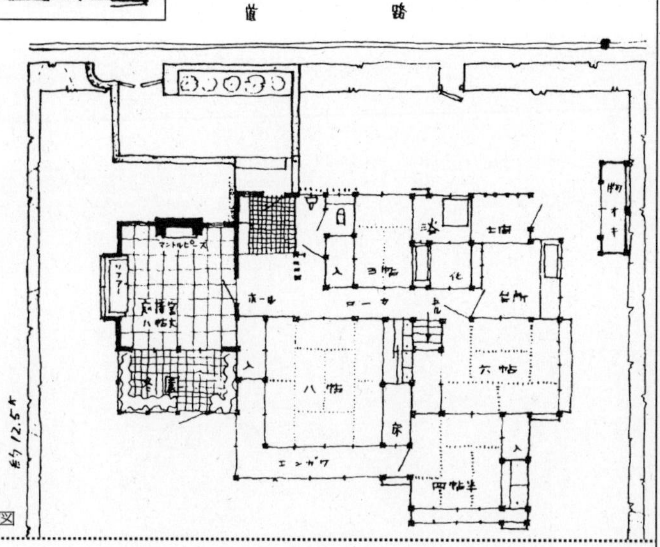

1階平面図

方位

| 各坪数と売値 | | | |
| --- | --- | --- | --- |
| 敷地 | | | 137.50坪 |
| 建物 | 階 | 上 | 10.55坪 |
| | 階 | 下 | 33.75坪 |
| | 物 | 置 | 0.75坪 |
| 売値 | | | 16,550$^{00}$圓 |
| | 手附金 | | 3,310$^{00}$圓 |
| | 残金 | | 13,240$^{00}$圓 |
| | 十ヶ年月賦金 | | 166$^{03}$圓 |
| | 十五ヶ年月賦金 | | 131$^{61}$圓 |

# 和風二階建

# 013號《(ごう)》

南側面図

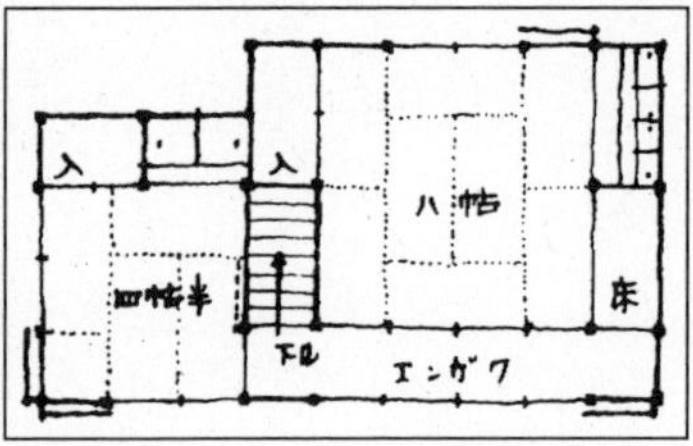


2階平面図

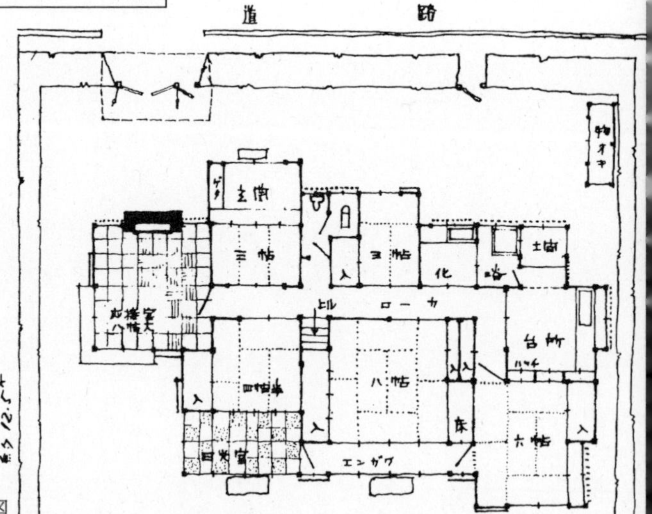


1階平面図

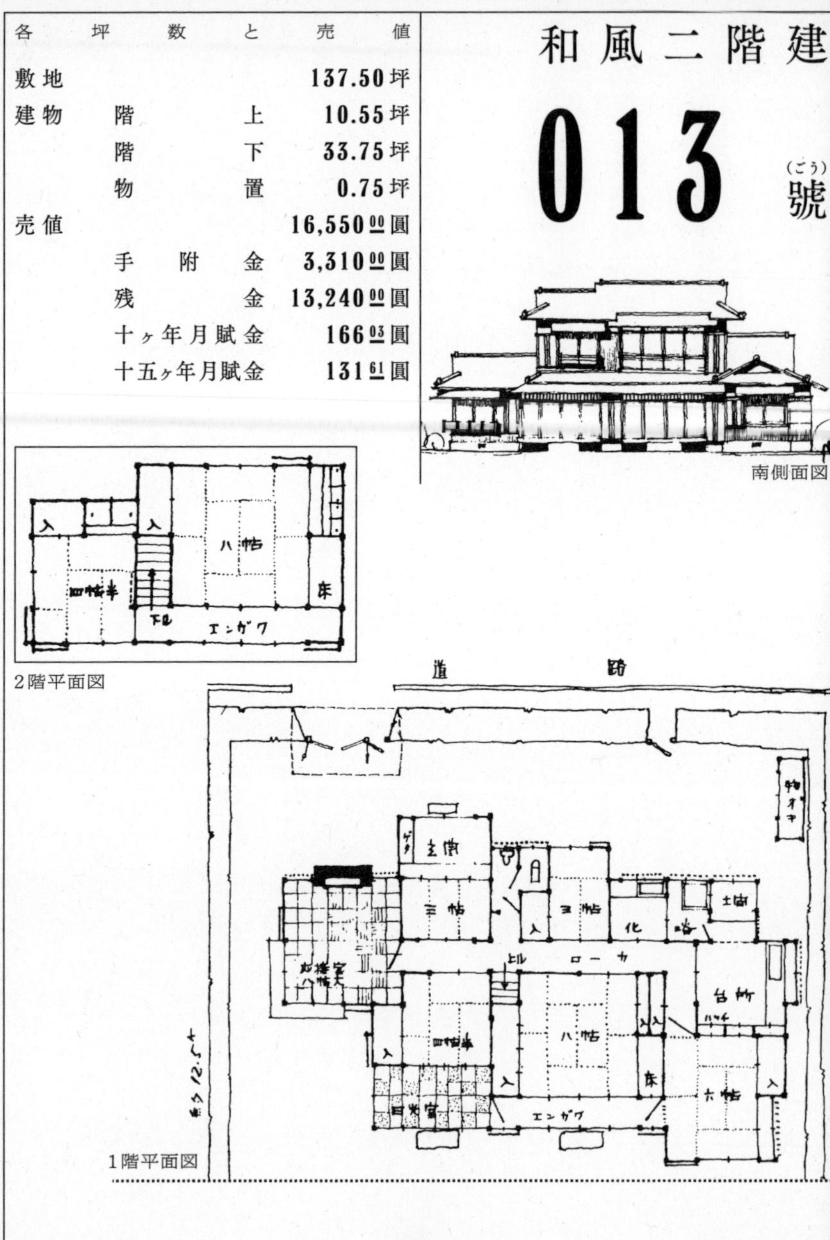

方位

# 洋風二階建

# 230 號《ごう》

| 各坪数と売値 | | | |
|---|---|---|---|
| 敷地 | | | 96.80坪 |
| 建物 | 階 | 上 | 9.00坪 |
| | 階 | 下 | 23.75坪 |
| | 物 | 置 | 0.75坪 |
| 売値 | | | 9,300.00圓 |
| | 手附金 | | 1,860.00圓 |
| | 残金 | | 7,440.00圓 |
| | 十ヶ年月賦金 | | 93.00圓 |
| | 十五ヶ年月賦金 | | 73.96圓 |

南側面図

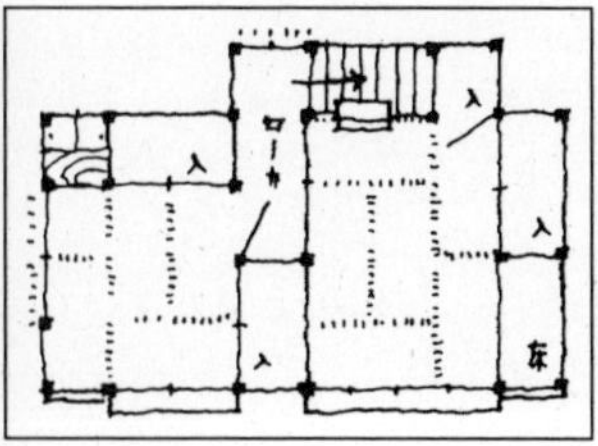


2階平面図

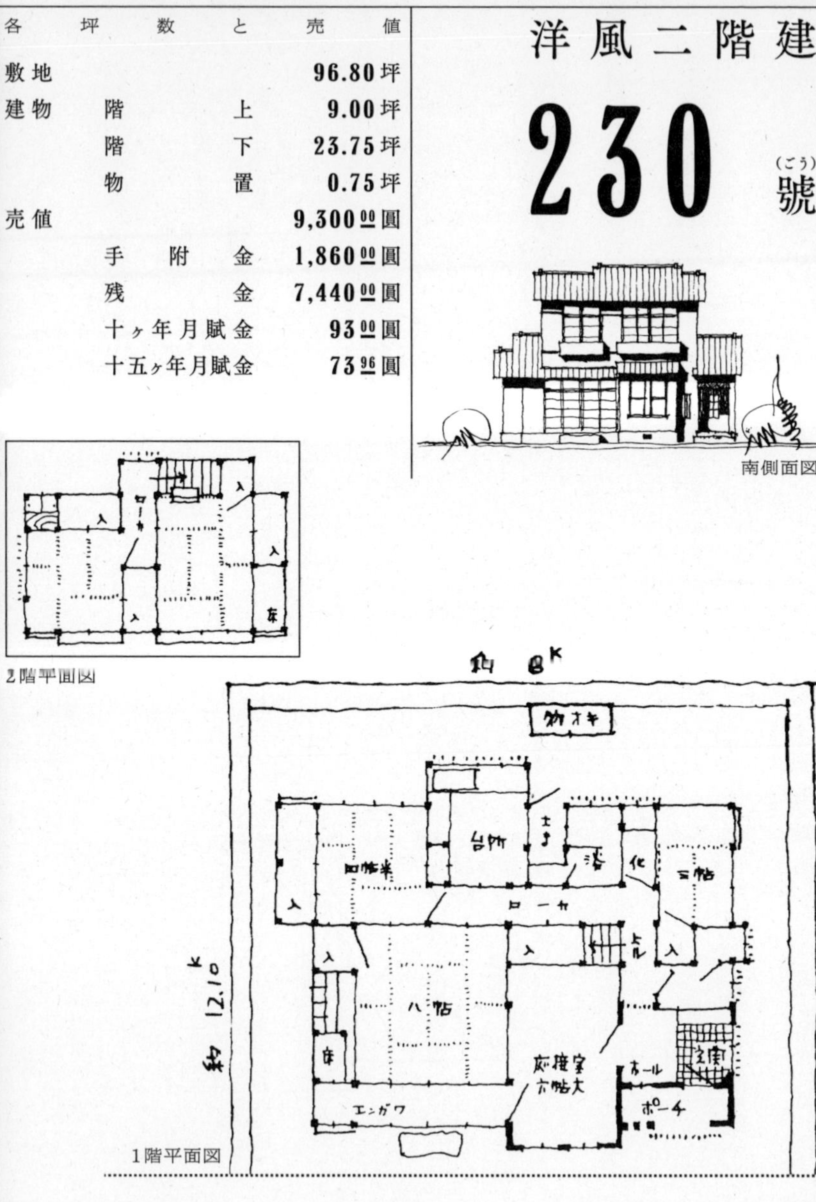

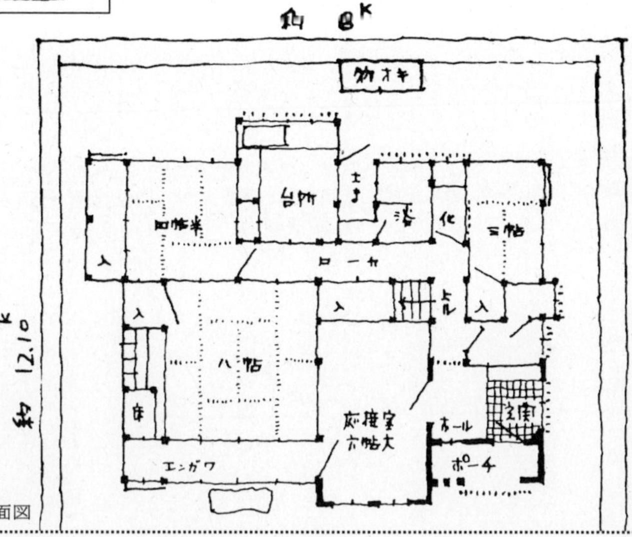


1階平面図

# 洋風二階建

# 316 號《ごう》

| 各坪数と売値 | | |
|---|---|---|
| 敷地 | | 110.75坪 |
| 建物 | 階上 | 9.25坪 |
| | 階下 | 31.00坪 |
| | 物置 | 0.75坪 |
| 売値 | | 14,250$^{\underline{00}}$圓 |
| | 手附金 | 2,850$^{\underline{00}}$圓 |
| | 残金 | 11,400$^{\underline{00}}$圓 |
| | 十ヶ年月賦金 | 142$^{\underline{96}}$圓 |
| | 十五ヶ年月賦金 | 113$^{\underline{32}}$圓 |

南側面図

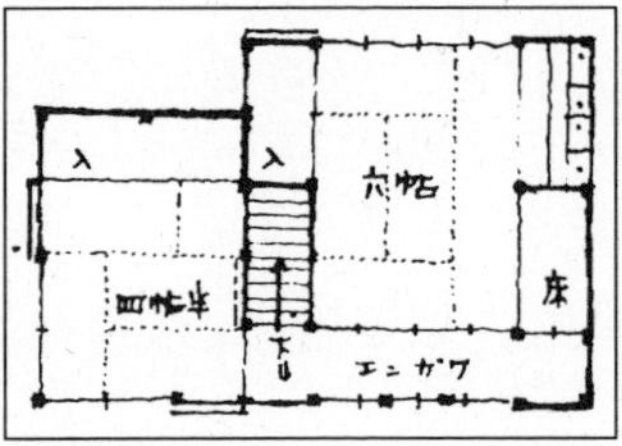


2階平面図

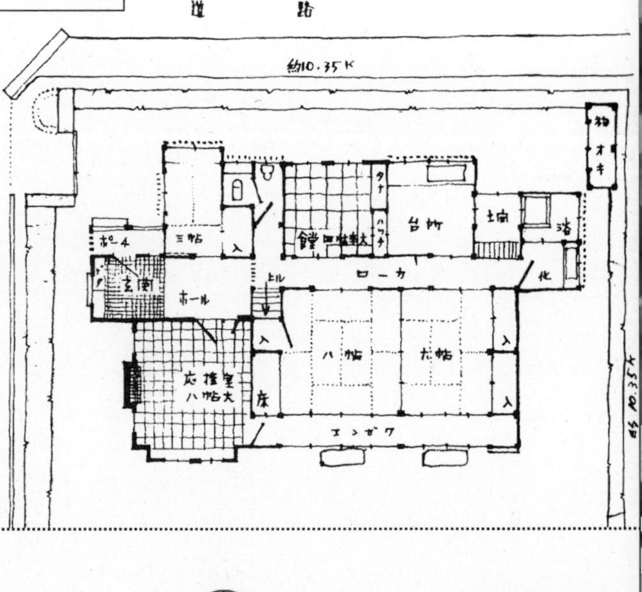


1階平面図

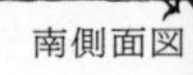

# 洋風二階建

# 326 號《ごう》

| 各坪数と売値 | | | |
|---|---|---|---|
| 敷地 | | | 98.70坪 |
| 建物 | 階 | 上 | 13.25坪 |
| | 階 | 下 | 31.75坪 |
| | 物 | 置 | 0.75坪 |
| 売値 | | | 14,850$^{00}$圓 |
| | 手附金 | | 2,970$^{00}$圓 |
| | 残金 | | 11,880$^{00}$圓 |
| | 十ヶ年月賦金 | | 148$^{98}$圓 |
| | 十五ヶ年月賦金 | | 118$^{09}$圓 |

南側面図

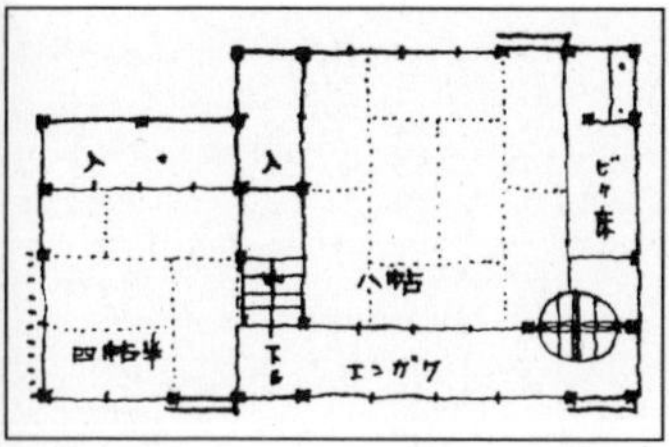

2階平面図

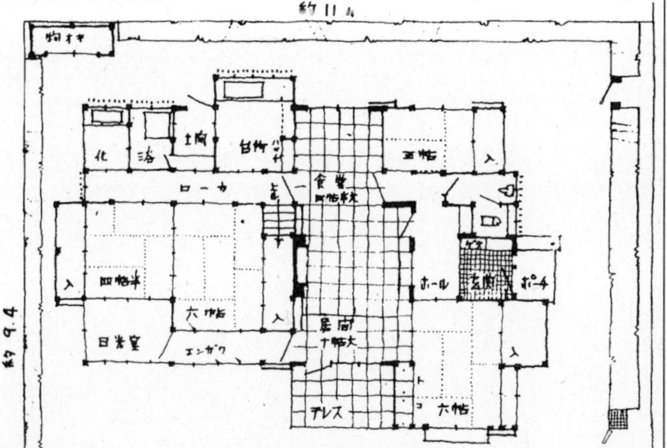

1階平面図

# 洋風二階建

# 326號《ごう》

| 各坪数と売値 | | | |
|---|---|---|---|
| 敷地 | | | 98.70坪 |
| 建物 | 階 | 上 | 13.25坪 |
| | 階 | 下 | 31.75坪 |
| | 物 | 置 | 0.75坪 |
| 売値 | | | 14,850$^{00}$圓 |
| | 手附 | 金 | 2,970$^{00}$圓 |
| | 残 | 金 | 11,880$^{00}$圓 |
| | 十ヶ年月賦 | 金 | 148$^{98}$圓 |
| | 十五ヶ年月賦 | 金 | 118$^{09}$圓 |

南側面図

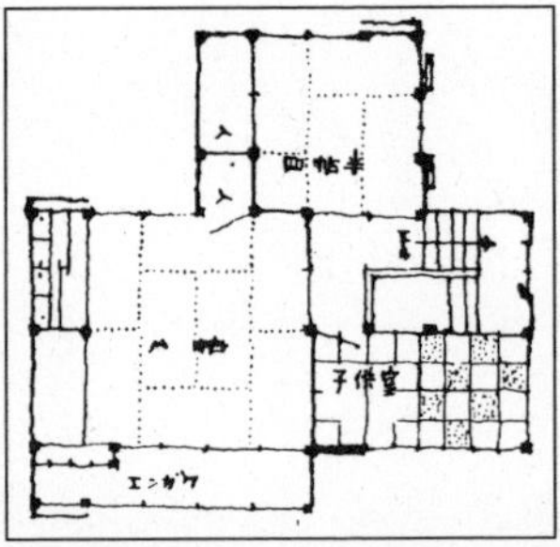

2階平面図

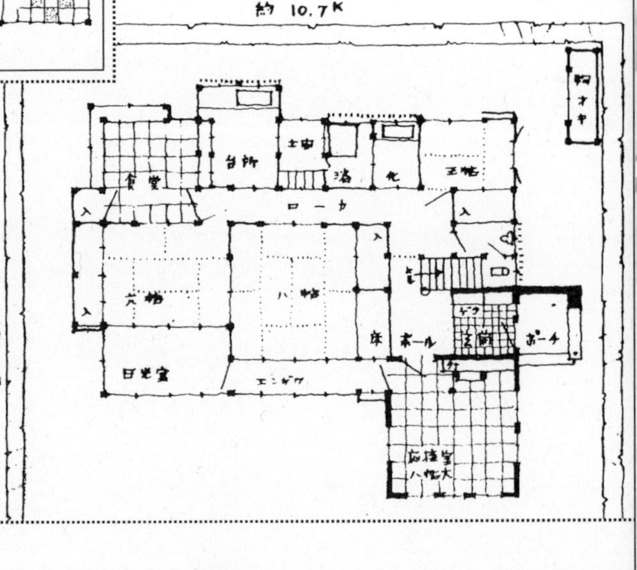

1階平面図

◉方　位◉

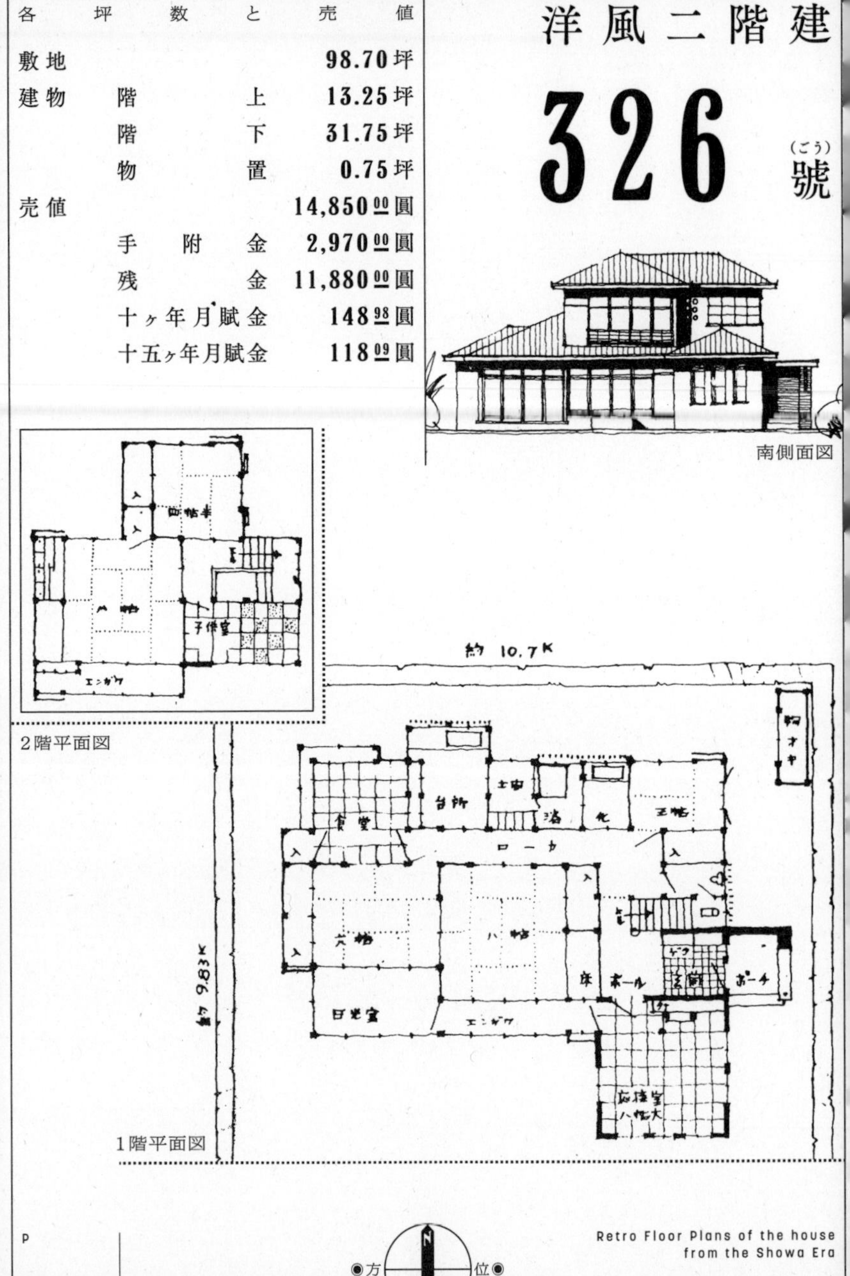

# 和風二階建

# 335 號《ごう》

| 各坪数と売値 | | |
| --- | --- | --- |
| 敷地 | | 107.73坪 |
| 建物 | 階上 | 9.50坪 |
| | 階下 | 26.75坪 |
| | 物置 | 0.75坪 |
| 売値 | | 13,150$^{00}$圓 |
| | 手附金 | 2,630$^{00}$圓 |
| | 残金 | 10,520$^{00}$圓 |
| | 十ヶ年月賦金 | 131$^{92}$圓 |
| | 十五ヶ年月賦金 | 104$^{57}$圓 |

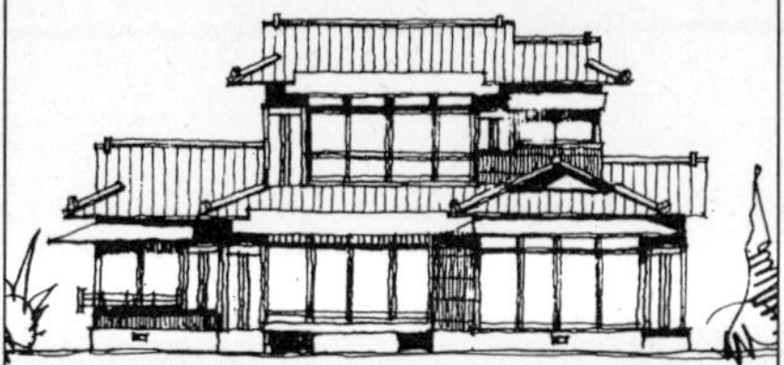

南側面図

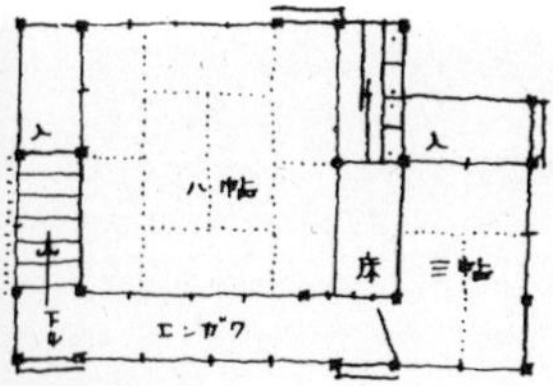


2階平面図

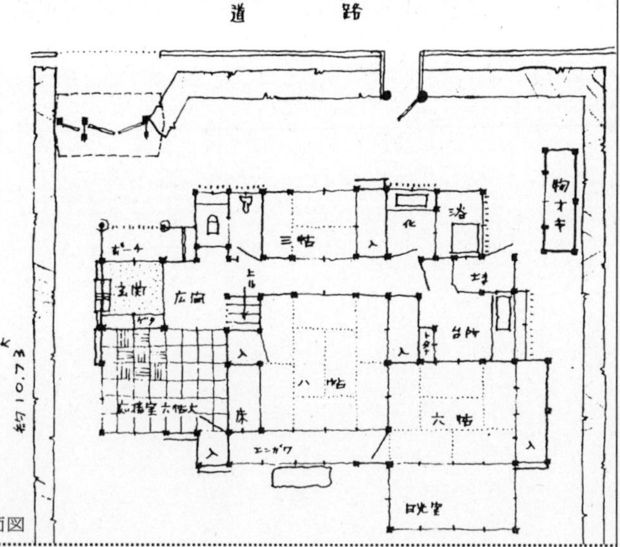


1階平面図

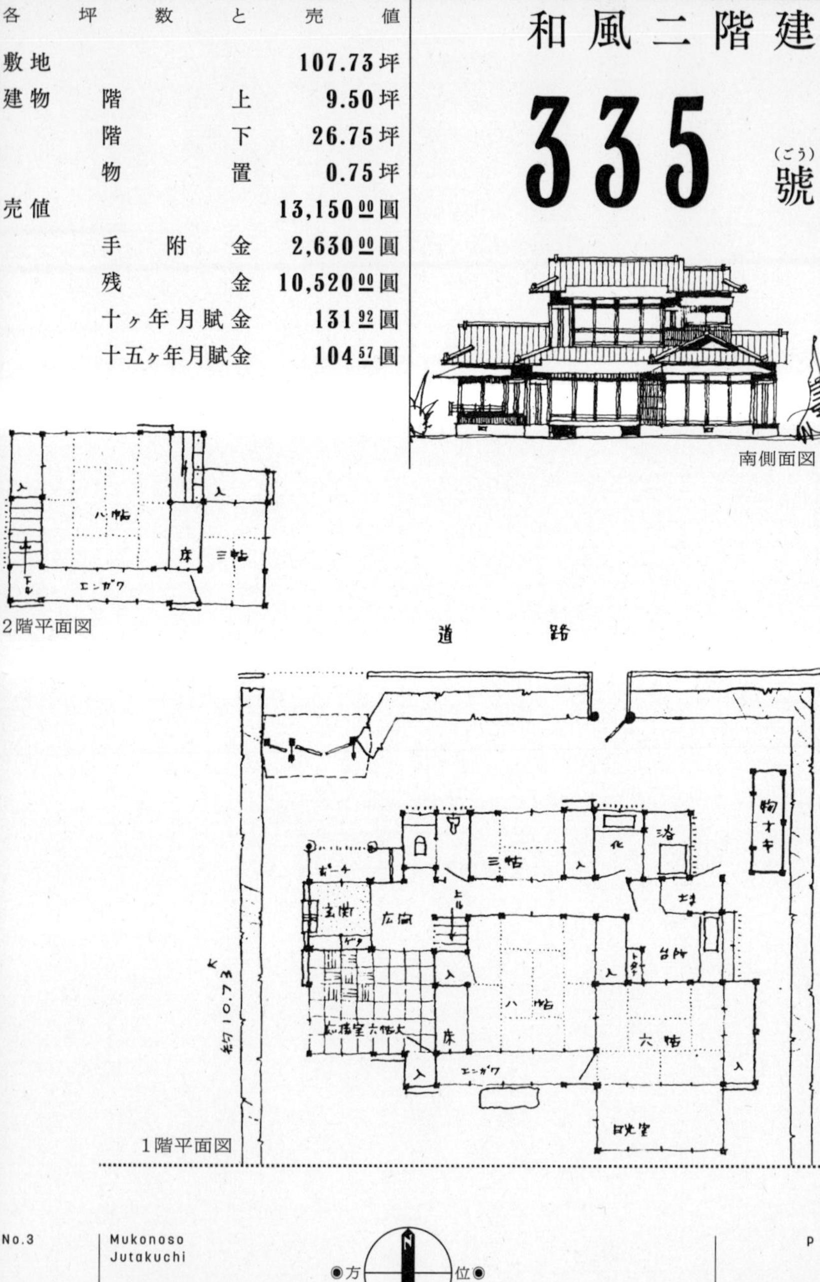

# 洋風二階建

# 353 號《ごう》

| 各坪数と売値 | | |
|---|---|---|
| 敷地 | | 118.20坪 |
| 建物 | 階上 | 11.75坪 |
| | 階下 | 251.25坪 |
| | テレス | 2.00坪 |
| | 物置 | 0.75坪 |
| 売値 | | 13,750$^{\underline{00}}$圓 |
| | 手附金 | 2,750$^{\underline{00}}$圓 |
| | 残金 | 11,000$^{\underline{00}}$圓 |
| | 十ヶ年月賦金 | 137$^{\underline{94}}$圓 |
| | 十五ヶ年月賦金 | 109$^{\underline{34}}$圓 |

南側面図

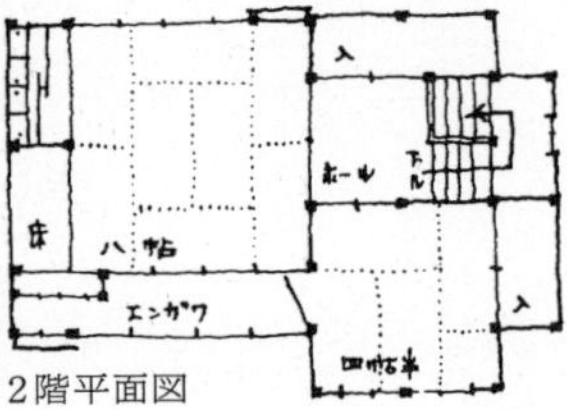

2階平面図

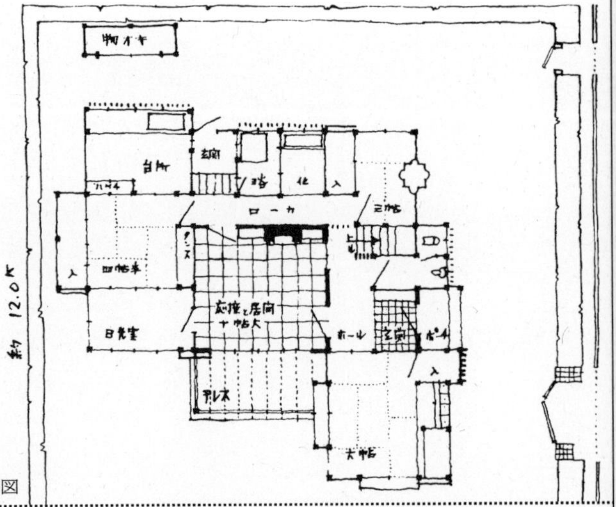

1階平面図

◉方　位◉

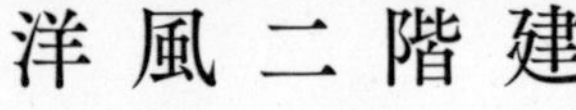

# 洋風二階建

# 358 號《（ごう）》

| 各坪 | | 数と売値 |
|---|---|---|
| 敷地 | | 118.65坪 |
| 建物 | 階上 | 128.75坪 |
| | 階下 | 31.75坪 |
| | テレス | 1.00坪 |
| | 物置 | 0.75坪 |
| 売値 | | 15,600$^{\underline{00}}$圓 |
| | 手附金 | 3,120$^{\underline{00}}$圓 |
| | 残金 | 12,480$^{\underline{00}}$圓 |
| | 十ヶ年月賦金 | 156$^{\underline{50}}$圓 |
| | 十五ヶ年月賦金 | 124$^{\underline{06}}$圓 |

南側面図

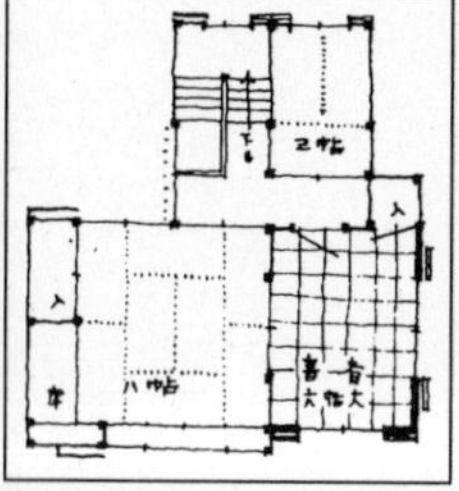


2階平面図

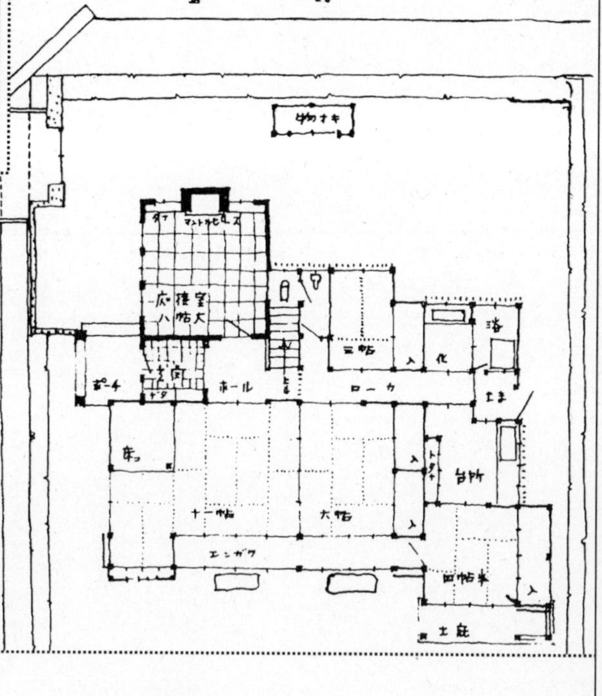


1階平面図

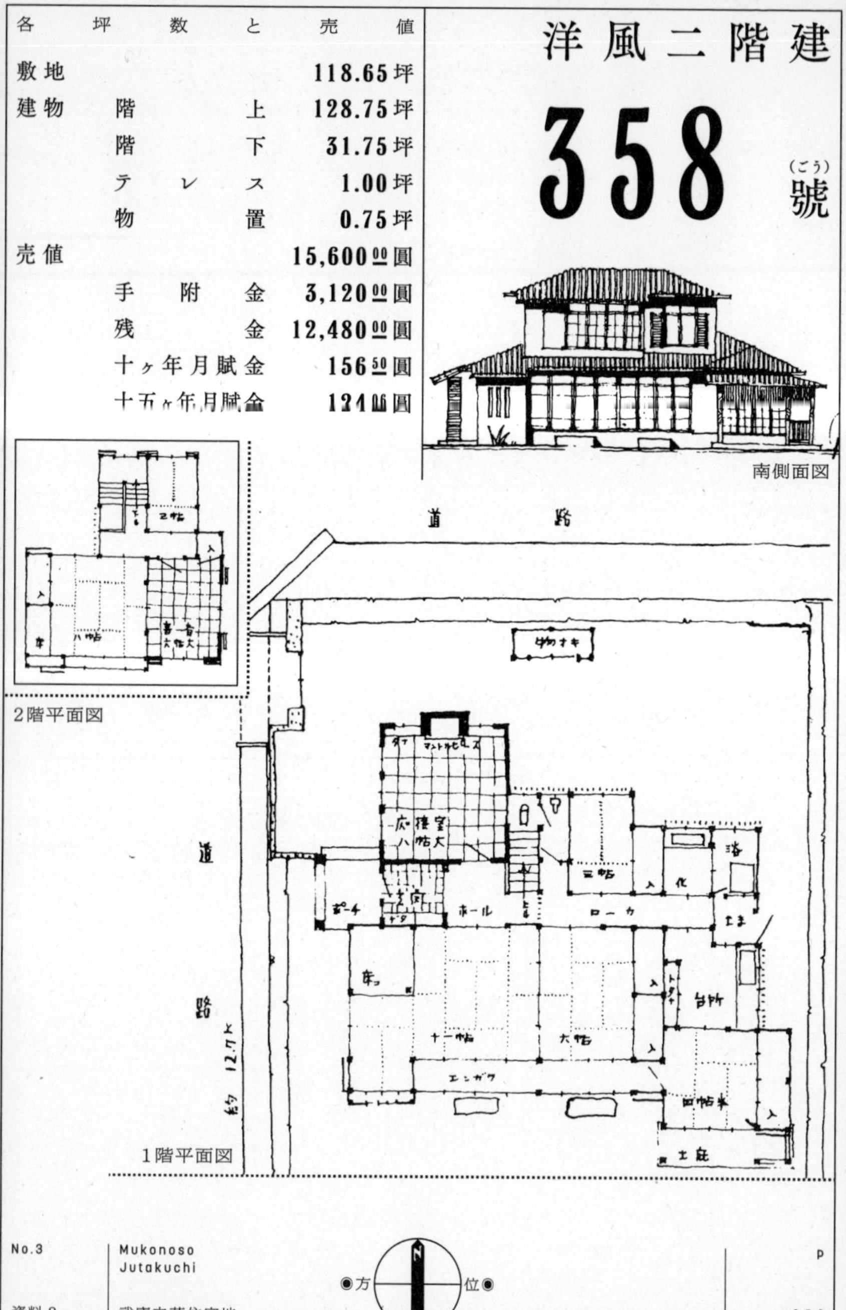

◉方　位◉

# 和風二階建

# 372號《ごう》

| 各 | 坪 | 数と売値 | |
|---|---|---|---|
| 敷地 | | | 94.63坪 |
| 建物 | 階上 | | 9.50坪 |
| | 階下 | | 28.25坪 |
| | 物置 | | 0.75坪 |
| 売値 | | | 12,950$^{\underline{00}}$圓 |
| | 手附金 | | 2,590$^{\underline{00}}$圓 |
| | 残金 | | 10,360$^{\underline{00}}$圓 |
| | 十ヶ年月賦金 | | 129$^{\underline{92}}$圓 |
| | 十五ヶ年月賦金 | | 102$^{\underline{89}}$圓 |

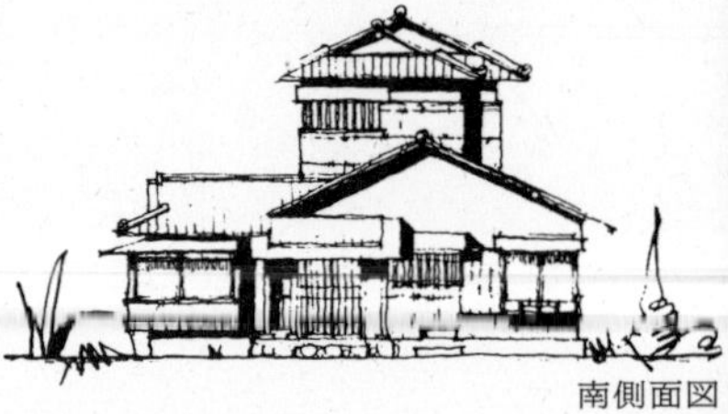

南側面図

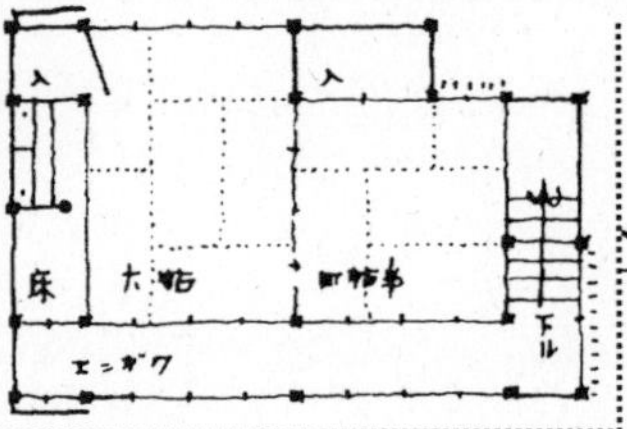


2階平面図

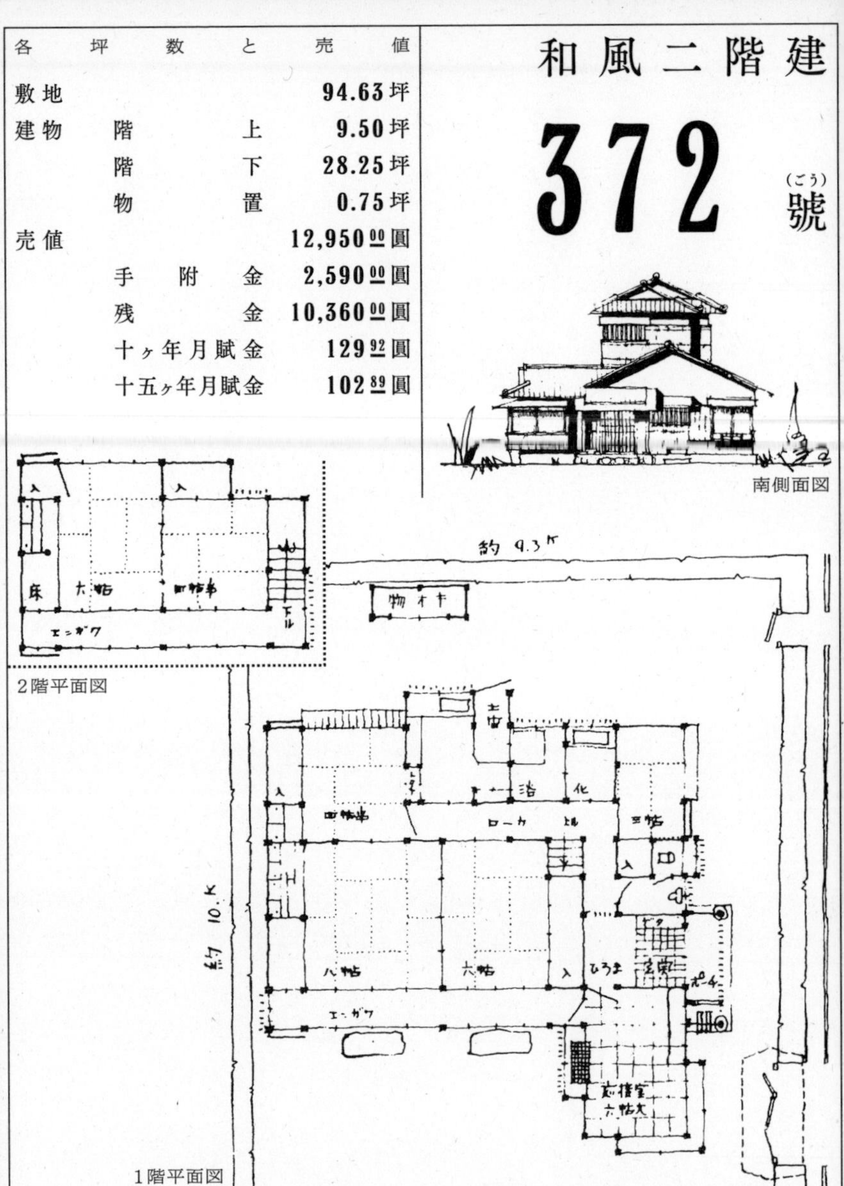

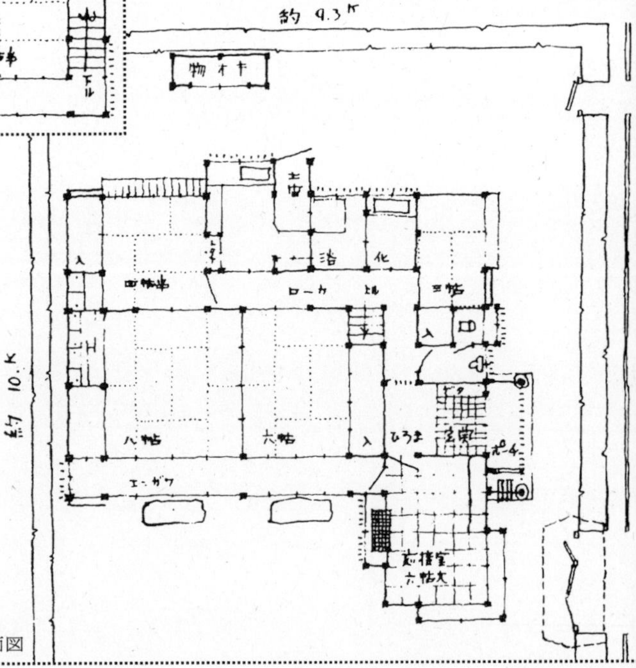


1階平面図

# 和風二階建

# 379 號《（ごう）》

| 各坪数と売値 | | |
|---|---|---|
| 敷地 | | 95.21坪 |
| 建物 | 階上 | 9.25坪 |
| | 階下 | 31.25坪 |
| | 物置 | 0.75坪 |
| 売値 | | 13,650.00圓 |
| | 手附金 | 2,730.00圓 |
| | 残金 | 10,920.00圓 |
| | 十ヶ年月賦金 | 136.94圓 |
| | 十五ヶ年月賦金 | 108.55圓 |

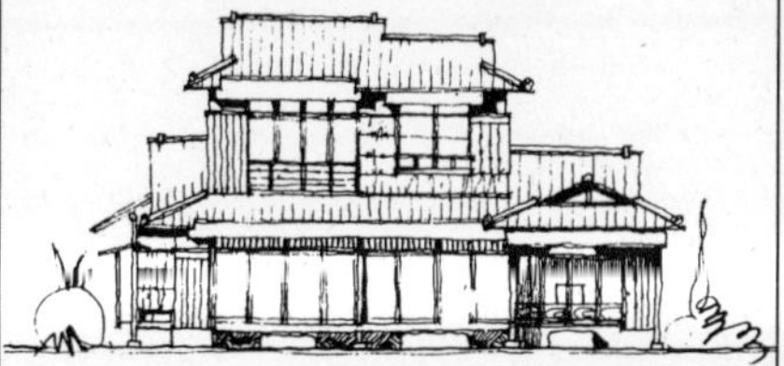

南側面図

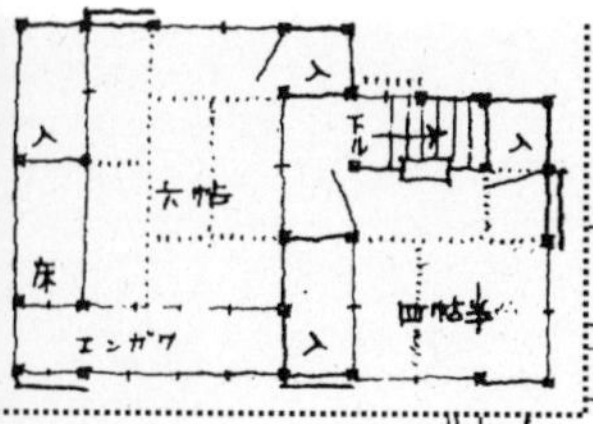


2階平面図

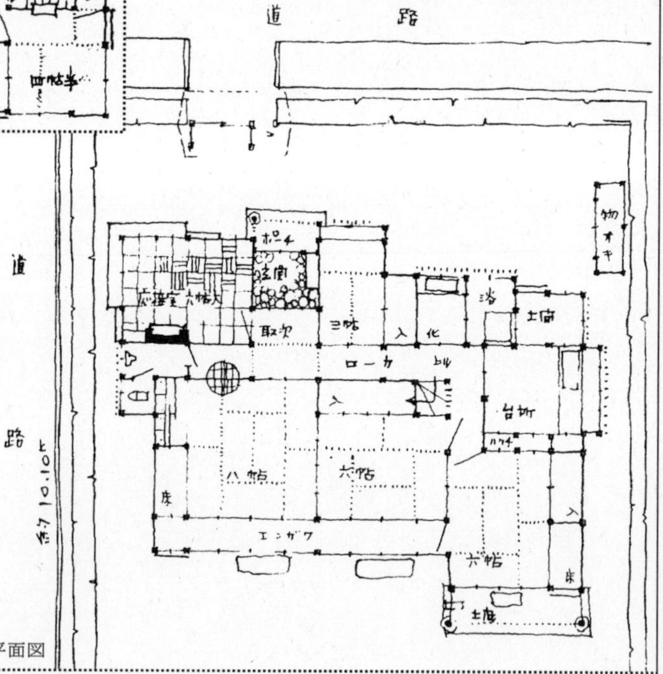


1階平面図

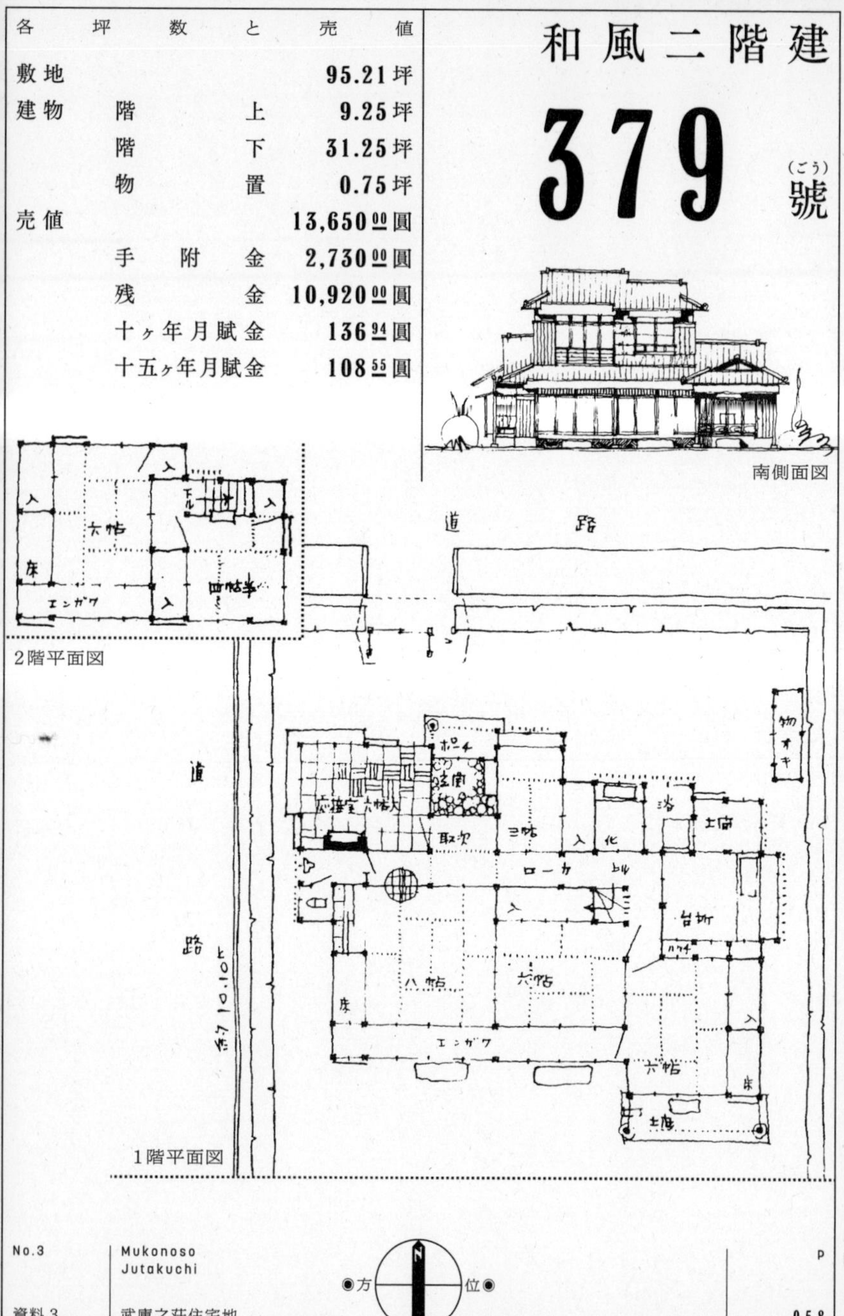

# 和風二階建

# 383號《ごう》

| 各坪数と売値 | | |
|---|---|---|
| 敷地 | | 97.20坪 |
| 建物 | 階上 | 8.25坪 |
| | 階下 | 241.25坪 |
| | テレス | 1.75坪 |
| | 物置 | 0.75坪 |
| 売値 | | 11,800$^{00}$圓 |
| | 手附金 | 2,360$^{00}$圓 |
| | 残金 | 9,440$^{00}$圓 |
| | 十ヶ年月賦金 | 118$^{38}$圓 |
| | 十五ヶ年月賦金 | 93$^{84}$圓 |

南側面図

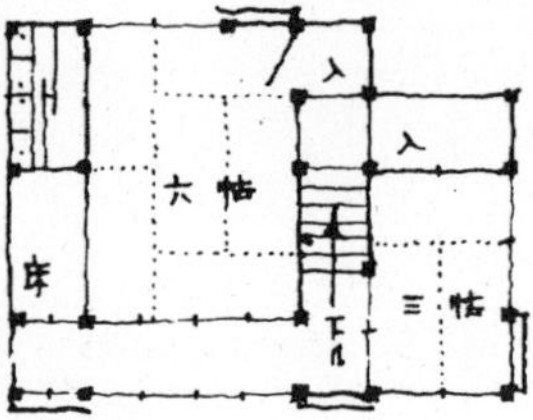


2階平面図

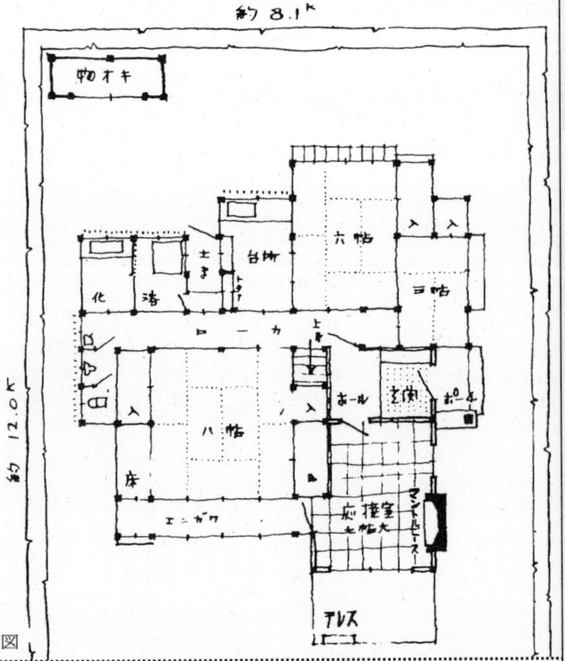


1階平面図

◉方  位◉

# 洋風二階建 388号

| 各坪数と売値 | | |
|---|---|---|
| 敷地 | | 119.71坪 |
| 建物 | 階上 | 11.75坪 |
| | 階下 | 29.75坪 |
| | 物置 | 0.75坪 |
| 売値 | | 14,900<u>00</u>圓 |
| | 手附金 | 2,980<u>00</u>圓 |
| | 残金 | 11,920<u>00</u>圓 |
| | 十ヶ年月賦金 | 149<u>48</u>圓 |
| | 十五ヶ年月賦金 | 118<u>49</u>圓 |

南側面図

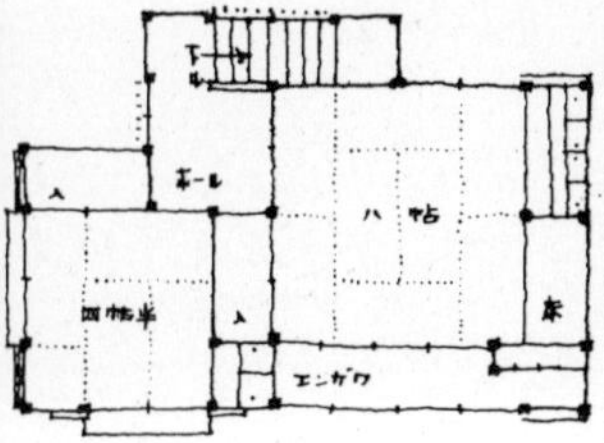

2階平面図

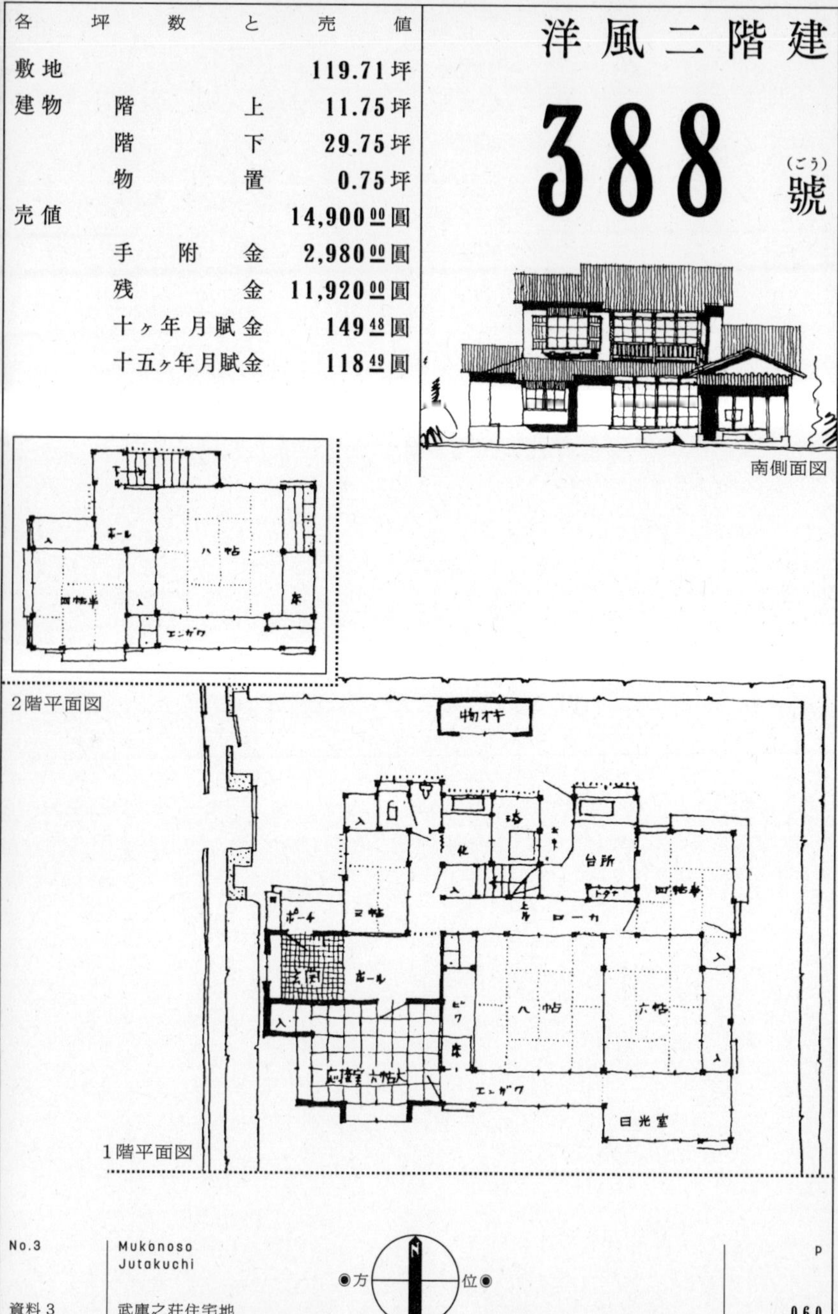

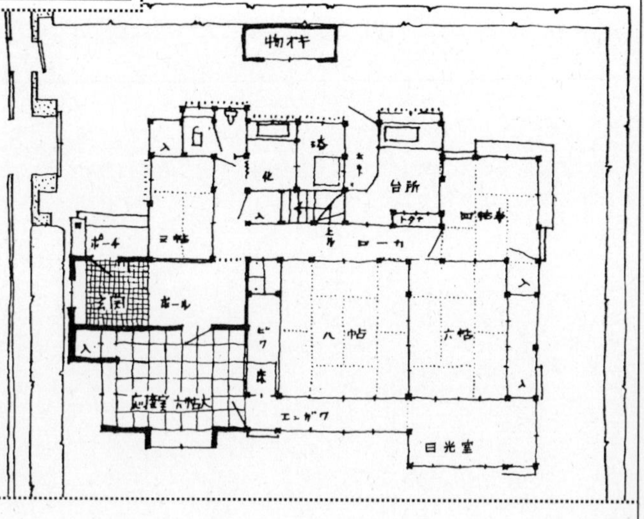

1階平面図

方位

# 洋風二階建 389號《ごう》

| 各 | 坪 | 数 | と | 売 | 値 |
|---|---|---|---|---|---|
| 敷地 | | | | 95.06坪 | |
| 建物 | 階上 | | | 9.80坪 | |
| | 階下 | | | 26.50坪 | |
| | 物置 | | | 0.75坪 | |
| 売値 | | | | $12{,}650^{\underline{00}}$圓 | |
| | 手附金 | | | $2{,}530^{\underline{00}}$圓 | |
| | 残金 | | | $10{,}120^{\underline{00}}$圓 | |
| | 十ヶ年月賦金 | | | $126^{\underline{91}}$圓 | |
| | 十五ヶ年月賦金 | | | $100^{\underline{60}}$圓 | |

東側面図

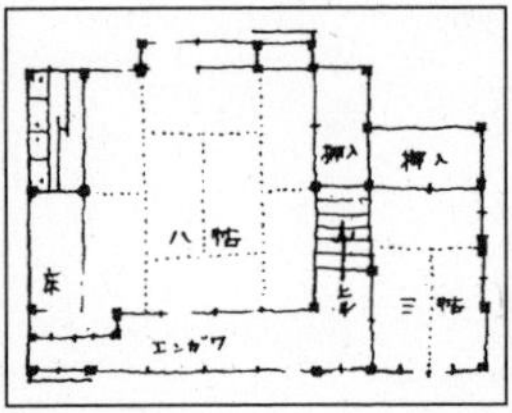


2階平面図

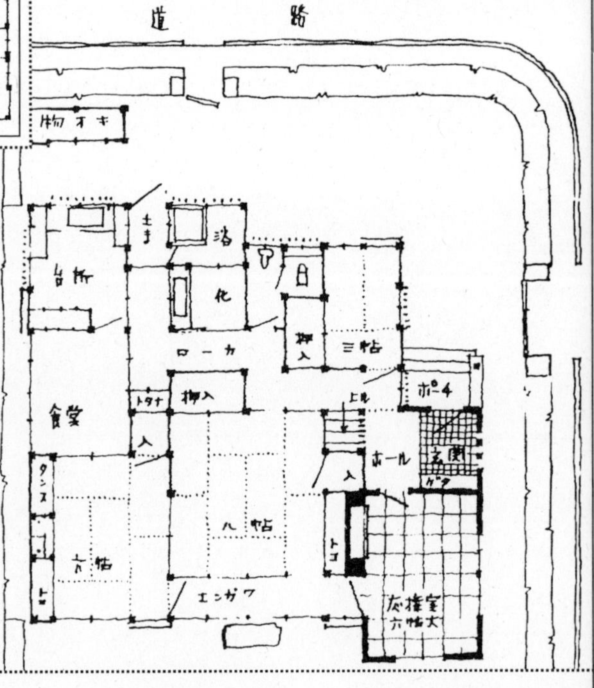


1階平面図

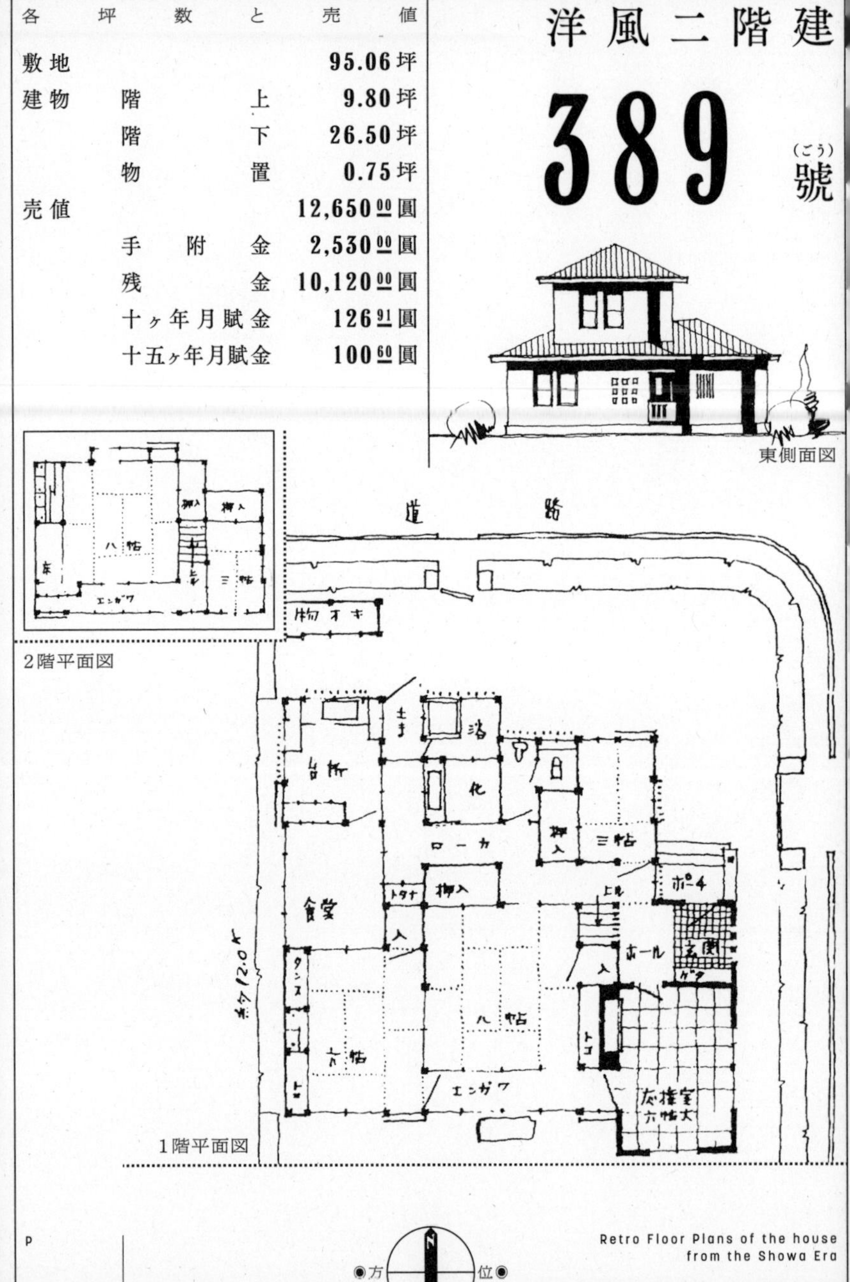

| 各坪数と売値 | | | |
|---|---|---|---|
| 敷地 | | | 100.20坪 |
| 建物 | 階 | 上 | 10.50坪 |
| | 階 | 下 | 25.38坪 |
| | 物 | 置 | 0.75坪 |
| 売値 | | | 12,750.00圓 |
| | 手附 | 金 | 2,550.00圓 |
| | 残 | 金 | 10,200.00圓 |
| | 十ヶ年月賦 | 金 | 127.91圓 |
| | 十五ヶ年月賦 | 金 | 101.36圓 |

# 洋風二階建

# 395號《ごう》

東側面図

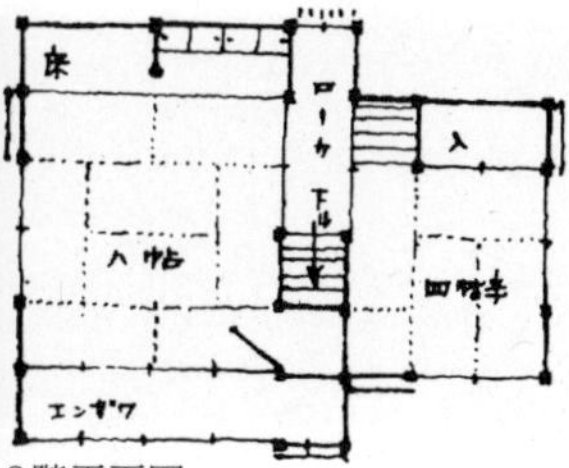


2階平面図

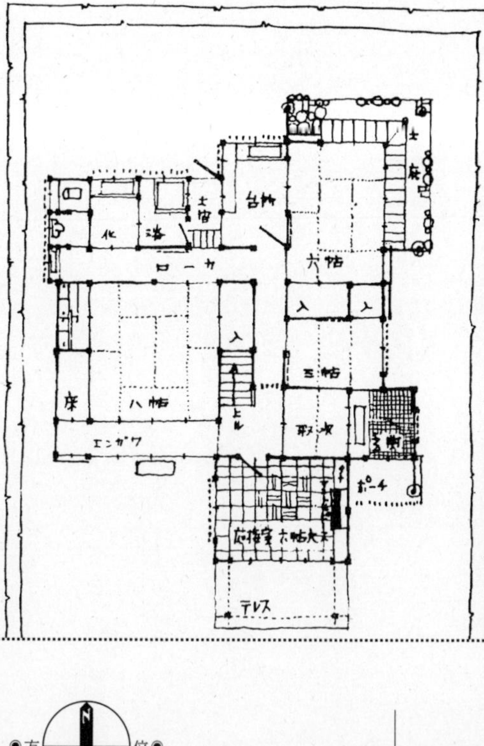


1階平面図

方位

# 和風二階建

# 398號《ごう》

| 各坪数と売値 | | |
|---|---|---|
| 敷地 | | 123.07坪 |
| 建物 | 階上 | 11.25坪 |
| | 階下 | 30.50坪 |
| | 物置 | 0.75坪 |
| 売値 | | 15,100<u>00</u>圓 |
| | 手附金 | 3,020<u>00</u>圓 |
| | 残金 | 12,080<u>00</u>圓 |
| | 十ヶ年月賦金 | 151<u>49</u>圓 |
| | 十五ヶ年月賦金 | 120<u>08</u>圓 |

東側面図

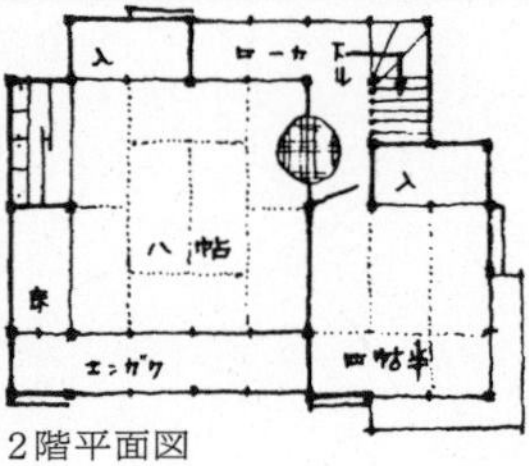


2階平面図

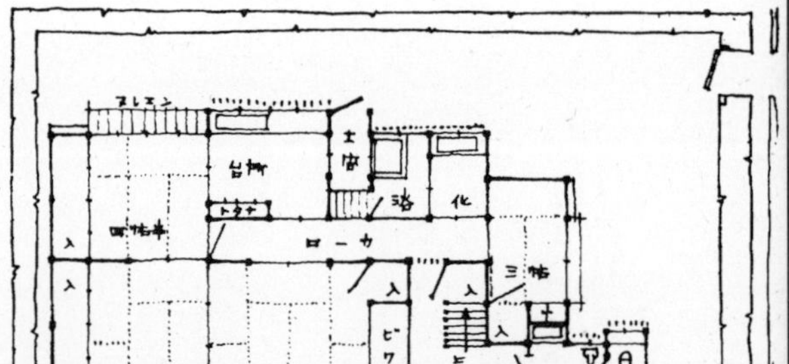


1階平面図

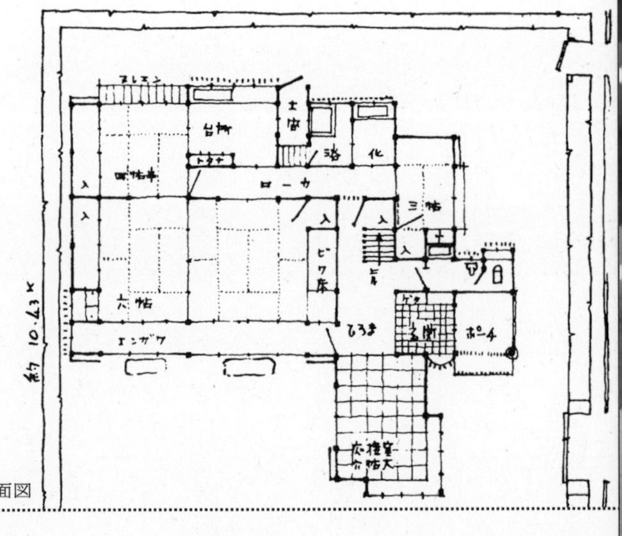

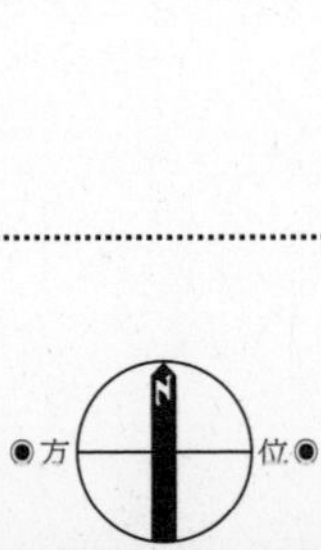

# 家をまわす女中たちの部屋

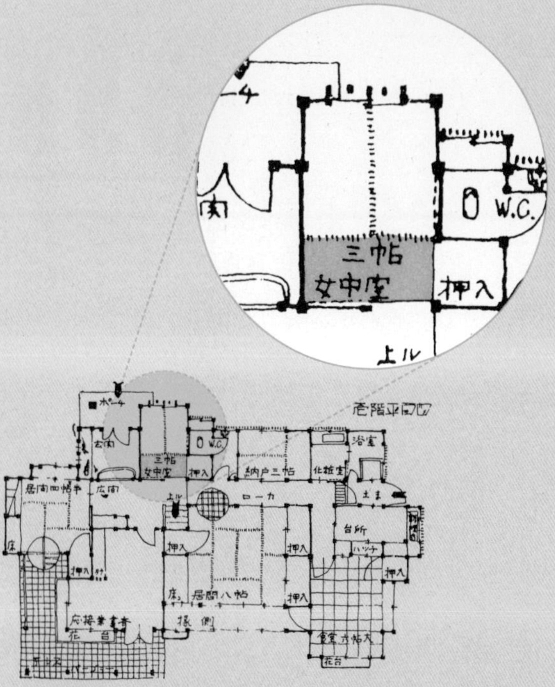


**洋風二階建** | **251號**（p.130）

「女中」とは、よその家に雇われて家事の手伝いをする女性のこと。「女中さん」などと呼ばれて親しまれていました。当時は家電がまだ発達しておらず、日々こなすべき家事は膨大なもので、料理屋や旅館だけでなく、一般家庭でも女中が雇われていました。彼女たちは住み込みで雇い主と生活をともにすることが多く、大正から昭和のはじめ頃の住宅には、家族が住む部屋のほか、上図のように女中部屋が用意されていたことがわかります。（編集部）

西塚口住宅地
大阪梅田
阪急電鐵
土地經營部
電北8010番

| 各坪数と売値 | | |
|---|---|---|
| 敷地 | | 102.51坪 |
| 建物 | 一階 | 18.00坪 |
| | 二階 | 8.00坪 |
| 売値 | | 16,665$^{\underline{09}}$圓 |
| | 土地 | 3,792$^{\underline{87}}$圓 |
| | 建物 | 12,872$^{\underline{22}}$圓 |
| | 手附金 | 3,365$^{\underline{09}}$圓 |
| | 残金 | 13,300$^{\underline{00}}$圓 |
| | 十ヶ年月賦金 | 156$^{\underline{01}}$圓 |
| | 十五ヶ年月賦金 | 120$^{\underline{64}}$圓 |

# 洋風二階建

# 005號《ごう》

西側面図

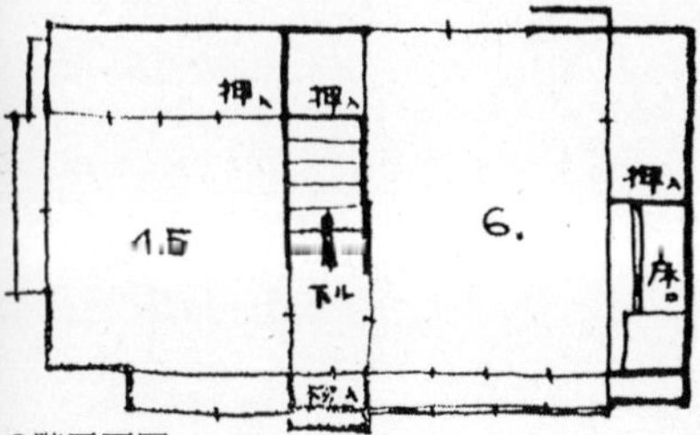

2階平面図

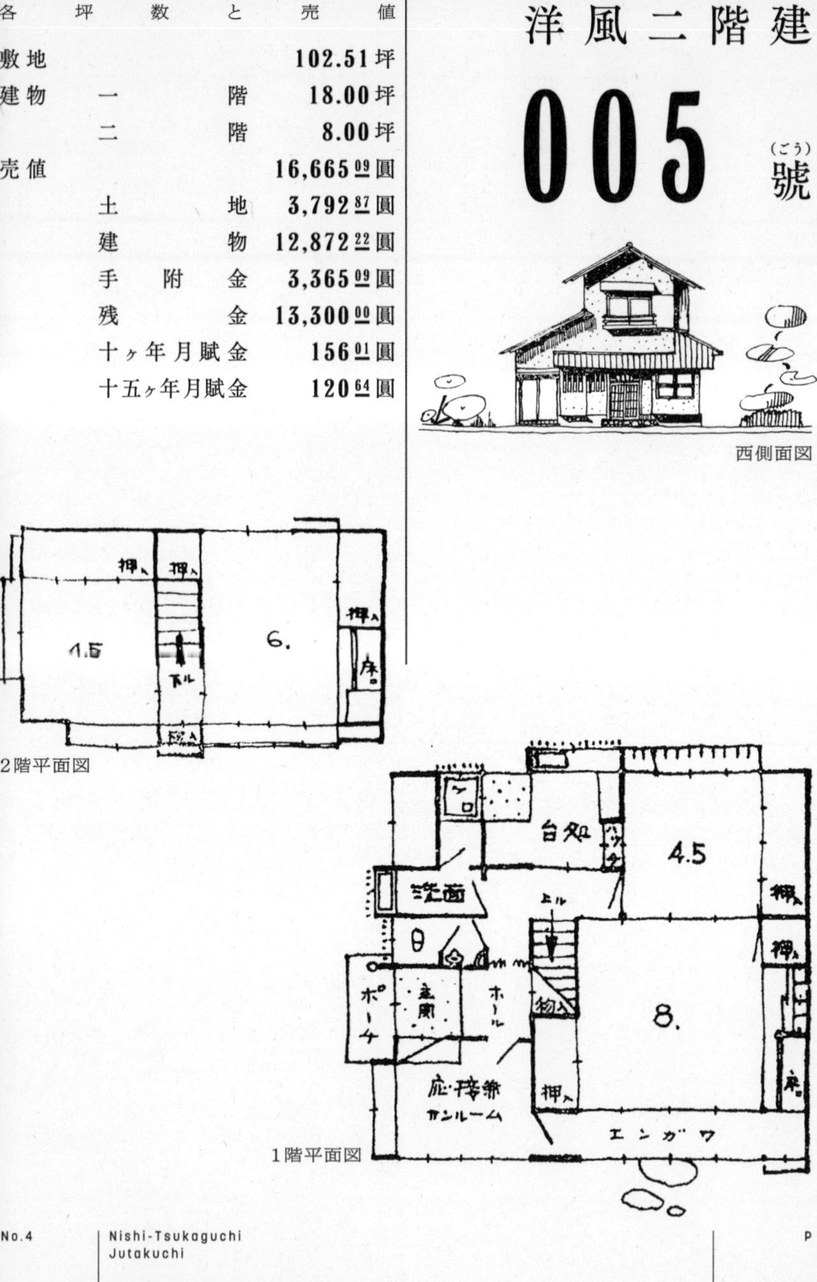

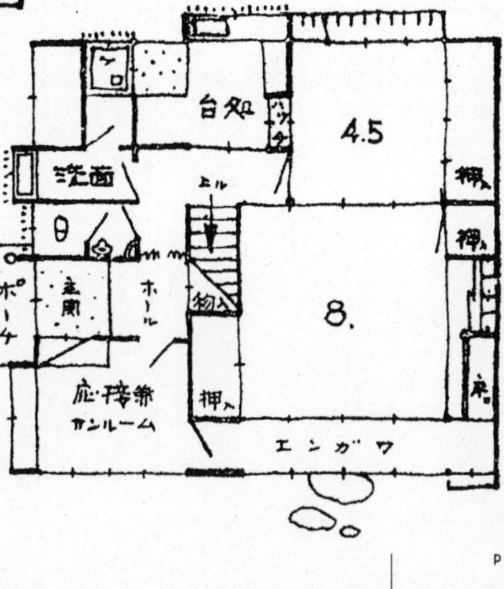

1階平面図

# 洋風二階建

# 021號《ごう》

| 各坪数と売値 | | |
|---|---|---|
| 敷地 | | 56.00坪 |
| 建物 | 一階 | 19.00坪 |
| | 二階 | 7.75坪 |
| | 物置 | 0.50坪 |
| 売値 | | 14,942$^{36}$圓 |
| | 土地 | 2,072$^{00}$圓 |
| | 建物 | 12,870$^{36}$圓 |
| | 手附金 | 2,992$^{36}$圓 |
| | 残金 | 11,950$^{00}$圓 |
| | 十ヶ年月賦金 | 140$^{18}$圓 |
| | 十五ヶ年月賦金 | 108$^{39}$圓 |

側面図

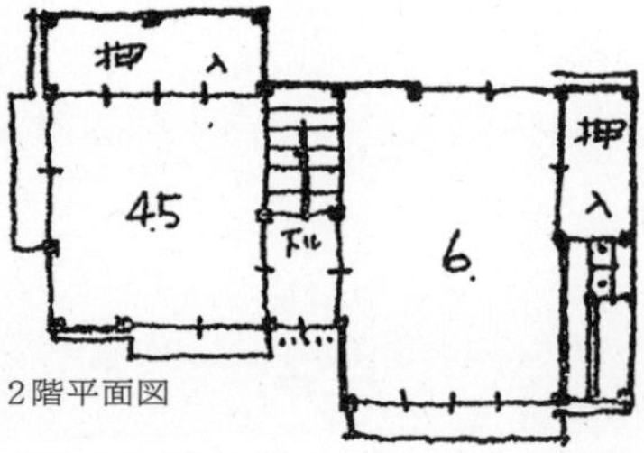


2階平面図

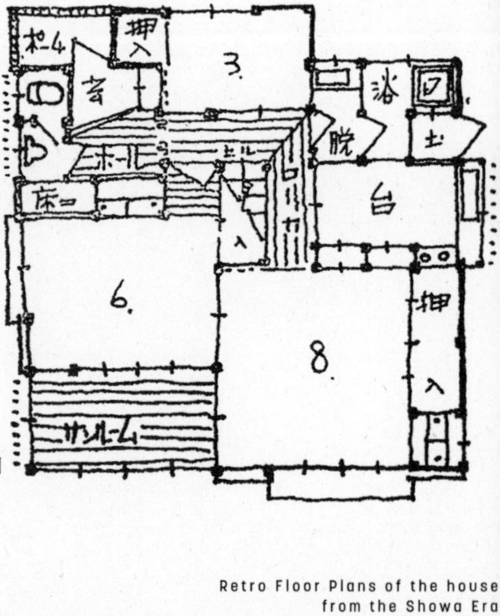


1階平面図

# 和風二階建

# 025號《(ごう)》

| 各坪数と売値 | | |
|---|---|---|
| 敷地 | | 64.00坪 |
| 建物 | 一階 | 19.00坪 |
| | 二階 | 7.75坪 |
| | 物置 | 0.50坪 |
| 売値 | | 15,829$^{\underline{79}}$圓 |
| | 土地 | 2,368$^{\underline{00}}$圓 |
| | 建物 | 13,461$^{\underline{79}}$圓 |
| | 手附金 | 3,169$^{\underline{79}}$圓 |
| | 残金 | 12,660$^{\underline{00}}$圓 |
| | 十ヶ年月賦金 | 148$^{\underline{51}}$圓 |
| | 十五ヶ年月賦金 | 114$^{\underline{83}}$圓 |

西側面図

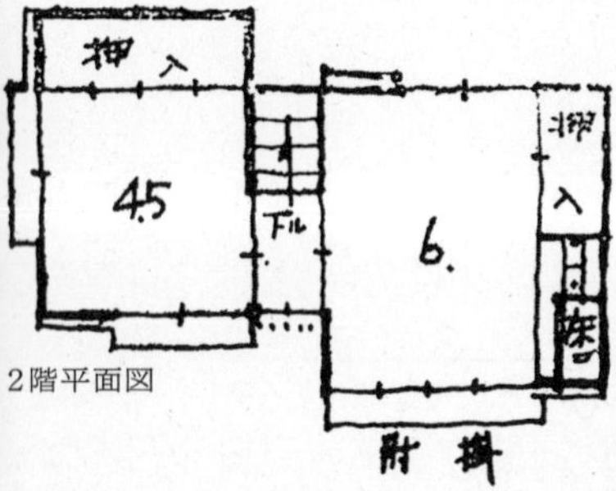


2階平面図

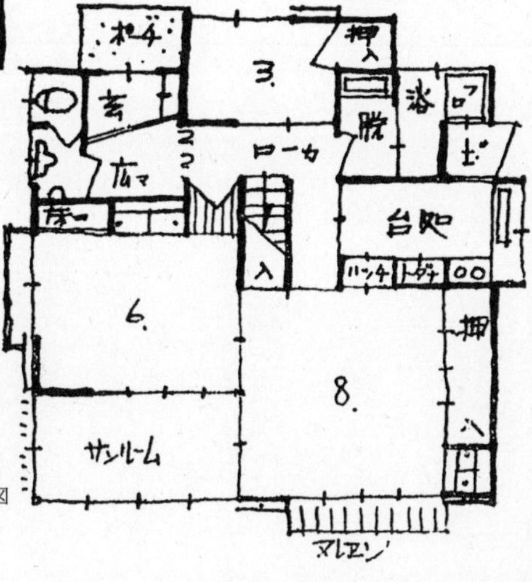


1階平面図

# 洋風二階建

# 039號《ごう》

| 各坪数と売値 | | | |
|---|---|---|---|
| 敷地 | | | 71.04坪 |
| 建物 | 一 | 階 | 18.25坪 |
| | 二 | 階 | 8.50坪 |
| | 物 | 置 | 0.50坪 |
| 売値 | | | 15,194$^{\underline{98}}$圓 |
| | 土 | 地 | 2,628$^{\underline{48}}$圓 |
| | 建 | 物 | 12,566$^{\underline{50}}$圓 |
| | 手附金 | | 3,094$^{\underline{98}}$圓 |
| | 残 | 金 | 12,100$^{\underline{00}}$圓 |
| | 十ヶ年月賦金 | | 141$^{\underline{94}}$圓 |
| | 十五ヶ年月賦金 | | 109$^{\underline{75}}$圓 |

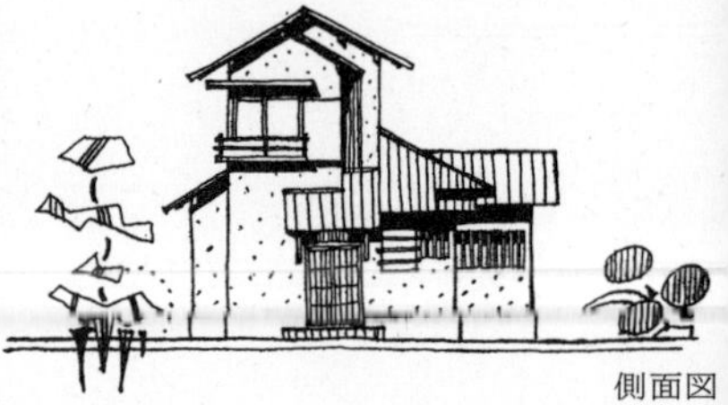

側面図

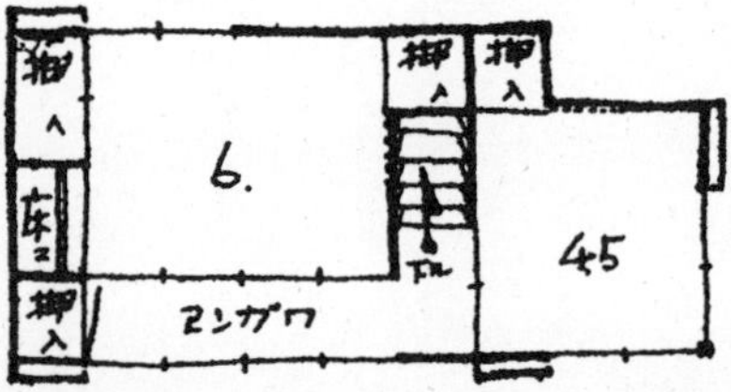


2階平面図

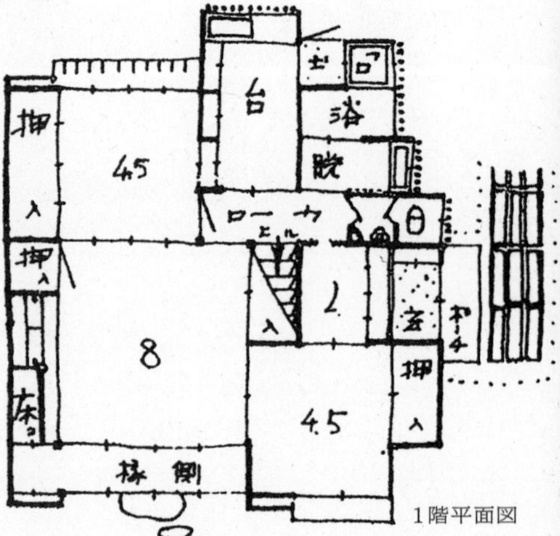


1階平面図

# 洋風平屋建

# 051號《（ごう）》

| 各坪数と売値 | | |
|---|---|---|
| 敷地 | | 72.90坪 |
| 建物 | | 27.00坪 |
| 売値 | | 15,258$^{46}$圓 |
| | 土地 | 2,697$^{30}$圓 |
| | 建物 | 12,561$^{16}$圓 |
| | 手附金 | 3,058$^{46}$圓 |
| | 残金 | 12,200$^{00}$圓 |
| | 十ヶ年月賦金 | 143$^{11}$圓 |
| | 十五ヶ年月賦金 | 110$^{66}$圓 |

側面図

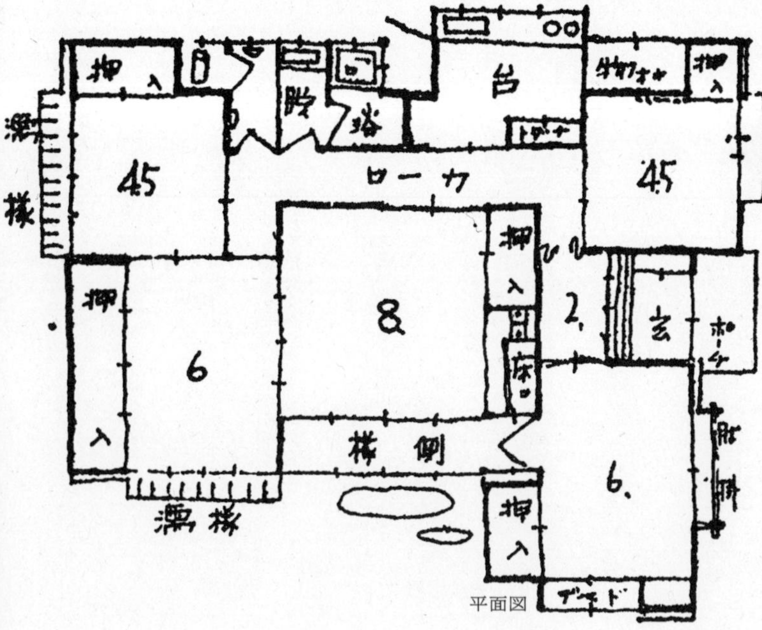


平面図

| 各坪数と売値 | | |
|---|---|---|
| 敷地 | | 71.76坪 |
| 建物 | | 27.175坪 |
| 売値 | | 15,092$^{\underline{24}}$圓 |
| | 土地 | 3,655$^{\underline{12}}$圓 |
| | 建物 | 12,437$^{\underline{12}}$圓 |
| | 手附金 | 3,092$^{\underline{24}}$圓 |
| | 残金 | 12,000$^{\underline{00}}$圓 |
| | 十ヶ年月賦金 | 140$^{\underline{76}}$圓 |
| | 十五ヶ年月賦金 | 103$^{\underline{84}}$圓 |

# 和風平屋建 043號(ごう)

側面図

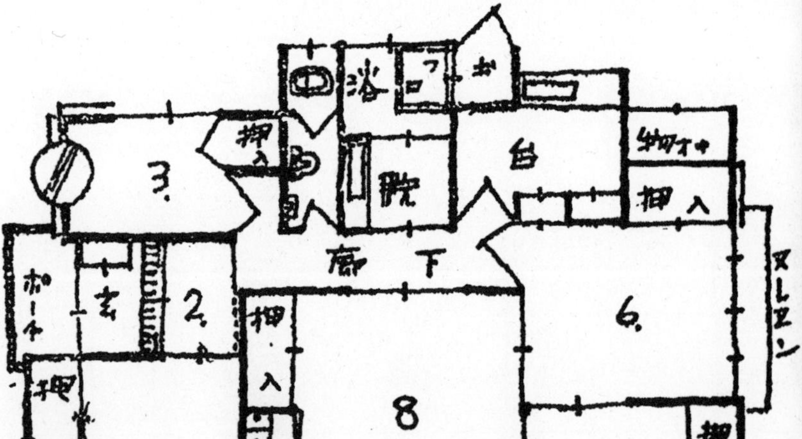

平面図

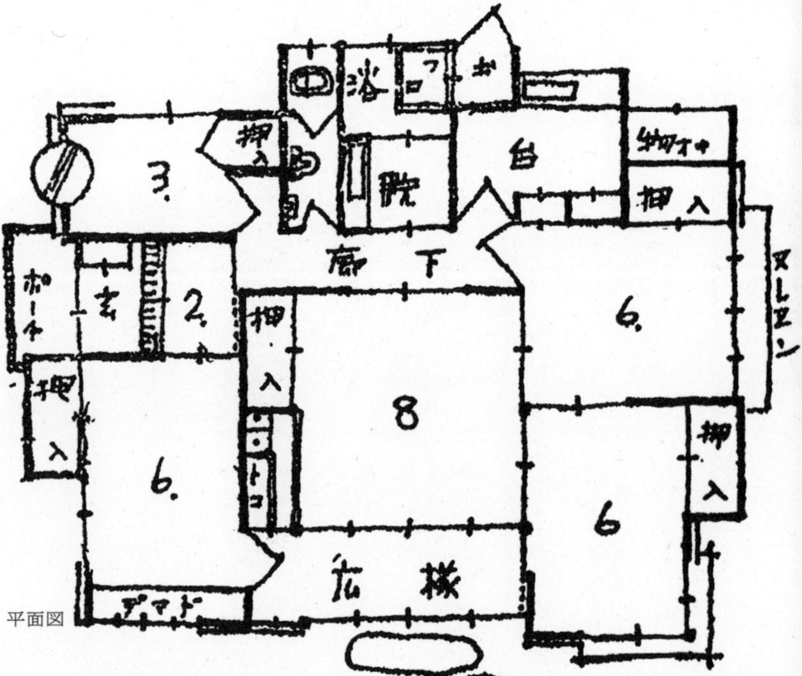

# 和風平屋建

# 183 號《ごう》

| 各坪数と売値 | | |
|---|---|---|
| 敷地 | | 89.55坪 |
| 建物 | | 27.00坪 |
| 売値 | | 15,037$^{\underline{27}}$圓 |
| | 土地 | 2,507$^{\underline{40}}$圓 |
| | 建物 | 12,529$^{\underline{87}}$圓 |
| | 手附金 | 3,037$^{\underline{27}}$圓 |
| | 残金 | 12,000$^{\underline{00}}$圓 |
| | 十ヶ年月賦金 | 140$^{\underline{76}}$圓 |
| | 十五ヶ年月賦金 | 103$^{\underline{84}}$圓 |

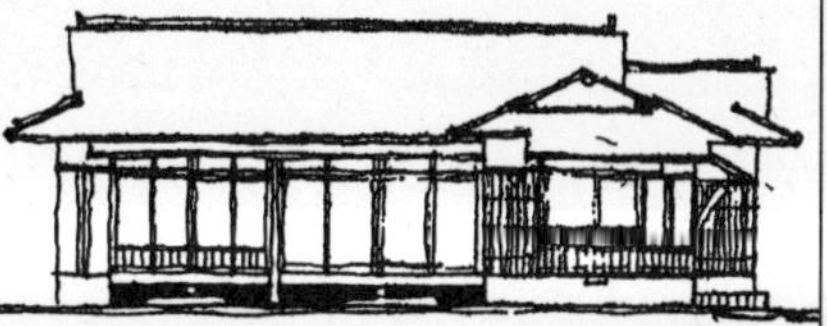

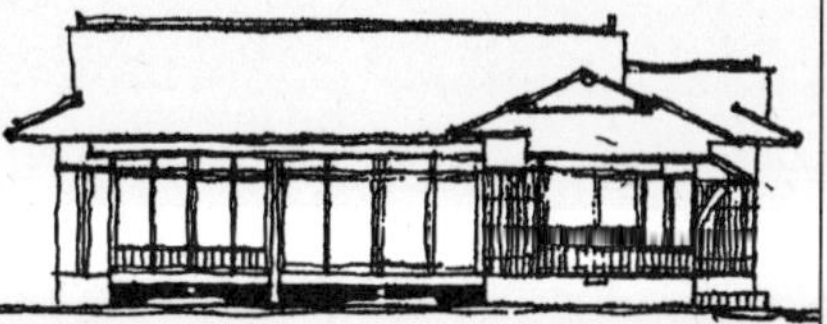

側面図

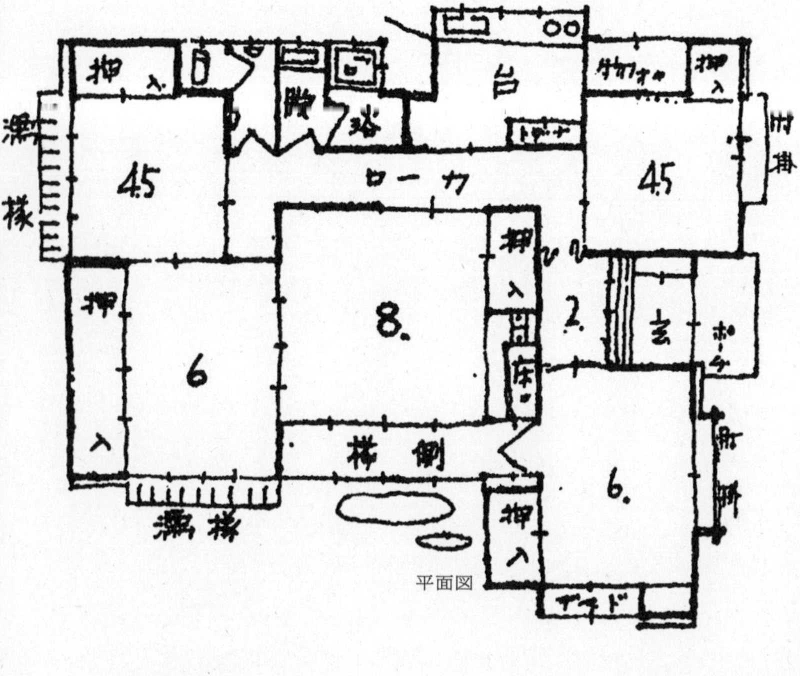


平面図

| 各　坪　数　と　売　値 | | |
|---|---|---|
| 敷地 | | 82.29坪 |
| 建物 | 一　階 | 20.00坪 |
| | 二　階 | 7.00坪 |
| 売値 | | 15,873$^{62}$圓 |
| | 土　地 | 3,044$^{73}$圓 |
| | 建　物 | 12,828$^{89}$圓 |
| | 手附金 | 3,273$^{62}$圓 |
| | 残　金 | 12,600$^{00}$圓 |
| | 十ヶ年月賦金 | 147$^{80}$圓 |
| | 十五ヶ年月賦金 | 114$^{29}$圓 |

# 洋風二階建

# 073 號《ごう》

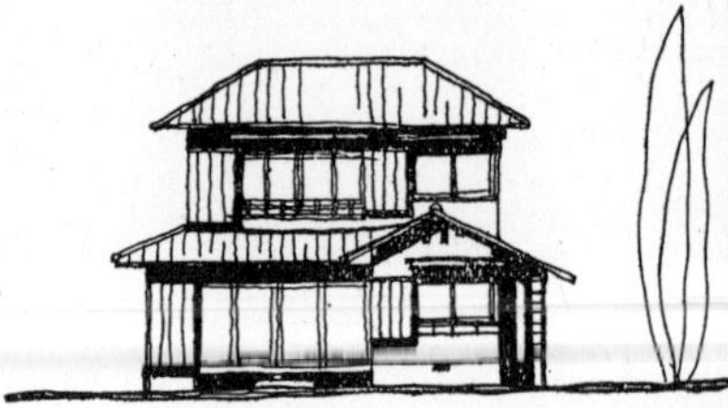

側面図

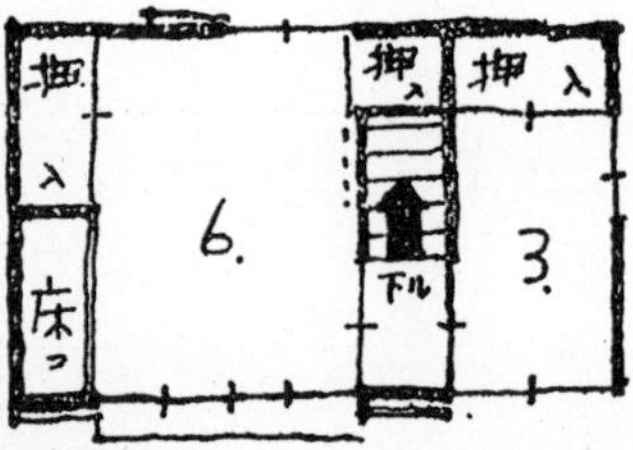


2階平面図

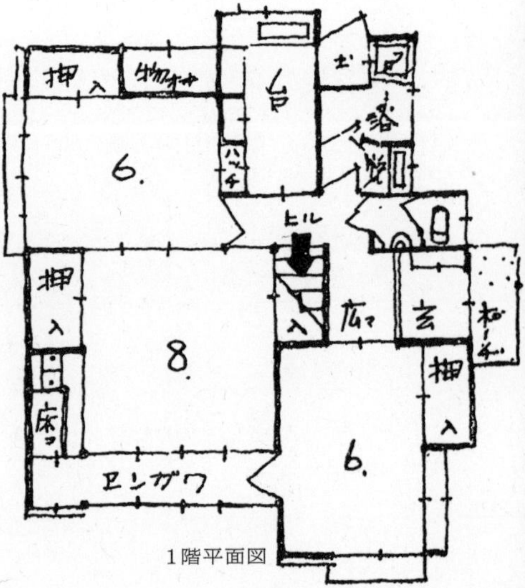


1階平面図

# 洋風二階建

# 085號《ごう》

| 各坪数と売値 | | |
|---|---|---|
| 敷地 | | 72.42坪 |
| 建物 | 一階 | 19.25坪 |
| | 二階 | 8.00坪 |
| 売値 | | 15,212$^{11}$圓 |
| | 土地 | 2,462$^{28}$圓 |
| | 建物 | 12,749$^{83}$圓 |
| | 手附金 | 3,112$^{11}$圓 |
| | 残金 | 12,100$^{00}$圓 |
| | 十ヶ年月賦金 | 141$^{94}$圓 |
| | 十五ヶ年月賦金 | 109$^{75}$圓 |

側面図

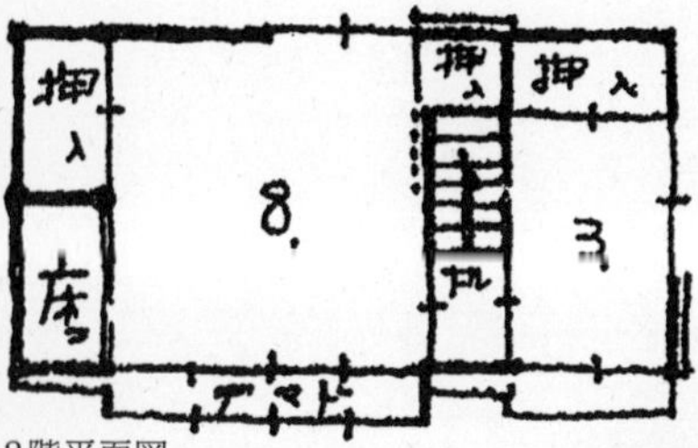


2階平面図

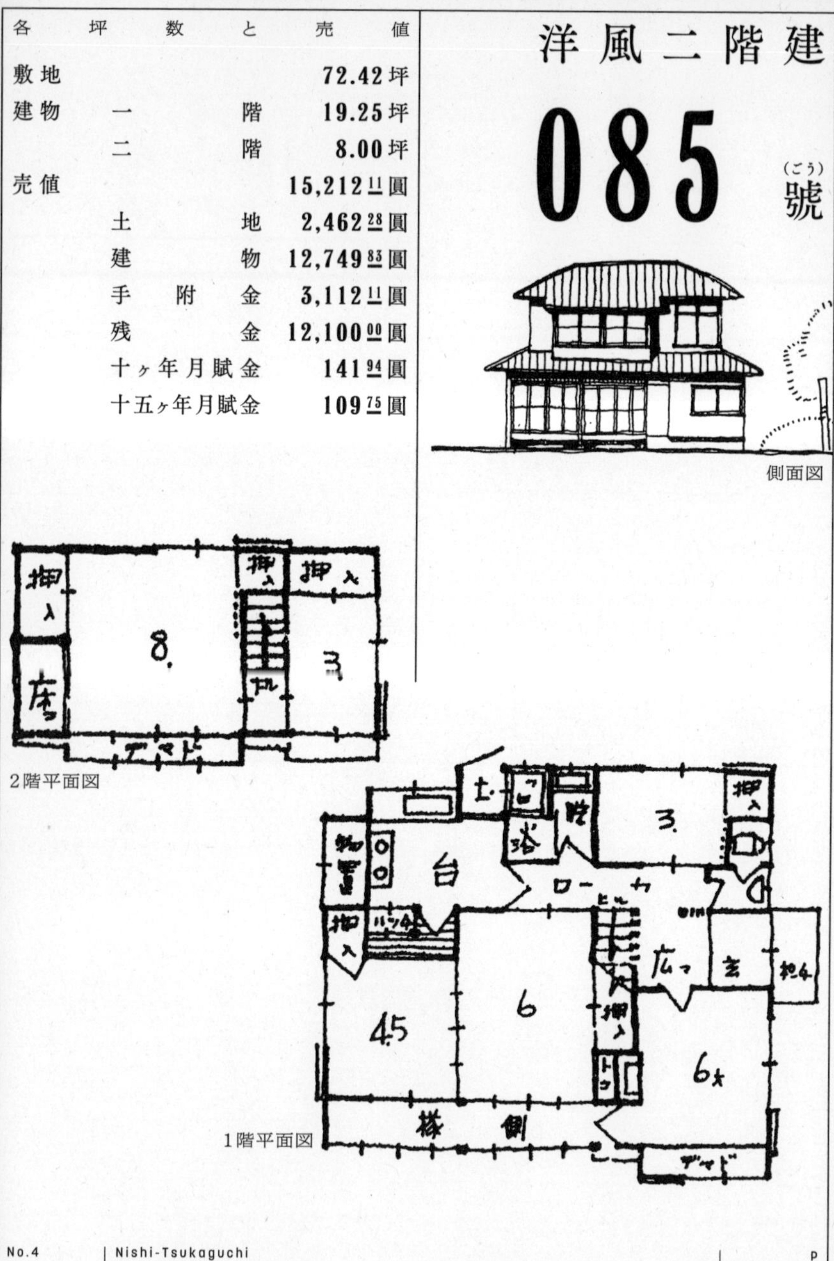

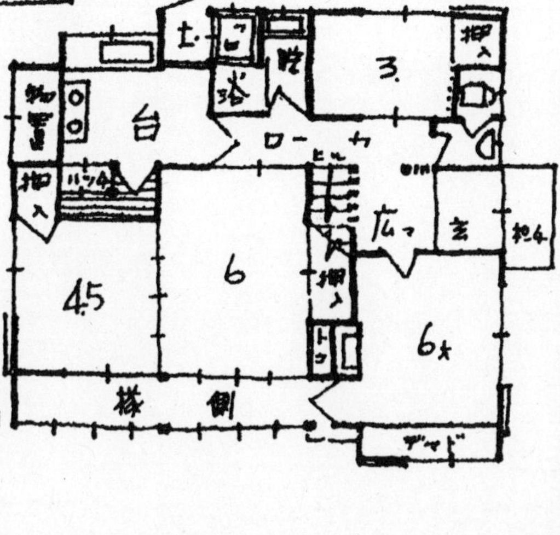


1階平面図

# 和風二階建

# 094 號《ごう》

| 各坪数と売値 | | |
|---|---|---|
| 敷地 | | 73.60坪 |
| 建物 | 一階 | 20.00坪 |
| | 二階 | 7.00坪 |
| 売値 | | 15,173$^{\underline{52}}$圓 |
| | 土地 | 2,502$^{\underline{40}}$圓 |
| | 建物 | 12,671$^{\underline{12}}$圓 |
| | 手附金 | 3,073$^{\underline{52}}$圓 |
| | 残金 | 12,100$^{\underline{00}}$圓 |
| | 十ヶ年月賦金 | 141$^{\underline{94}}$圓 |
| | 十五ヶ年月賦金 | 109$^{\underline{75}}$圓 |

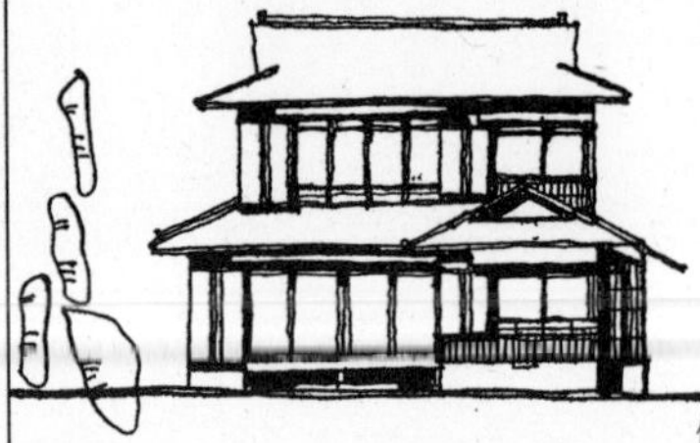

側面図

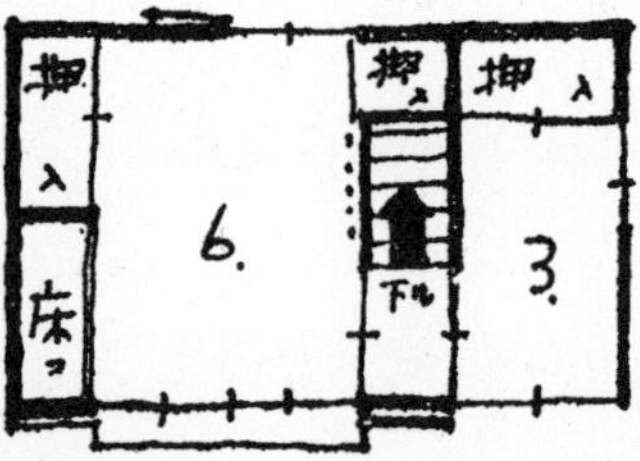

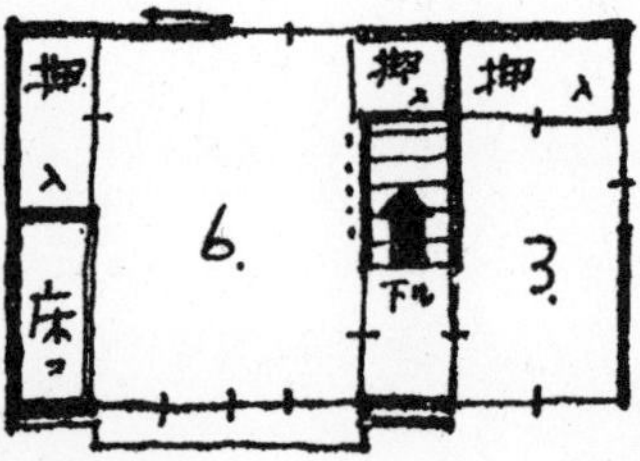

2階平面図

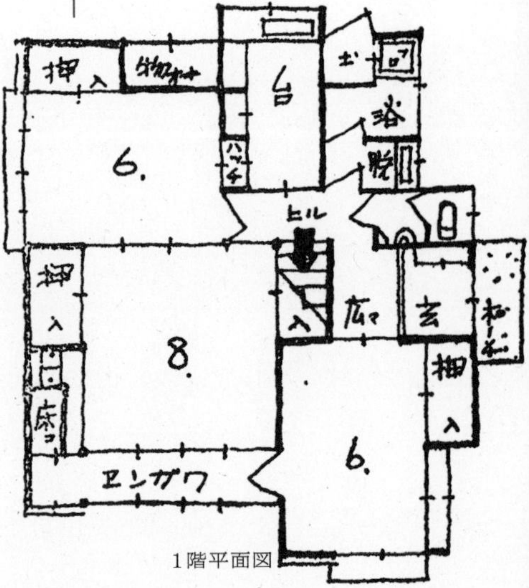

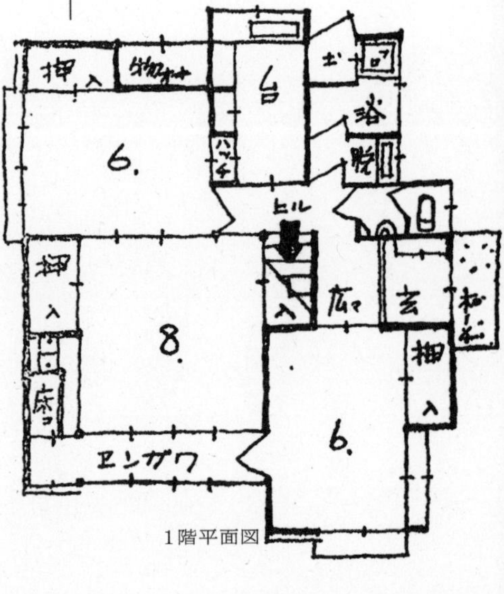

1階平面図

# 和風二階建

# 095 號《ごう》

| 各坪数と売値 | | | |
|---|---|---|---|
| 敷地 | | | 73.56坪 |
| 建物 | 一 | 階 | 18.25坪 |
| | 二 | 階 | 8.50坪 |
| | 物 | 置 | 0.50坪 |
| 売値 | | | 15,185$^{33}$圓 |
| | 土 | 地 | 2,510$^{04}$圓 |
| | 建 | 物 | 12,675$^{29}$圓 |
| | 手 | 附金 | 3,085$^{33}$圓 |
| | 残 | 金 | 12,100$^{00}$圓 |
| | 十ヶ年月賦金 | | 141$^{94}$圓 |
| | 十五ヶ年月賦金 | | 109$^{75}$圓 |

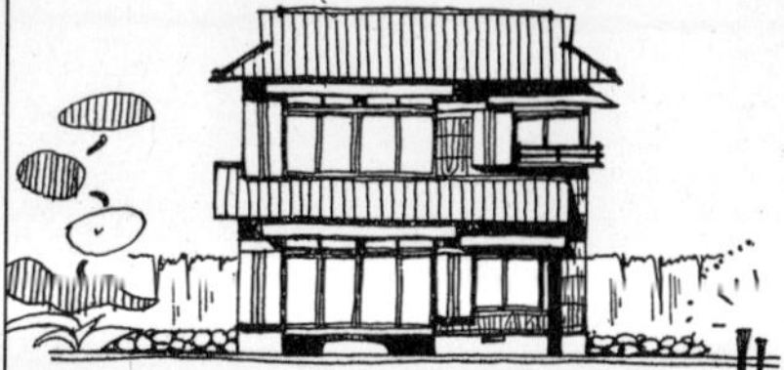

側面図

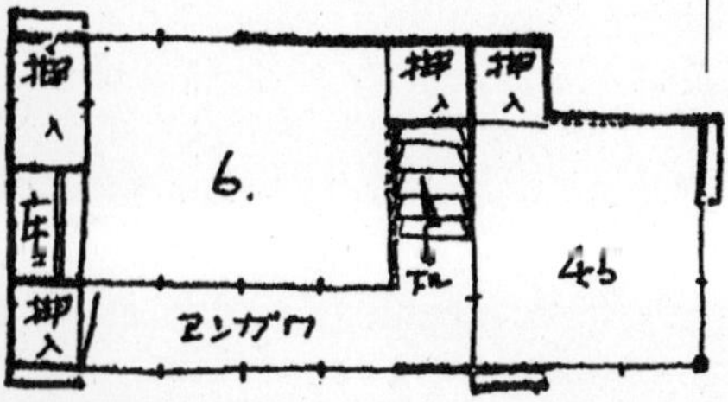


2階平面図

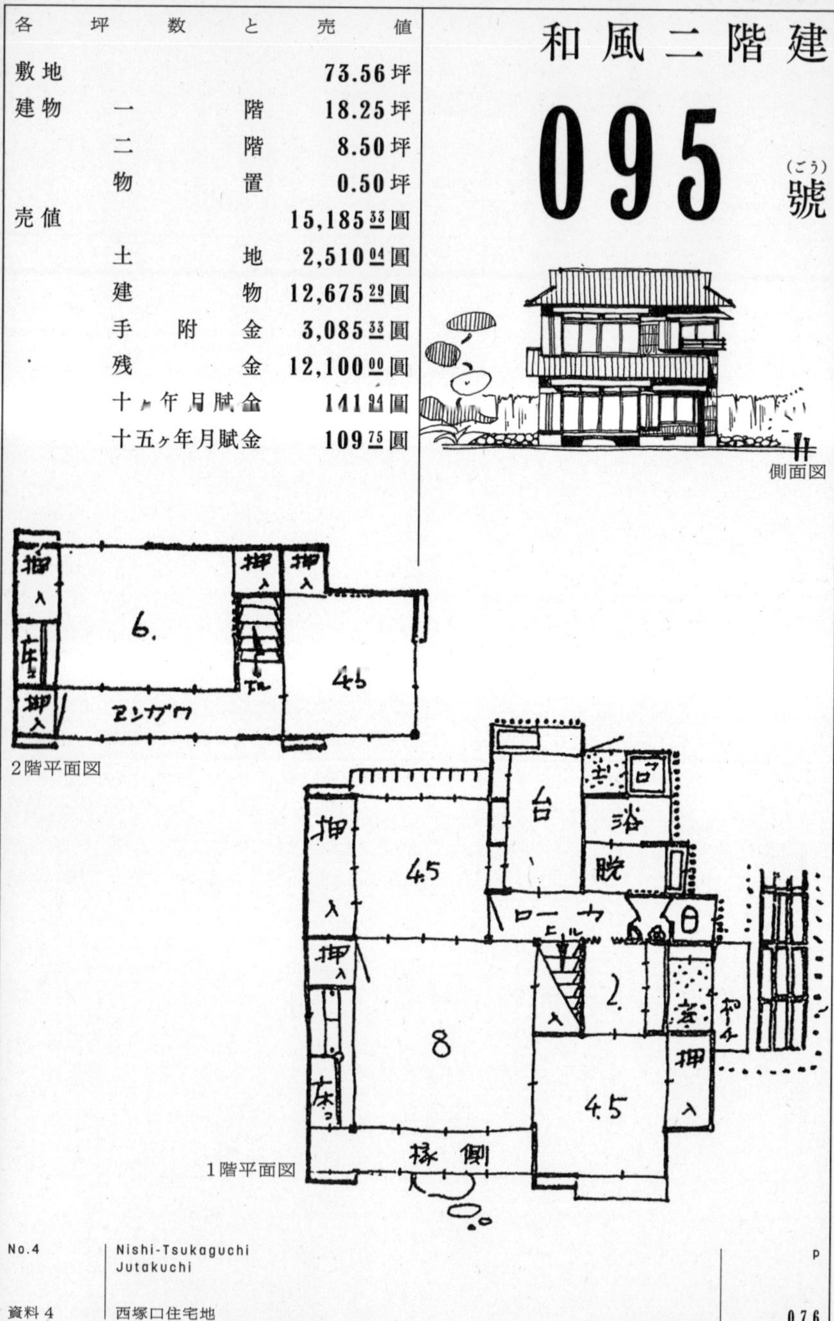

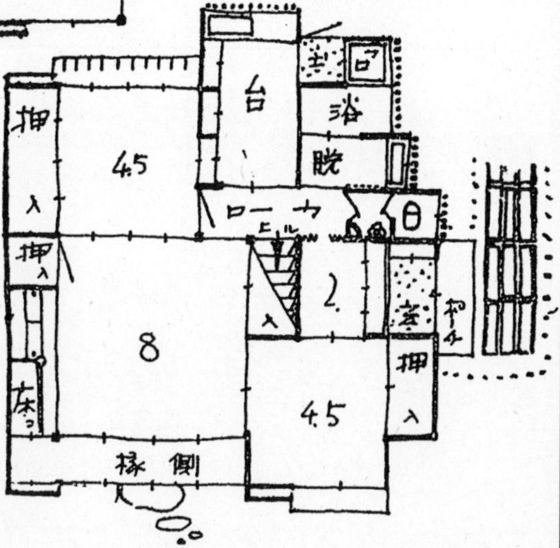


1階平面図

# 和風二階建

# 101號《ごう》

側面図

| 各坪数と売値 | | |
|---|---|---|
| 敷地 | | 73.60坪 |
| 建物 | 一階 | 19.75坪 |
| | 二階 | 7.00坪 |
| 売値 | | 14.622$^{\underline{89}}$圓 |
| | 土地 | 2,502$^{\underline{40}}$圓 |
| | 建物 | 12,120$^{\underline{49}}$圓 |
| | 手附金 | 3,022$^{\underline{89}}$圓 |
| | 残金 | 11,600$^{\underline{00}}$圓 |
| | 十ヶ年月賦金 | 136$^{\underline{07}}$圓 |
| | 十五ヶ年月賦金 | 105$^{\underline{22}}$圓 |

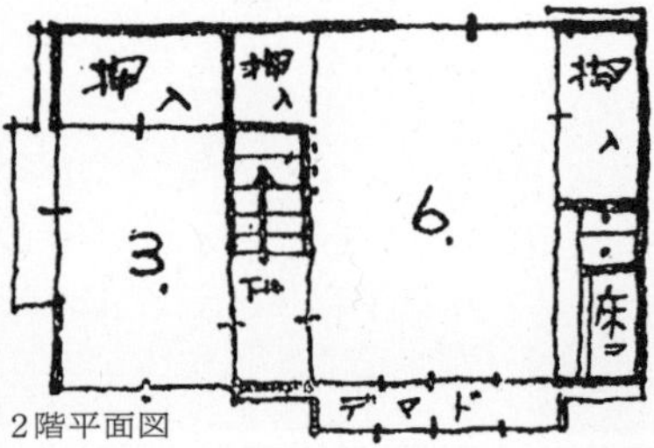


2階平面図

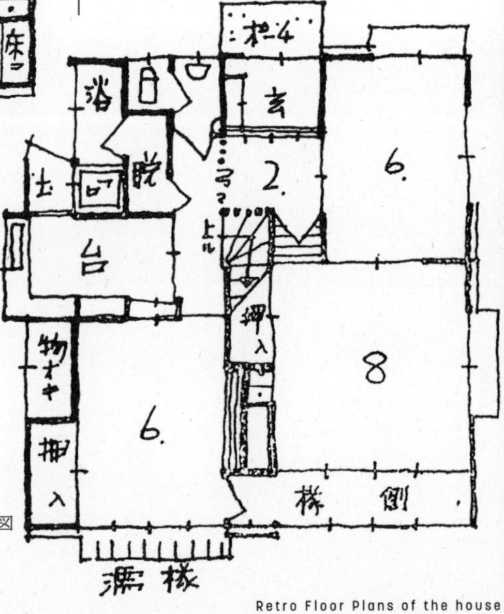


1階平面図

# 和風平屋建 113號《ごう》

| 各坪数と売値 | | |
|---|---|---|
| 敷地 | | 93.63坪 |
| 建物 | | 26.625坪 |
| | 物置 | 0.50坪 |
| 売値 | | 15,998$^{74}$圓 |
| | 土地 | 3,183$^{42}$圓 |
| | 建物 | 12,815$^{32}$圓 |
| | 手附金 | 3,298$^{74}$圓 |
| | 残金 | 12,700$^{00}$圓 |
| | 十ヶ年月賦金 | 148$^{98}$圓 |
| | 十五ヶ年月賦金 | 115$^{19}$圓 |

側面図

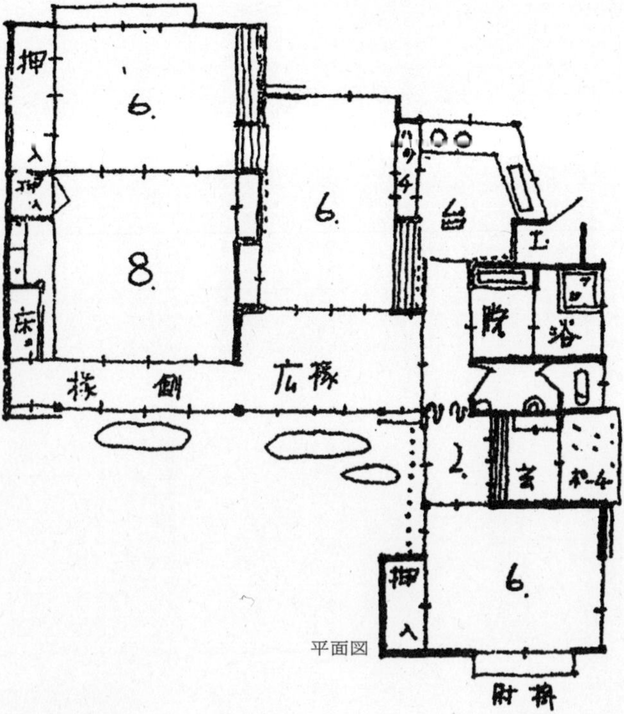


平面図

# 洋風二階建

# 117號《ごう》

| 各坪数と売値 | | |
|---|---|---|
| 敷地 | | 113.47坪 |
| 建物 | 一階 | 15.25坪 |
| | 二階 | 11.00坪 |
| 売値 | | 16,186$^{57}$圓 |
| | 土地 | 3,517$^{57}$圓 |
| | 建物 | 12,669$^{00}$圓 |
| | 手附金 | 3,286$^{57}$圓 |
| | 残金 | 12,900$^{00}$圓 |
| | 十ヶ年月賦金 | 151$^{32}$圓 |
| | 十五ヶ年月賦金 | 117$^{01}$圓 |

側面図

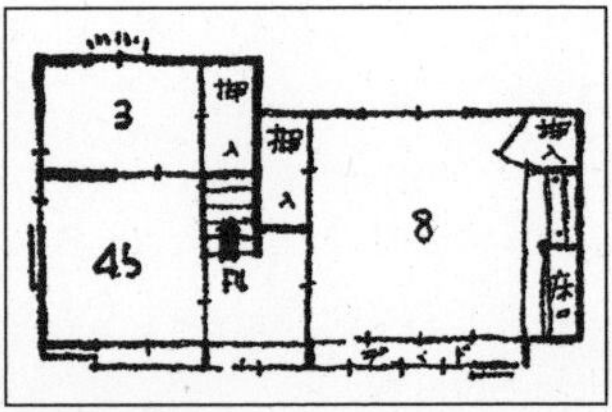


2階平面図

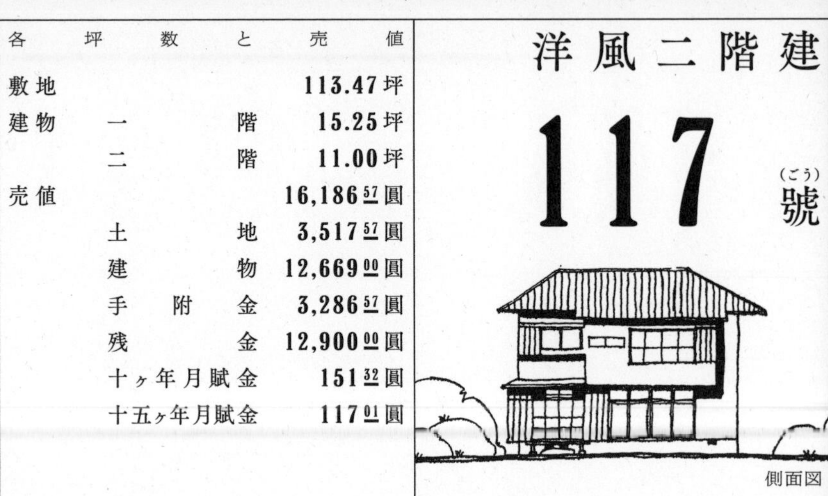

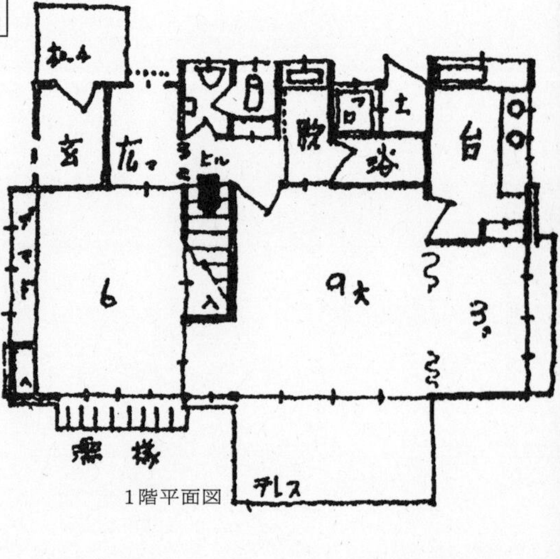


1階平面図

# 洋風平屋建

# 119 號《(ごう)》

| 各坪数と売値 | | |
|---|---|---|
| 敷地 | | 113.62坪 |
| 建物 | | 26.25坪 |
| | 物置 | 0.75坪 |
| 売値 | | 16,147$^{66}$圓 |
| | 土地 | 3,522$^{22}$圓 |
| | 建物 | 12,625$^{44}$圓 |
| | 手附金 | 3,247$^{66}$圓 |
| | 残金 | 12,900$^{00}$圓 |
| | 十ヶ年月賦金 | 151$^{32}$圓 |
| | 十五ヶ年月賦金 | 117$^{01}$圓 |

西側面図

平面図

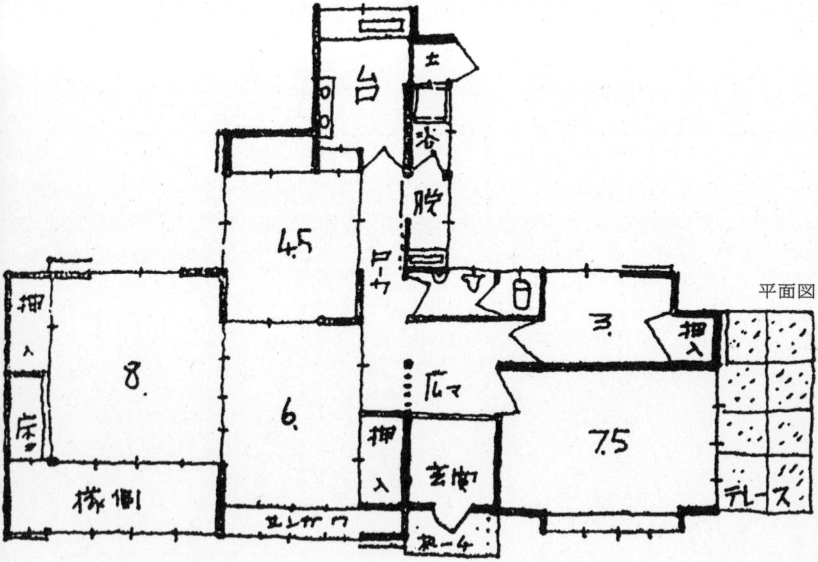

| 各坪数と売値 | | |
|---|---|---|
| 敷地 | | 103.43坪 |
| 建物 | 一階 | 22.00坪 |
| | 二階 | 4.75坪 |
| 売値 | | 15,798$^{95}$圓 |
| | 土地 | 3,206$^{33}$圓 |
| | 建物 | 592$^{62}$圓 |
| | 手附金 | 3,198$^{95}$圓 |
| | 残金 | 12,600$^{00}$圓 |
| | 十ヶ年月賦金 | 147$^{80}$圓 |
| | 十五ヶ年月賦金 | 114$^{29}$圓 |

# 和風二階建 122號《ごう》

東側面図

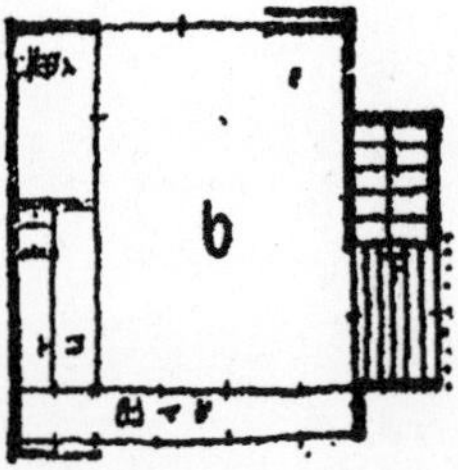


2階平面図

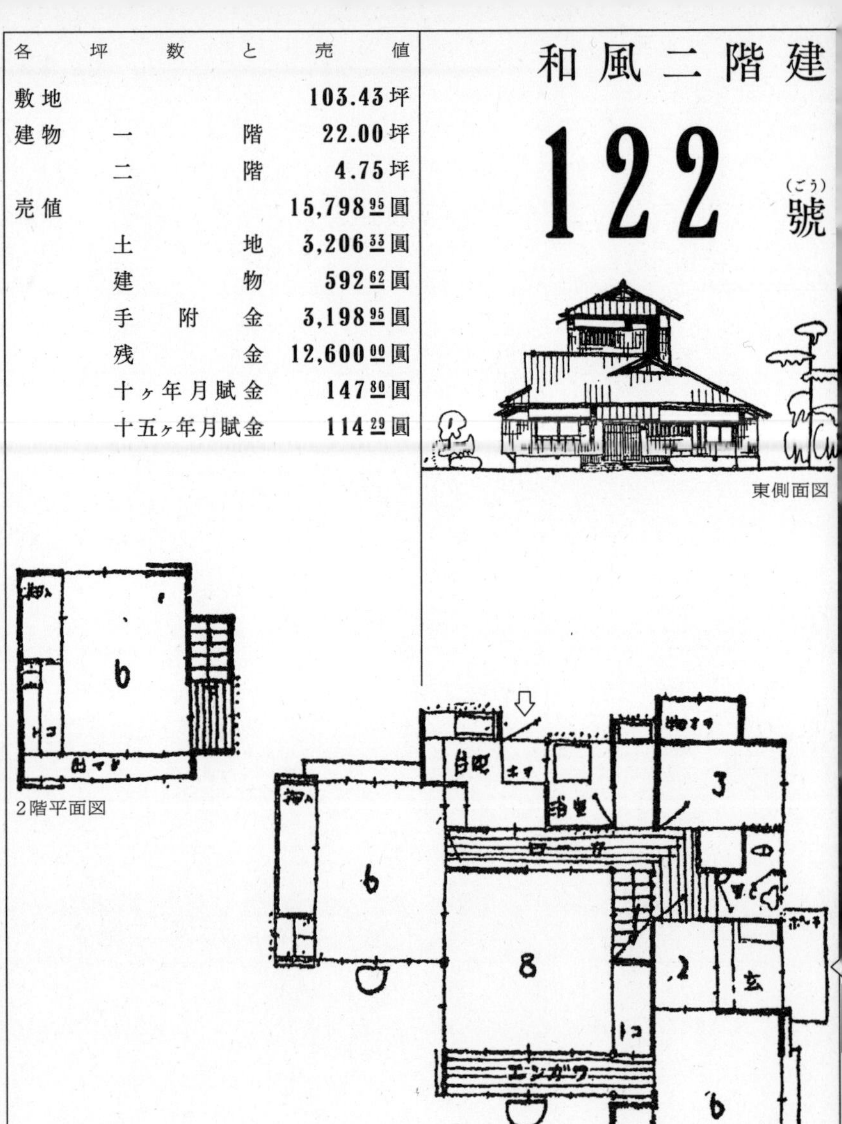

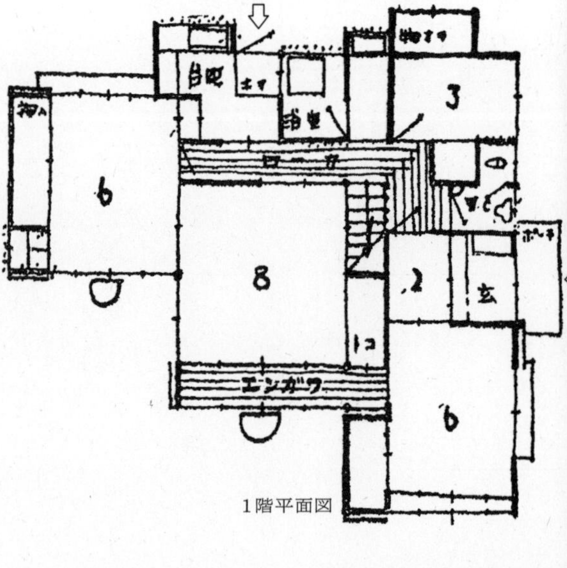


1階平面図

| 各坪数と売値 | | | |
|---|---|---|---|
| 敷地 | | | 62.22坪 |
| 建物 | 一 | 階 | 17.00坪 |
| | 二 | 階 | 8.00坪 |
| 売値 | | | 13,827$^{54}$圓 |
| | 土 | 地 | 1,928$^{82}$圓 |
| | 建 | 物 | 11,898$^{72}$圓 |
| | 手附 | 金 | 2,827$^{54}$圓 |
| | 残 | 金 | 11,000$^{00}$圓 |
| | 十ヶ年月賦金 | | 129$^{03}$圓 |
| | 十五ヶ年月賦金 | | 99$^{77}$圓 |

店舗付

# 洋風二階建

# 128號《ごう》

側面図

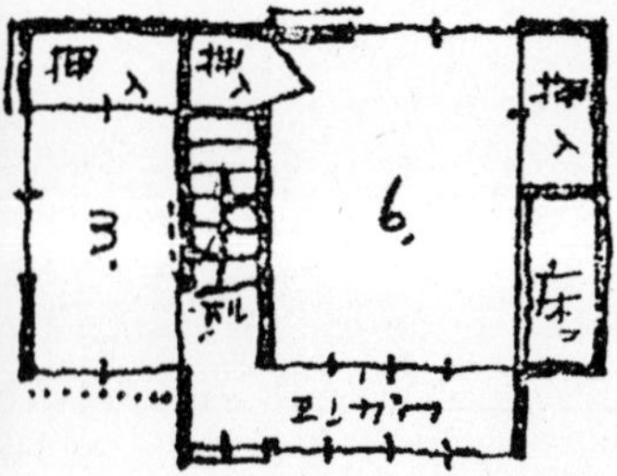


2階平面図

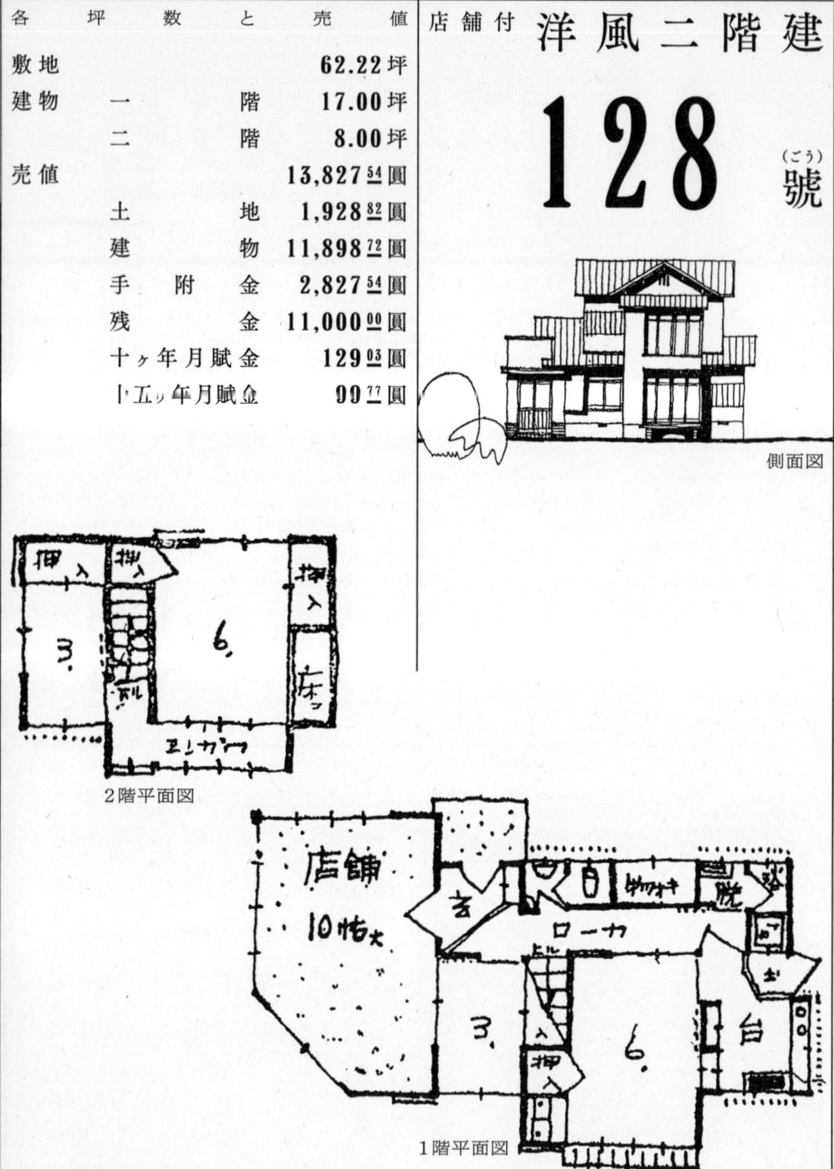

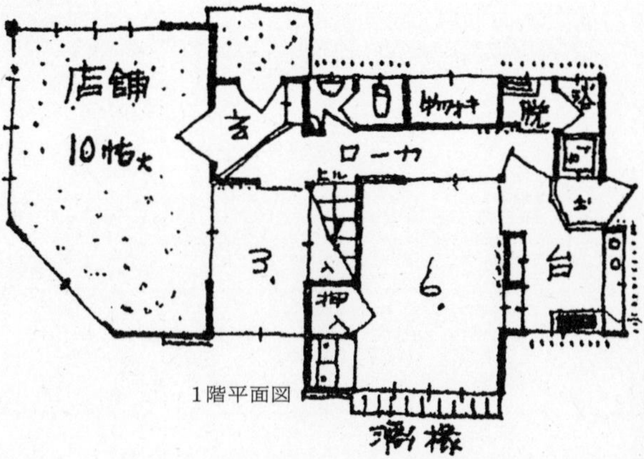


1階平面図

# 和風二階建 133號《(ごう)》

| 各坪数と売値 | | |
|---|---|---|
| 敷地 | | 176.91坪 |
| 建物 | 一階 | 36.85坪 |
| | 二階 | 7.00坪 |
| 売値 | | 25,088$^{\underline{16}}$圓 |
| | 土地 | 5,484$^{\underline{21}}$圓 |
| | 建物 | 19,603$^{\underline{95}}$圓 |
| | 手附金 | 5,088$^{\underline{16}}$圓 |
| | 残金 | 20,000$^{\underline{00}}$圓 |
| | 十ヶ年月賦金 | 234$^{\underline{60}}$圓 |
| | 十五ヶ年月賦金 | 181$^{\underline{40}}$圓 |

側面図

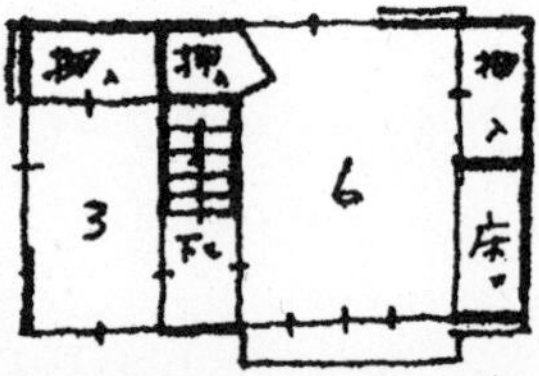
2階平面図

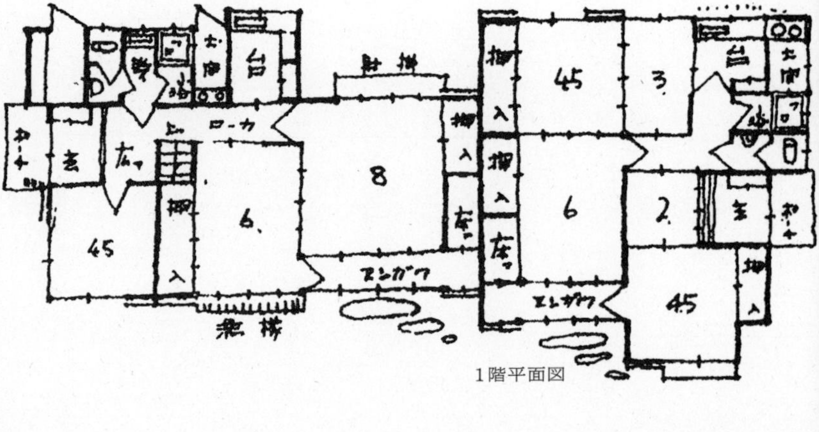
1階平面図

| 各坪数と売値 | | |
|---|---|---|
| 敷地 | | 161.85坪 |
| 建物 | 一階 | 20.00坪 |
| | 二階 | 6.75坪 |
| | 物置 | 0.50坪 |
| 売値 | | 19,755$^{\underline{67}}$圓 |
| | 土地 | 5,988$^{\underline{45}}$圓 |
| | 建物 | 13,767$^{\underline{22}}$圓 |
| | 手附金 | 3,955$^{\underline{67}}$圓 |
| | 残金 | 15,800$^{\underline{00}}$圓 |
| | 十ヶ年月賦金 | 185$^{\underline{31}}$圓 |
| | 十五ヶ年月賦金 | 143$^{\underline{31}}$圓 |

# 和風二階建

# 006 號《ごう》

側面図

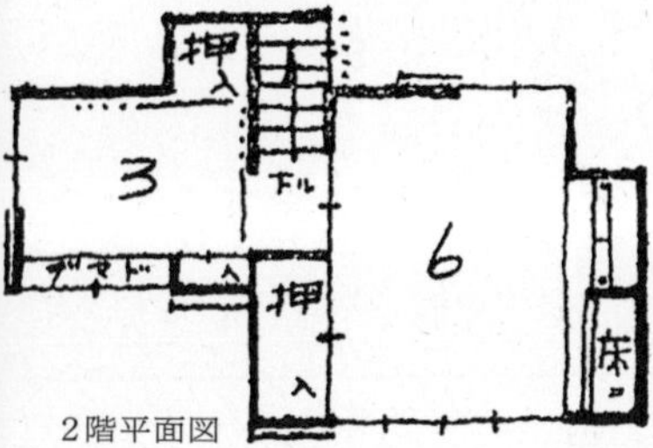


2階平面図

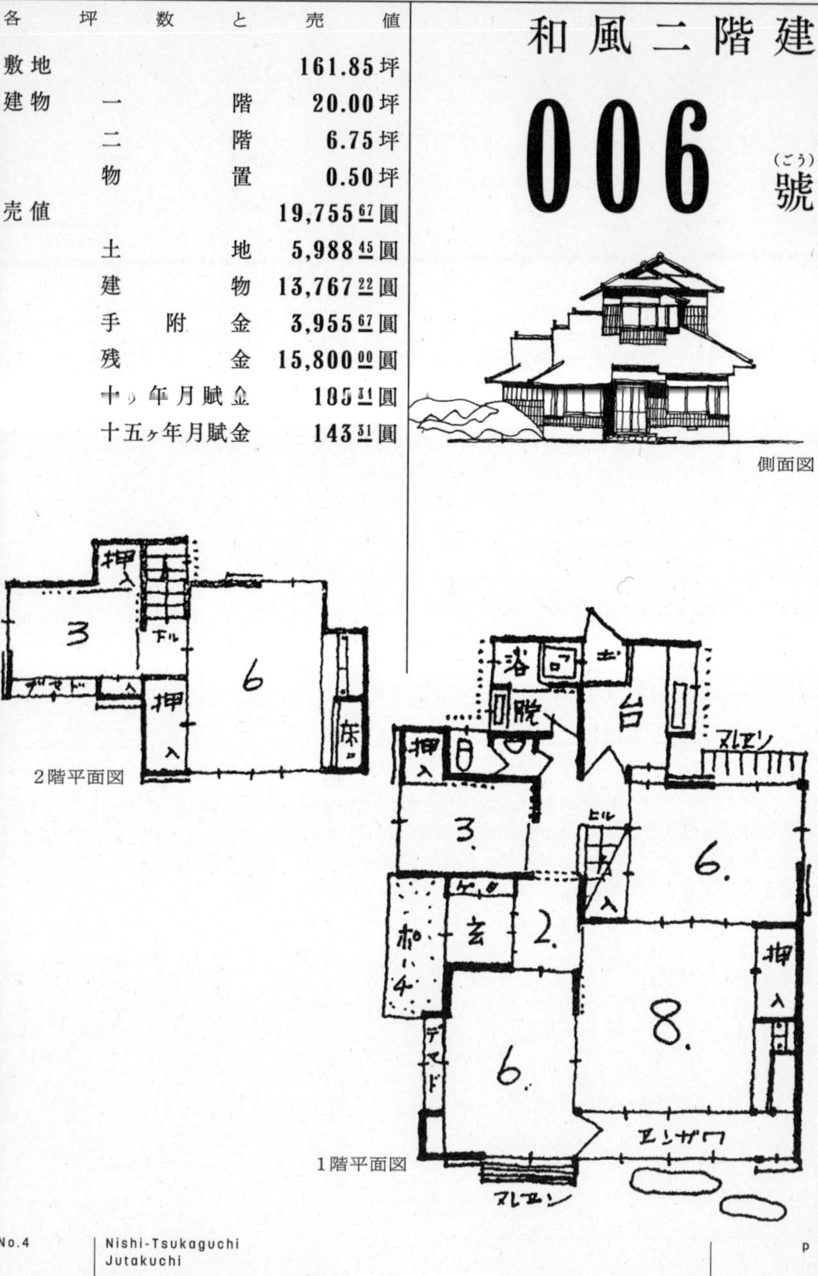

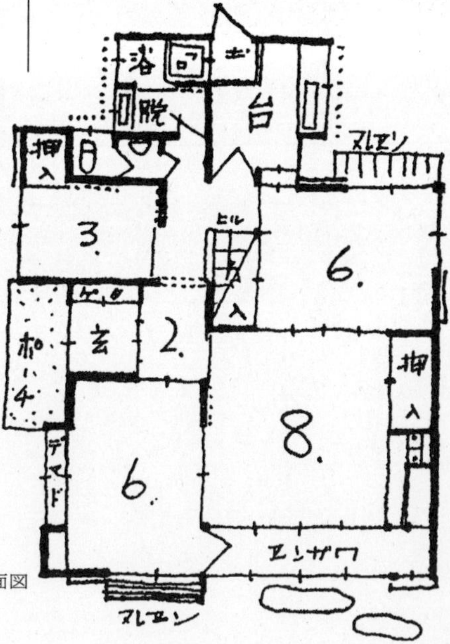


1階平面図

# 和風二階建

# 200號《ごう》

| 各坪数と売値 | | | |
|---|---|---|---|
| 敷地 | | | 79.00坪 |
| 建物 | 一 | 階 | 18.50坪 |
| | 二 | 階 | 8.25坪 |
| 売値 | | | 14,721$^{\underline{12}}$圓 |
| | 土 | 地 | 2,212$^{\underline{00}}$圓 |
| | 建 | 物 | 12,509$^{\underline{12}}$圓 |
| | 手附 | 金 | 3,021$^{\underline{12}}$圓 |
| | 残 | 金 | 11,700$^{\underline{00}}$圓 |
| | 十ヶ年月賦金 | | 137$^{\underline{25}}$圓 |
| | 十五ヶ年月賦金 | | 106$^{\underline{12}}$圓 |

側面図

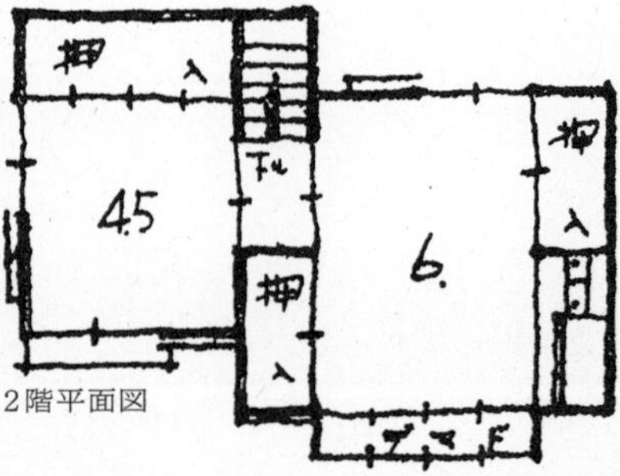

2階平面図

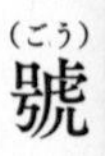

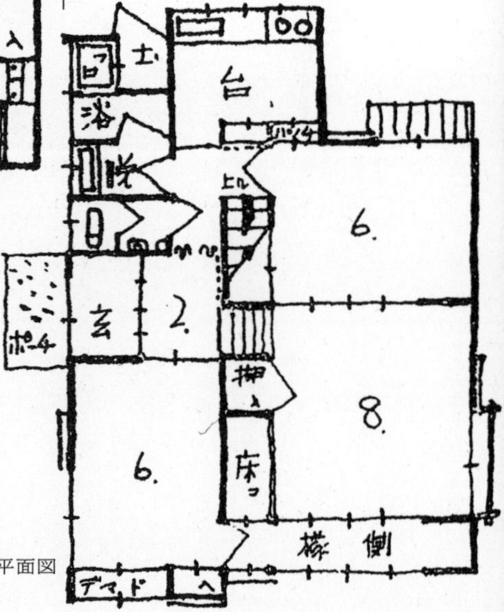

1階平面図

# 洋風二階建

# 208號《ごう》

| 各坪数と売値 | | |
|---|---|---|
| 敷地 | | 87.45坪 |
| 建物 | 一階 | 9.25坪 |
| | 二階 | 8.00坪 |
| 売値 | | 15,002$^{\underline{64}}$圓 |
| | 土地 | 2,448$^{\underline{88}}$圓 |
| | 建物 | 12,553$^{\underline{76}}$圓 |
| | 手附金 | 3,002$^{\underline{64}}$圓 |
| | 残金 | 12,000$^{\underline{00}}$圓 |
| | 十ヶ年月賦金 | 140$^{\underline{76}}$圓 |
| | 十五ヶ年月賦金 | 108$^{\underline{84}}$圓 |

側面図

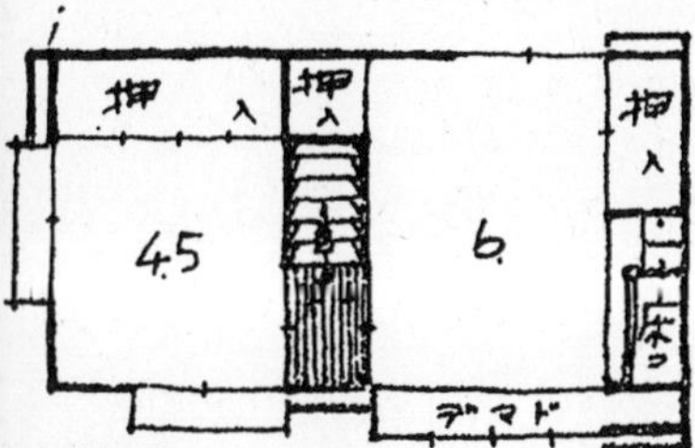


2階平面図

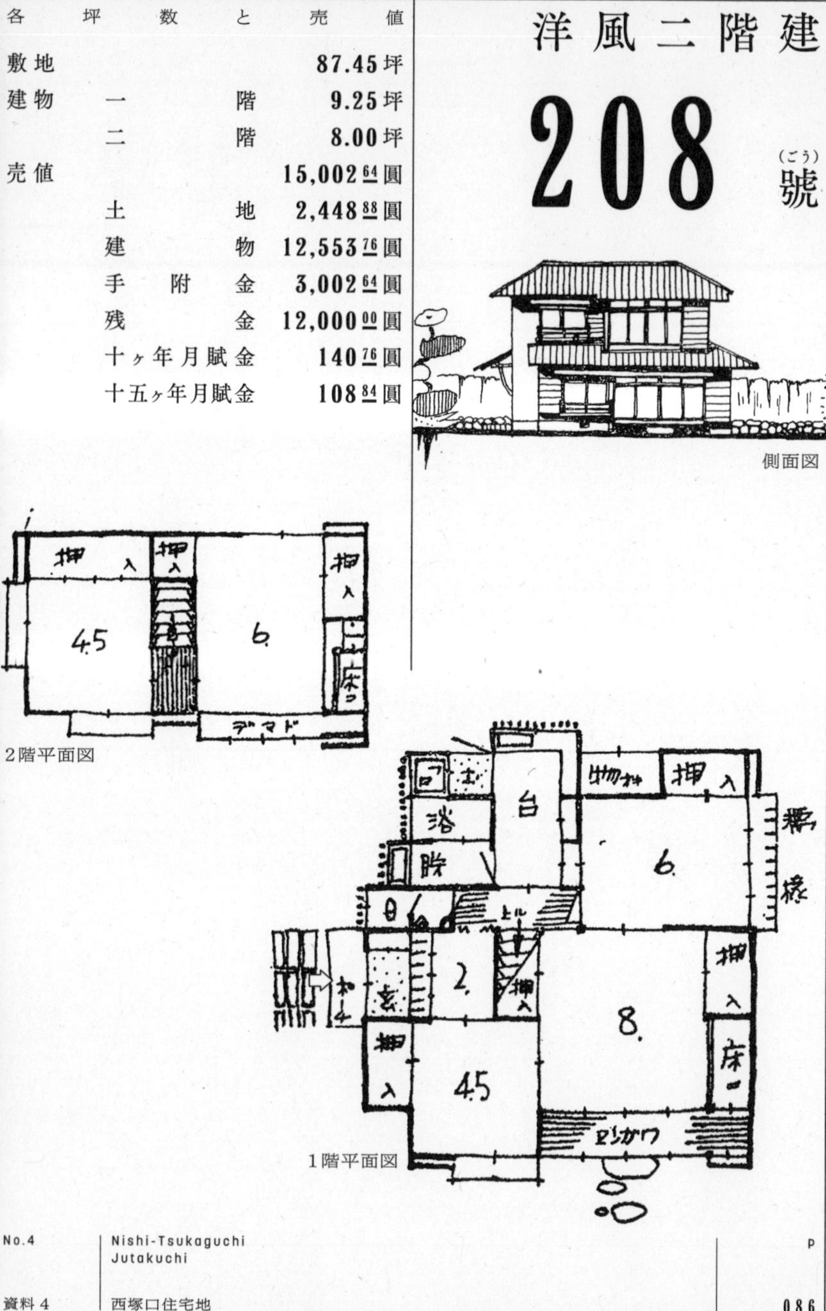

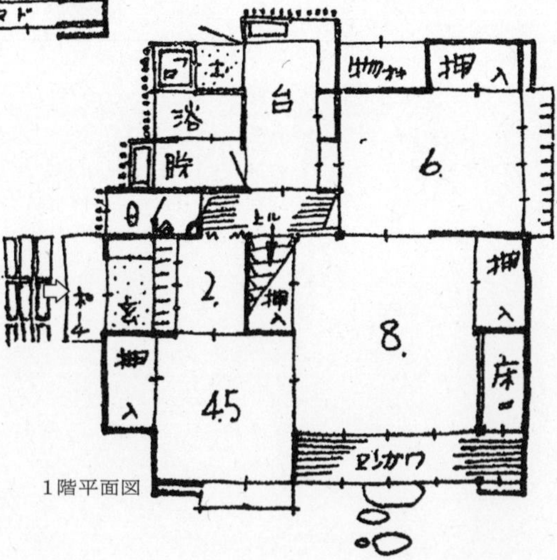


1階平面図

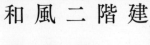

# 和風二階建

# 225號《ごう》

| 各坪数と売値 | | |
|---|---|---|
| 敷地 | | 123.45坪 |
| 建物 | 一階 | 19.25坪 |
| | 二階 | 8.00坪 |
| 売値 | | 15,655$^{\underline{84}}$圓 |
| | 土地 | 2,715$^{\underline{90}}$圓 |
| | 建物 | 12,939$^{\underline{94}}$圓 |
| | 手附金 | 3,155$^{\underline{84}}$圓 |
| | 残金 | 12,500$^{\underline{00}}$圓 |
| | 十ヶ年月賦金 | 146$^{\underline{63}}$圓 |
| | 十五ヶ年月賦金 | 113$^{\underline{38}}$圓 |

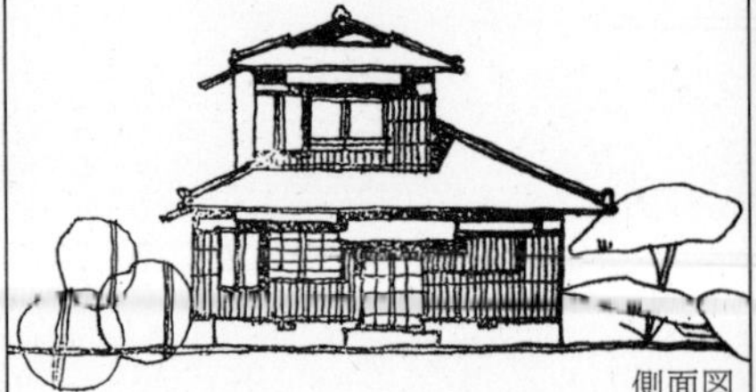

側面図

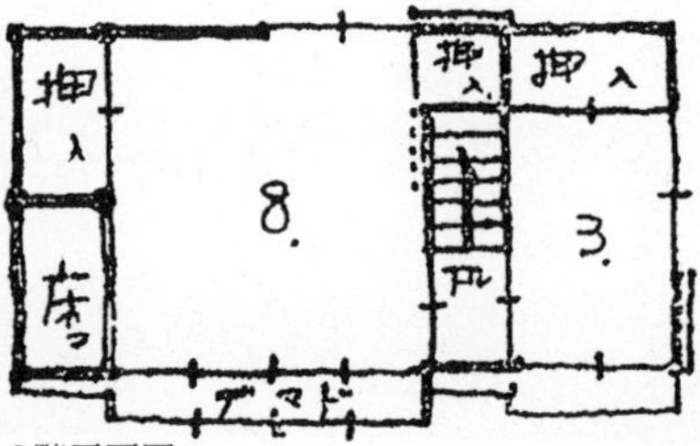


2階平面図

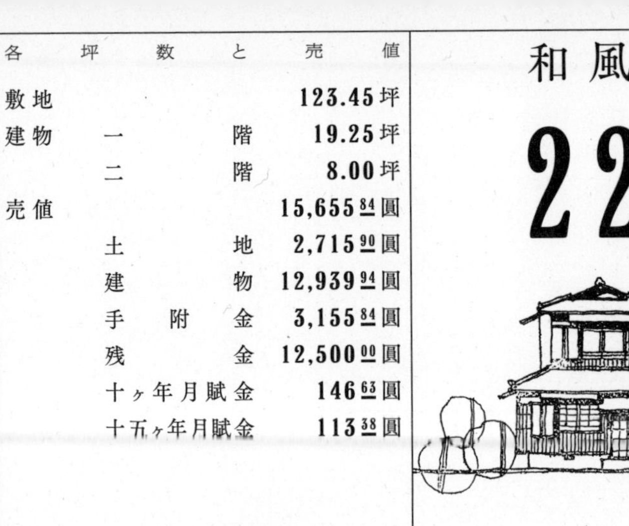

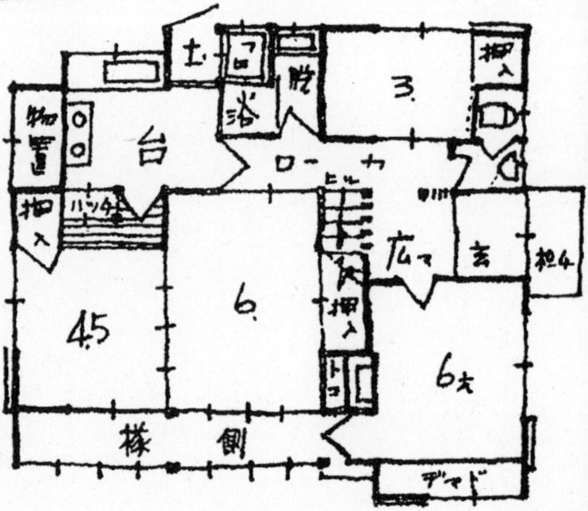


1階平面図

Column 01

# 健康と住宅

急激な都市化が進行した明治末から昭和初期にかけて、環境に優れた郊外生活の良さが喧伝される。たとえば下田将美は、昭和5年に出版したエッセイ集『東京と大阪』で次のように書いている。

「郊外に恵まれた大阪よ。煤煙のほかには何ものもないような、市中は空気のにごった都ではあるけれども、一度電車で郊外へゆけば、海の風も山の風も清澄であって、人は一時にすこやかな呼吸を自然のうちに楽しむことができる。郊外に恵まれた大阪はまったくしあわせである。」

電鉄会社や土地会社が郊外で展開した住宅販売にあっても、明朗な環境や眺望の良さ、空気の清浄さなどが強調された。明治42年（1908）の秋、箕面有馬電気軌道が配布した冊子『如何なる土地を選ぶべきか　如何なる家屋に住むべきか』は、次のような檄で始まる。

「美しき水の都は昔の夢と消えて、空暗き煙の都に住む不幸なる我が大阪市民諸君よ！出産率十人に対し死亡率十一人強に当る大阪市民の衛生状態に注意する諸君は、慄然として都会生活の心細きを感じ給うべし。同時に田園趣味に富める楽しき郊外生活を懐うの念や切なるべし。」

風光明媚な箕面有馬電気軌道の沿線に住まいを移せば、衛生面の不安を解決すると同時に、「田園趣味」に興じる生活ができると訴えたわけだ。

昭和初期になると、「健康住宅地」などと、ことさらに「健康」を強く訴求する例もでてくる。たとえば池田の細原地所部が分譲した「花屋敷山荘経営地」は、「雄大なる景勝と大自然の山色美に恵まれたる花屋敷山荘は近郊第一の健康住宅」と宣伝した。パンフレットでは、郊外生活の素晴らしさを次のように強調する。

郊外生活――大空は広い　大地は豊かだ
郊外生活――自由だ　明朗だ
郊外生活――感覚の休養　精力の氾濫
郊外生活――生活の原則だ　近代人の常識だ

さらに「自然順応の時代」であるという認識のもと、「安住地を郊外に求め、日光と土に親しむ事は、健康と活動力を培う源泉であります」と、郊外生活の優位点を強調する。そのうえで、一戸建ての住まいを保有することは、「物本位の時代」における「安全なる貯蓄」であり、「土地建物の所有」という果実を得るために、月賦や年賦なども用意していることも述べている。

# 家の広さを測る単位　坪と帖

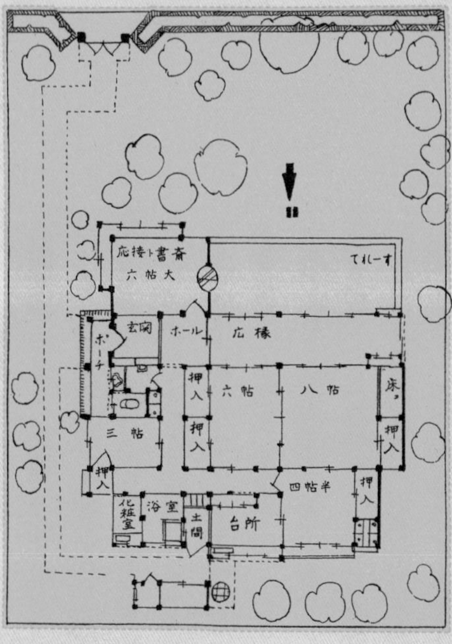


110坪
（約363㎡）

洋風二階建 | 044號 (p.187)

間取りを見ていると頻繁に登場する「坪」と「帖（畳）」という単位。ご存知の方も多いと思いますが1帖とは約0.5坪（約1・62㎡）で、1坪は畳2枚分の面積にあたる3・31㎡程度です。畳のサイズは地域の風習によって異なり、大きく京間・中京間・江戸間に分類されます。一番大きい畳は京間で、主に関西・中国・四国・九州で使われます。ちなみに上図の敷地面積は110坪。現代なら駐車場数台分に加えて、広々した庭ももてるほどの大豪邸です。（編集部）

西塚口住宅地
大阪梅田
阪急電鉄
土地經營部
③

# 洋風平屋建

# 047 號《ごう》

| 各坪数と売値 | | |
|---|---|---|
| 敷地 | | 72.73坪 |
| 建物 | | 23.57坪 |
| 売値 | | 14,523.00圓 |
| | 土地 | 2,691.01圓 |
| | 建物 | 11,831.99圓 |
| | 手附金 | 2,923.00圓 |
| | 残金 | 11,600.00圓 |
| | 十ヶ年月賦金 | 136.07圓 |
| | 十五ヶ年月賦金 | 105.22圓 |

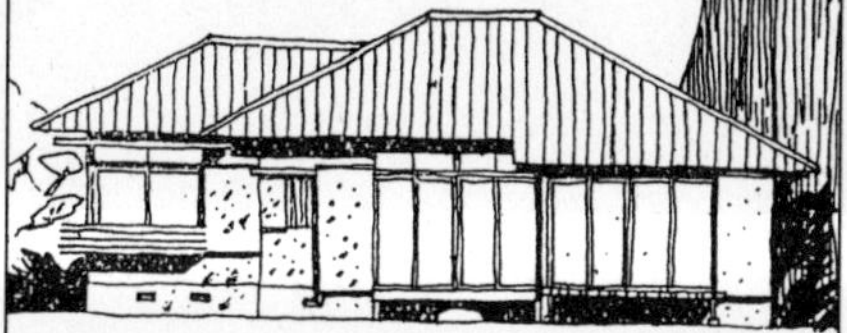

南側面図

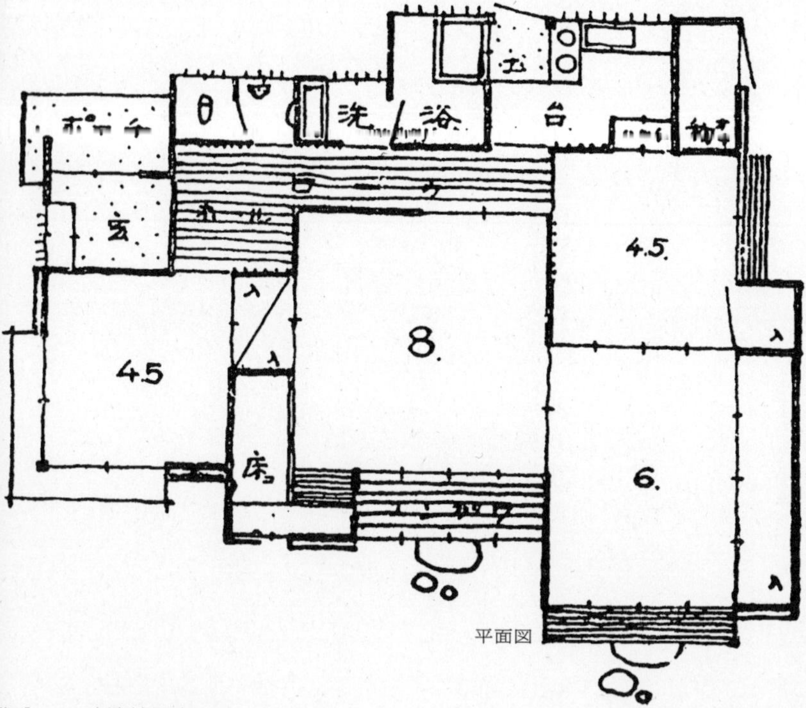


平面図

# 和風二階建

# 057 號《ごう》

| 各 | 坪 | 数と売値 |
|---|---|---|
| 敷地 | | 138.61坪 |
| 建物 | 一階 | 21.21坪 |
| | 二階 | 8.82坪 |
| 売値 | | 18,993$^{90}$圓 |
| | 土地 | 5,128$^{57}$圓 |
| | 建物 | 13,865$^{33}$圓 |
| | 手附金 | 3,798$^{90}$圓 |
| | 残金 | 15,195$^{00}$圓 |
| | 十ヶ年月賦金 | 178$^{24}$圓 |
| | 十五ヶ年月賦金 | 137$^{82}$圓 |

東側面図

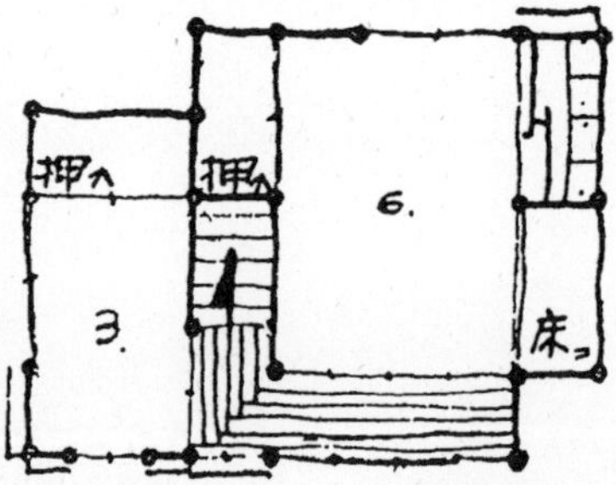


2階平面図

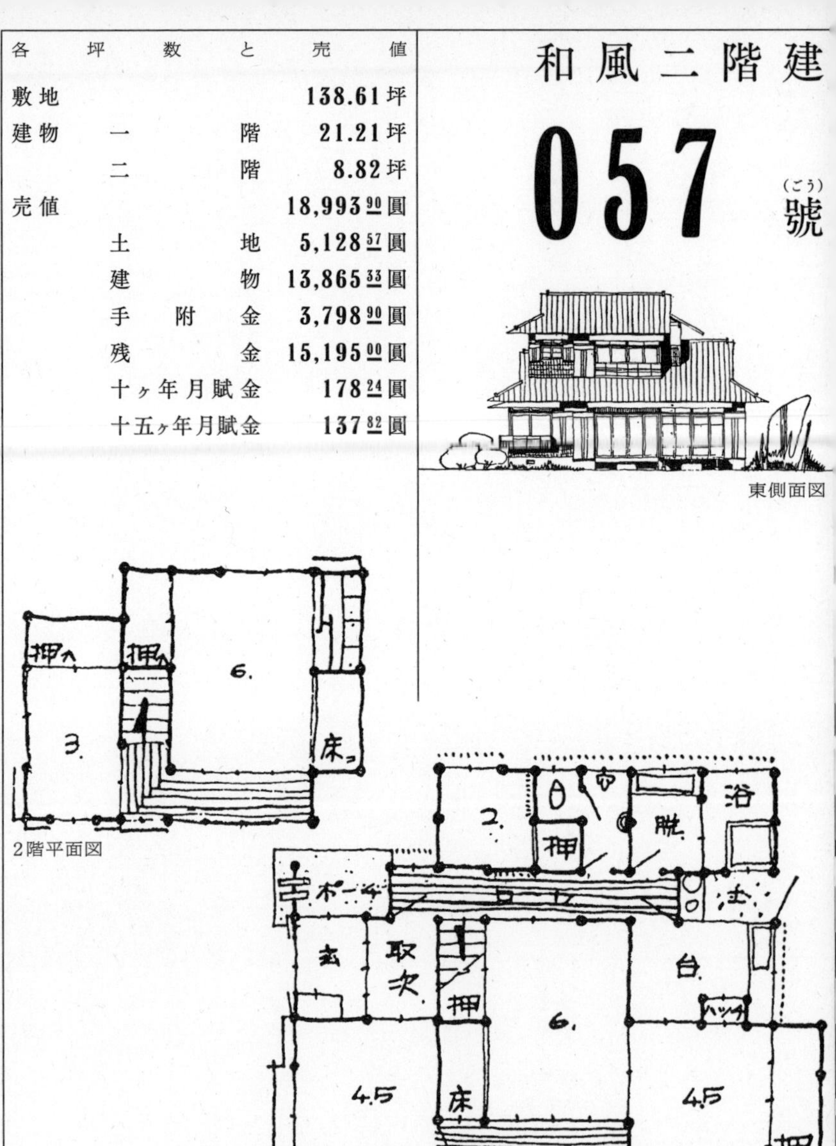

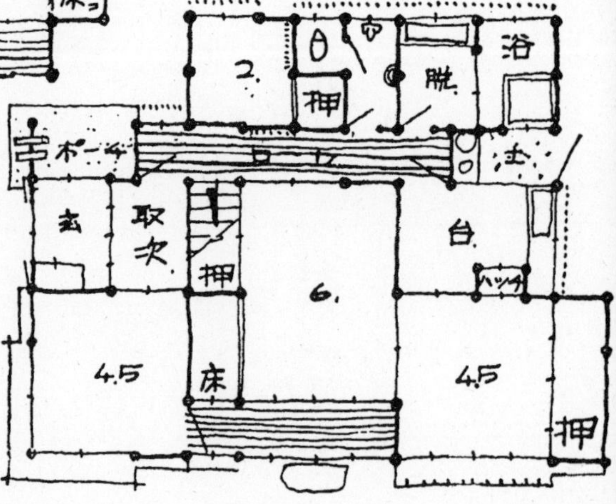


1階平面図

# 洋風二階建

# 083 號《ごう》

| 各坪数と売値 | | | |
|---|---|---|---|
| 敷地 | | | 81.09坪 |
| 建物 | 一 | 階 | 22.95坪 |
| | 二 | 階 | 5.51坪 |
| | 物 | 置 | 0.55坪 |
| 売値 | | | 15,816$^{\underline{52}}$圓 |
| | 土 | 地 | 2,757$^{\underline{06}}$圓 |
| | 建 | 物 | 13,059$^{\underline{46}}$圓 |
| | 手附 | 金 | 3,163$^{\underline{52}}$圓 |
| | 残 | 金 | 12,653$^{\underline{00}}$圓 |
| | 十ヶ年月賦金 | | 148$^{\underline{42}}$圓 |
| | 十五ヶ年月賦金 | | 114$^{\underline{77}}$圓 |

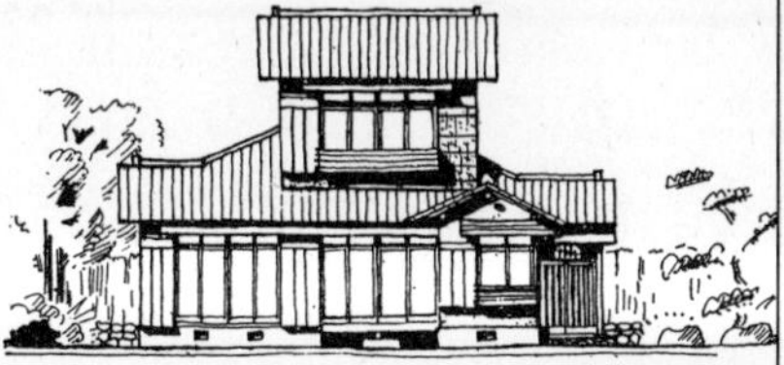

南側面図

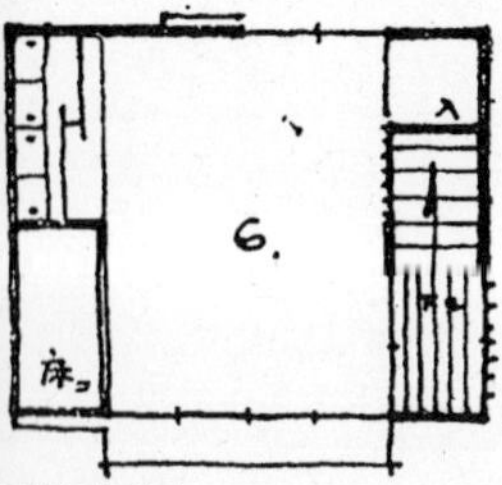


2階平面図

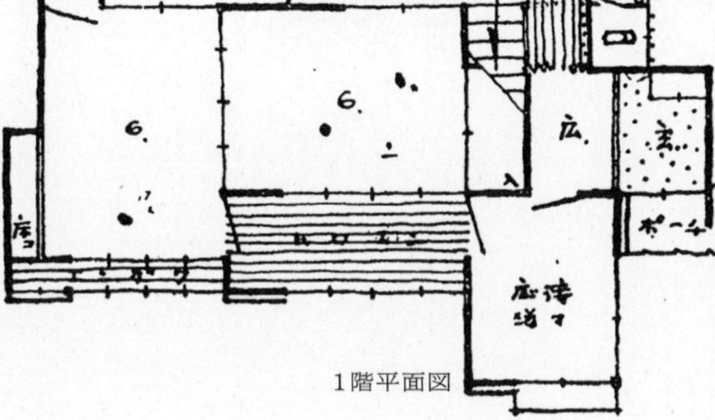


1階平面図

# 和風二階建

# 103號《(ごう)》

| 各坪数と売値 | | |
|---|---|---|
| 敷地 | | 73.60坪 |
| 建物 | 一階 | 21.77坪 |
| | 二階 | 7.71坪 |
| 売値 | | 16,174$^{46}$圓 |
| | 土地 | 2,502$^{40}$圓 |
| | 建物 | 13,672$^{06}$圓 |
| | 手附金 | 3,675$^{46}$圓 |
| | 残金 | 12,500$^{00}$圓 |
| | 十ヶ年月賦金 | 146$^{63}$圓 |
| | 十五ヶ年月賦金 | 113$^{38}$圓 |

側面図

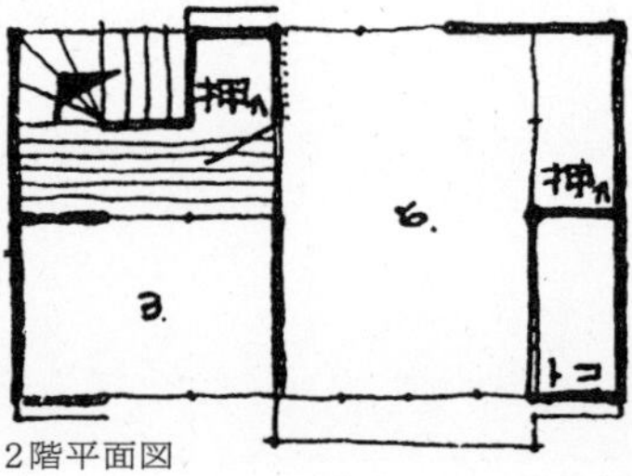


2階平面図

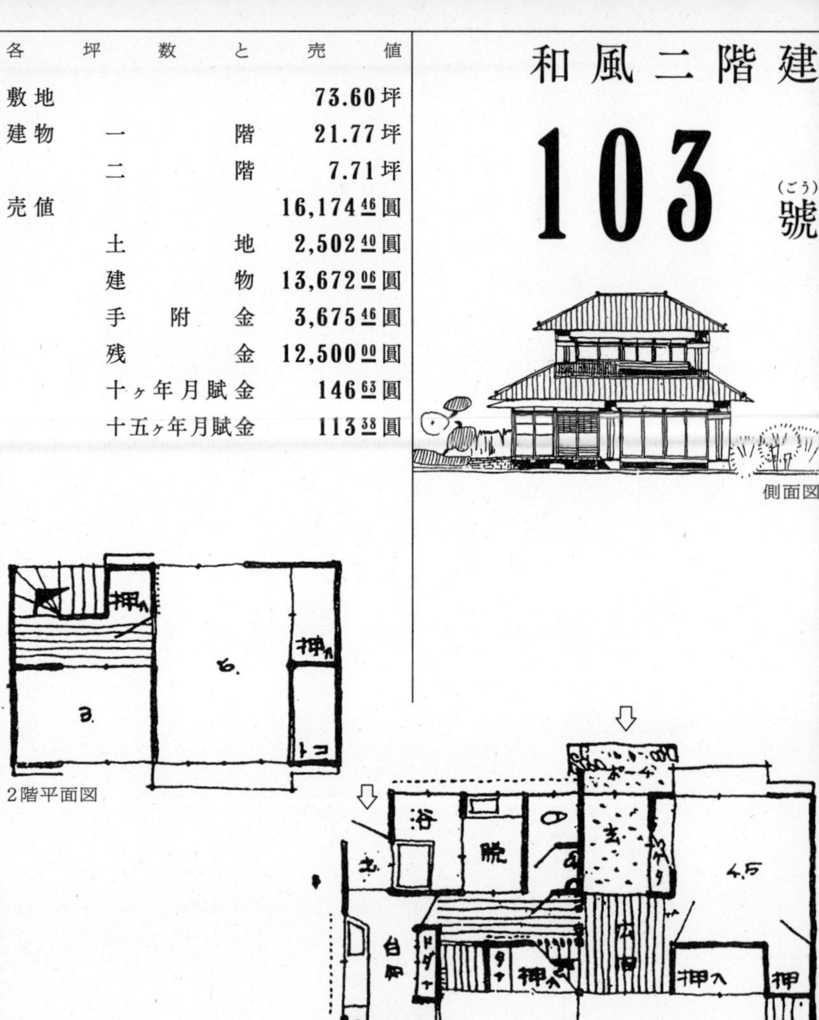

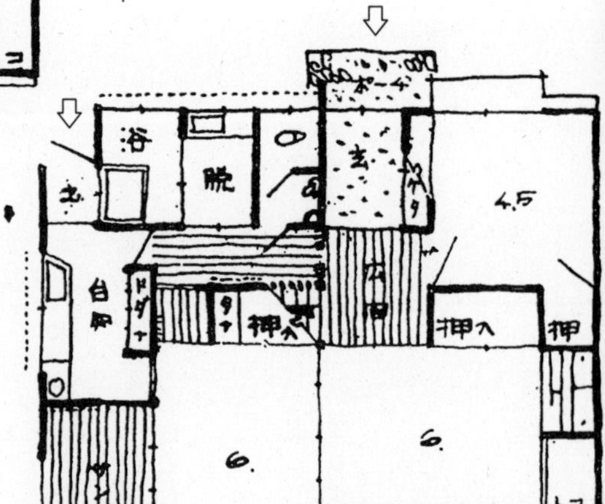


1階平面図

# 和風二階建

# 106號《ごう》

| 各坪数と売値 | | |
|---|---|---|
| 敷地 | | 58.89坪 |
| 建物 | 一階 | 19.91坪 |
| | 二階 | 8.46坪 |
| 売値 | | 15,431$^{\underline{83}}$圓 |
| | 土地 | 2,002$^{\underline{26}}$圓 |
| | 建物 | 13,429$^{\underline{57}}$圓 |
| | 手附金 | 3,431$^{\underline{83}}$圓 |
| | 残金 | 12,000$^{\underline{00}}$圓 |
| | 十ヶ年月賦金 | 140$^{\underline{76}}$圓 |
| | 十五ヶ年月賦金 | 108$^{\underline{84}}$圓 |

南側面図

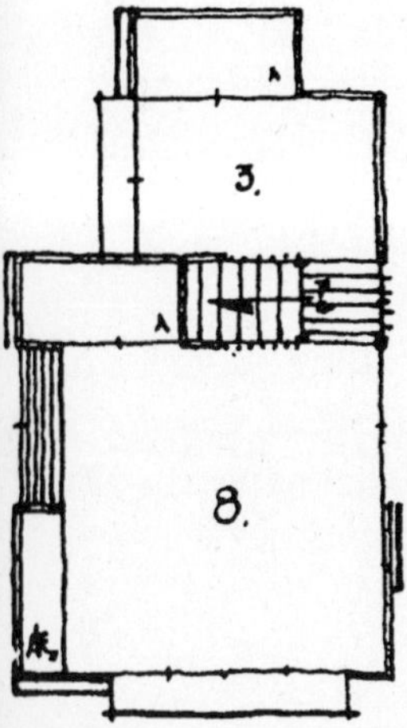


2階平面図

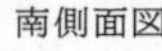

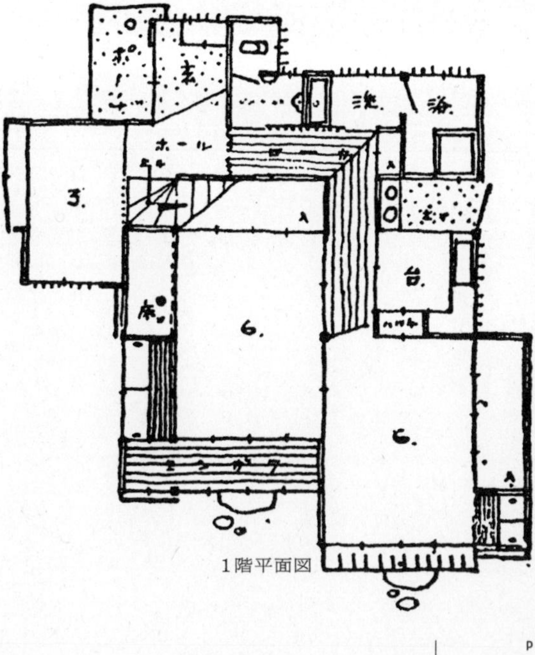


1階平面図

| 各坪数と売値 | | |
|---|---|---|
| 敷地 | | 80.00坪 |
| 建物 | 一階 | 19.11坪 |
| | 二階 | 5.04坪 |
| | 物置 | 0.55坪 |
| 売値 | | 14,348$^{32}$圓 |
| | 土地 | 2,720$^{00}$圓 |
| | 建物 | 11,628$^{32}$圓 |
| | 手附金 | 2,948$^{32}$圓 |
| | 残金 | 11,400$^{00}$圓 |
| | 十ヶ年月賦金 | 133$^{73}$圓 |
| | 十五ヶ年月賦金 | 103$^{40}$圓 |

# 和風二階建

# 111號《ごう》

東側面図

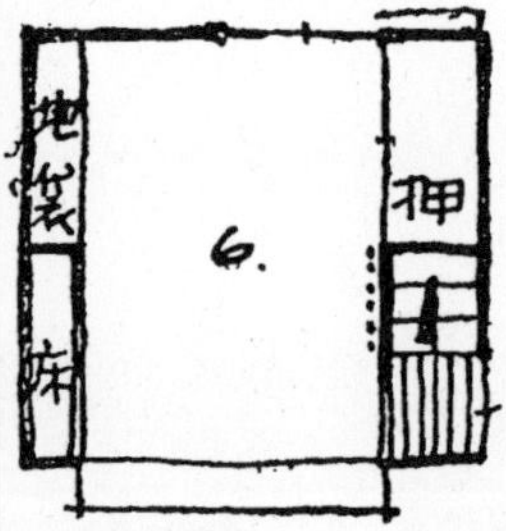


2階平面図

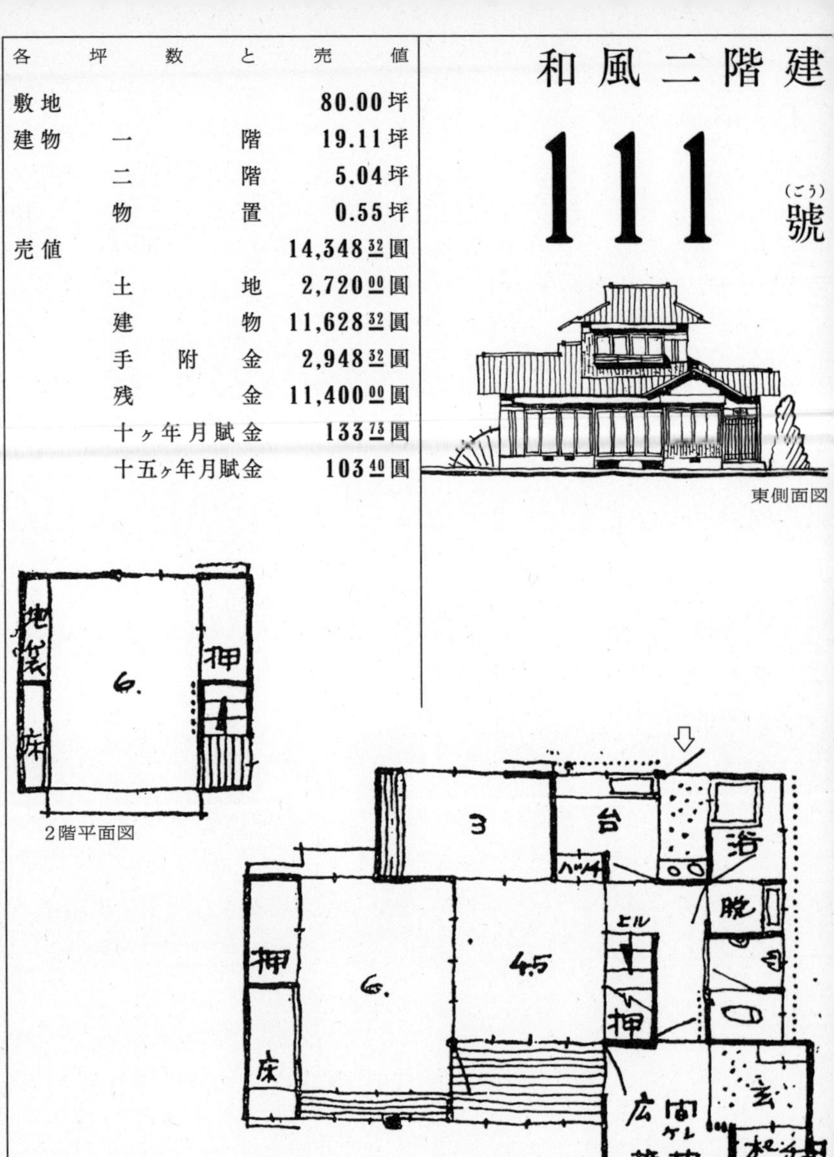

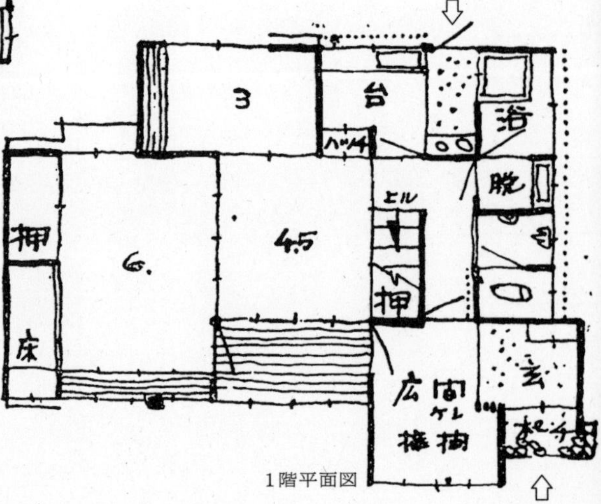


1階平面図

| 各坪数と売値 | | |
|---|---|---|
| 敷地 | | 62.22坪 |
| 建物 | 一階 | 18.742坪 |
| | 二階 | 8.82坪 |
| 売値 | | 13,827$^{54}$圓 |
| | 土地 | 1,928$^{82}$圓 |
| | 建物 | 11,898$^{72}$圓 |
| | 手附金 | 2,827$^{54}$圓 |
| | 残金 | 11,000$^{00}$圓 |
| | 十ヶ年月賦金 | 129$^{03}$圓 |
| | 十五ヶ年月賦金 | 99$^{77}$圓 |

店舗付

# 洋風二階建

# 128 號《ごう》

側面図

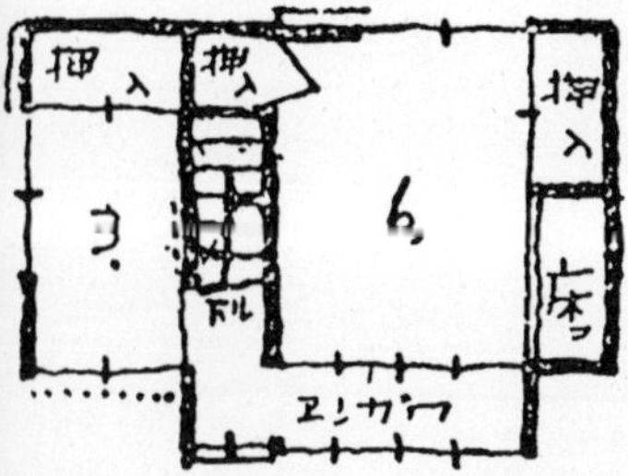


2階平面図

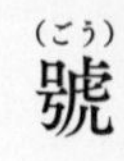

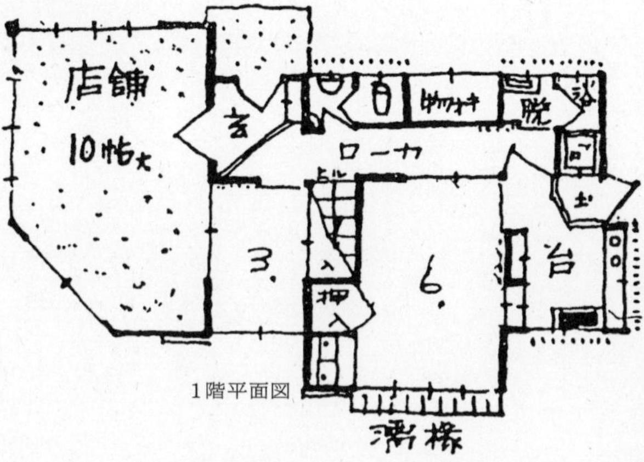


1階平面図

# 和風二階建

# 138号《ごう》

| 各坪数と売値 | | |
|---|---|---|
| 敷地 | | 114.84坪 |
| 建物 | 一階 | 23.90坪 |
| | 二階 | 5.51坪 |
| 売値 | | 17,066$^{\underline{03}}$圓 |
| | 土地 | 3,560$^{\underline{04}}$圓 |
| | 建物 | 13,505$^{\underline{99}}$圓 |
| | 手附金 | 3,566$^{\underline{03}}$圓 |
| | 残金 | 13,500$^{\underline{00}}$圓 |
| | 十ヶ年月賦金 | 158$^{\underline{36}}$圓 |
| | 十五ヶ年月賦金 | 122$^{\underline{45}}$圓 |

南側面図

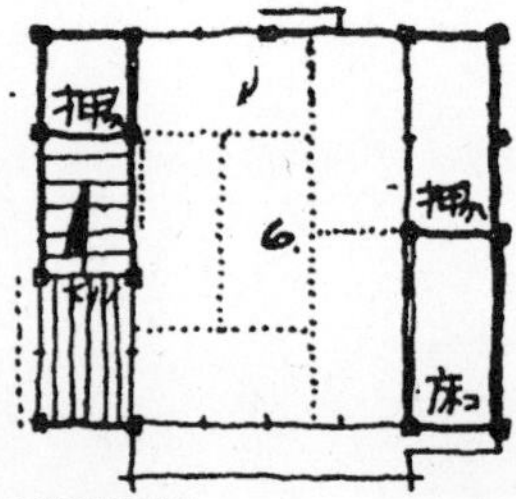


2階平面図

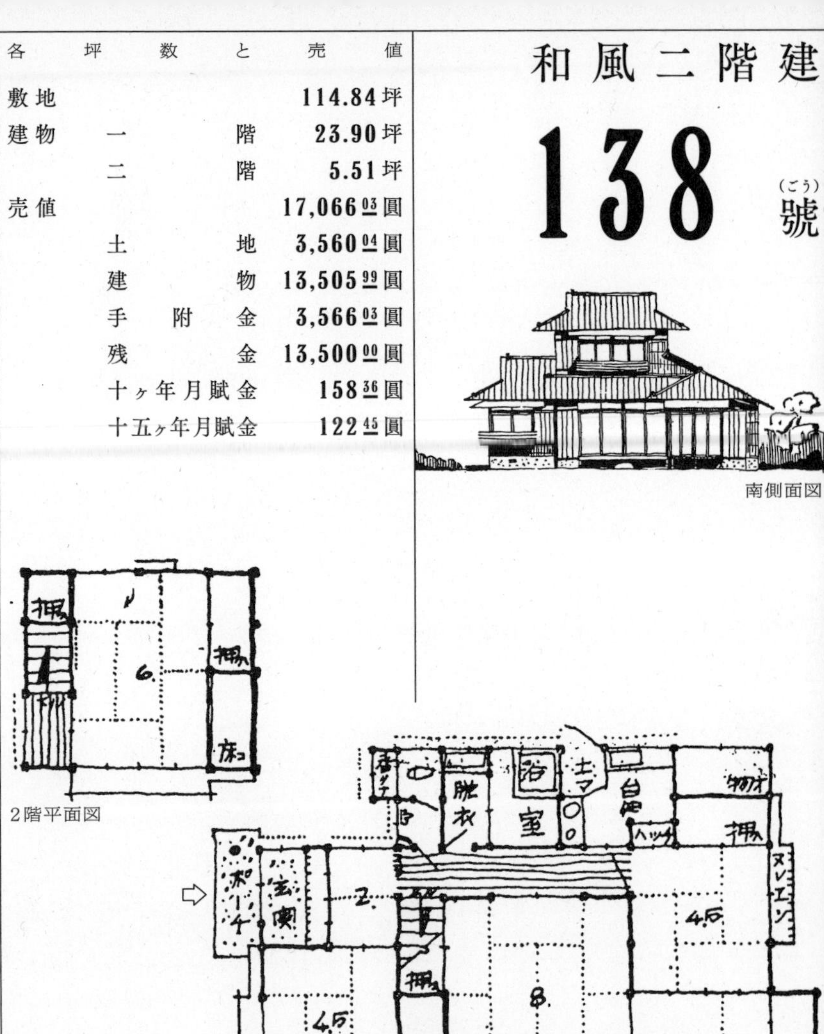

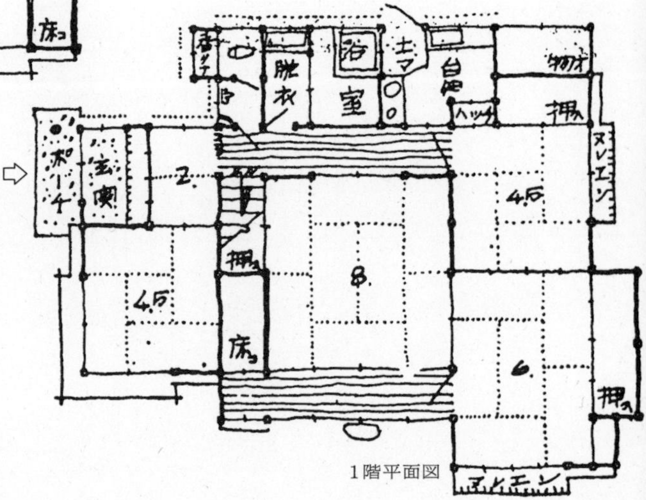


1階平面図

| 各 坪 数 と 売 値 | | |
|---|---|---|
| 敷地 | | 85.02坪 |
| 建物 | 一 階 | 21.49坪 |
| | 二 階 | 7.21坪 |
| 売値 | | 15,586$^{34}$圓 |
| | 土 地 | 2,397$^{36}$圓 |
| | 建 物 | 13,188$^{93}$圓 |
| | 手 附 金 | 3,586$^{34}$圓 |
| | 残 金 | 12,000$^{00}$圓 |
| | 十ヶ年月賦金 | 140$^{76}$圓 |
| | 十五ヶ年月賦金 | 108$^{84}$圓 |

# 洋風二階建

# 140 號《(ごう)》

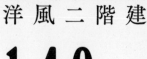

北側面図

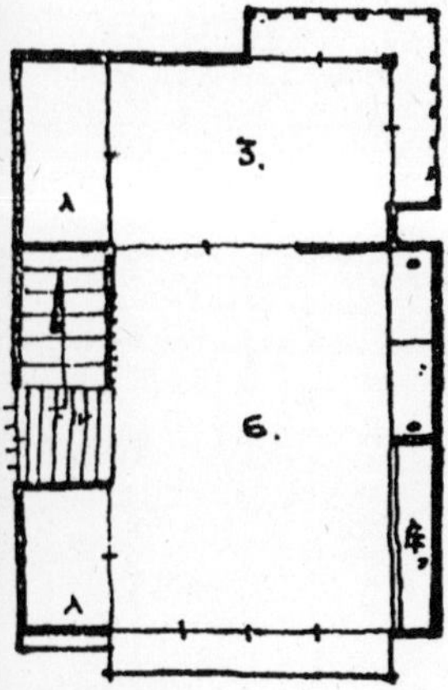


2階平面図

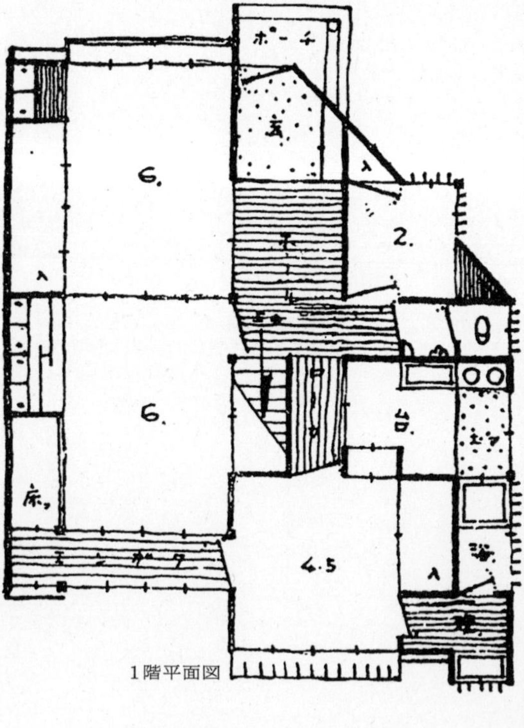


1階平面図

# 和風平屋建

# 147號《ごう》

| 各坪数と売値 | | |
|---|---|---|
| 敷地 | | 98.87坪 |
| 建物 | | 26.44坪 |
| | 物置 | 0.55坪 |
| 売値 | | 16,193$^{\underline{87}}$圓 |
| | 土地 | 2,768$^{\underline{36}}$圓 |
| | 建物 | 13,425$^{\underline{51}}$圓 |
| | 手附金 | 3,293$^{\underline{87}}$圓 |
| | 残金 | 12,900$^{\underline{00}}$圓 |
| | 十ヶ年月賦金 | 151$^{\underline{32}}$圓 |
| | 十五ヶ年月賦金 | 117$^{\underline{01}}$圓 |

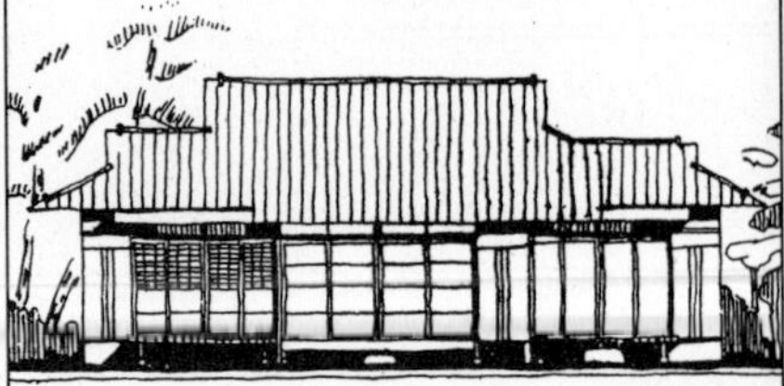

南側面図

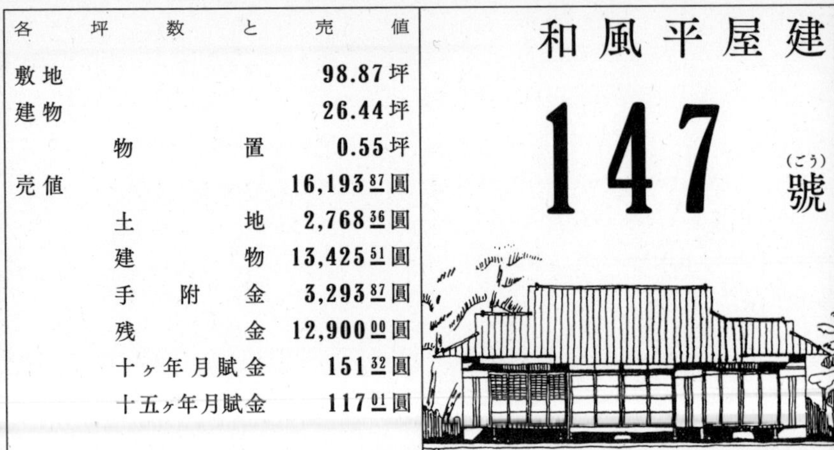

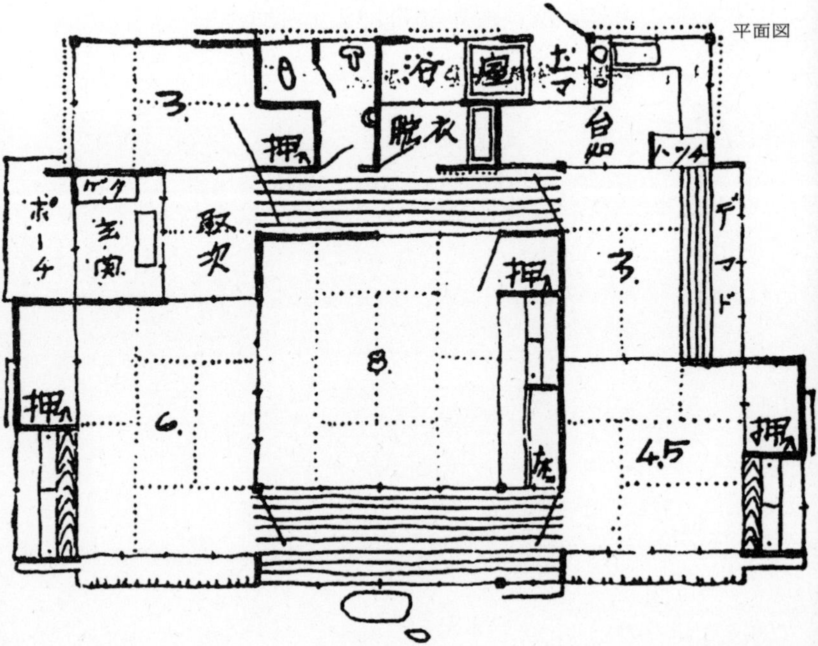


平面図

| 各坪数と売値 | | |
|---|---|---|
| 敷地 | | 121.00坪 |
| 建物 | | 29.96坪 |
| 売値 | | 17,082 94圓 |
| | 土地 | 3,388 00圓 |
| | 建物 | 13,694 94圓 |
| | 手附金 | 3,582 94圓 |
| | 残金 | 13,500 00圓 |
| | 十ヶ年月賦金 | 158 16圓 |
| | 十五ヶ年月賦金 | 122 45圓 |

# 和風平屋建 151號《ごう》

南側面図

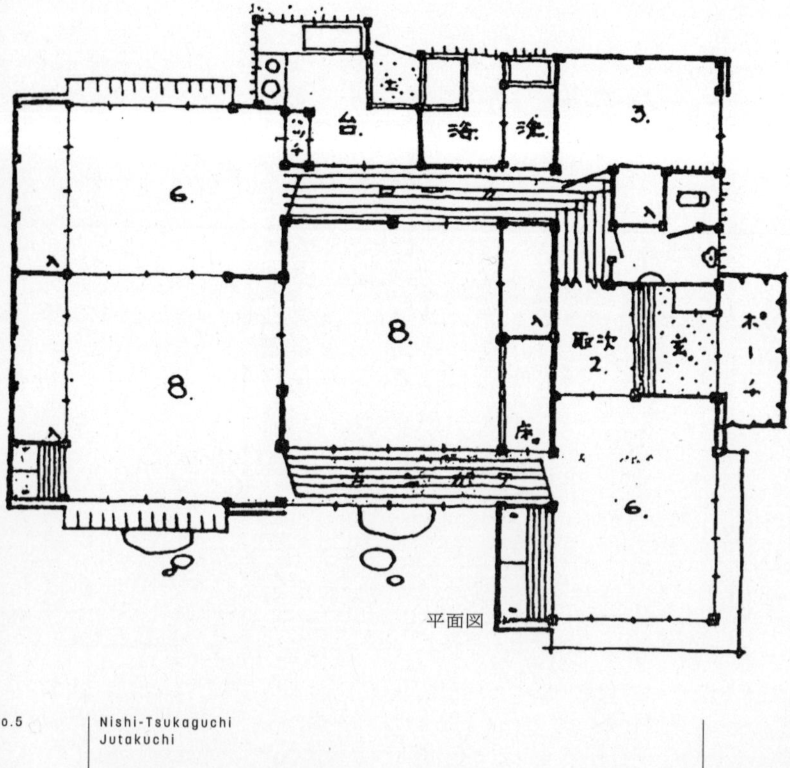


平面図

# 和風二階建

# 153號《ごう》

| 各坪数と売値 | | | |
|---|---|---|---|
| 敷地 | | | 216.13坪 |
| 建物 | 一 | 階 | 21.22坪 |
| | 二 | 階 | 8.82坪 |
| 売値 | | | 18,593$^{32}$圓 |
| | 土 | 地 | 4,754$^{86}$圓 |
| | 建 | 物 | 13,833$^{46}$圓 |
| | 手附金 | | 4,093$^{32}$圓 |
| | 残 | 金 | 14,500$^{00}$圓 |
| | 十ヶ年月賦金 | | 170$^{09}$圓 |
| | 十五ヶ年月賦金 | | 131$^{52}$圓 |

東側面図

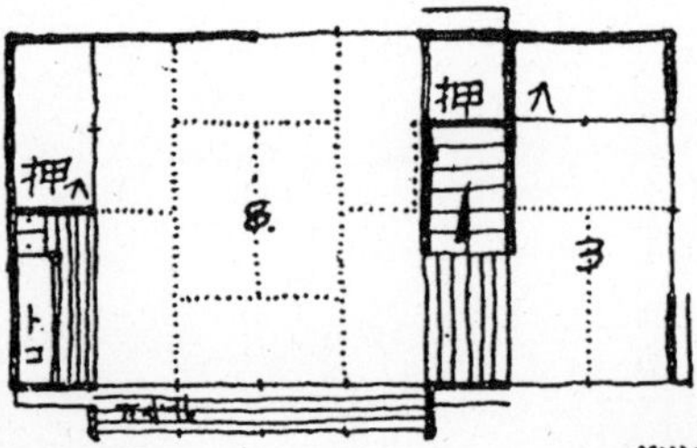


2階平面図

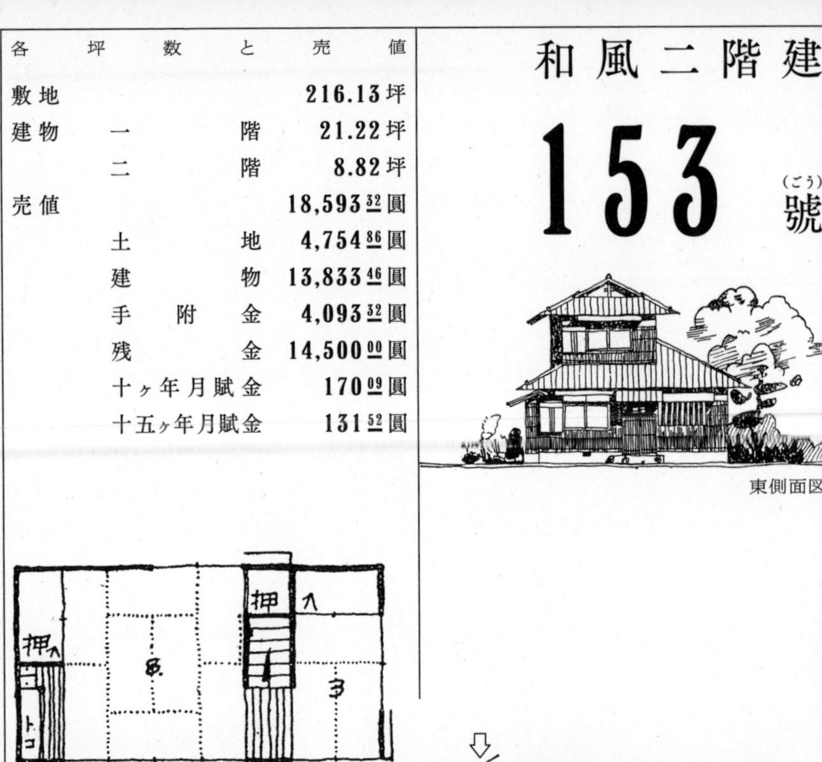

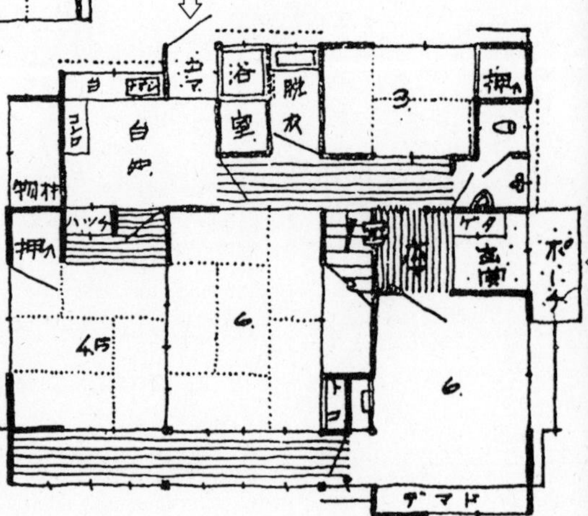


1階平面図

# 和風平屋建

# 156 號《ごう》

| 各坪数と売値 | | |
|---|---|---|
| 敷地 | | 100.80坪 |
| 建物 | | 28.91坪 |
| | 物置 | 0.55坪 |
| 売値 | | 16,464$^{\underline{92}}$圓 |
| | 土地 | 2,520$^{\underline{00}}$圓 |
| | 建物 | 13,944$^{\underline{92}}$圓 |
| | 手附金 | 3,464$^{\underline{92}}$圓 |
| | 残金 | 13,000$^{\underline{00}}$圓 |
| | 十ヶ年月賦金 | 152$^{\underline{49}}$圓 |
| | 十五ヶ年月賦金 | 117$^{\underline{91}}$圓 |

南側面図

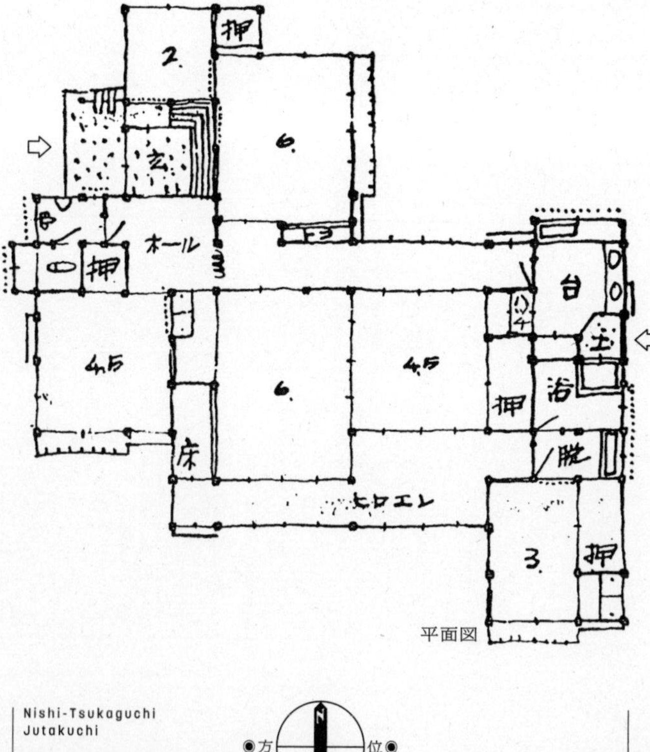


平面図

| 各坪数と売値 | | |
|---|---|---|
| 敷地 | | 79.44坪 |
| 建物 | | 22.05坪 |
| | 物置 | 0.55坪 |
| 売値 | | 12,926$^{00}$圓 |
| | 土地 | 2,224$^{32}$圓 |
| | 建物 | 10,701$^{68}$圓 |
| | 手附金 | 2,926$^{00}$圓 |
| | 残金 | 10,000$^{00}$圓 |
| | 十ヶ年月賦金 | 117$^{30}$圓 |
| | 十五ヶ年月賦金 | 90$^{70}$圓 |

# 和風平屋建
# 184 號《ごう》

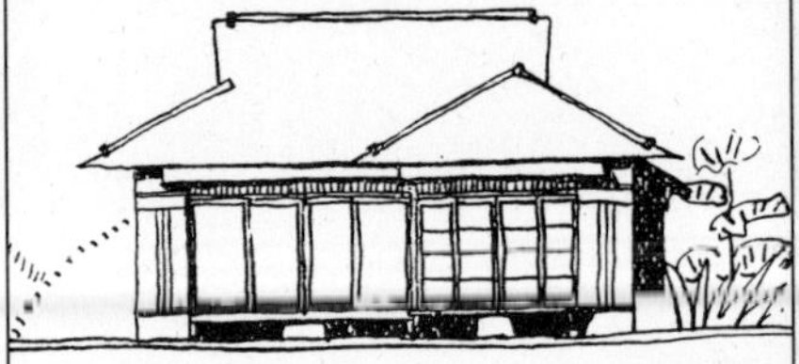
南側面図

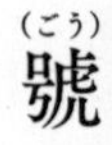

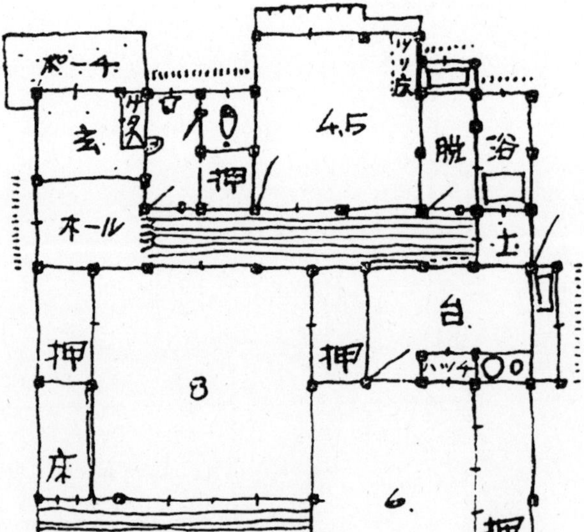

平面図

# 洋風二階建

# 187 號《ごう》

| 各 | 坪 | 数と売値 |
|---|---|---|
| 敷地 | | 91.93坪 |
| 建物 | 一階 | 21.92坪 |
| | 二階 | 7.71坪 |
| 売値 | | 16,141$\underline{50}$圓 |
| | 土地 | 2,574$\underline{04}$圓 |
| | 建物 | 13,567$\underline{46}$圓 |
| | 手附金 | 3,241$\underline{50}$圓 |
| | 残金 | 12,900$\underline{00}$圓 |
| | 十ヶ年月賦金 | 151$\underline{32}$圓 |
| | 十五ヶ年月賦金 | 117$\underline{01}$圓 |

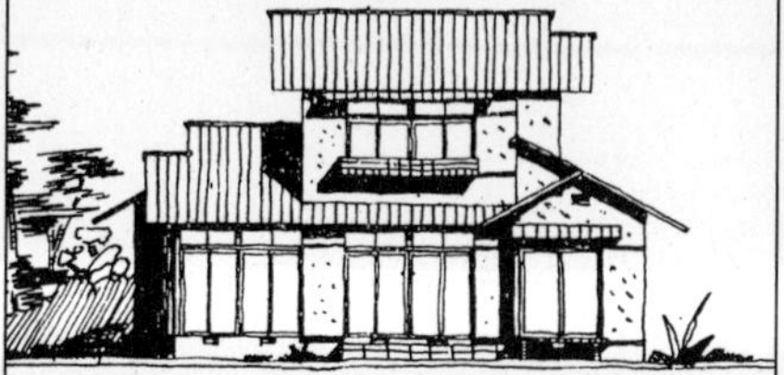

南側面図

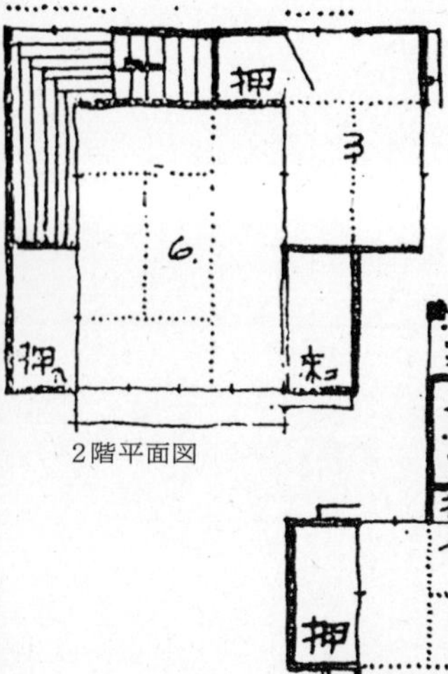


2階平面図

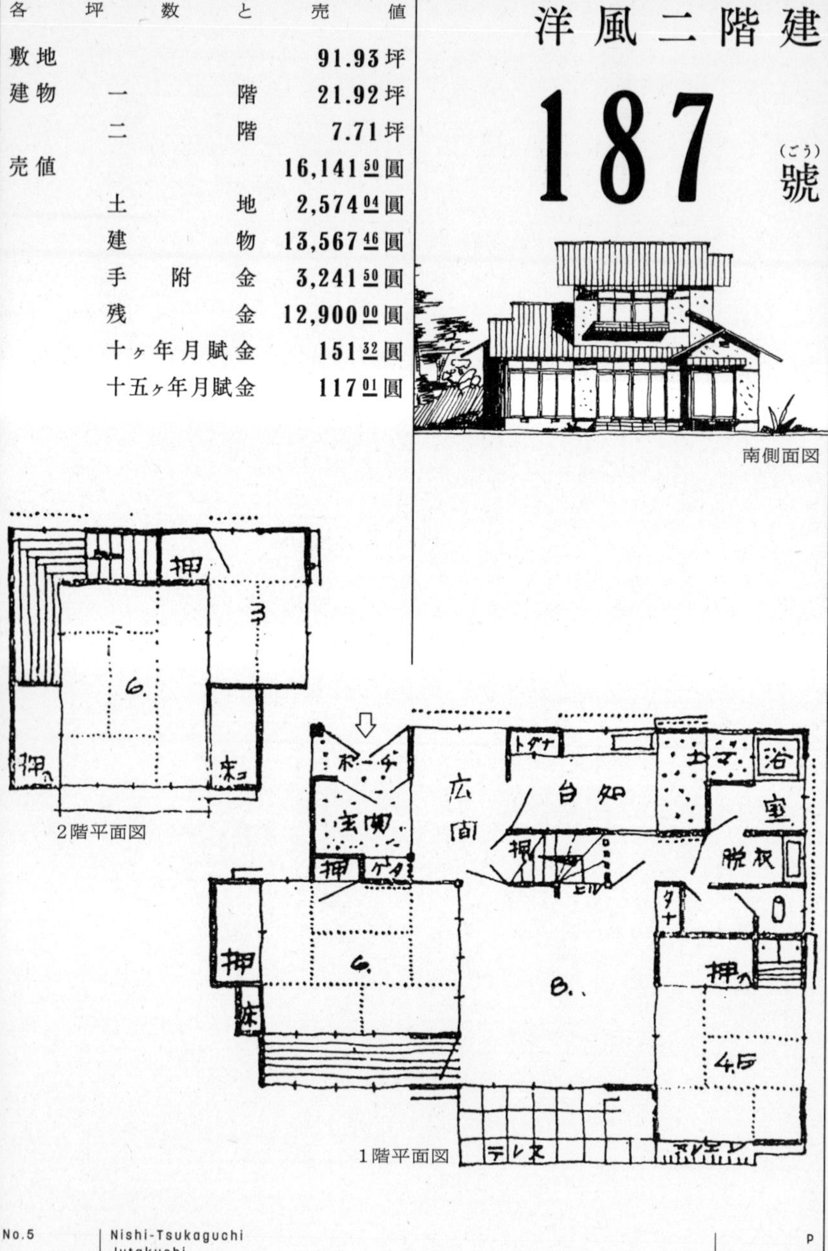

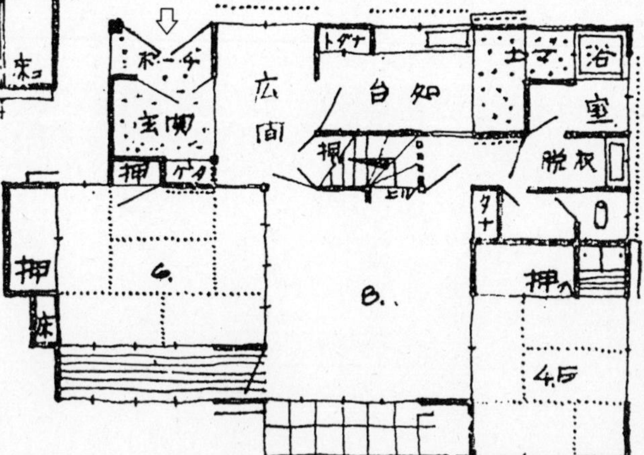


1階平面図

# 西塚口住宅地

電北八〇一〇
阪急電鐵土地經營部
大阪梅田

# 洋風二階建

# 020 號《ごう》

| 各 | 坪 | 数と売値 |
|---|---|---|
| 敷地 | | 63.65坪 |
| 建物 | 一階 | 18.00坪 |
| | 二階 | 8.00坪 |
| 売値 | | 14,007 $^{88}$ 圓 |
| | 土地 | 2,355 $^{05}$ 圓 |
| | 建物 | 11.652 $^{83}$ 圓 |
| | 手附金 | 3,007 $^{88}$ 圓 |
| | 残金 | 1,100 $^{00}$ 圓 |
| | 十ヶ年月賦金 | 129 $^{03}$ 圓 |
| | 一五ヶ年月賦金 | 90 $^{77}$ 圓 |

南側面図

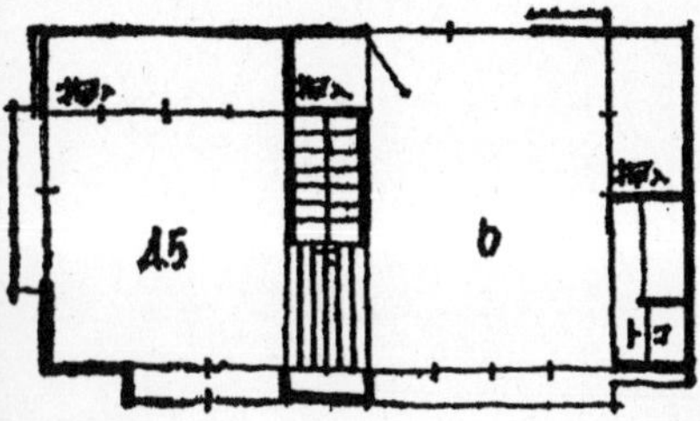


2階平面図

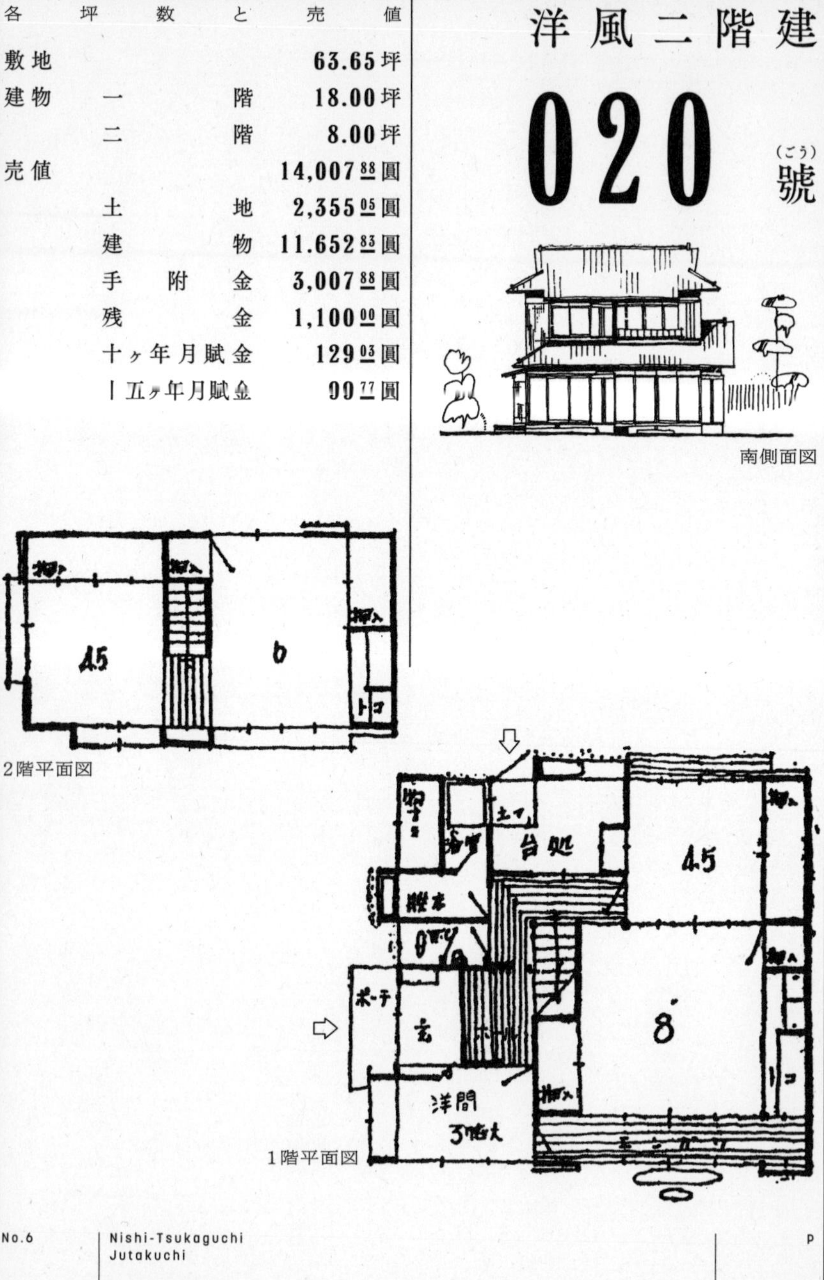

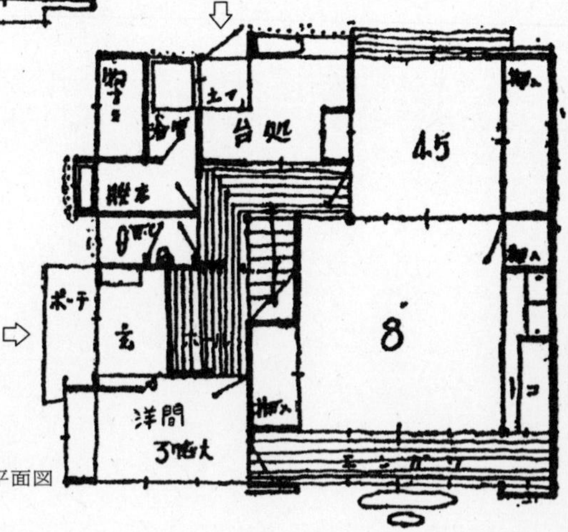


1階平面図

# 洋風平屋建 032 號《ごう》

| 各坪数と売値 | | |
|---|---|---|
| 敷地 | | 70.33坪 |
| 建物 | | 27.00坪 |
| 売値 | | 14,534$^{\underline{18}}$圓 |
| | 土地 | 2,602$^{\underline{21}}$圓 |
| | 建物 | 11,931$^{\underline{97}}$圓 |
| | 手附金 | 2,934$^{\underline{18}}$圓 |
| | 残金 | 11,600$^{\underline{00}}$圓 |
| | 十ヶ年月賦金 | 136$^{\underline{07}}$圓 |
| | 十五ヶ年月賦金 | 105$^{\underline{22}}$圓 |

東側面図

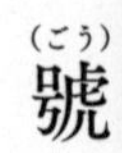

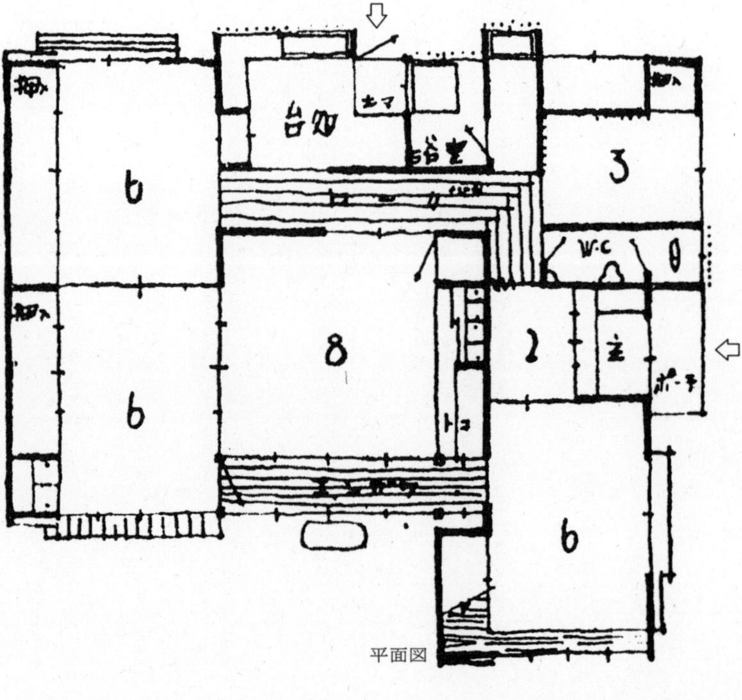


平面図

# 和風平屋建

# 040號《ごう》

| 各坪数と売値 | | |
|---|---|---|
| 敷地 | | 71.42坪 |
| 建物 | | 26.17坪 |
| 売値 | | 14,011$^{\underline{95}}$圓 |
| | 土地 | 2,428$^{\underline{28}}$圓 |
| | 建物 | 11,583$^{\underline{67}}$圓 |
| | 手附金 | 2,811$^{\underline{95}}$圓 |
| | 残金 | 11,200$^{\underline{00}}$圓 |
| | 十ヶ年月賦金 | 131$^{\underline{38}}$圓 |
| | 十五ヶ年月賦金 | 101$^{\underline{59}}$圓 |

西側面図

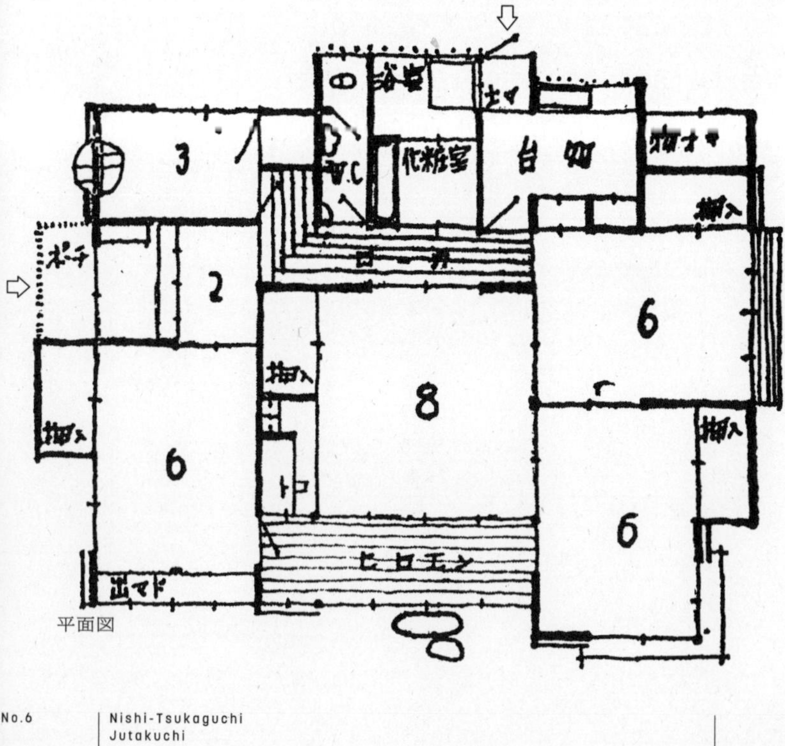


平面図

# 和風平屋建

# 033號《ごう》

| 各坪数と売値 | | |
|---|---|---|
| 敷地 | | 79.06坪 |
| 建物 | | 26.75坪 |
| 売値 | | $15{,}458^{\underline{78}}$圓 |
| | 土地 | $2{,}925^{\underline{22}}$圓 |
| | 建物 | $12{,}533^{\underline{56}}$圓 |
| | 手附金 | $3{,}058^{\underline{78}}$圓 |
| | 残金 | $12{,}400^{\underline{00}}$圓 |
| | 十ヶ年月賦金 | $145^{\underline{46}}$圓 |
| | 十五ヶ年月賦金 | $112^{\underline{47}}$圓 |

東側面図

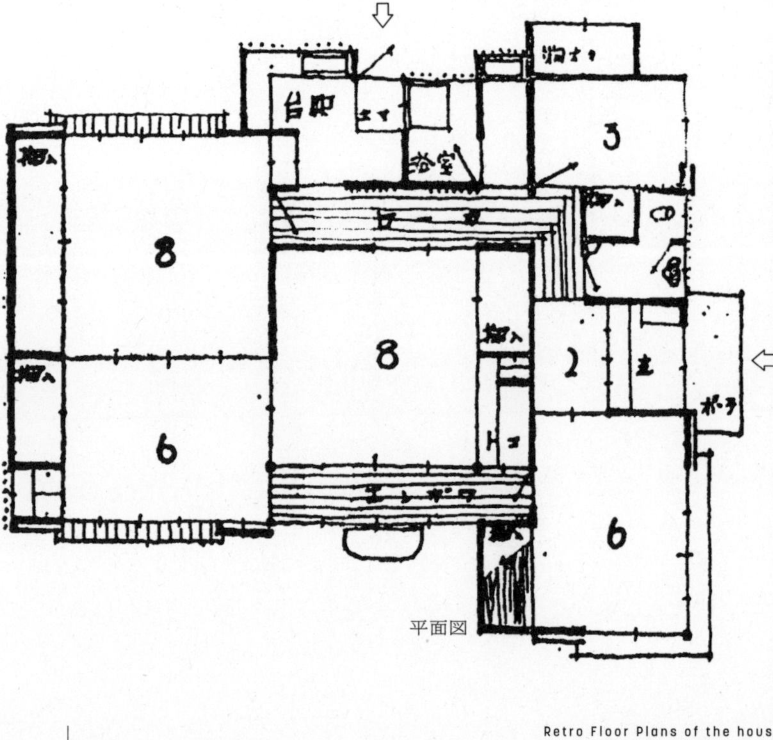


平面図

# 和風二階建

# 041號《ごう》

| 各坪数と売値 | | |
|---|---|---|
| 敷地 | | 79.43坪 |
| 建物 | 一階 | 20.00坪 |
| | 二階 | 6.73坪 |
| | 物置 | 0.50坪 |
| 売値 | | 15,050$^{\underline{26}}$圓 |
| | 土地 | 2,938$^{\underline{91}}$圓 |
| | 建物 | 12,111$^{\underline{35}}$圓 |
| | 手附金 | 3,050$^{\underline{26}}$圓 |
| | 残金 | 12,000$^{\underline{00}}$圓 |
| | 十ヶ年月賦金 | 140$^{\underline{76}}$圓 |
| | 十五ヶ年月賦金 | 108$^{\underline{84}}$圓 |

西側面図

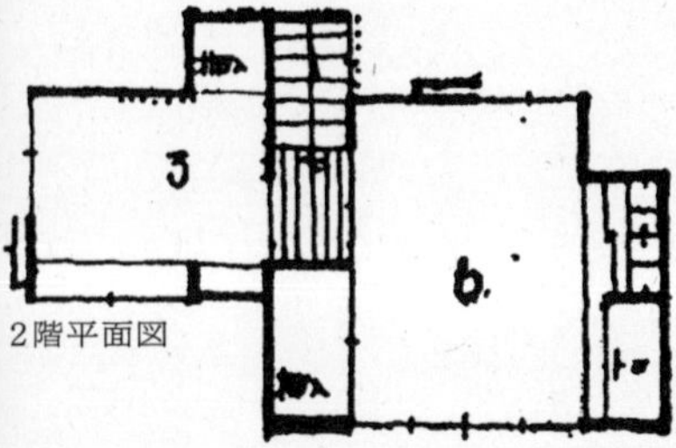


2階平面図

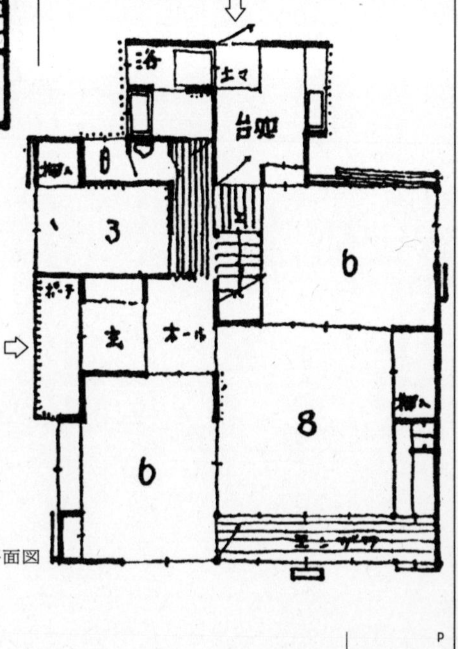


1階平面図

# 洋風平屋建 053 號《(ごう)》

| 各坪数と売値 | | |
|---|---|---|
| 敷地 | | 81.64坪 |
| 建物 | | 26.17坪 |
| 売値 | | $15{,}301^{\underline{93}}$圓 |
| | 土地 | $3{,}020^{\underline{68}}$圓 |
| | 建物 | $12{,}281^{\underline{25}}$圓 |
| | 手附金 | $3{,}301^{\underline{93}}$圓 |
| | 残金 | $12{,}000^{\underline{00}}$圓 |
| | 十ヶ年月賦金 | $140^{\underline{76}}$圓 |
| | 十五ヶ年月賦金 | $108^{\underline{84}}$圓 |

西側面図

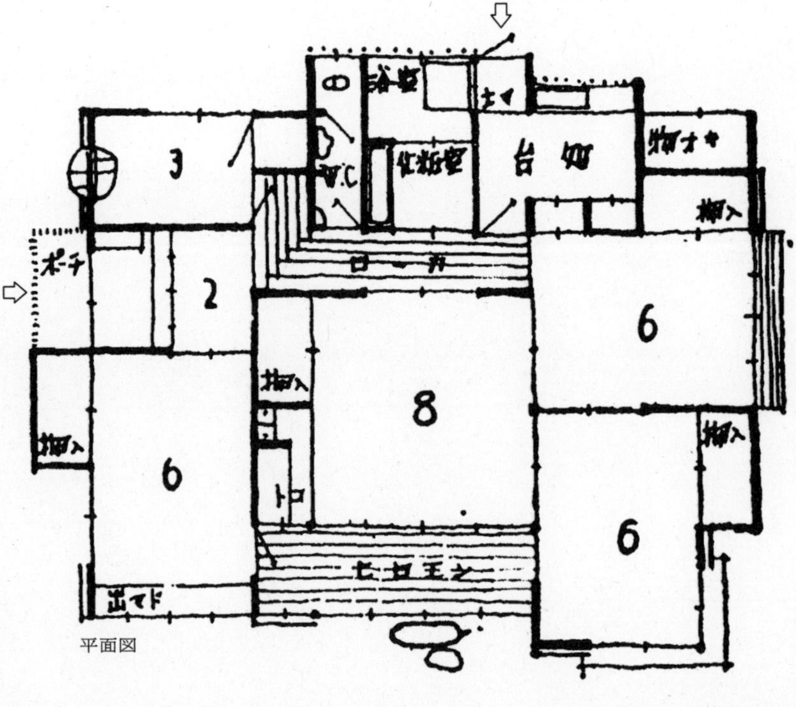


平面図

# 和風二階建

# 054號《(ごう)》

| 各坪数と売値 | | |
|---|---|---|
| 敷地 | | 81.45坪 |
| 建物 | 一階 | 22.00坪 |
| | 二階 | 4.75坪 |
| 売値 | | 15,114$^{09}$圓 |
| | 土地 | 3,013$^{65}$圓 |
| | 建物 | 12,100$^{44}$圓 |
| | 手附金 | 3,114$^{09}$圓 |
| | 残金 | 12,000$^{00}$圓 |
| | 十ヶ年月賦金 | 140$^{76}$圓 |
| | 十五ヶ年月賦金 | 108$^{84}$圓 |

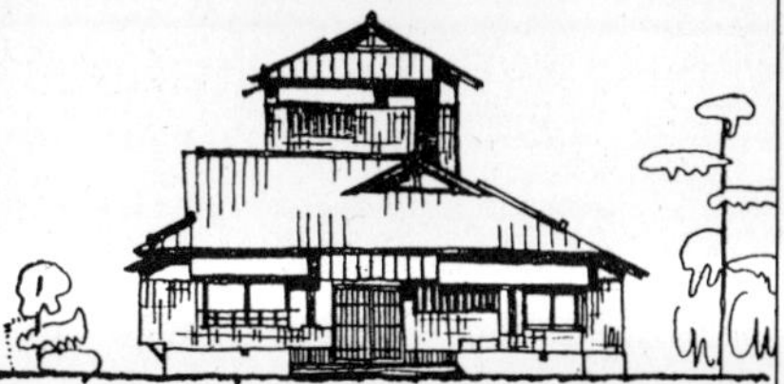

東側面図

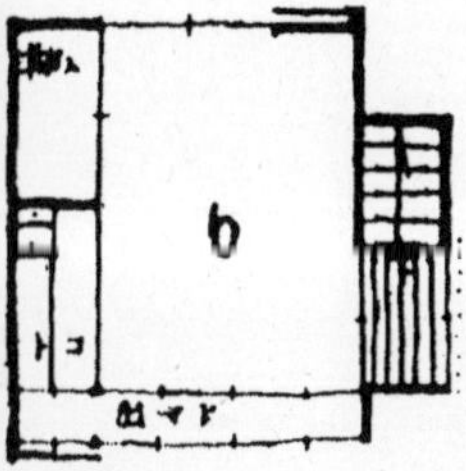

2階平面図

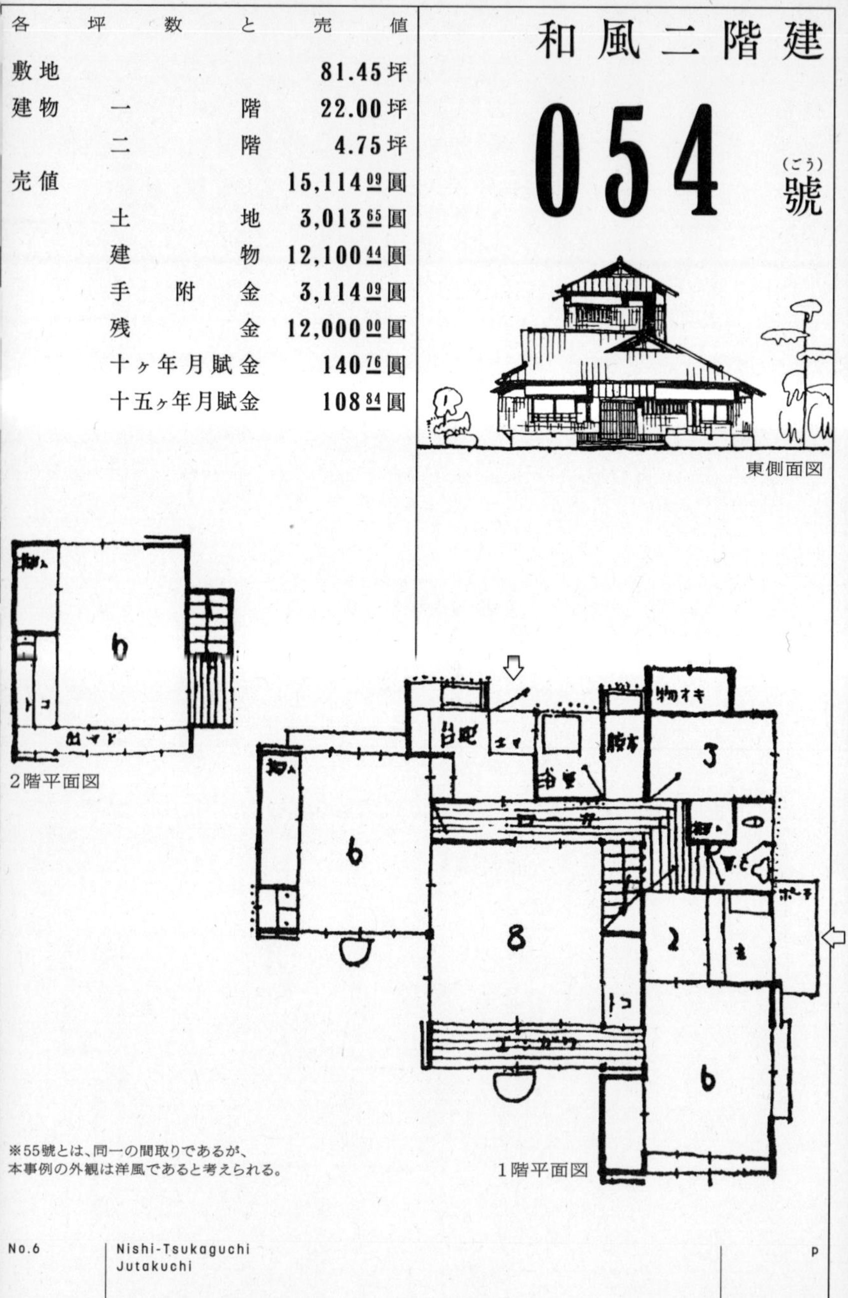

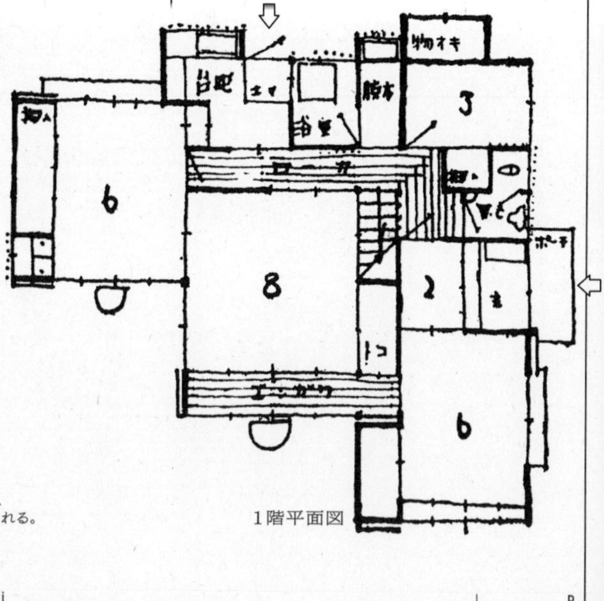

1階平面図

※55號とは、同一の間取りであるが、
本事例の外観は洋風であると考えられる。

| 各坪数と売値 | | |
|---|---|---|
| 敷地 | | 79.38坪 |
| 建物 | 一階 | 22.00坪 |
| | 二階 | 4.75坪 |
| 売値 | | 15,004$^{83}$圓 |
| | 土地 | 2,937$^{06}$圓 |
| | 建物 | 12,067$^{77}$圓 |
| | 手附金 | 3,004$^{83}$圓 |
| | 残金 | 1,200$^{00}$圓 |
| | 十ヶ年月賦金 | 140$^{76}$圓 |
| | 十五ヶ年月賦金 | 108$^{84}$圓 |

# 洋風二階建

# 055號《ごう》

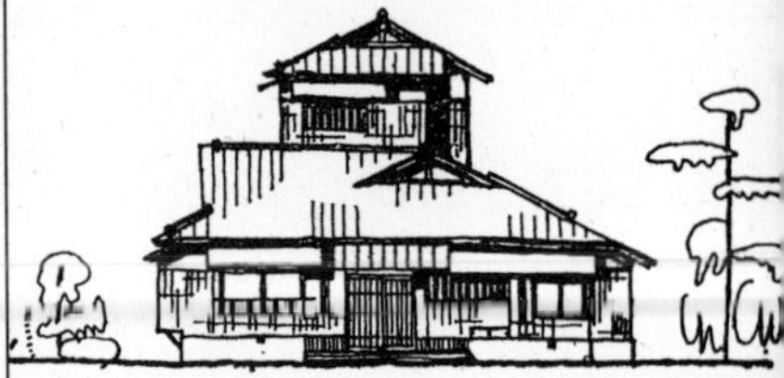

東側面図

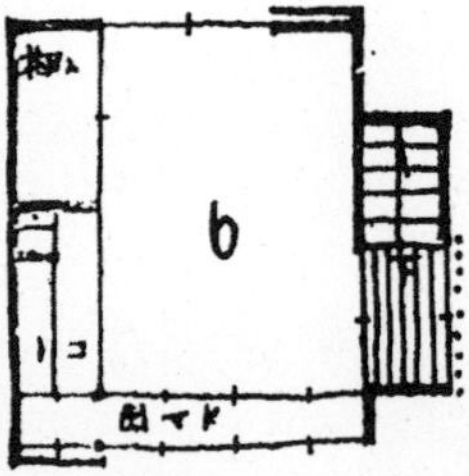


2階平面図

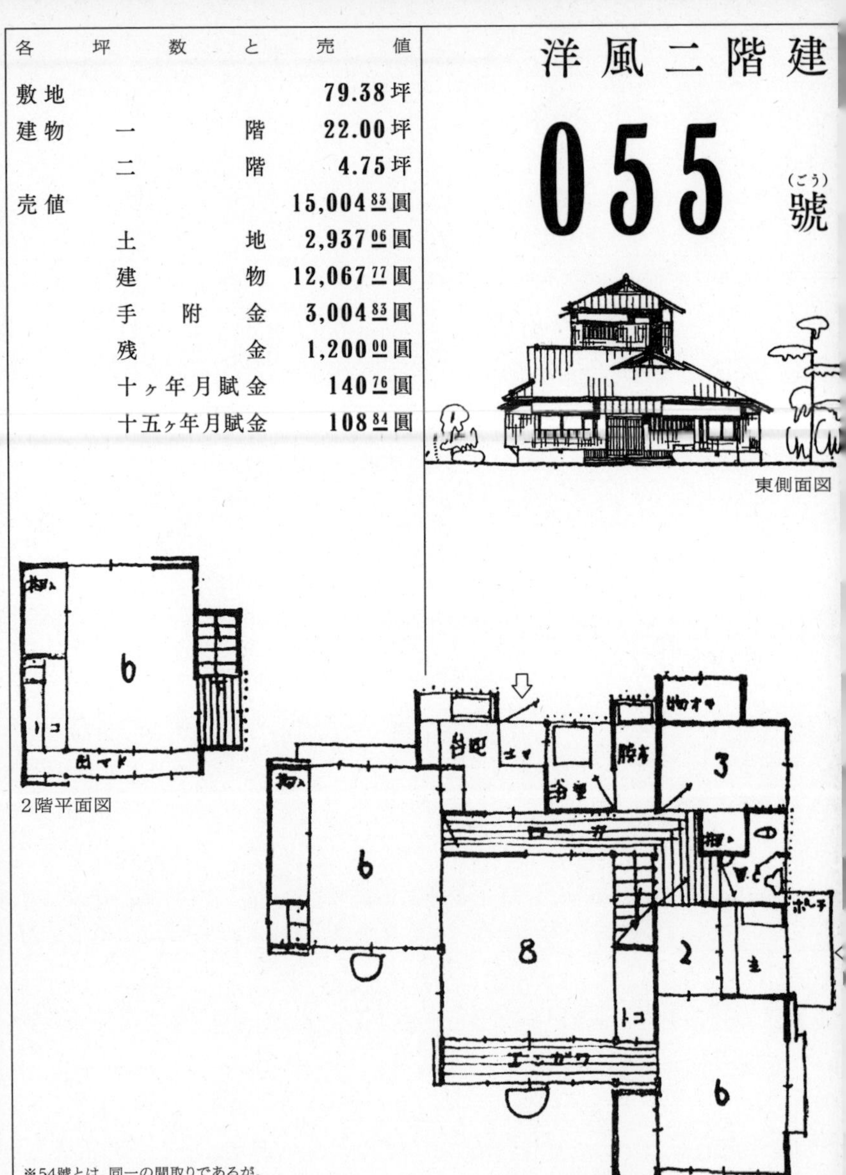

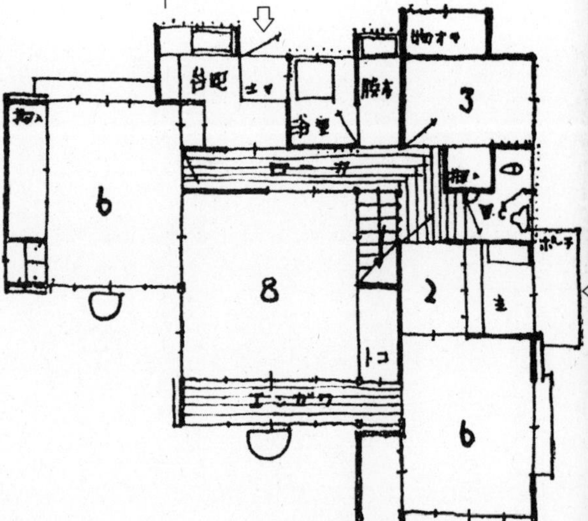


1階平面図

※54號とは、同一の間取りであるが、
本事例の外観は洋風であると考えられる。

| 各坪数と売値 | |
|---|---|
| 敷地 | 98.17坪 |
| 建物 | 27.25坪 |
| 売値 | 16,371$^{28}$圓 |
| 土地 | 3,632$^{29}$圓 |
| 建物 | 12,738$^{99}$圓 |
| 手附金 | 3,371$^{28}$圓 |
| 残金 | 13,000$^{00}$圓 |
| 十ヶ年月賦金 | 152$^{49}$圓 |
| 十五ヶ年月賦金 | 117$^{91}$圓 |

# 洋風平屋建 061號《ごう》

南側面図

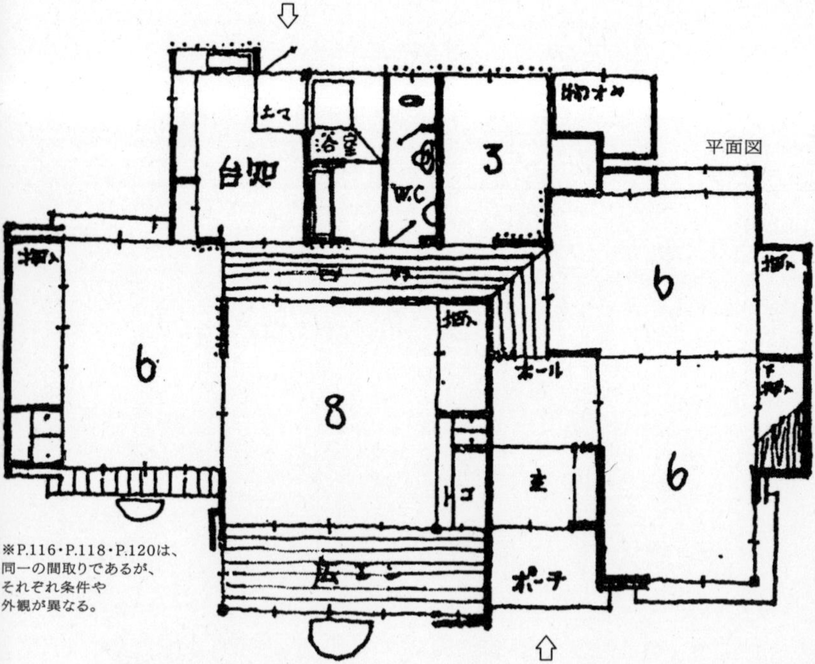


平面図

※P.116・P.118・P.120は、同一の間取りであるが、それぞれ条件や外観が異なる。

# 洋風平屋建

# 063 號《ごう》

| 各坪数と売値 | | |
|---|---|---|
| 敷地 | | 88.93坪 |
| 建物 | | 26.75坪 |
| 売値 | | 15,782$^{\underline{62}}$圓 |
| | 土地 | 3,290$^{\underline{41}}$圓 |
| | 建物 | 12,492$^{\underline{21}}$圓 |
| | 手附金 | 3,182$^{\underline{62}}$圓 |
| | 残金 | 12,600$^{\underline{00}}$圓 |
| | 十ヶ年月賦金 | 147$^{\underline{80}}$圓 |
| | 十五ヶ年月賦金 | 114$^{\underline{29}}$圓 |

東側面図

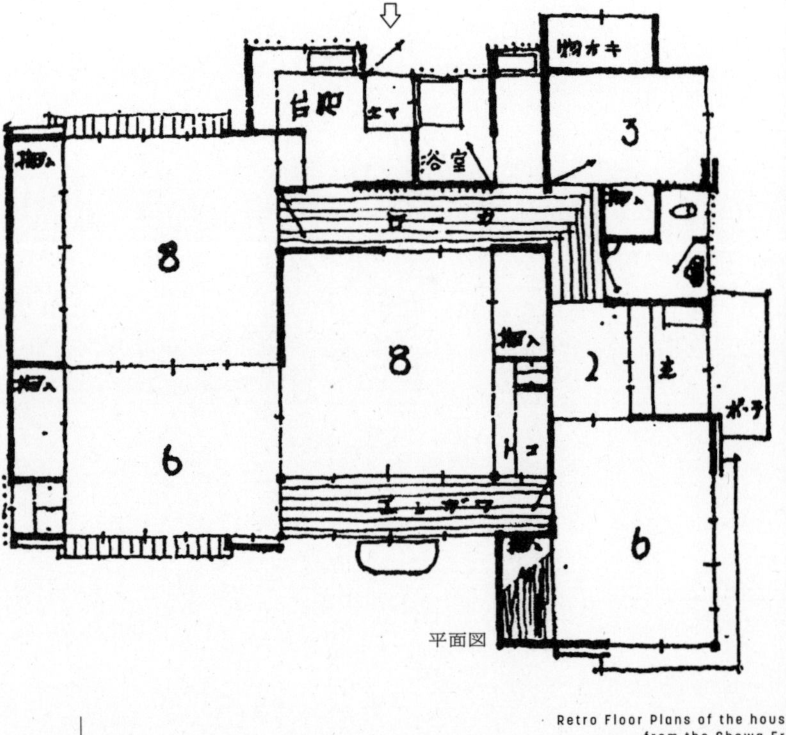


平面図

| 各坪数と売値 | | |
|---|---|---|
| 敷地 | | 91.99坪 |
| 建物 | | 27.25坪 |
| 売値 | | 15,412$^{78}$圓 |
| | 土地 | 3,403$^{63}$圓 |
| | 建物 | 12,009$^{15}$圓 |
| | 手附金 | 3,412$^{78}$圓 |
| | 残金 | 12,000$^{00}$圓 |
| | 十ヶ年月賦金 | 140$^{79}$圓 |
| | 十五ヶ年月賦金 | 108$^{84}$圓 |

# 和風平屋建

# 097號（ごう）

南側面図

台所　ホマ　浴室　W.C　3　押入　6　8　6　押入　ホール　下押入　6　トコ　玄　広エン　ポーチ

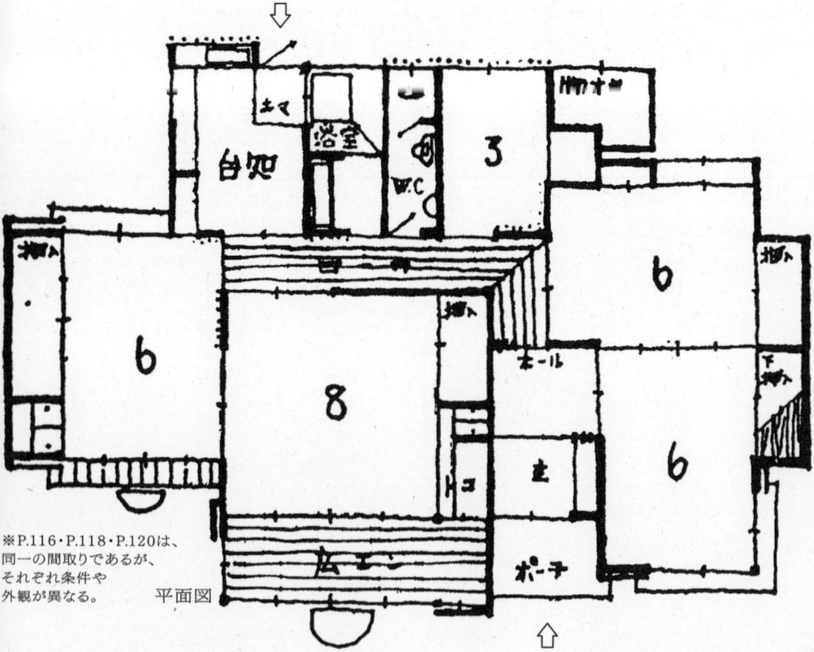

※P.116・P.118・P.120は、同一の間取りであるが、それぞれ条件や外観が異なる。

平面図

# 和風平屋建

# 108 號《ごう》

| 各坪数と売値 | |
|---|---|
| 敷地 | 100.00坪 |
| 建物 | 27.00坪 |
| 売値 | 15,456$^{\underline{96}}$圓 |
| 土地 | 3,400$^{\underline{00}}$圓 |
| 建物 | 12,056$^{\underline{96}}$圓 |
| 手附金 | 3,456$^{\underline{96}}$圓 |
| 残金 | 12,000$^{\underline{00}}$圓 |
| 十ヶ年月賦金 | 140$^{\underline{76}}$圓 |
| 十五ヶ年月賦金 | 108$^{\underline{84}}$圓 |

東側面図

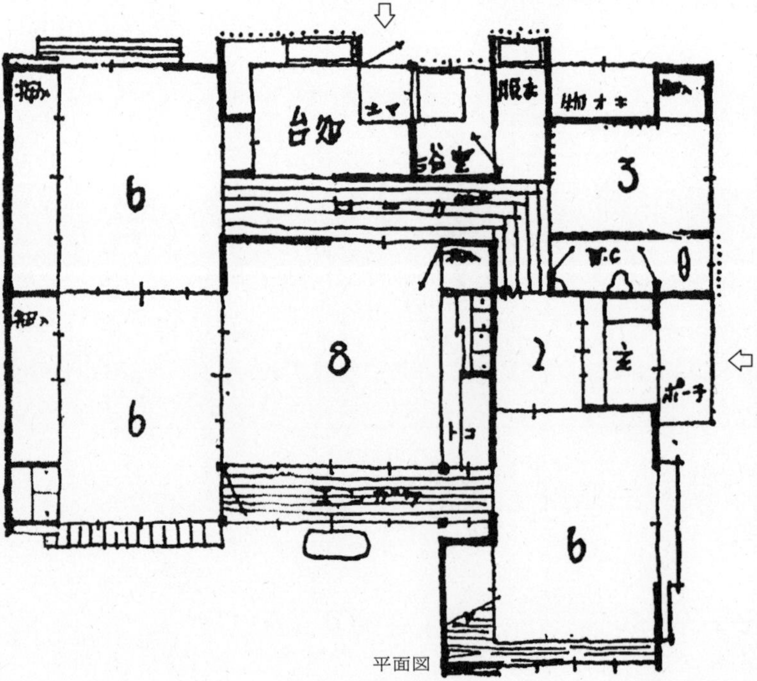


平面図

| 各坪数と売値 | | |
|---|---|---|
| 敷地 | | 111.32坪 |
| 建物 | | 27.25坪 |
| 売値 | | 15,323$^{98}$圓 |
| | 土地 | 3,116$^{96}$圓 |
| | 建物 | 12,207$^{02}$圓 |
| | 手附金 | 3,323$^{98}$圓 |
| | 残金 | 12,000$^{00}$圓 |
| | 十ヶ年月賦金 | 140$^{76}$圓 |
| | 十五ヶ年月賦金 | 108$^{84}$圓 |

# 洋風平屋建

# 160 號《ごう》

南側面図

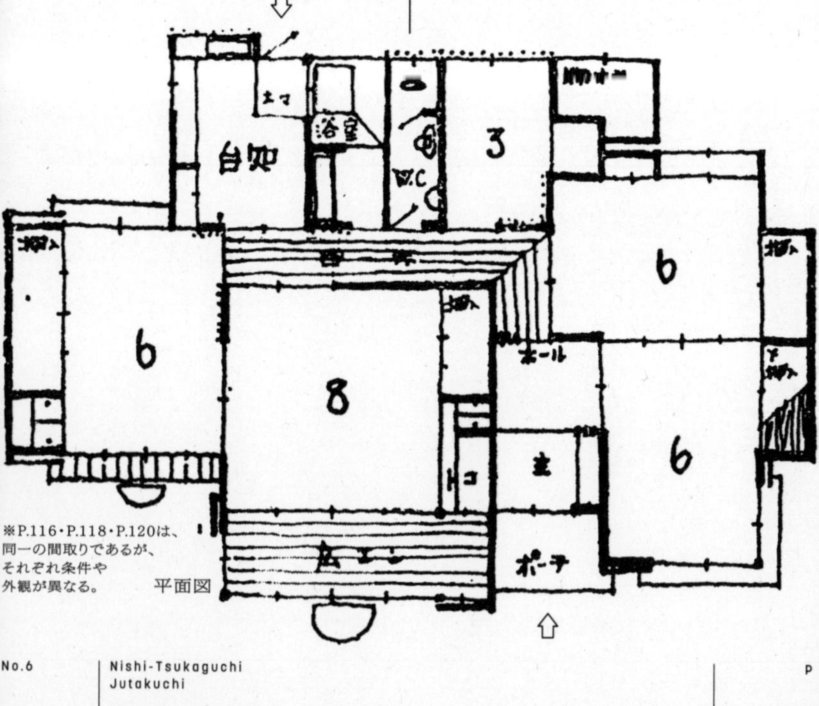


※P.116・P.118・P.120は、同一の間取りであるが、それぞれ条件や外観が異なる。

平面図

# 洋風二階建

# 198號《ごう》

| 各坪数と売値 | | |
| --- | --- | --- |
| 敷地 | | 78.07坪 |
| 建物 | 一階 | 20.00坪 |
| | 二階 | 6.75坪 |
| | 物置 | 0.50坪 |
| 売値 | | 14,178$^{27}$圓 |
| | 土地 | 2,185$^{96}$圓 |
| | 建物 | 11,992$^{31}$圓 |
| | 手附金 | 2,878$^{27}$圓 |
| | 残金 | 11,300$^{00}$圓 |
| | 十ヶ年月賦金 | 132$^{55}$圓 |
| | 十五ヶ年月賦金 | 102$^{50}$圓 |

西側面図

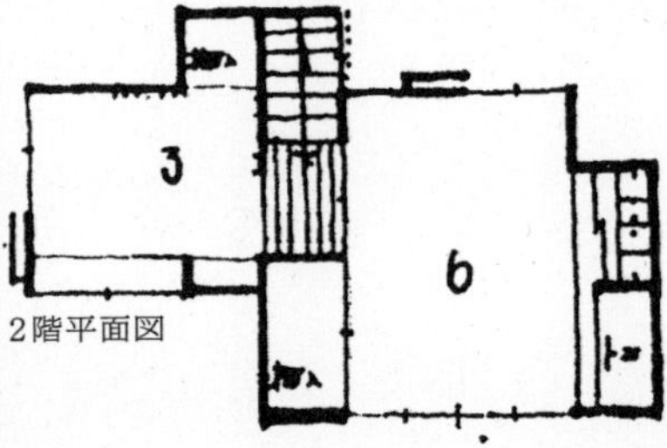


2階平面図

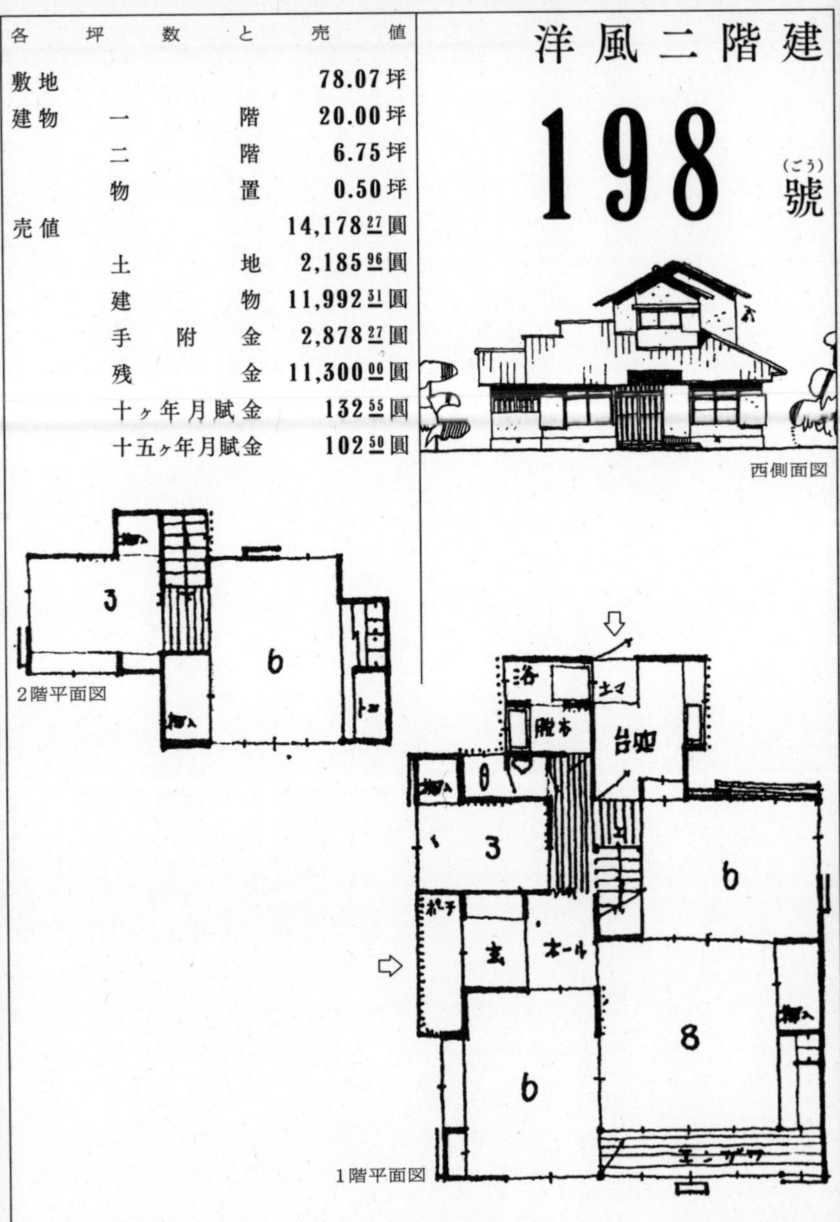

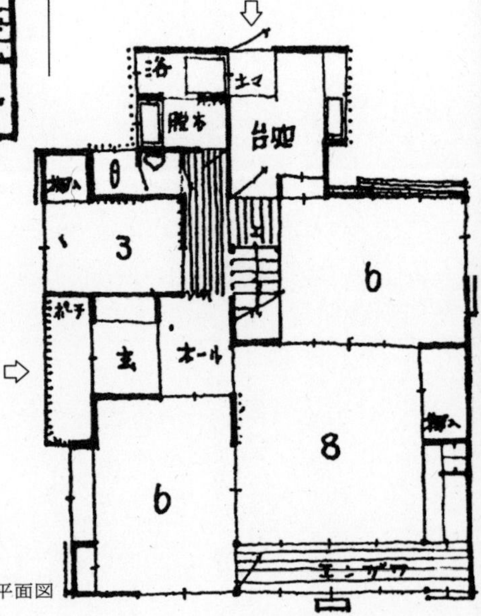


1階平面図

Column 02

# 阪急電車の沿線開発戦略

大阪にあって郊外住宅地の開発に本格的に取り組んだのが、小林一三が率いた箕面有馬電気軌道、のちの阪急電車である。同社は明治43年（１９１０）3月10日に、梅田から宝塚まで、さらに石橋と箕面を結ぶ区間で営業を開始する。

箕面有馬電気軌道は、南海や京阪、阪神のように、都市間を連絡する路線ではなかった。紅葉の名所である箕面、湯治場であった宝塚などに、大阪の人々を運ぶ遊覧電車として計画された。また将来的には有馬温泉までの延伸が想定されていた。居住者の少ない農村地帯を走ることから、沿線で暮らす住民は多くなかった。事業の採算性が合うのかが、当初から懸念された。

専務に招かれ経営を託された小林は、駅周辺の土地を買収し、自社で開発することで利用者を増やそうとした。明治41年（１９０８）に日本初の企業広報誌「最も有望なる電車」を出版して、事業の可能性を宣伝した。

桜井とともに最初期の事業として知られるのが、明治43年（１９１０）に分譲を始めた池田室町経営地である。もともとあった呉服神社とその参道を取り組みつつ、新たな住宅地の街区が整備された。

一区画１００坪、二階建てで延べ床面積20～30坪、２００戸ほどからなる分譲地である。

電鉄会社は自社で発電した電気を供給、各家屋には電灯を設備した。住宅地内には公園や果樹園のほか、新たな住民の利便性を配慮して購買部と呼ばれる売店を設置、さらにコミュニティの場となる倶楽部が設けられた。ホワイトカラーが住宅を購入する便宜をはかるべく、販売価格の2割を頭金、残額を10年の月割りによる割賦販売も始めている。

その後、昭和初期にかけて、阪急の住宅地経営は継続される。宝塚線沿線では、豊中、曽根など、さらに昭和9年には塚口、昭和10年には新伊丹の経営地を販売するなど、阪神間での事業展開も盛んになる。

阪急は住宅の供給に加えて、沿線での新しい生活スタイルを提案した。終点である箕面では動物園や遊園地を経営、宝塚に開業した「新温泉」の劇場で少女歌劇の上演が始まったのは大正3年春のことだ。いっぽう始発駅の梅田では、大食堂が人気を集めた阪急百貨店を駅ビル内に経営、周辺の映画館や劇場などとともに、健全なターミナル文化を創始する。

小林は「乗客は電車が創造する」という言葉を残している。沿線開発という新しいビジネスモデルによって、新たな顧客を創造する阪急の開発戦略は、その後、各地の鉄道事業者の範となった。

# ウチとソトをつなぐ土間空間

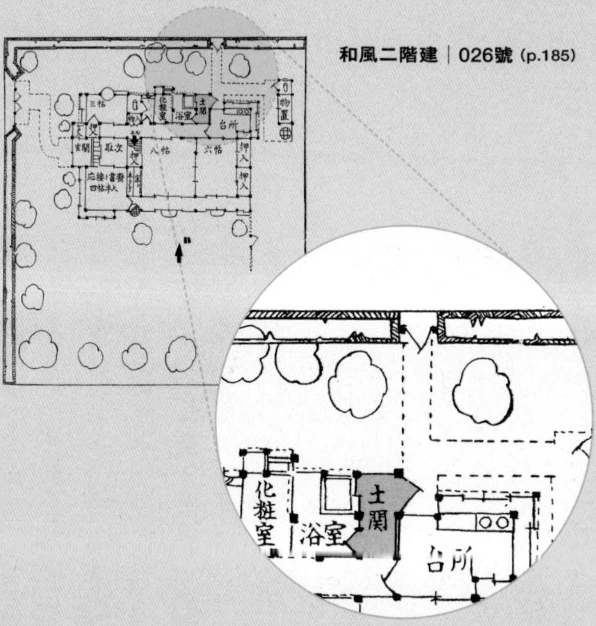


和風二階建｜026號（p.185）

「土間」は、日本の住宅になくてはならない空間のひとつ。伝統的には、生業を行う作業場として、また小上がりに腰かけて客人を迎えるウチとソトをつなぐ中間領域として使われましたが、時代が下るにつれ、台所や水まわりをまとめる非常にプライベートな場所に押し込められていきました。本書の間取り図でも、裏口や勝手口から家人のみが使うような配置が多く見られます。しかし、現代ではその便利さが再発見され、いろいろな用途や使い方が見直されつつあります。（編集部）

住み易く買ひ易い

阪急經營 新伊丹住宅地 御案内

特價大賣出

大阪市北区角田町

阪神急行電鐵 地所課

電話 北3.400 3.430 8.010番

# 洋風二階建

# 230 號《ごう》

| 各 | 坪 | 数と | 売値 |
|---|---|---|---|
| 敷地 | | | 141.68坪 |
| 建物 | 一 | 階 | 31.25坪 |
| | 二 | 階 | 10.00坪 |
| | テレス | | 3.00坪 |
| | 物 | 置 | 1.50坪 |
| 売値 | | | 9,200.00圓 |
| | 内入 | 金 | 1,840.00圓 |
| | 残 | 金 | 7,360.00圓 |
| | 十ヶ年月賦金 | | 92.30圓 |
| | 十五ヶ年月賦金 | | 73.16圓 |

南側面図

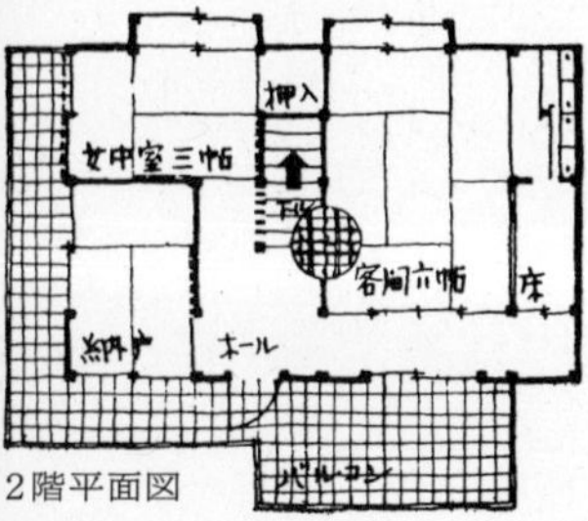


2階平面図

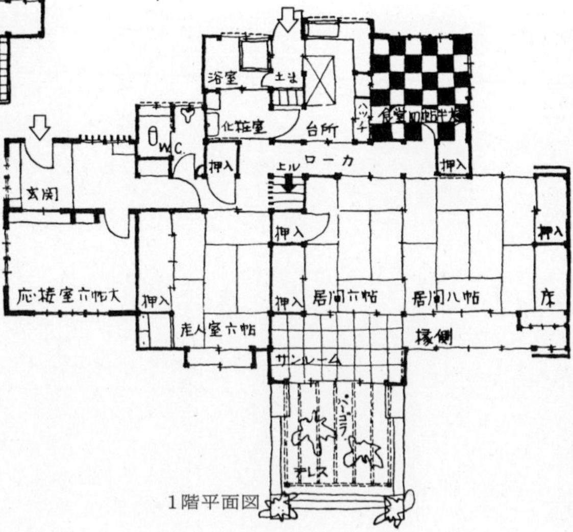


1階平面図



◉方  位◉

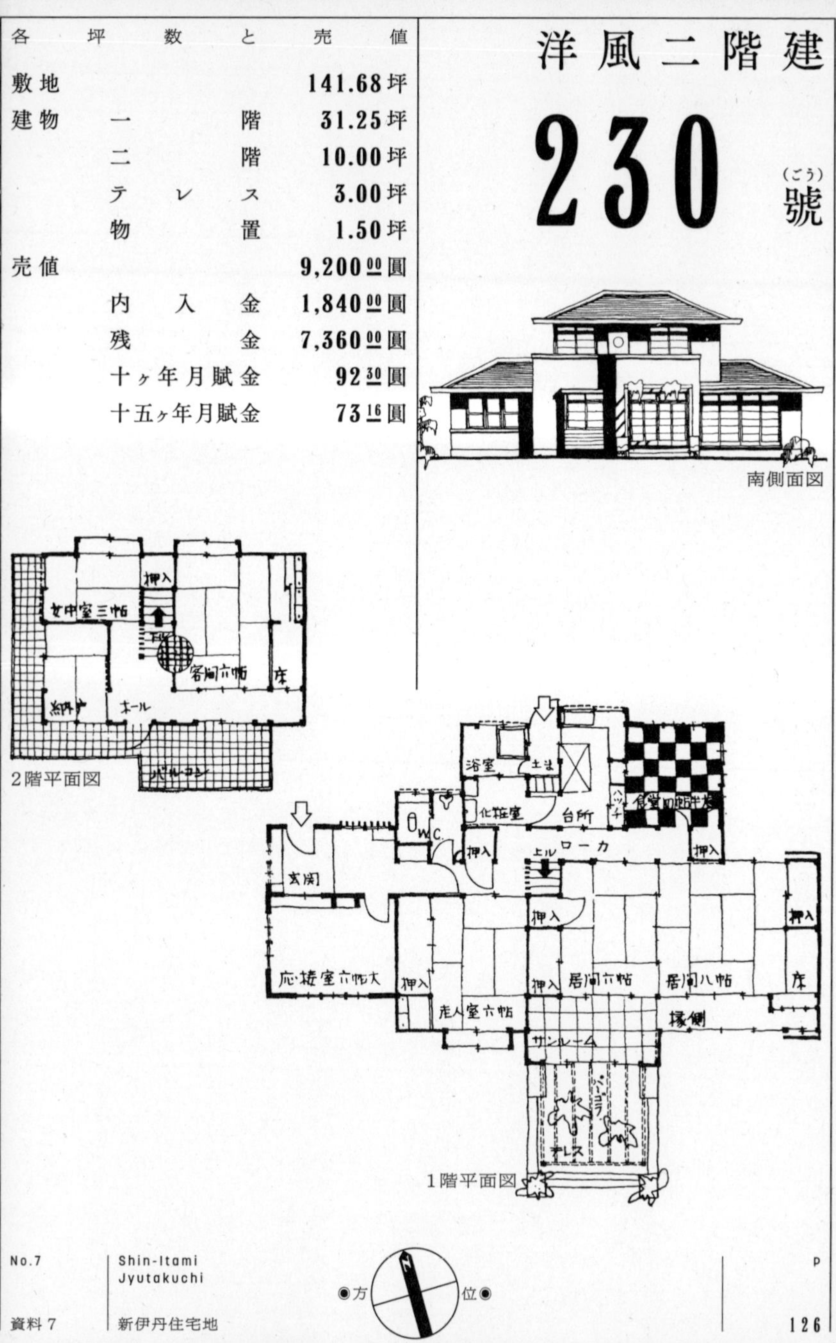

# 和風二階建

# 239號《ごう》

| 各坪数と売値 | | | |
|---|---|---|---|
| 敷地 | | | 101.05坪 |
| 建物 | 一 | 階 | 22.25坪 |
| | 二 | 階 | 8.25坪 |
| | 物 | 置 | 0.75坪 |
| 売値 | | | 6,300$^{00}$圓 |
| | 内 | 入金 | 1,260$^{00}$圓 |
| | 残 | 金 | 5,040$^{00}$圓 |
| | 十ヶ年月賦金 | | 63$^{21}$圓 |
| | 十五ヶ年月賦金 | | 50$^{10}$圓 |

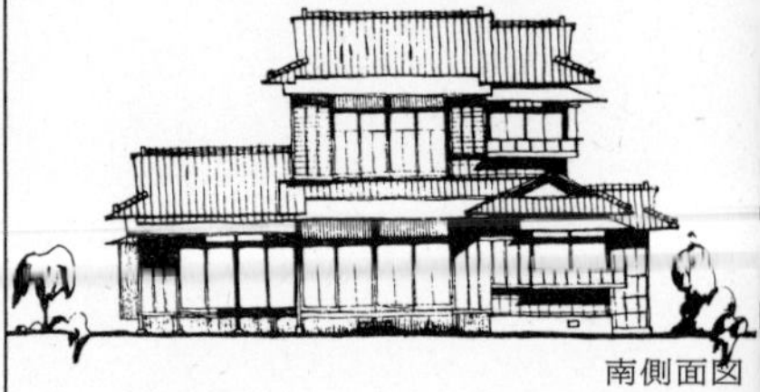

南側面図

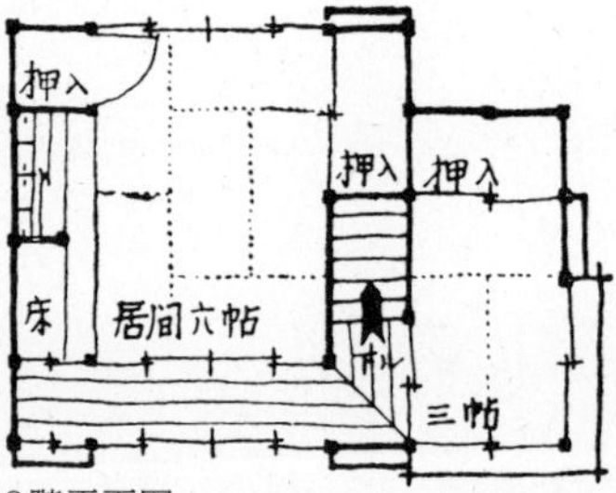


2階平面図

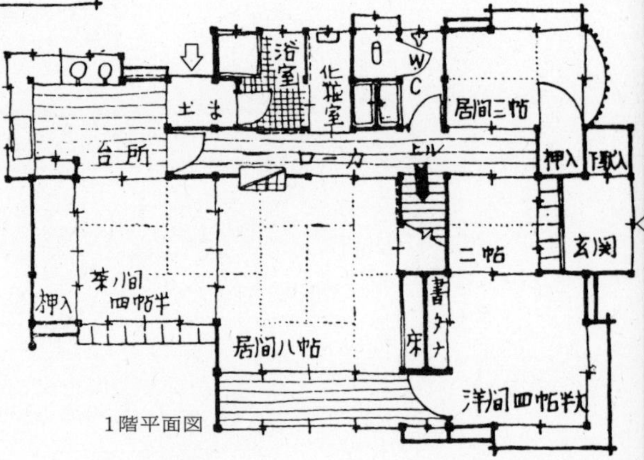


1階平面図

店舗付 洋風二階建

# 242(ごう)號

| 各坪数と売値 | | |
|---|---|---|
| 敷地 | | 83.930坪 |
| 建物 | 一階 | 22.875坪 |
| | 二階 | 7.00坪 |
| | 物置 | 1.00坪 |
| 売値 | | 5,700.00圓 |
| | 内入金 | 1,140.00圓 |
| | 残金 | 4,560.00圓 |
| | 十ヶ年月賦金 | 57.19圓 |
| | 十五ヶ年月賦金 | 45.33圓 |

南側面図



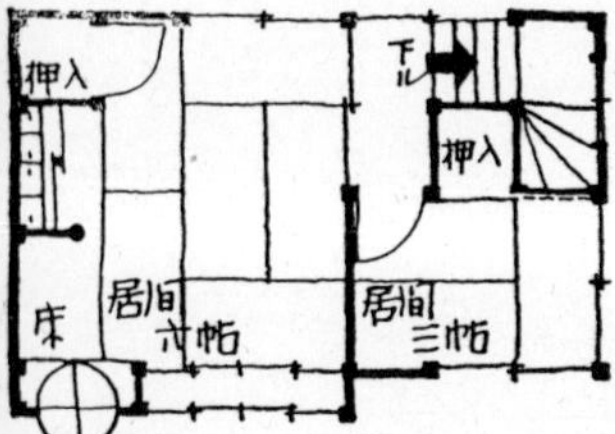

2階平面図



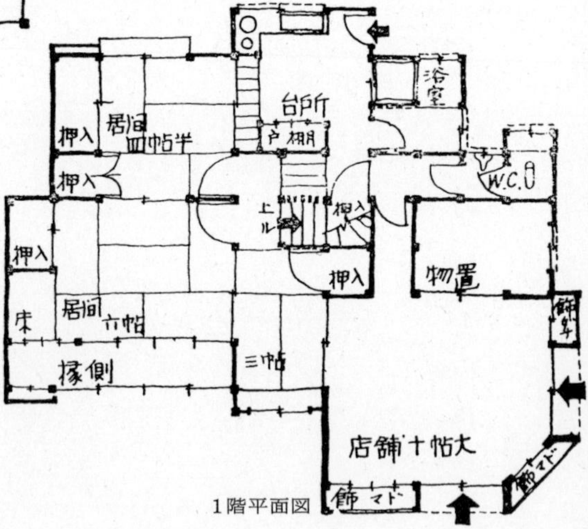

1階平面図

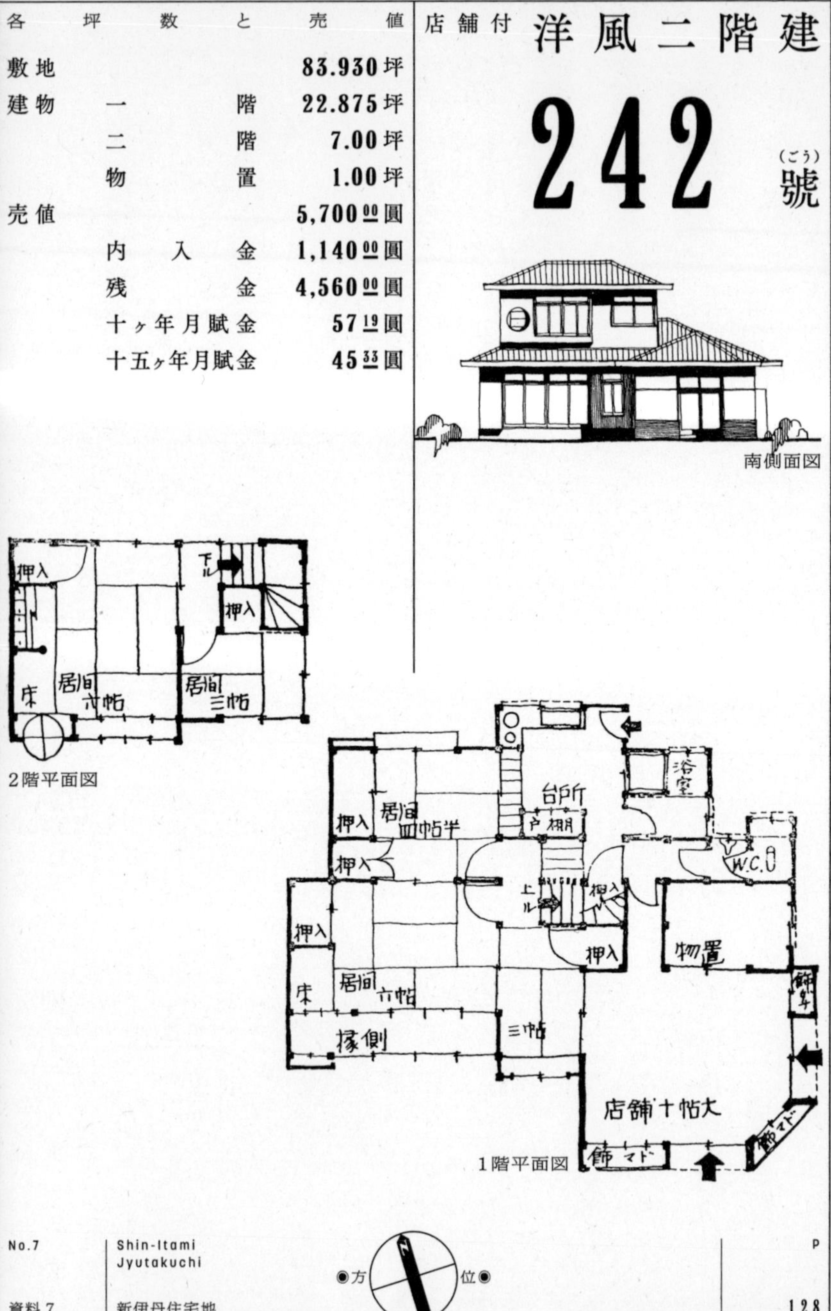

# 和風二階建

# 250 號《ごう》

| 各坪数と売値 | | |
|---|---|---|
| 敷地 | | 110.05坪 |
| 建物 | 一階 | 23.25坪 |
| | 二階 | 9.00坪 |
| | テレス | 3.50坪 |
| | 物置 | 1.00坪 |
| 売値 | (土地、建物、附帯工事共) | 6,900$^{00}$圓 |
| | 内入金 | 1,380$^{00}$圓 |
| | 残金 | 5,520$^{00}$圓 |
| | 十ヶ年月賦金 | 69$^{23}$圓 |
| | 十五ヶ年月賦金 | 54$^{87}$圓 |

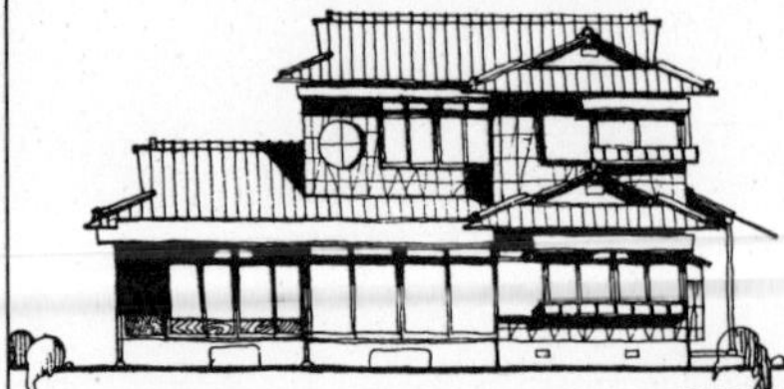

南側面図

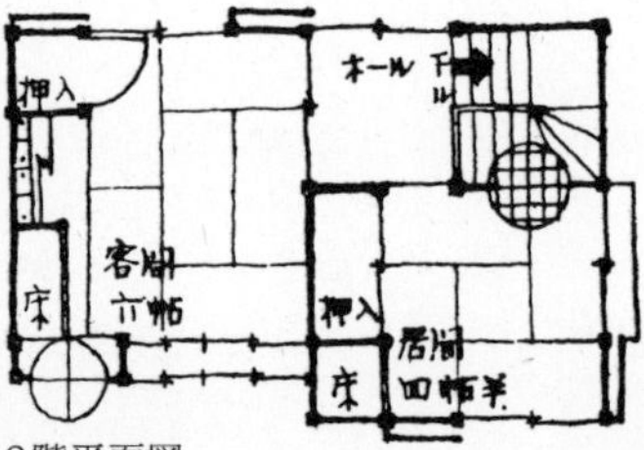


2階平面図

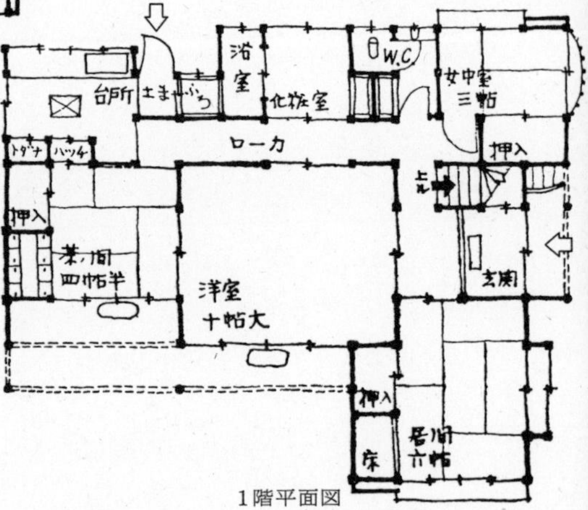


1階平面図

◉方  位◉

| 各坪数と売値 | | |
|---|---|---|
| 敷地 | | 161.24坪 |
| 建物 | 一階 | 29.75坪 |
| | 二階 | 10.50坪 |
| | テレス | 4.50坪 |
| | 物置 | 1.50坪 |
| 売値 | (土地、建物、附帯工事共) | 8,900$^{00}$圓 |
| | 内入金 | 1,780$^{00}$圓 |
| | 残金 | 7,120$^{00}$圓 |
| | 十ヶ年月賦金 | 89$^{29}$圓 |
| | 十五ヶ年月賦金 | 70$^{78}$圓 |

# 洋風二階建

# 251號《ごう》

南側面図

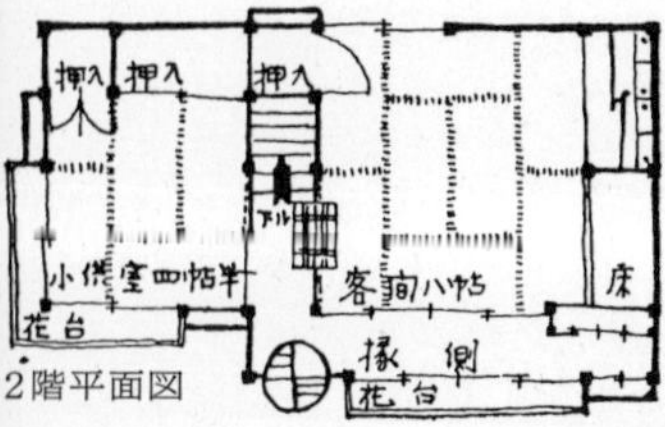


2階平面図

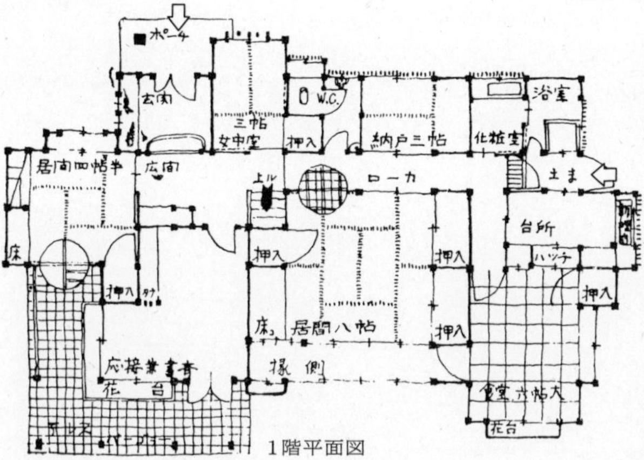


1階平面図

◉方  位◉

# 洋風二階建

# 254 號《ごう》

| 各坪数と売値 | | |
| --- | --- | --- |
| 敷地 | | 136.60坪 |
| 建物 | 一階 | 22.00坪 |
| | 二階 | 7.00坪 |
| | テレス | 3.00坪 |
| | 物置 | 1.00坪 |
| 売値 | （土地、建物、附帯工事共） | 6,700$^{\underline{00}}$圓 |
| | 内入金 | 1,340$^{\underline{00}}$圓 |
| | 残金 | 5,360$^{\underline{00}}$圓 |
| | 十ヶ年月賦金 | 67$^{\underline{22}}$圓 |
| | 十五ヶ年月賦金 | 53$^{\underline{28}}$圓 |

南側面図

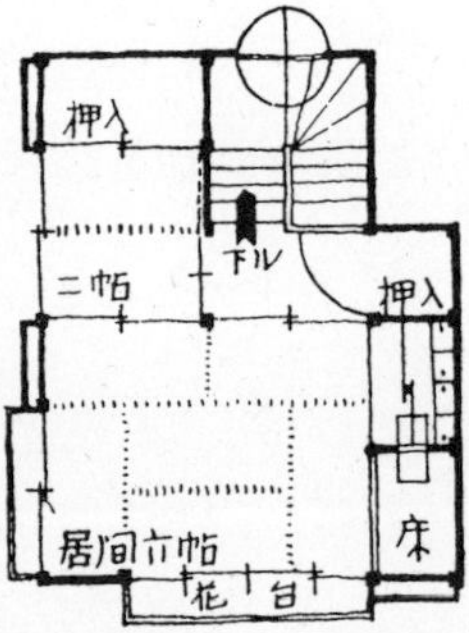

2階平面図

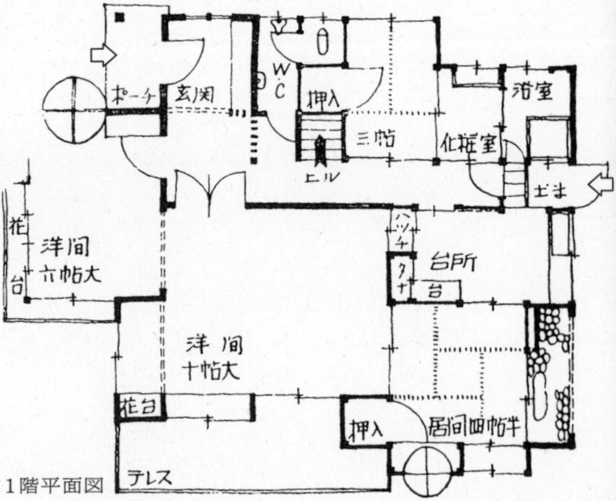

1階平面図

◉方  位◉

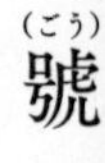

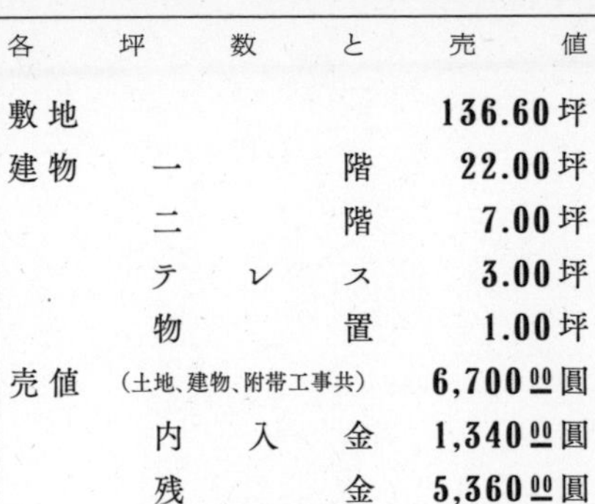

| 各坪数と売値 | | |
|---|---|---|
| 敷地 | | 193.07坪 |
| 建物 | 一階 | 30.75坪 |
| | 二階 | 11.75坪 |
| | テレス | 2.50坪 |
| | 物置 | 1.50坪 |
| 売値 | (土地、建物、附帯工事共) | 10,500$^{\underline{00}}$圓 |
| | 内入金 | 2,100$^{\underline{00}}$圓 |
| | 残金 | 8,400$^{\underline{00}}$圓 |
| | 十ヶ年月賦金 | 105$^{\underline{34}}$圓 |
| | 十五ヶ年月賦金 | 83$^{\underline{50}}$圓 |

# 洋風二階建

# 271號《(ごう)》

南側面図

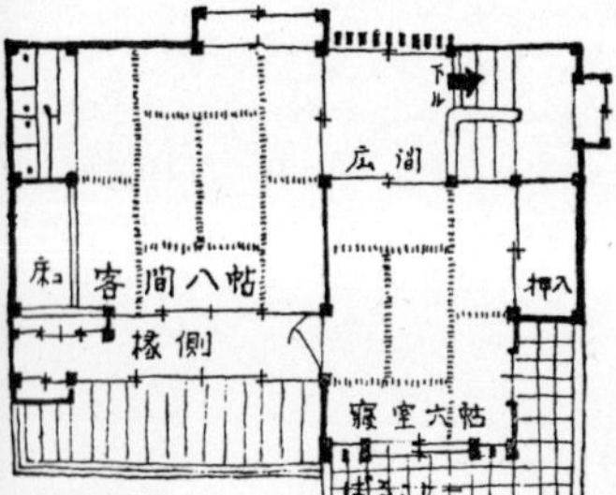

2階平面図

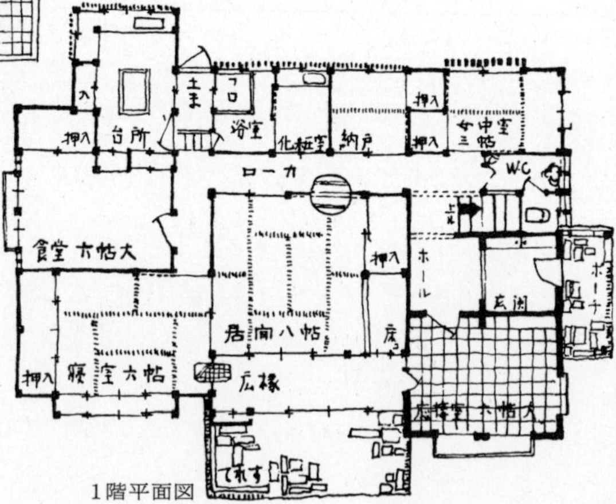

1階平面図

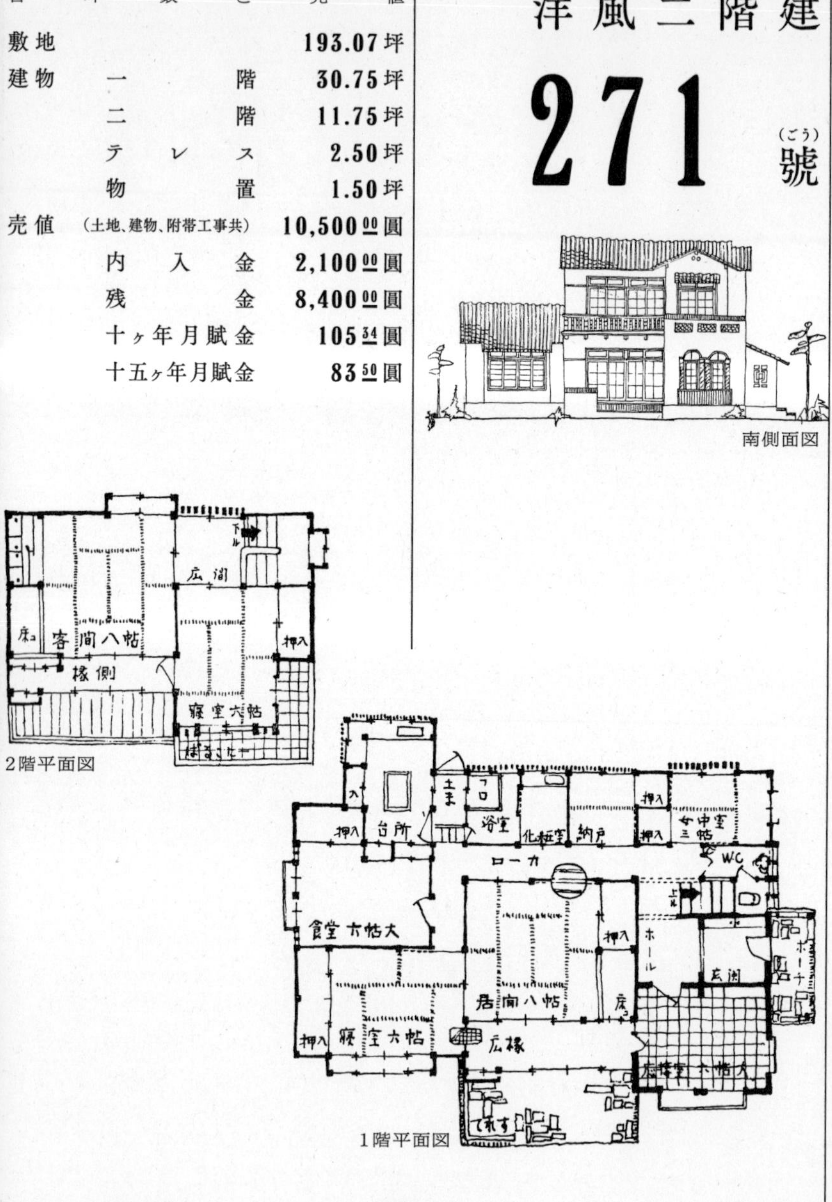

# 和風平屋建

# 280 號《ごう》

| 各坪数と売値 | | |
|---|---|---|
| 敷地 | | 147.05坪 |
| 建物 | 建物 | 28.87坪 |
| | 物置 | 1.00坪 |
| 売値 | | 6,750$^{00}$圓 |
| | 内入金 | 1,350$^{00}$圓 |
| | 残金 | 5,400$^{00}$圓 |
| | 十ヶ年月賦金 | 67$^{72}$圓 |
| | 十五ヶ年月賦金 | 53$^{68}$圓 |

南側面図

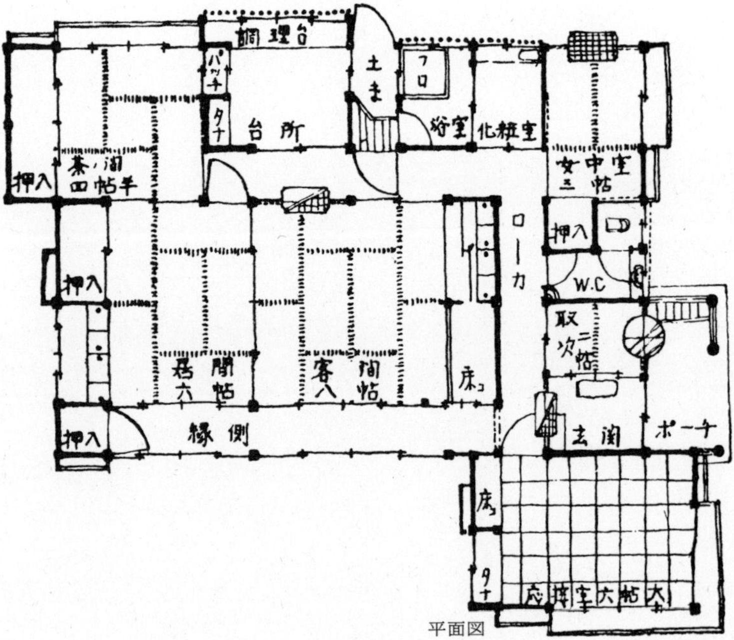


平面図

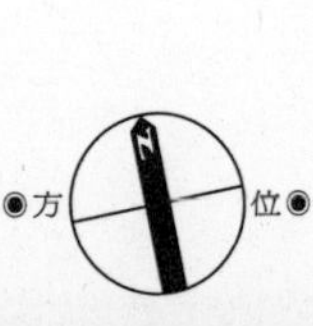

| 各坪数と売値 | | | 値 |
|---|---|---|---|
| 敷地 | | | 145.79坪 |
| 建物 | 一 | 階 | 30.25坪 |
| | 二 | 階 | 10.00坪 |
| | テレ | ス | 1.75坪 |
| | 物 | 置 | 1.50坪 |
| 売値 | (土地、建物、附帯工事共) | | 9,400.00圓 |
| | 内入 | 金 | 1,880.00圓 |
| | 残 | 金 | 7,520.00圓 |
| | 十ヶ年月賦金 | | 94.31圓 |
| | 十五ヶ年月賦金 | | 74.75圓 |

# 和風二階建

# 283 號《ごう》

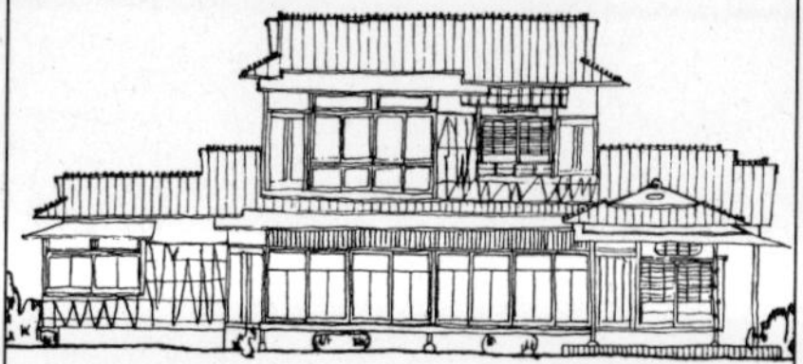

南側面図

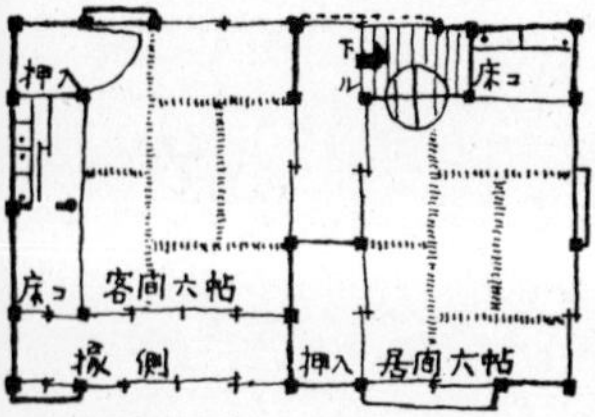


2階平面図

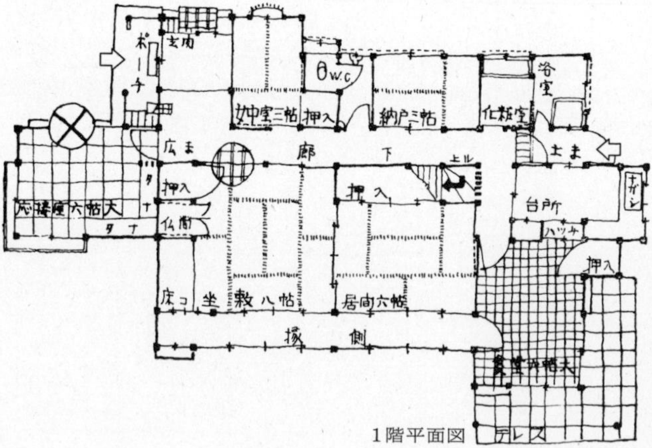


1階平面図

◉方 位◉

| 各坪数と売値 | | |
|---|---|---|
| 敷地 | | 114.00坪 |
| 建物 | 一階 | 22.00坪 |
| | 二階 | 11.00坪 |
| | テレス | 1.87坪 |
| | 物置 | 1.00坪 |
| 売値 | （土地、建物、附帯工事共） | 6,900$^{00}$圓 |
| | 内入金 | 1,380$^{00}$圓 |
| | 残金 | 5,520$^{00}$圓 |
| | 十ヶ年月賦金 | 69$^{23}$圓 |
| | 十五ヶ年月賦金 | 54$^{87}$圓 |

# 洋風二階建

# 285號《ごう》

南側面図

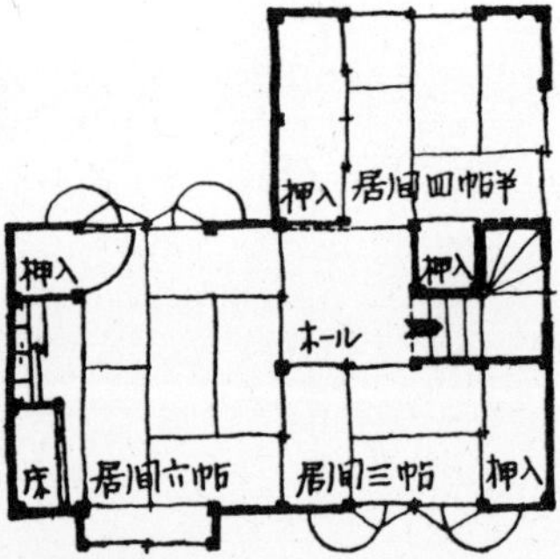


2階平面図

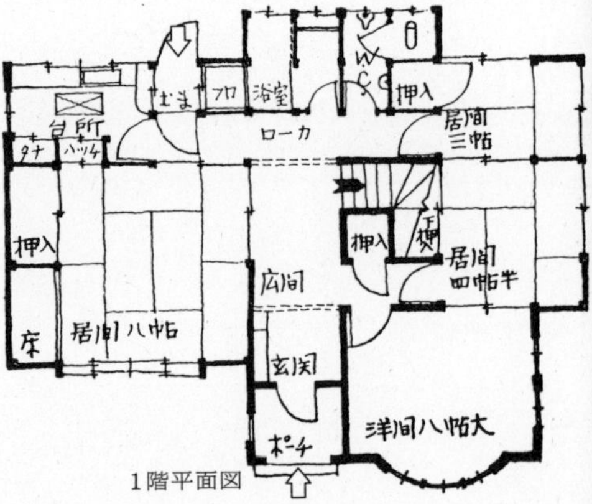


1階平面図

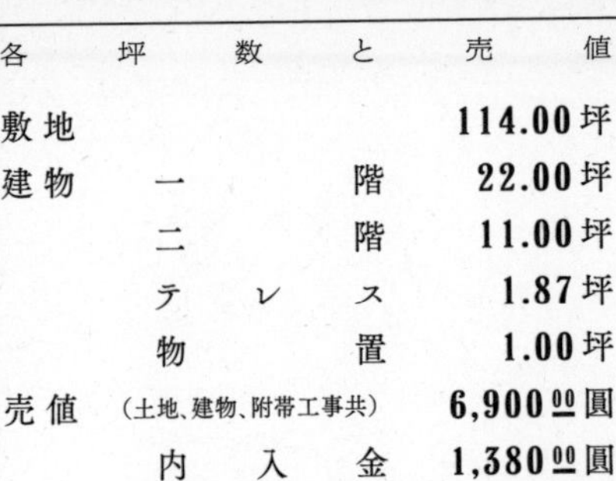

方位

# 和風二階建

# 288 號《ごう》

| 各 | 坪 | 数と売値 |
|---|---|---|
| 敷地 | | 141.61坪 |
| 建物 | 一階 | 32.12坪 |
| | 二階 | 10.25坪 |
| | テレス | 3.25坪 |
| | 物置 | 1.50坪 |
| 売値 | (土地、建物、附帯工事共) | 9,600$^{00}$圓 |
| | 内入金 | 1,920$^{00}$圓 |
| | 残金 | 7,680$^{00}$圓 |
| | 十ヶ年月賦金 | 96$^{31}$圓 |
| | 十五ヶ年月賦金 | 76$^{34}$圓 |

南側面図

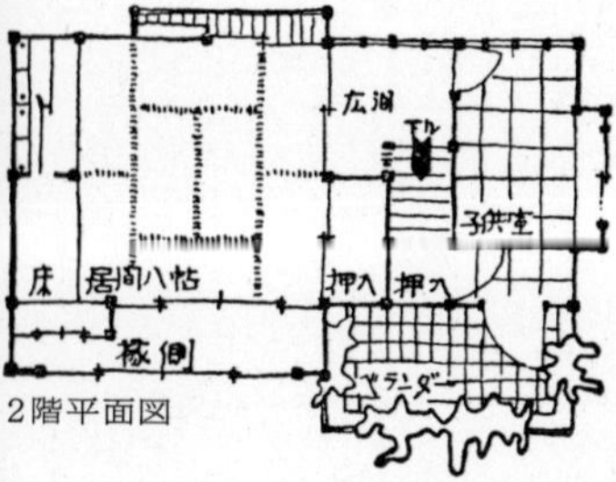


2階平面図

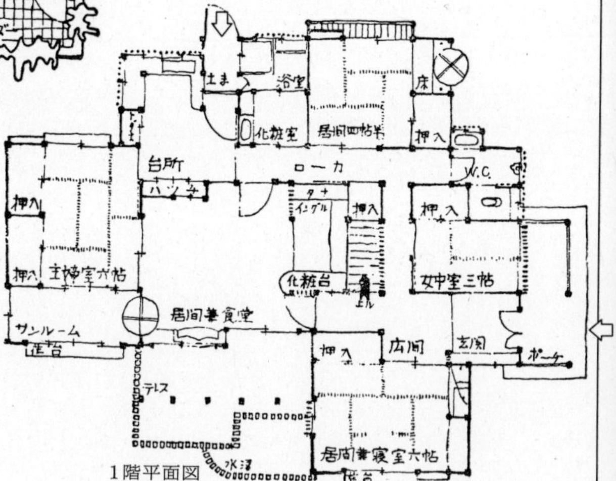


1階平面図

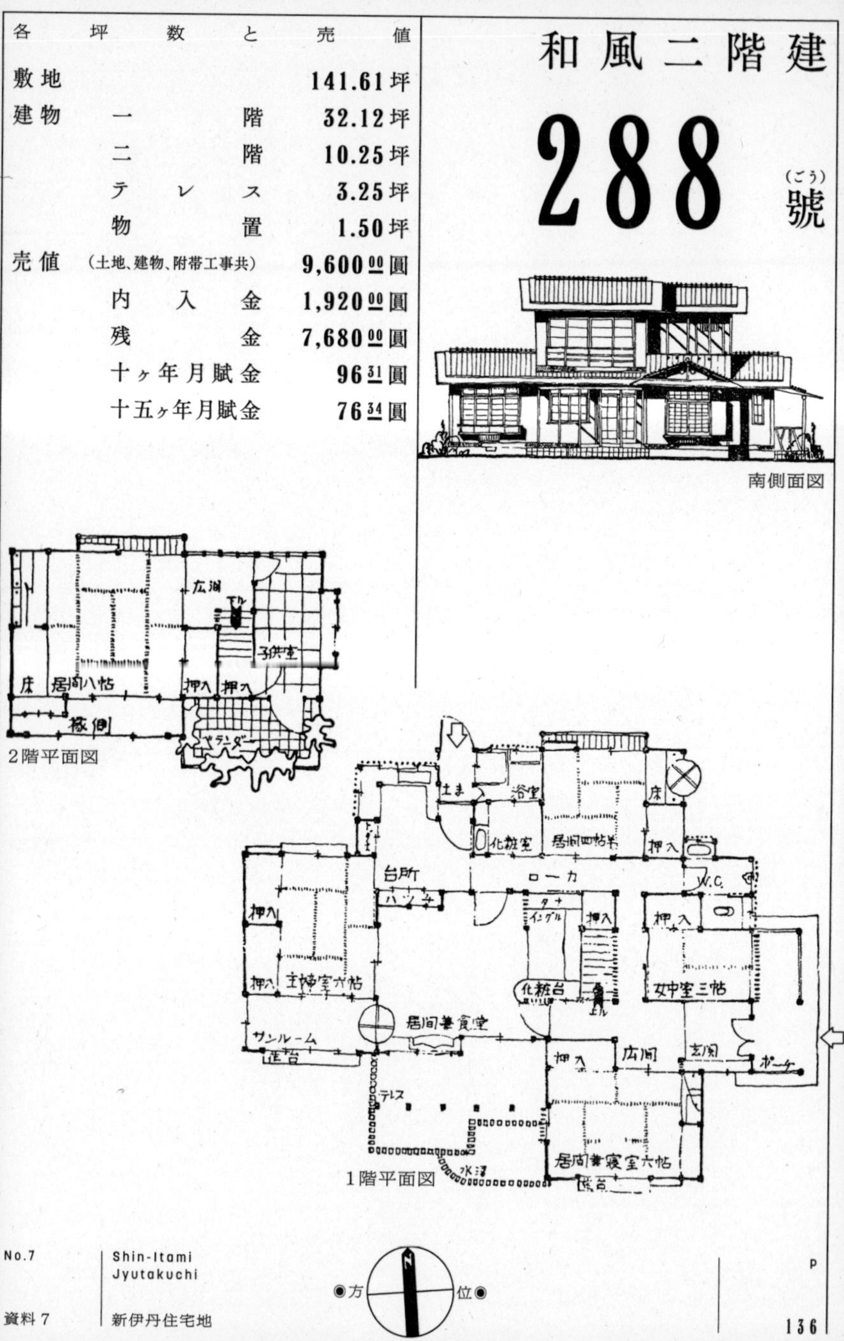

方位

# 凄まじき新伊丹の大發展

## 賣出開始以來漸く一年

## 新築住宅既に百五十五戸

**此の比類なき急速の**
**大發展は雄辯に**
**本住宅地の眞價を語る**

申込殺到…………至急現地御視察を乞ふ

**交通** 伊丹線伊丹驛前
大阪より16分

**施設** 上・下水道・鋪装大幹線道路
小公園

本住宅地は大部分伊丹町に屬し、同町には警察署各種官公衙、銀行、諸學校其他完備し日常生活至便

**賣出要項** 手附金土地建物總代金の二割以上、殘額は十五年迄の年月賦拂又は即金拂

**月賦金拂込表**（元金壹千圓につき年八朱五厘利付）

| 期間 | 月賦金 | | 期間 | 月賦金 | |
|---|---|---|---|---|---|
| 3ケ年 | 32 | 06 | 10ケ年 | 12 | 54 |
| 5ケ年 | 20 | 81 | 12ケ年 | 11 | 22 |
| 7ケ年 | 16 | 04 | 15ケ年 | 9 | 94 |

**定期乘車賃金表**（梅田－伊丹）

| 種別＼期間 | 一ケ月 | | 三ケ月 | | 六ケ月 | |
|---|---|---|---|---|---|---|
| 普通 | 8 | 30 | 21 | 80 | 30 | 25 |
| 學生 | 3 | 35 | 10 | 05 | | |
| 尋常小學生 | 1 | 65 | 4 | 95 | | |

# 洋風平屋建

# 627 號《ごう》

| 各坪数と売値 | | |
|---|---|---|
| 敷地 | | 79.55坪 |
| 建物 | | 27.50坪 |
| | 物置 | 0.50坪 |
| 売値 | （土地、建物、附帯工事共） | 5,000$^{\underline{00}}$圓 |
| | 内入金 | 1,000$^{\underline{00}}$圓 |
| | 残金 | 4,000$^{\underline{00}}$圓 |
| | 十ヶ年月賦金 | 50$^{\underline{16}}$圓 |
| | 十五ヶ年月賦金 | 39$^{\underline{76}}$圓 |

側面図

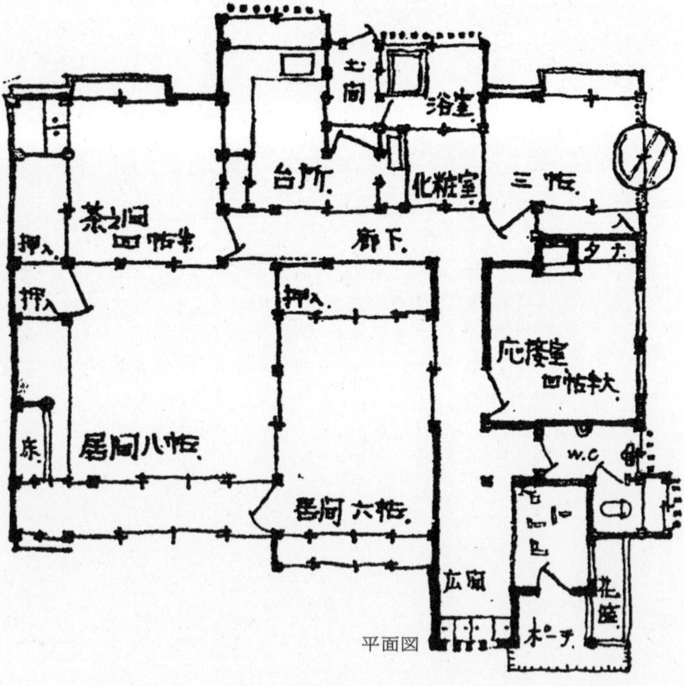


平面図

方  位

# 和風平屋建

# 634 號《ごう》

| 各　坪　数　と　売　値 | | |
|---|---|---|
| 敷地 | | 113.99坪 |
| 建物 | | 25.75坪 |
| | 物　置 | 0.50坪 |
| 売値 | （土地、建物、附帯工事共） | 5,100$^{\underline{00}}$圓 |
| | 内　入　金 | 1,020$^{\underline{00}}$圓 |
| | 残　金 | 4,080$^{\underline{00}}$圓 |
| | 十ヶ年月賦金 | 51$^{\underline{17}}$圓 |
| | 十五ヶ年月賦金 | 40$^{\underline{56}}$圓 |

側面図

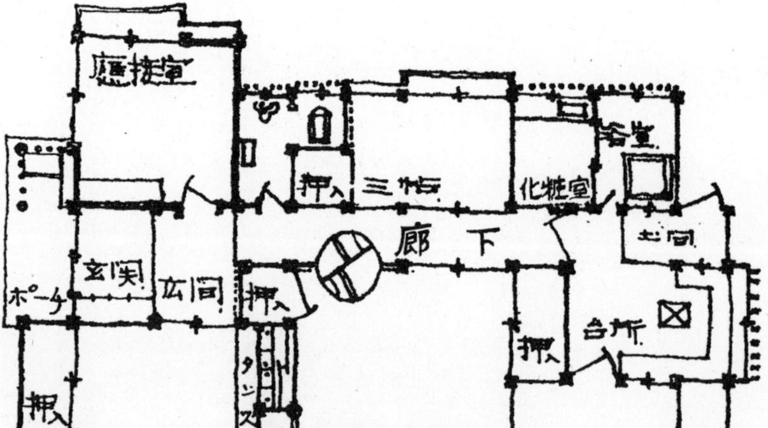


平面図

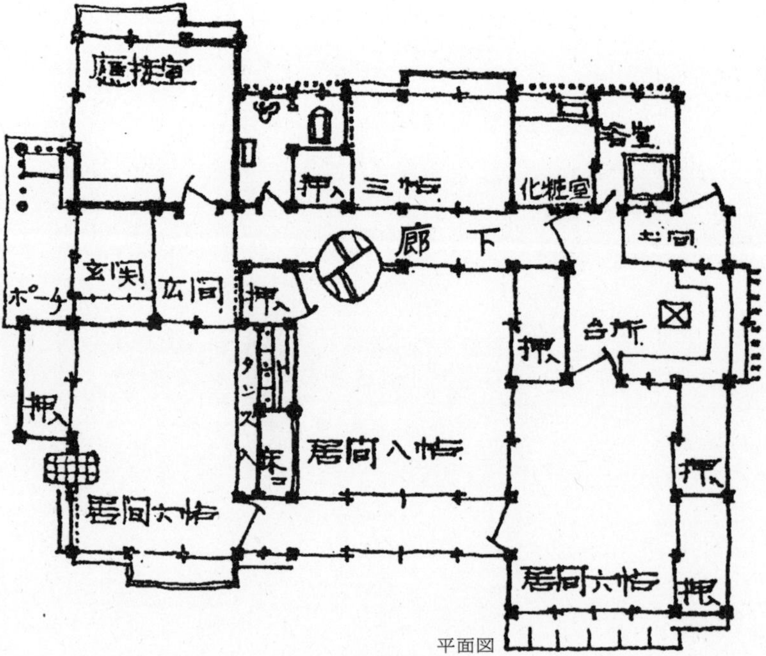

# 洋風二階建

# 636 號《ごう》

| 各坪数と売値 | | |
|---|---|---|
| 敷地 | | 79.03坪 |
| 建物 | 一階 | 22.87坪 |
| | 二階 | 8.25坪 |
| | 物置 | 0.50坪 |
| 売値 | (土地、建物、附帯工事共) | 5,500$^{00}$圓 |
| | 内入金 | 1,100$^{00}$圓 |
| | 残金 | 4,400$^{00}$圓 |
| | 十ヶ年月賦金 | 55$^{18}$圓 |
| | 十五ヶ年月賦金 | 43$^{74}$圓 |

側面図

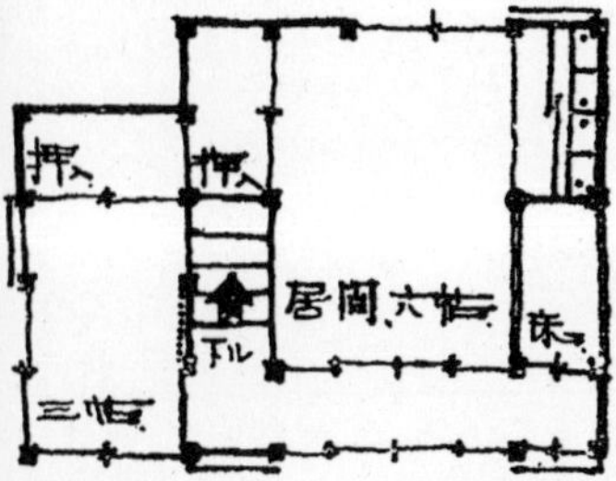


2階平面図

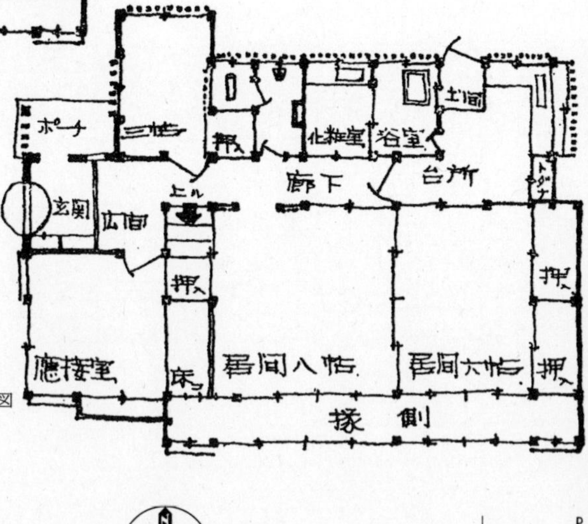


1階平面図

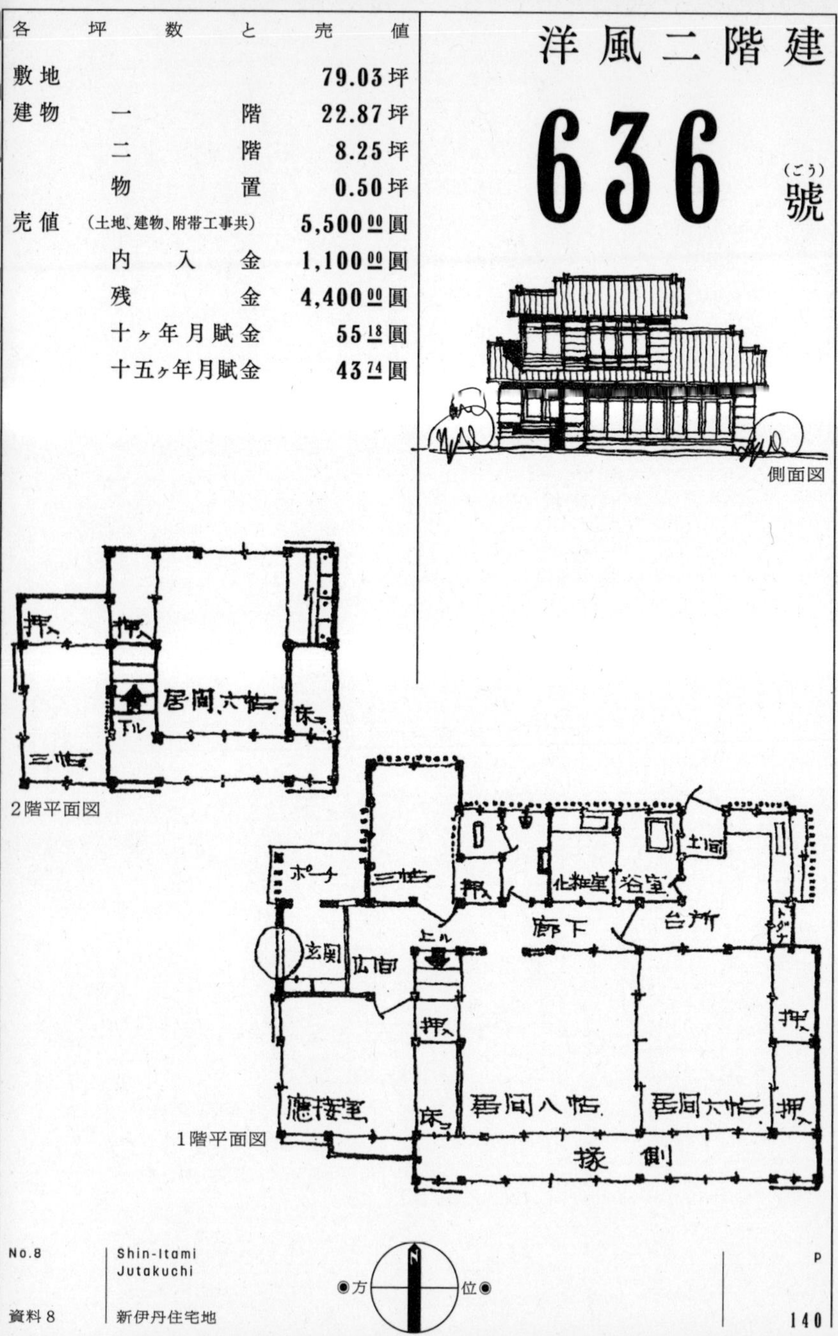

◉方 位◉

# 洋風二階建

# 652號《ごう》

| 各坪数と売値 | | | |
|---|---|---|---|
| 敷地 | | | 90.00坪 |
| 建物 | 一 | 階 | 24.37坪 |
| | 二 | 階 | 11.25坪 |
| | 物 | 置 | 0.50坪 |
| 売値 | （土地、建物、附帯工事共） | | 6,000$^{00}$圓 |
| | 内入金 | | 1,200$^{00}$圓 |
| | 残金 | | 4,800$^{00}$圓 |
| | 十ヶ年月賦金 | | 60$^{20}$圓 |
| | 十五ヶ年月賦金 | | 47$^{72}$圓 |

側面図

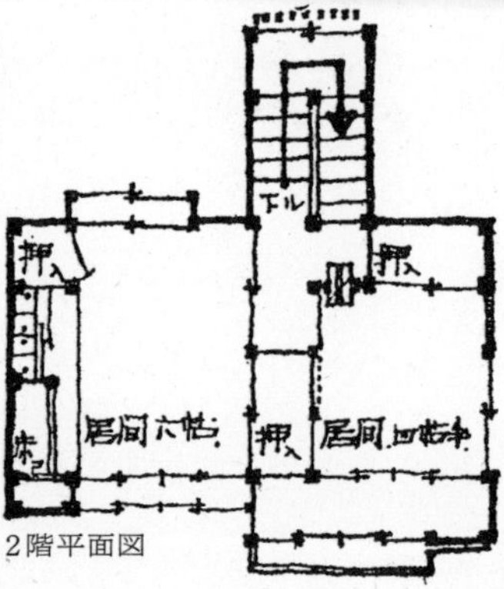


2階平面図

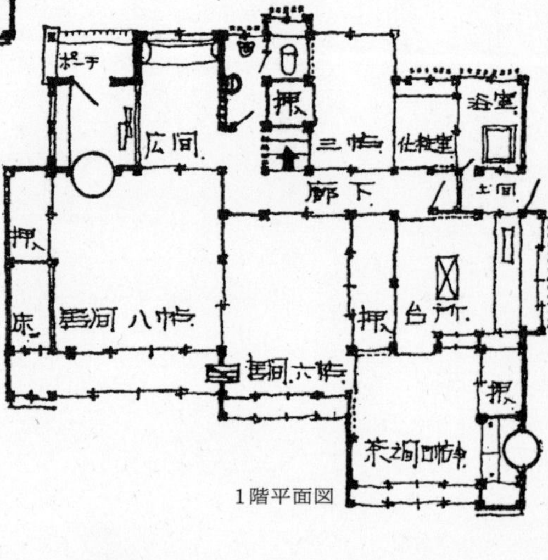


1階平面図

# 和風二階建

# 585号《ごう》

| 各坪数と売値 | | |
|---|---|---|
| 敷地 | | 100.90坪 |
| 建物 | 一階 | 24.62坪 |
| | 二階 | 8.25坪 |
| | 物置 | 0.50坪 |
| 売値 | (土地、建物、附帯工事共) | 5,950$^{00}$圓 |
| | 内入金 | 1,190$^{00}$圓 |
| | 残金 | 4,760$^{00}$圓 |
| | 十ヶ年月賦金 | 59$^{69}$圓 |
| | 十五ヶ年月賦金 | 47$^{32}$圓 |

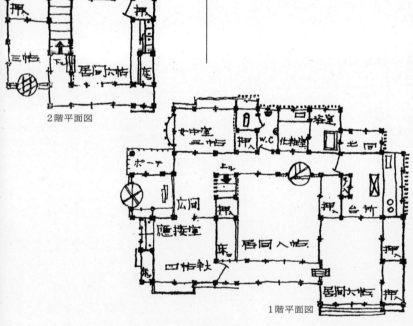

側面図

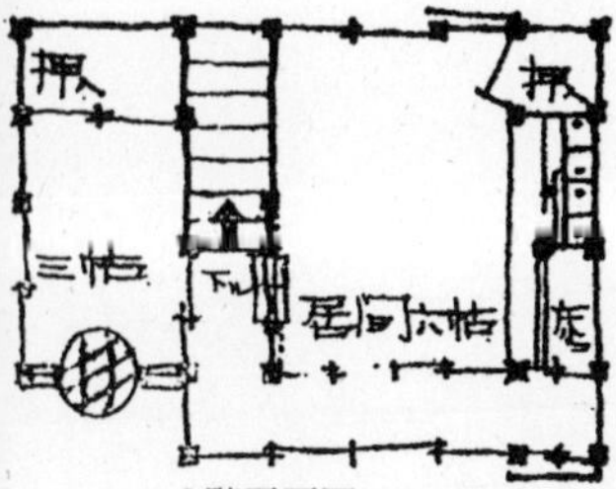


2階平面図

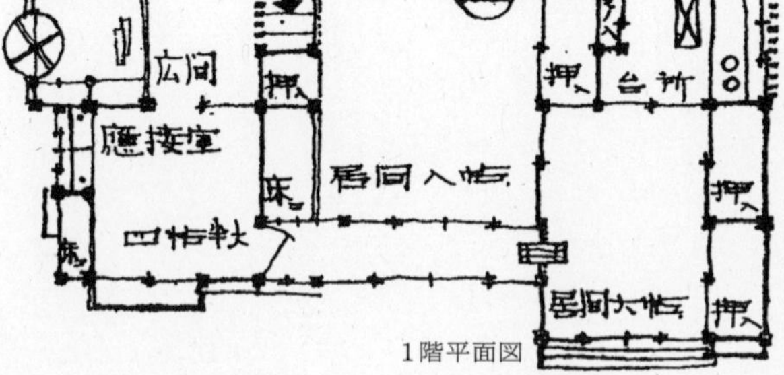


1階平面図

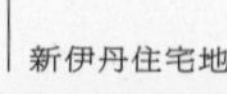

| 各坪数と売値 | | | |
|---|---|---|---|
| 敷地 | | | 75.67坪 |
| 建物 | 一 | 階 | 22.62坪 |
| | 二 | 階 | 8.25坪 |
| | 物 | 置 | 0.50坪 |
| 売値 | （土地、建物、附帯工事共） | | 5,350$^{\underline{00}}$圓 |
| | 内入金 | | 1,070$^{\underline{00}}$圓 |
| | 残金 | | 4,280$^{\underline{00}}$圓 |
| | 十ヶ年月賦金 | | 53$^{\underline{68}}$圓 |
| | 十五ヶ年月賦金 | | 42$^{\underline{55}}$圓 |

# 洋風二階建 608 號《ごう》

南側面図

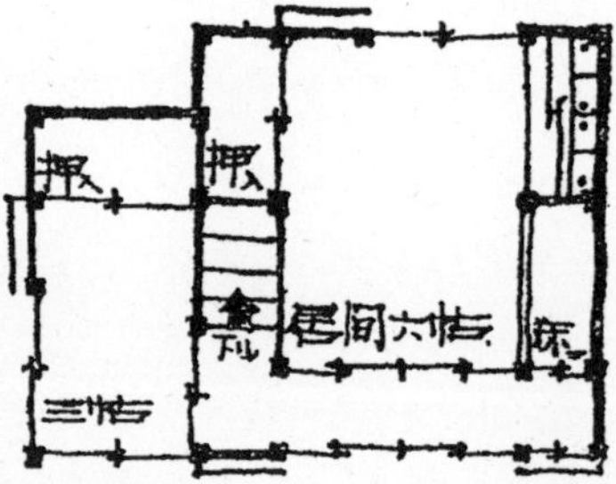


2階平面図

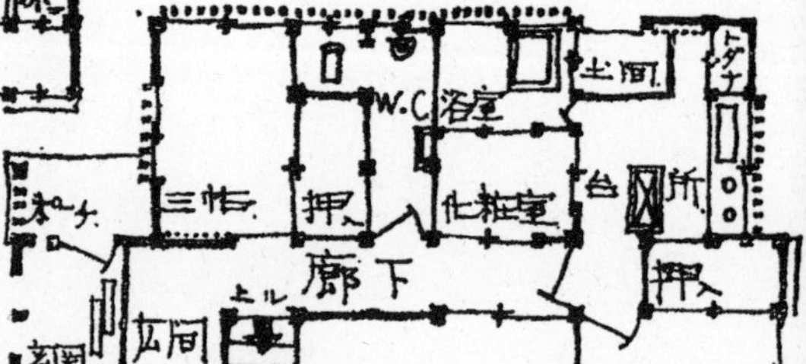


1階平面図

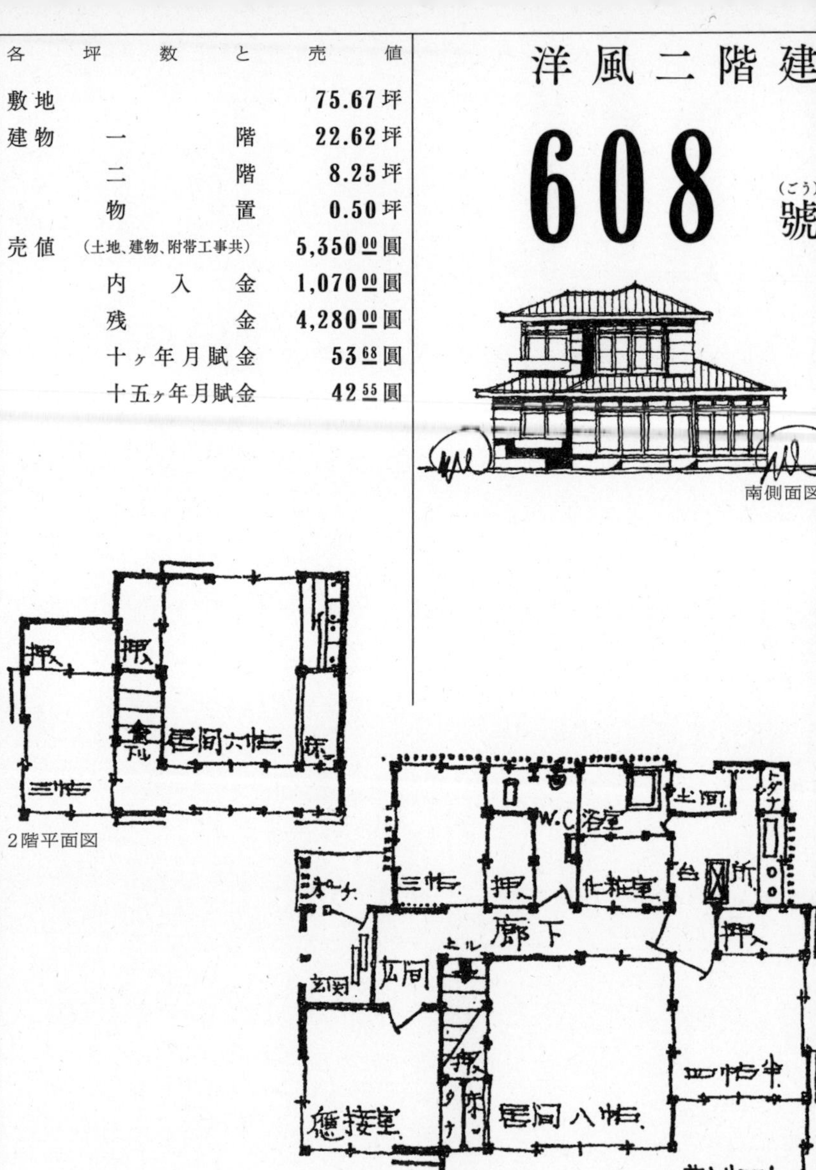

# 洋風二階建

# 360 號《ごう》

| 各坪数と売値 | | | |
|---|---|---|---|
| 敷地 | | | 150.00坪 |
| 建物 | 一 | 階 | 27.25坪 |
| | 二 | 階 | 10.50坪 |
| | 物 | 置 | 1.50坪 |
| 売値 | （土地、建物、附帯工事共） | | 8,950$^{00}$圓 |
| | 内 | 入金 | 1,790$^{00}$圓 |
| | 残 | 金 | 7,160$^{00}$圓 |
| | 十ヶ年月賦金 | | 89$^{79}$圓 |
| | 十五ヶ年月賦金 | | 71$^{17}$圓 |

南側面図

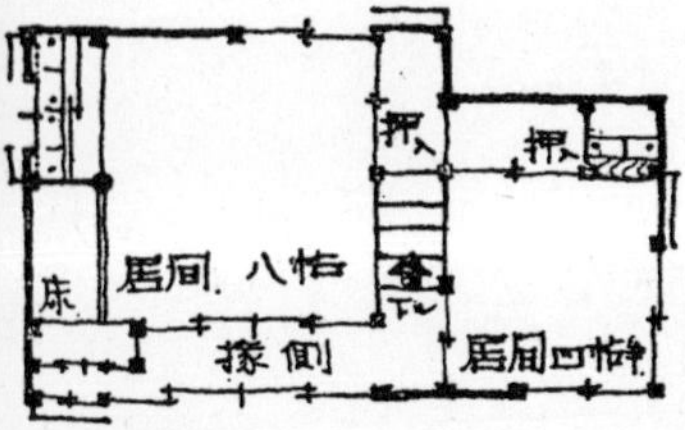

2階平面図

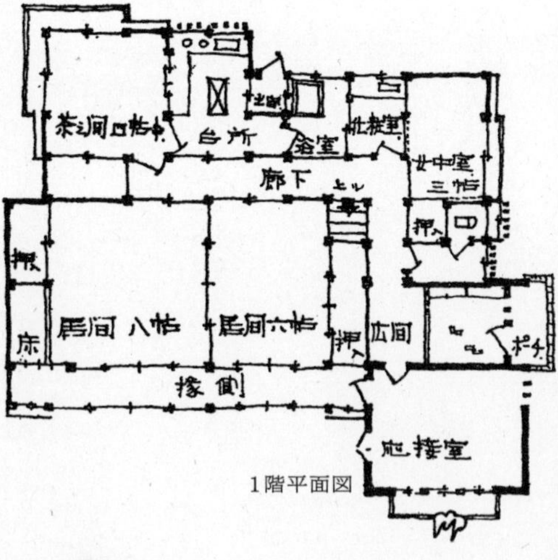

1階平面図

# 洋風二階建

# 387號《ごう》

| 各坪数と売値 | | |
|---|---|---|
| 敷地 | | 144.00坪 |
| 建物 | 一階 | 31.62坪 |
| | 二階 | 10.12坪 |
| | 物置 | 1.50坪 |
| 売値 | (土地、建物、附帯工事共) | 9,400$\underline{00}$圓 |
| | 内入金 | 1,880$\underline{00}$圓 |
| | 残金 | 7,520$\underline{00}$圓 |
| | 十ヶ年月賦金 | 94$\underline{30}$圓 |
| | 十五ヶ年月賦金 | 74$\underline{75}$圓 |

南側面図

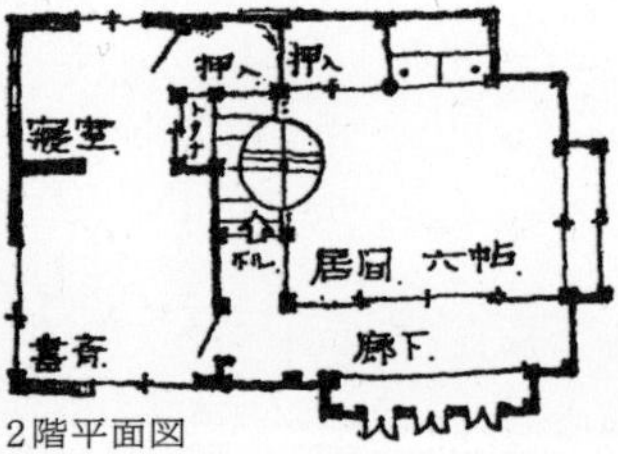


2階平面図

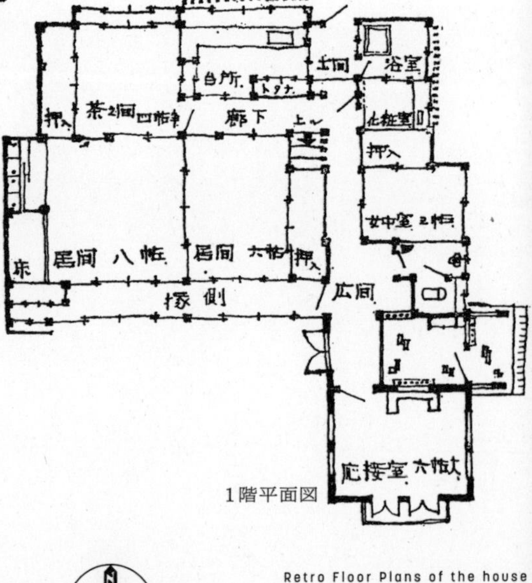


1階平面図

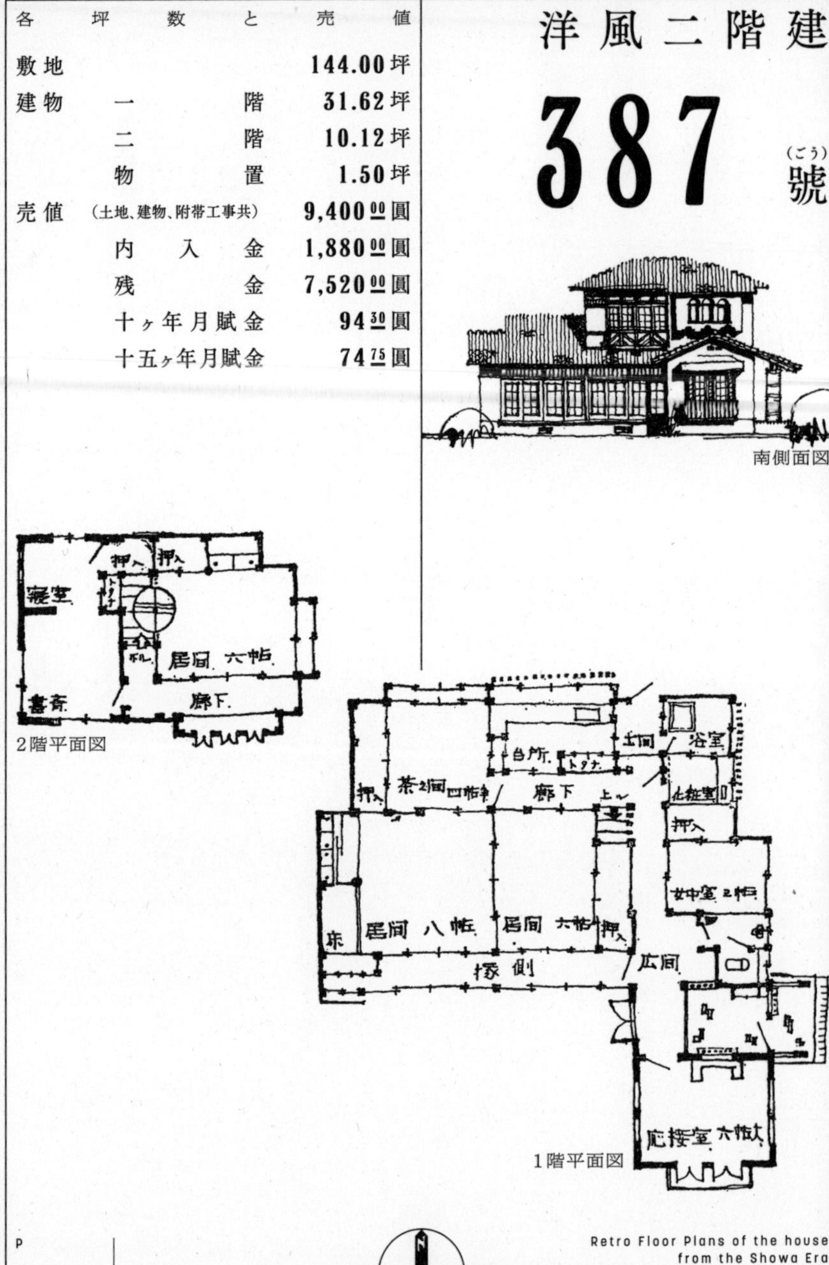

◉方　位◉

# 洋風二階建

# 230 號《ごう》

| 各坪数と売値 | | |
|---|---|---|
| 敷地 | | 141.68坪 |
| 建物 | 一階 | 31.00坪 |
| | 二階 | 10.00坪 |
| | 物置 | 1.50坪 |
| | テレス | 3.25坪 |
| 売値 | (土地、建物、附帯工事共) | 9,400.00圓 |
| | 内入金 | 1,880.00圓 |
| | 残金 | 7,520.00圓 |
| | 十ヶ年月賦金 | 94.30圓 |
| | 十五ヶ年月賦金 | 74.75圓 |

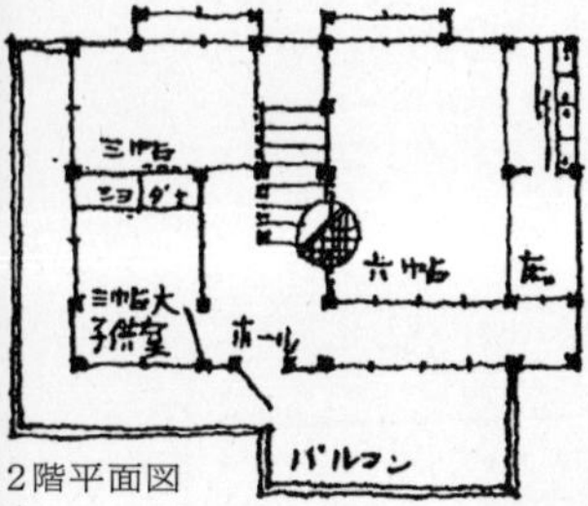


2階平面図

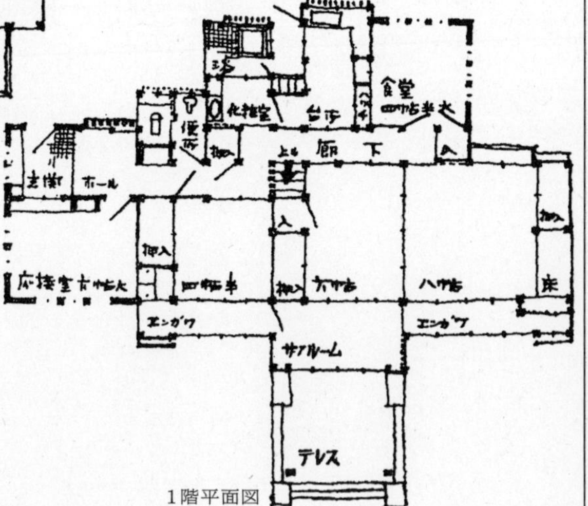


1階平面図

◉方　位◉

園田入住宅地入賣出
阪急経営園田住宅地
園田競馬場
大阪梅田
阪急電鉄地所課
電話北八〇一〇番

| 各　坪　数　と　売　値 | | |
|---|---|---|
| 敷地 | | 139.28坪 |
| 建物 | | 29.75坪 |
| 売値 | （土地、建物、附帯工事共） | 11,400$^{\underline{00}}$圓 |
| | 手附金 | 2,280$^{\underline{00}}$圓 |
| | 残金 | 9,120$^{\underline{00}}$圓 |
| | 十ヶ年月賦金 | 114$^{\underline{37}}$圓 |
| | 十五ヶ年月賦金 | 90$^{\underline{66}}$圓 |

# 和風平屋建

# 024 號《（ごう）》

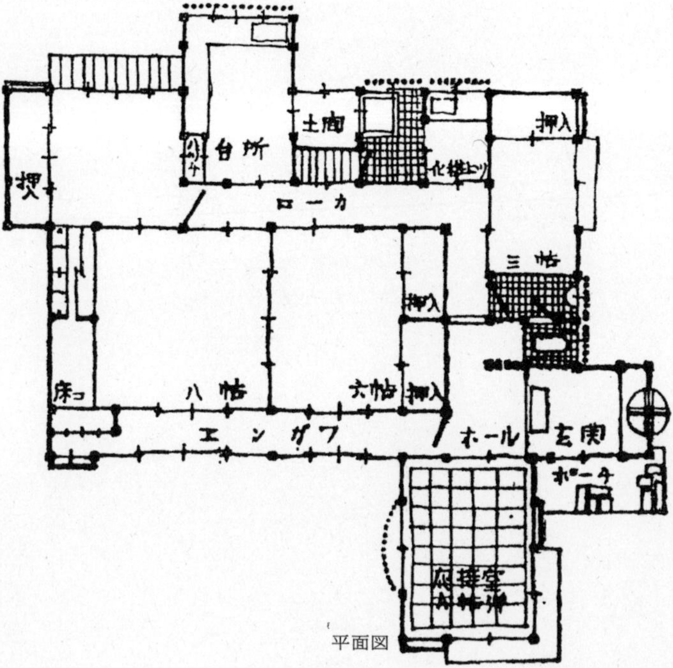


平面図

◉方　位◉

| 各坪数と売値 | | |
|---|---|---|
| 敷地 | | 140.62坪 |
| 建物 | | 34.63坪 |
| 売値 | (土地、建物、附帯工事共) | 12,100$^{00}$圓 |
| | 手附金 | 2,420$^{00}$圓 |
| | 残金 | 9,680$^{00}$圓 |
| | 十ヶ年月賦金 | 121$^{28}$圓 |
| | 十五ヶ年月賦金 | 69$^{22}$圓 |

# 洋風平屋建

# 026號《(ごう)》

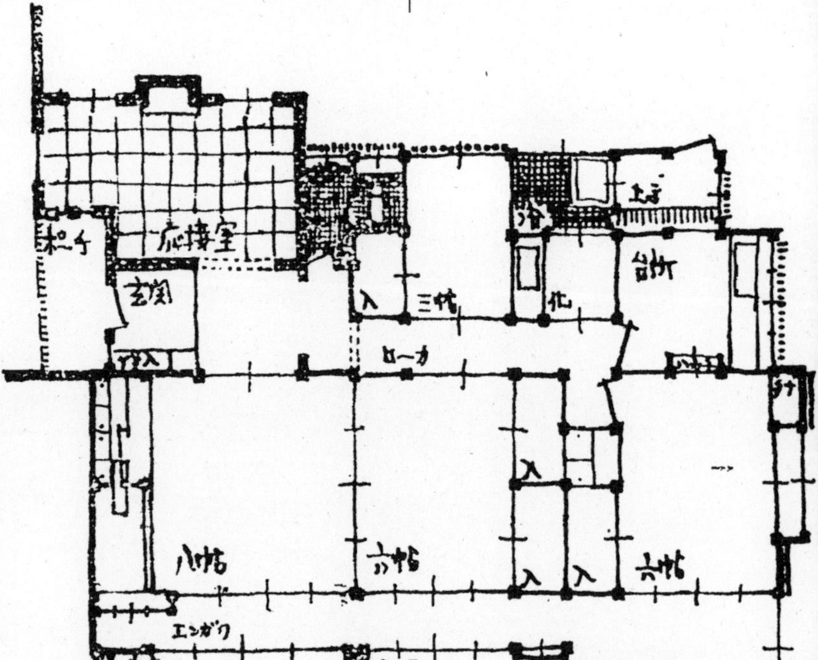


平面図

◉方　位◉

# 洋風二階建

# 032號《ごう》

| 各坪数と売値 | | |
|---|---|---|
| 敷地 | | 91.07坪 |
| 建物 | 一階 | 28.19坪 |
| | 二階 | 8.25坪 |
| 売値 | (土地、建物、附帯工事共) | 10,150$^{\underline{00}}$圓 |
| | 手附金 | 2,030$^{\underline{00}}$圓 |
| | 残金 | 8,120$^{\underline{00}}$圓 |
| | 十ヶ年月賦金 | 101$^{\underline{83}}$圓 |
| | 十五ヶ年月賦金 | 80$^{\underline{72}}$圓 |

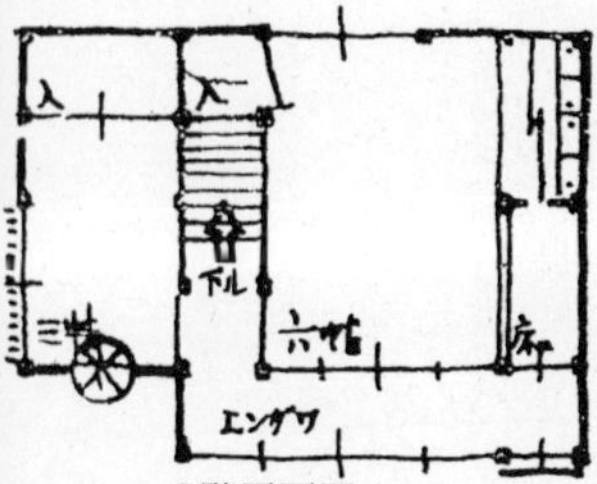


2階平面図

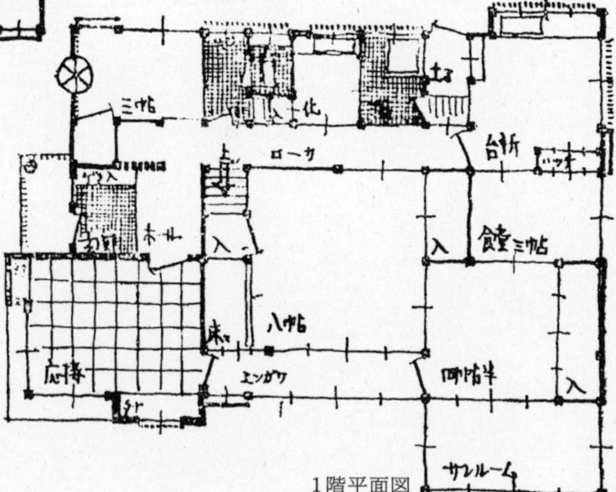


1階平面図

◉方 位◉

| 各坪数と売値 | | |
| --- | --- | --- |
| 敷地 | | 115.64坪 |
| 建物 | | 32.50坪 |
| | テレス | 1.25坪 |
| 売値 | (土地、建物、附帯工事共) | 10,800$^{\underline{00}}$圓 |
| | 手附金 | 2,160$^{\underline{00}}$圓 |
| | 残金 | 8,640$^{\underline{00}}$圓 |
| | 十ヶ年月賦金 | 108$^{\underline{35}}$圓 |
| | 十五ヶ年月賦金 | 85$^{\underline{89}}$圓 |

# 洋風平屋建

# 051號《(ごう)》

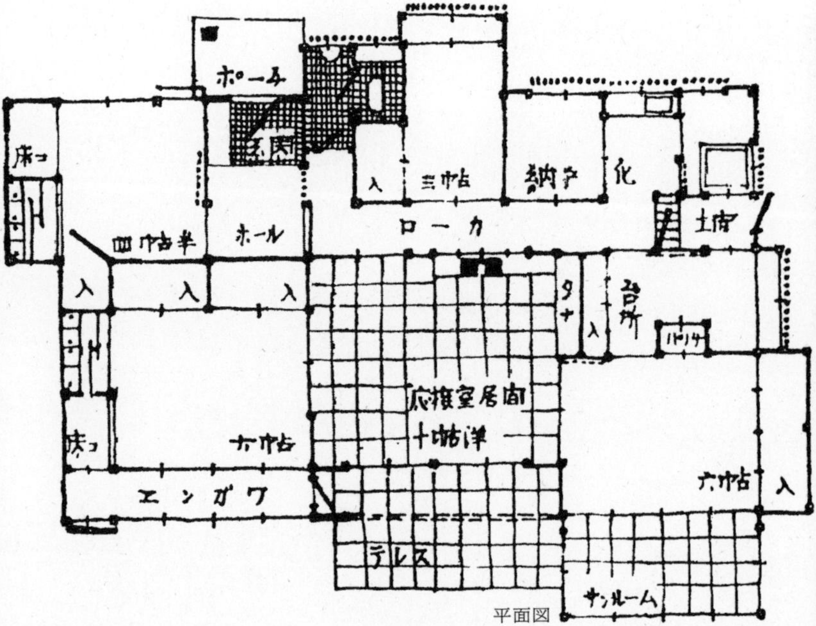


平面図

◉方位◉

# 洋風二階建

# 058 號《ごう》

| 各坪数と売値 | | |
|---|---|---|
| 敷地 | | 150.00坪 |
| 建物 | 一階 | 23.50坪 |
| | 二階 | 14.25坪 |
| | バルコン | 1.75坪 |
| 売値 | (土地、建物、附帯工事共) | 14,450$^{00}$圓 |
| | 手附金 | 2,490$^{00}$圓 |
| | 残金 | 9,960$^{00}$圓 |
| | 十ヶ年月賦金 | 124$^{90}$圓 |
| | 十五ヶ年月賦金 | 99$^{01}$圓 |

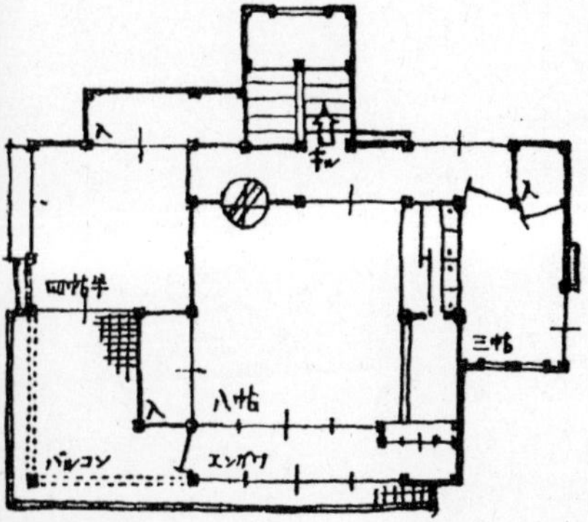


2階平面図

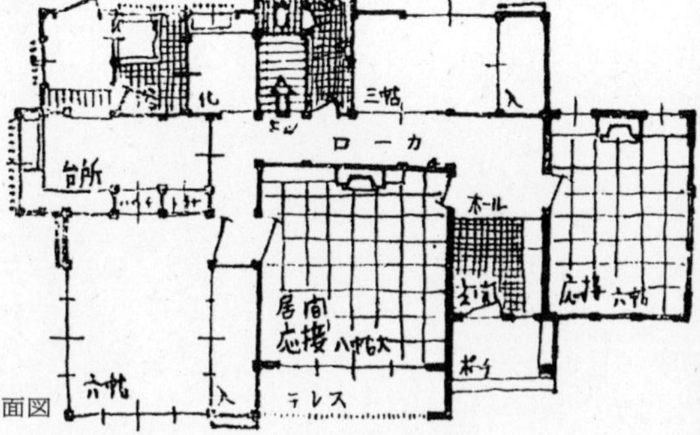


1階平面図

◉方  位◉

# 和風二階建 071 號《ごう》

| 各坪数と売値 | | |
|---|---|---|
| 敷地 | | 124.06坪 |
| 建物 | 一階 | 27.00坪 |
| | 二階 | 10.50坪 |
| 売値 | (土地、建物、附帯工事共) | $11,250^{\underline{00}}$ 圓 |
| | 手附金 | $2,250^{\underline{00}}$ 圓 |
| | 残金 | $9,000^{\underline{00}}$ 圓 |
| | 十ヶ年月賦金 | $112^{\underline{86}}$ 圓 |
| | 十五ヶ年月賦金 | $89^{\underline{46}}$ 圓 |

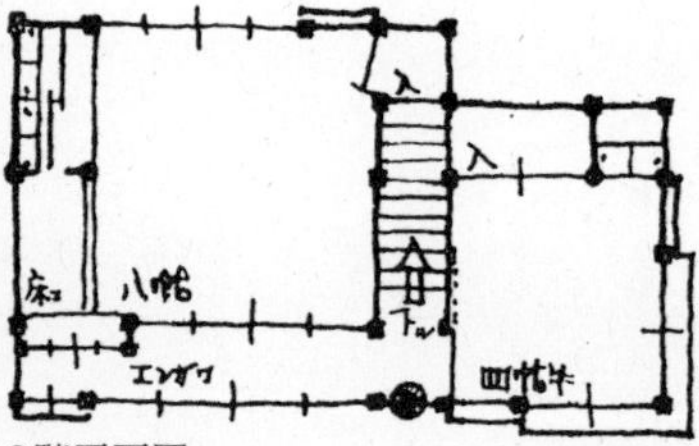


2階平面図

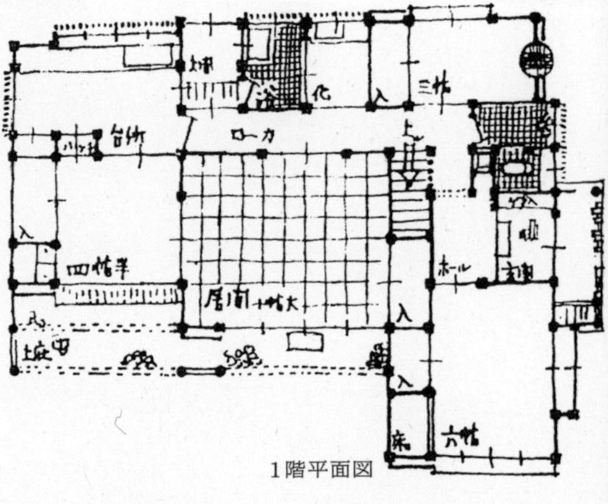


1階平面図

◉方位◉

| 各坪数と売値 | | |
| --- | --- | --- |
| 敷地 | | 102.95坪 |
| 建物 | | 29.75坪 |
| 売値 | （土地、建物、附帯工事共） | 9,600$^{\underline{00}}$圓 |
| | 手附金 | 1,920$^{\underline{00}}$圓 |
| | 残金 | 7,680$^{\underline{00}}$圓 |
| | 十ヶ年月賦金 | 96$^{\underline{31}}$圓 |
| | 十五ヶ年月賦金 | 76$^{\underline{34}}$圓 |

# 和風平屋建

# 078 號《ごう》

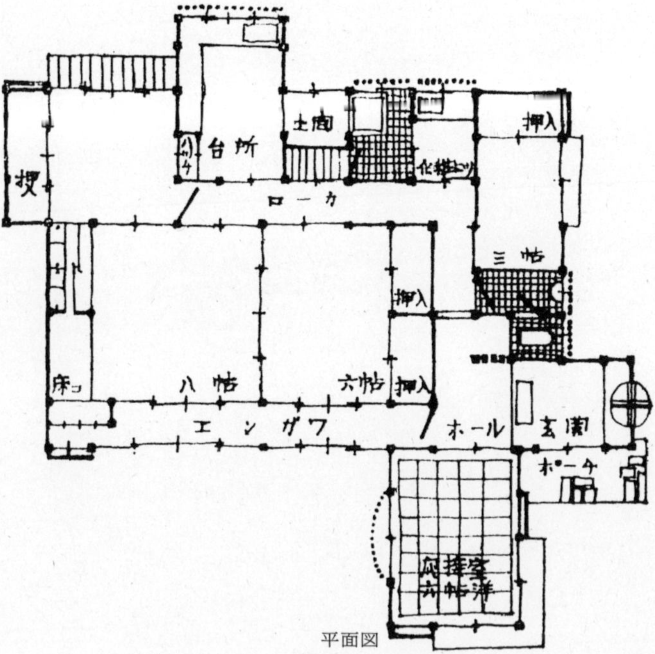


平面図

方位

# 洋風二階建

# 101 號《ごう》

| 各坪数と売値 | | |
|---|---|---|
| 敷地 | | 134.83坪 |
| 建物 | 一階 | 29.50坪 |
| | 二階 | 9.50坪 |
| 売値 | (土地、建物、附帯工事共) | 11,550$^{\underline{00}}$圓 |
| | 手附金 | 2,310$^{\underline{00}}$圓 |
| | 残金 | 9,240$^{\underline{00}}$圓 |
| | 十ヶ年月賦金 | 115$^{\underline{87}}$圓 |
| | 十五ヶ年月賦金 | 91$^{\underline{85}}$圓 |

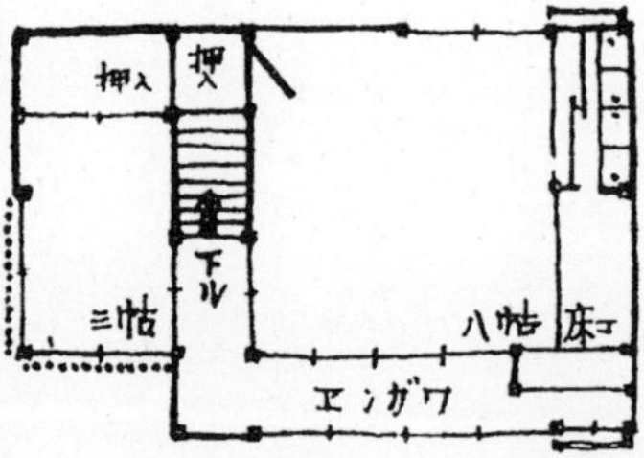


2階平面図

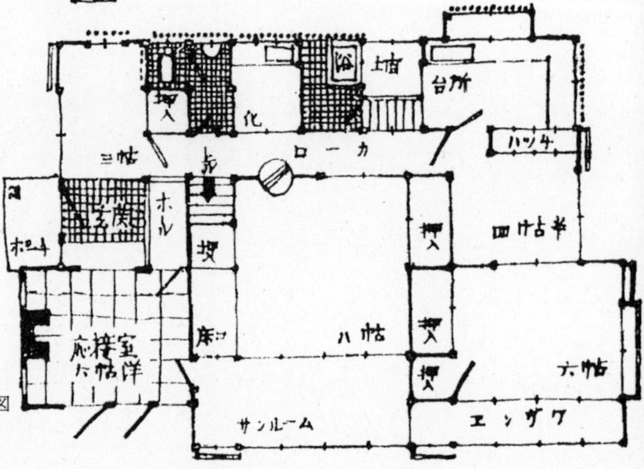


1階平面図

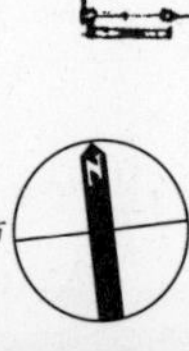

# 洋風二階建 186 號《(ごう)》

| 各坪数と売値 | | | |
|---|---|---|---|
| 敷地 | | | 108.70坪 |
| 建物 | 一 | 階 | 30.01坪 |
| | 二 | 階 | 10.63坪 |
| | テレス | | 4.50坪 |
| 売値 | （土地、建物、附帯工事共） | | 10,950$^{\underline{00}}$圓 |
| | 手附金 | | 2,190$^{\underline{00}}$圓 |
| | 残金 | | 8,760$^{\underline{00}}$圓 |
| | 十ヶ年月賦金 | | 109$^{\underline{85}}$圓 |
| | 十五ヶ年月賦金 | | 87$^{\underline{08}}$圓 |

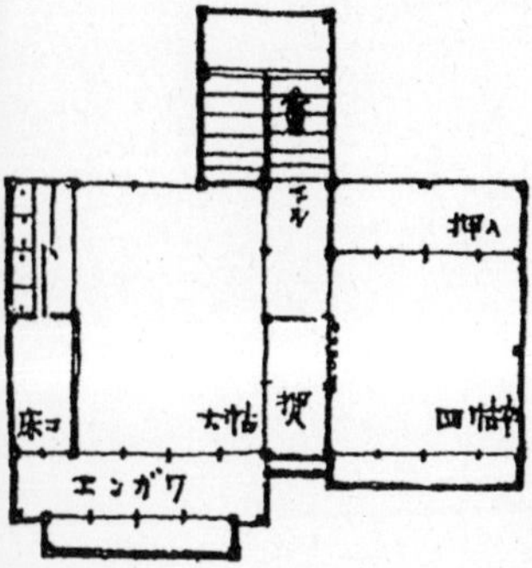


2階平面図

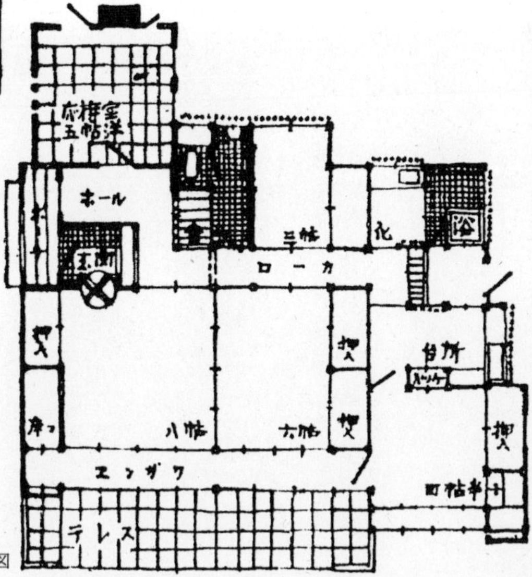


1階平面図

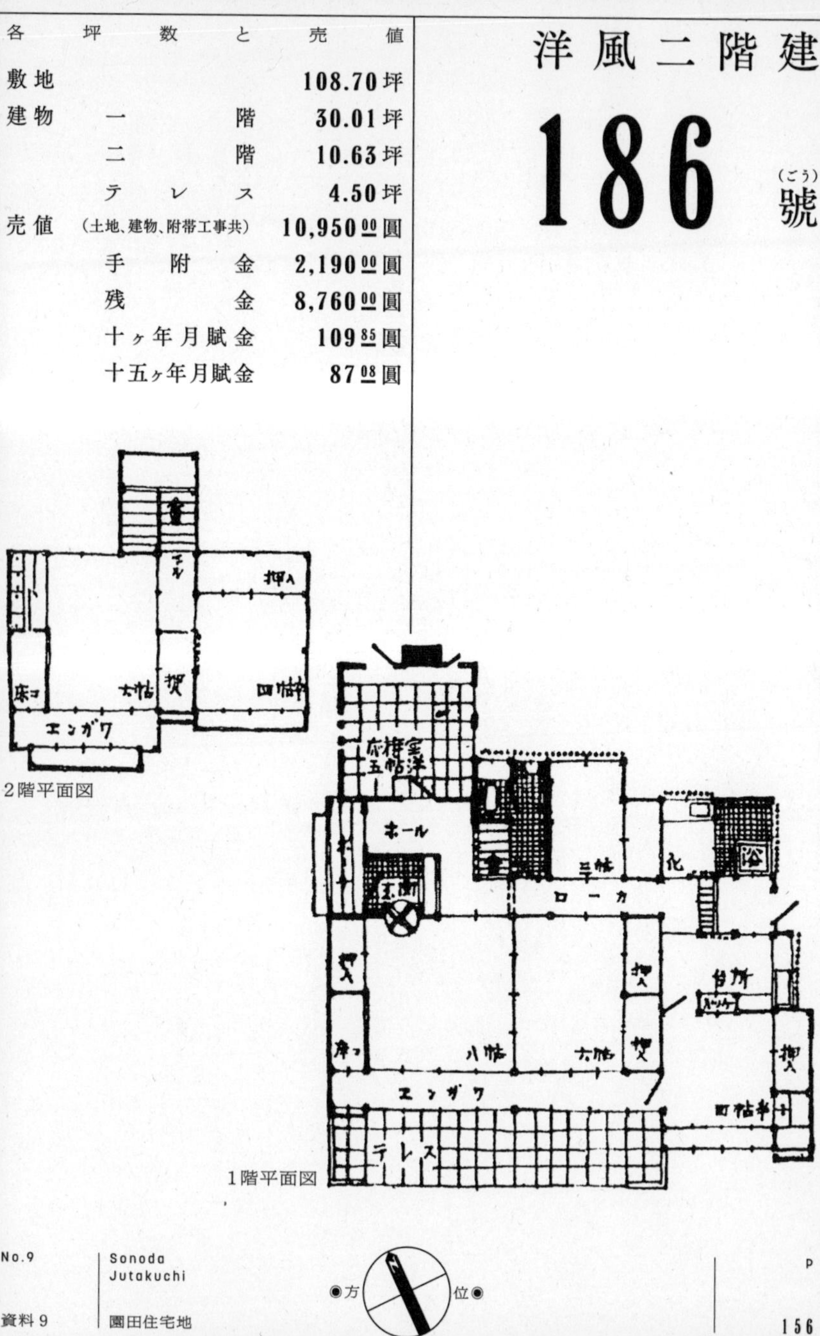

# 和風平屋建

# 188號《ごう》

| 各坪数と売値 | | |
| --- | --- | --- |
| 敷地 | | 116.26坪 |
| 建物 | | 29.88坪 |
| 売値 | （土地、建物、附帯工事共） | 9,600$^{00}$圓 |
| | 手附金 | 1,920$^{00}$圓 |
| | 残金 | 7,680$^{00}$圓 |
| | 十ヶ年月賦金 | 96$^{31}$圓 |
| | 十五ヶ年月賦金 | 76$^{34}$圓 |

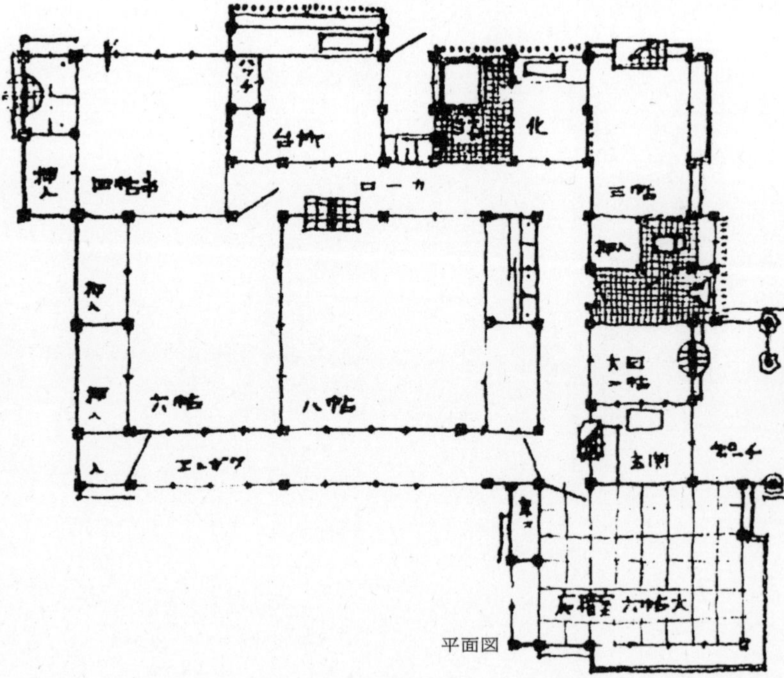


平面図

◉方  位◉

# 洋風平屋建

# 193 號《ごう》

| 各坪数と売値 | | |
|---|---|---|
| 敷地 | | 109.50坪 |
| 建物 | | 30.38坪 |
| 売値 | (土地、建物、附帯工事共) | 9,450$\underline{00}$圓 |
| | 手附金 | 1,890$\underline{00}$圓 |
| | 残金 | 7,560$\underline{00}$圓 |
| | 十ヶ年月賦金 | 94$\underline{81}$圓 |
| | 十五ヶ年月賦金 | 75$\underline{15}$圓 |

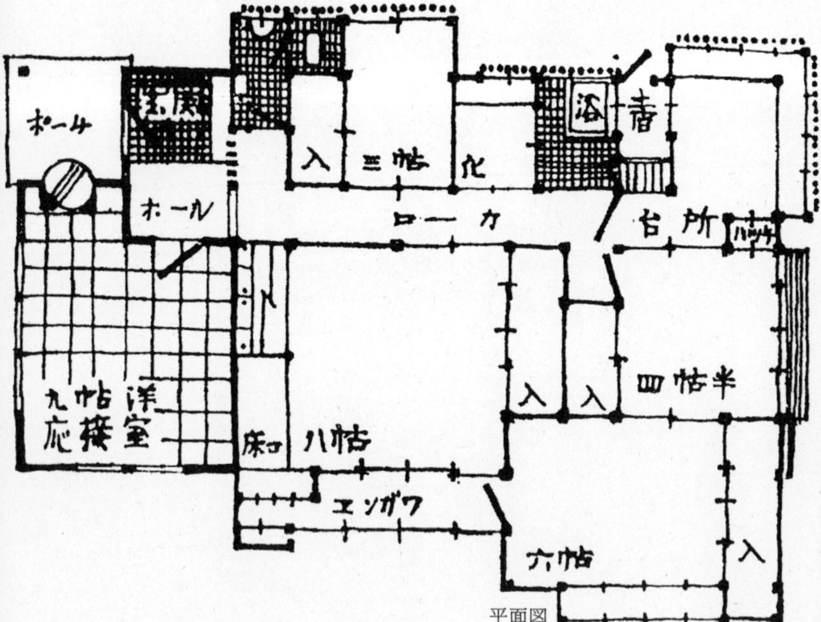


平面図

# 洋風二階建

# 217 號《ごう》

| 各坪数と売値 | | |
|---|---|---|
| 敷地 | | 131.21坪 |
| 建物 | 一階 | 30.38坪 |
| | 二階 | 10.50坪 |
| | テレス | 2.00坪 |
| 売値 | (土地、建物、附帯工事共) | 12,000$^{\underline{00}}$圓 |
| | 手附金 | 2,400$^{\underline{00}}$圓 |
| | 残金 | 9,600$^{\underline{00}}$圓 |
| | 十ヶ年月賦金 | 120$^{\underline{39}}$圓 |
| | 十五ヶ年月賦金 | 95$^{\underline{43}}$圓 |

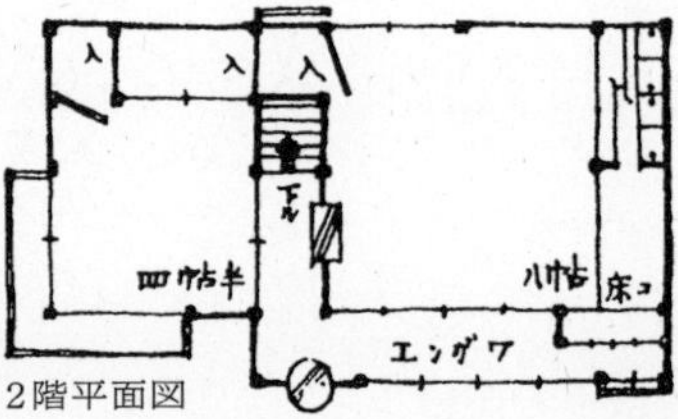


2階平面図

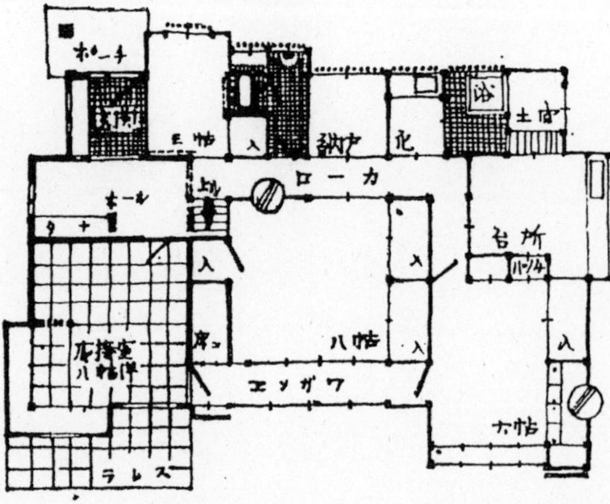


1階平面図

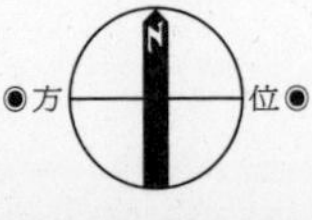

Mini Column | 05

# 陽の当たるサンルーム

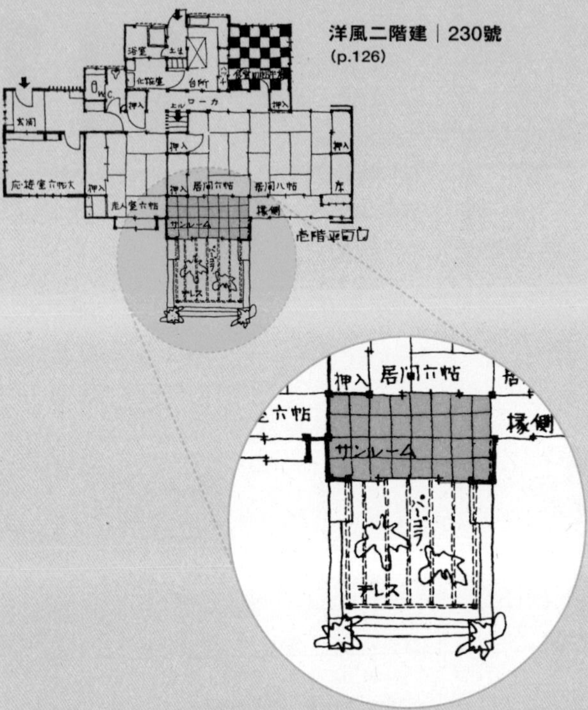


洋風二階建｜230號
(p.126)

サンルーム（日光室）とは、屋根や開口部をガラス張りにして日光が入り込むようにした部屋のことです。元々は、欧米諸国が植民地の住宅に取り入れた半屋外空間のベランダから発達したもので、日本では洋風住宅が導入された明治以降に見られるようになりました。都会の喧騒から離れて、落ち着ける郊外の「健康住宅」には、建物のなかにいたまま太陽光を存分に楽しむことができる気持ちのいい空間が好んで取り入れられたのではないでしょうか。（編集部）

阪急住宅地特價大賣出御案内
第三期新装なれる
東豊中
日常生活至便興深き丘陵地
豊中
大阪市北区角田町
阪神急行電鐵株式會社
電話北3400・3430・8010番

# 和風平屋建

# 071 號《ごう》

| 各坪数と売値 | | |
|---|---|---|
| 敷地 | | 317.53坪 |
| 建物 | | 34.75坪 |
| | テレス | 2.50坪 |
| | 物置 | 1.50坪 |
| 売値 | (土地、建物、附帯工事共) | 11,200$^{\underline{00}}$圓 |
| | 内入金 | 2,240$^{\underline{00}}$圓 |
| | 残金 | 8,960$^{\underline{00}}$圓 |
| | 十ヶ年月賦金 | 112$^{\underline{36}}$圓 |
| | 十五ヶ年月賦金 | 89$^{\underline{07}}$圓 |

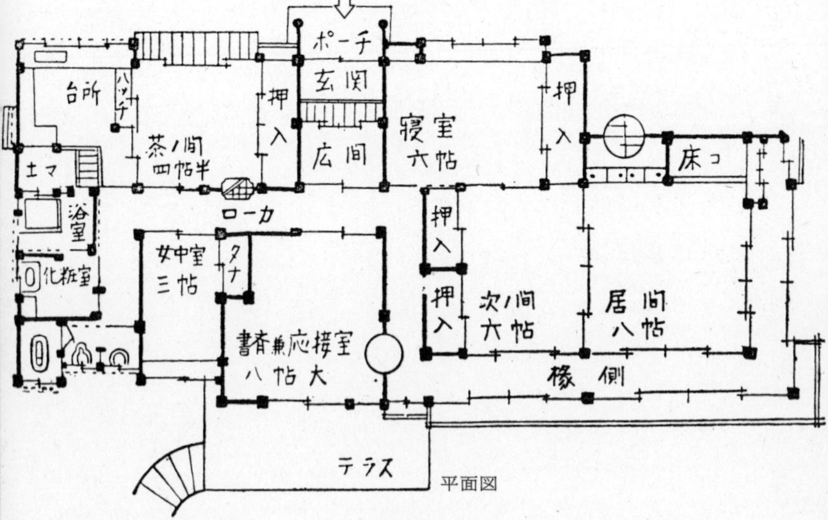


平面図

◉方  位◉

# 洋風二階建

# 083 號《ごう》

| 各坪数と売値 | | |
|---|---|---|
| 敷地 | | 228.27坪 |
| 建物 | | 26.125坪 |
| | 二階 | 9.50坪 |
| | 物置 | 1.50坪 |
| 売値 | （土地、建物、附帯工事共） | 9,800$^{\underline{00}}$圓 |
| | 内入金 | 1,960$^{\underline{00}}$圓 |
| | 残金 | 7,840$^{\underline{00}}$圓 |
| | 十ヶ年月賦金 | 98$^{\underline{32}}$圓 |
| | 十五ヶ年月賦金 | 77$^{\underline{93}}$圓 |

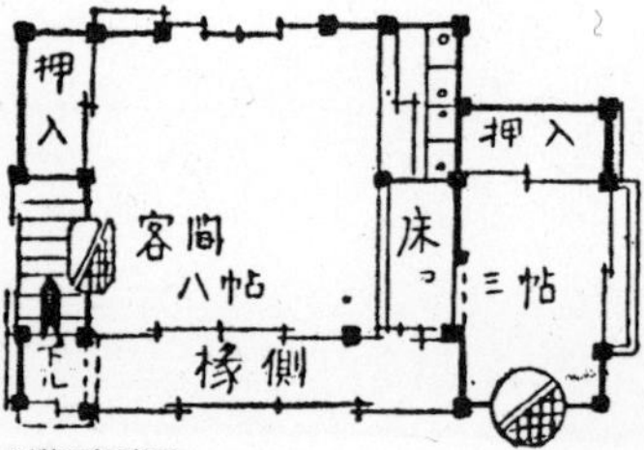

2階平面図

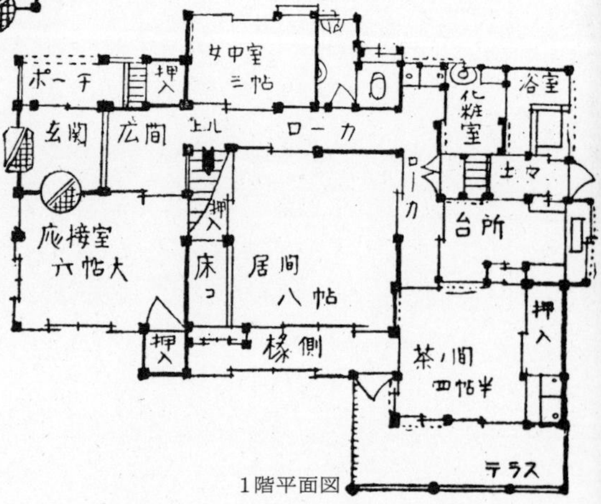

1階平面図

# 洋風二階建

# 094號《ごう》

| 各坪数と売値 | | |
|---|---|---|
| 敷地 | | 364.62坪 |
| 建物 | | 27.00坪 |
| | 二階 | 10.00坪 |
| | テレス | 1.50坪 |
| | 物置 | 1.50坪 |
| 売値 | （土地、建物、附帯工事共） | 11,900$^{00}$圓 |
| | 内入金 | 2,380$^{00}$圓 |
| | 残金 | 9,520$^{00}$圓 |
| | 十ヶ年月賦金 | 119$^{39}$圓 |
| | 十五ヶ年月賦金 | 94$^{63}$圓 |

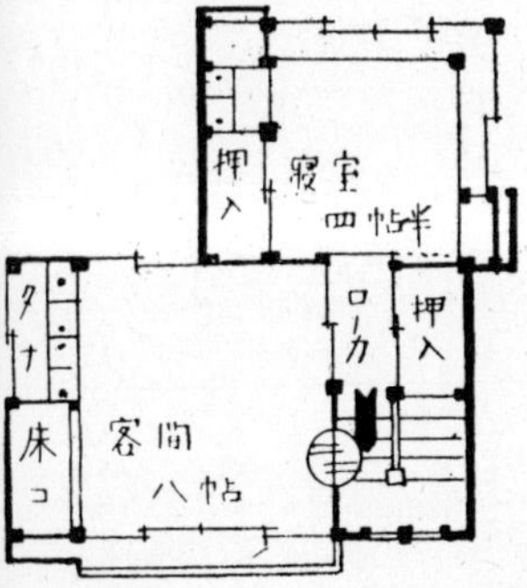


2階平面図

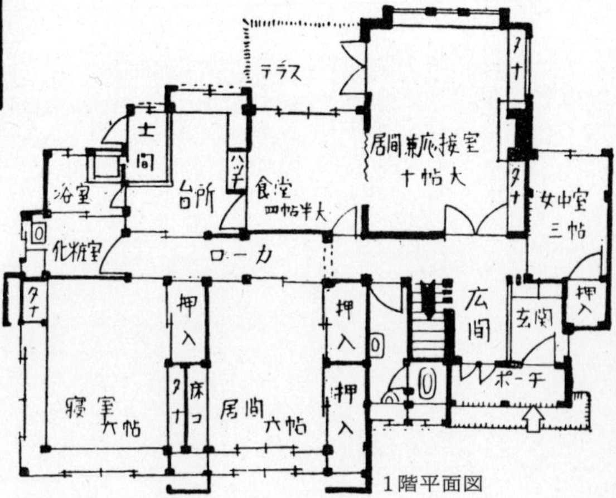


1階平面図

◉方  位◉

# 洋風平屋建

# 095 號《ごう》

| 各坪数と売値 | | |
|---|---|---|
| 敷地 | | 388.24坪 |
| 建物 | | 39.00坪 |
| | 物置 | 1.50坪 |
| 売値 | (土地、建物、附帯工事共) | 12,400$^{00}$圓 |
| | 内入金 | 2,480$^{00}$圓 |
| | 残金 | 9,920$^{00}$圓 |
| | 十ヶ年月賦金 | 124$^{40}$圓 |
| | 十五ヶ年月賦金 | 98$^{61}$圓 |

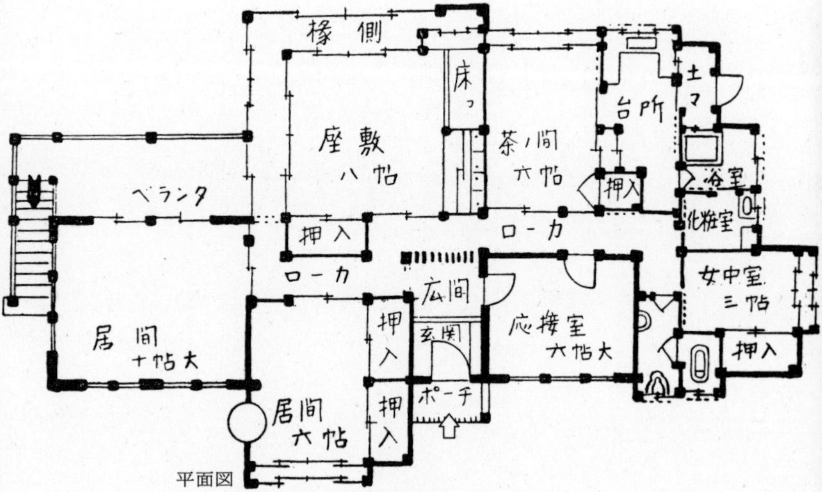


平面図

# 洋風二階建

# 101號《ごう》

| 各坪数と売値 | | |
|---|---|---|
| 敷地 | | 217.44坪 |
| 建物 | | 28.00坪 |
| | 二階 | 10.25坪 |
| | テレス | 5.50坪 |
| | 物置 | 1.50坪 |
| 売値 | (土地、建物、附帯工事共) | 10,500$^{\underline{00}}$圓 |
| | 内入金 | 2,100$^{\underline{00}}$圓 |
| | 残金 | 8,400$^{\underline{00}}$圓 |
| | 十ヶ年月賦金 | 105$^{\underline{34}}$圓 |
| | 十五ヶ年月賦金 | 83$^{\underline{50}}$圓 |

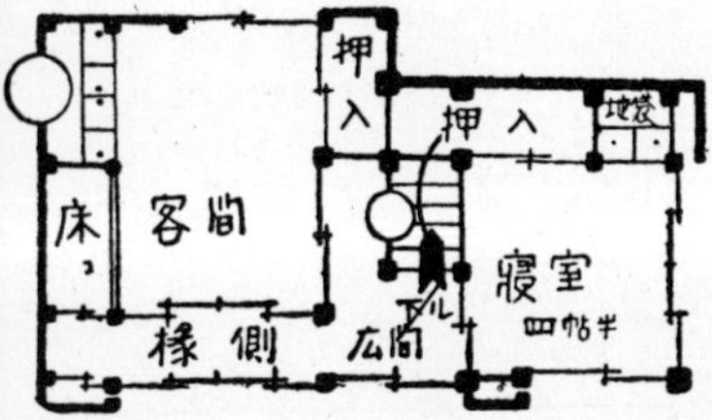


2階平面図

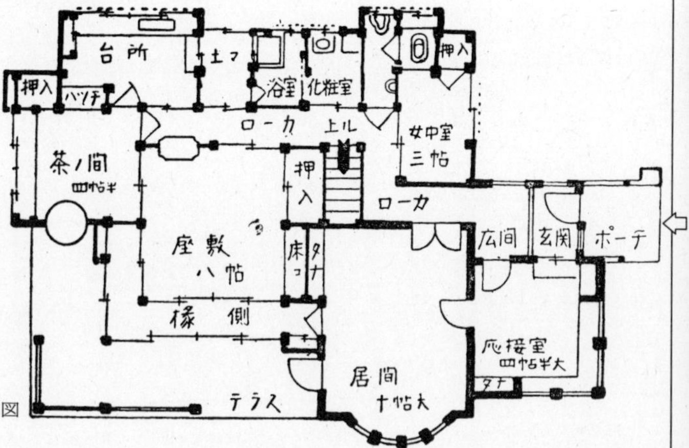


1階平面図

# 洋風二階建

# 102號《ごう》

| 各坪数と売値 | | |
|---|---|---|
| 敷地 | | 235.66坪 |
| 建物 | | 23.25坪 |
| | 二階 | 11.75坪 |
| | テレス | 2.50坪 |
| | 物置 | 1.50坪 |
| 売値 | （土地、建物、附帯工事共） | 9,800$\underline{^{00}}$圓 |
| | 内入金 | 1,960$\underline{^{00}}$圓 |
| | 残金 | 7,840$\underline{^{00}}$圓 |
| | 十ヶ年月賦金 | 98$\underline{^{32}}$圓 |
| | 十五ヶ年月賦金 | 77$\underline{^{04}}$圓 |

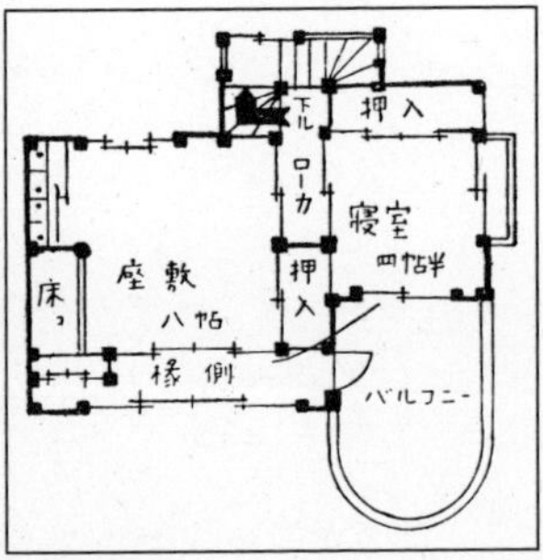


2階平面図

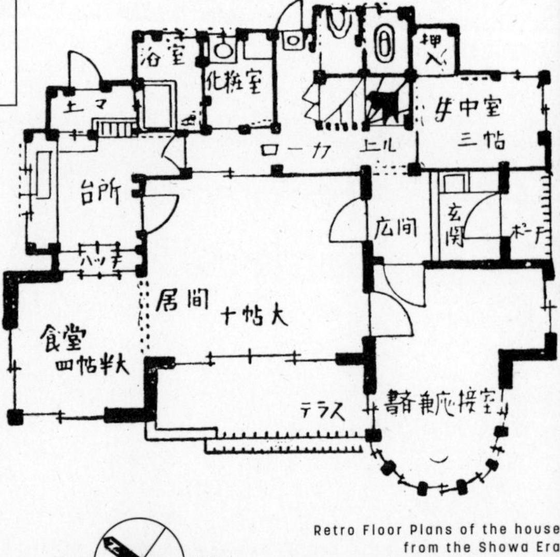


1階平面図

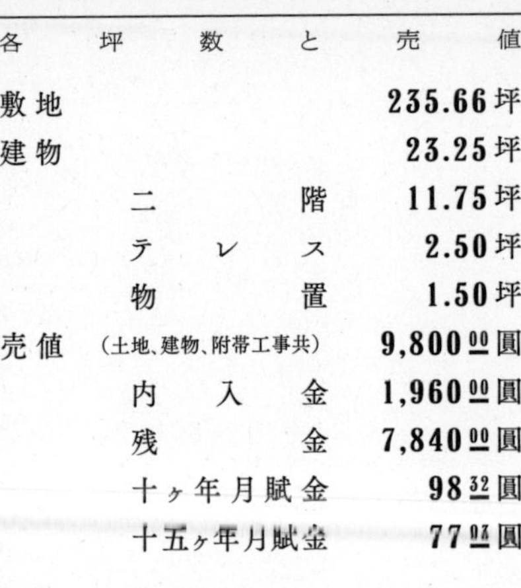

# 和風平屋建

# 107 號《ごう》

| 各坪数と売値 | | |
|---|---|---|
| 敷地 | | 305.49坪 |
| 建物 | | 36.125坪 |
| | 物置 | 1.50坪 |
| 売値 | (土地、建物、附帯工事共) | $12{,}400^{\underline{00}}$圓 |
| | 内入金 | $2{,}480^{\underline{00}}$圓 |
| | 残金 | $9{,}920^{\underline{00}}$圓 |
| | 十ヶ年月賦金 | $124^{\underline{40}}$圓 |
| | 十五ヶ年月賦金 | $98^{\underline{61}}$圓 |

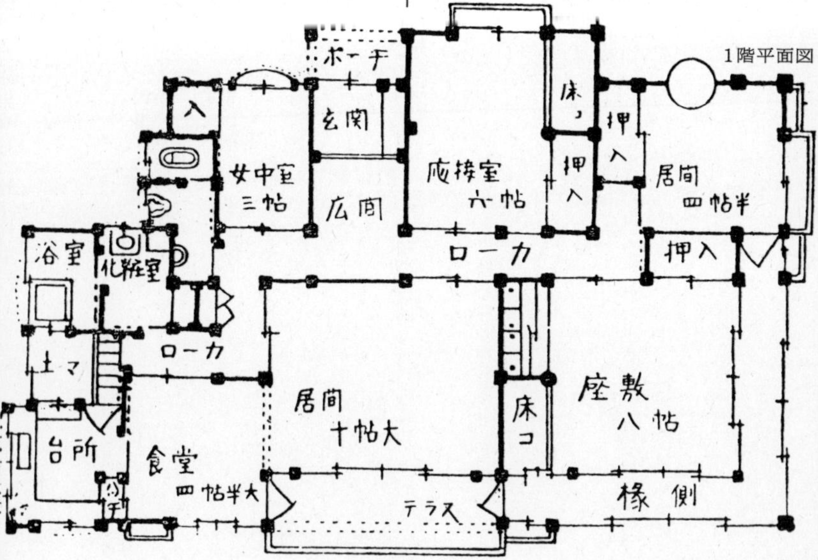

ポーチ
入
玄関
女中室
三帖
広間
応接室
六帖
床ノ
押入
押入
居間
四帖半
押入
浴室
化粧室
ローカ
ローカ
土マ
台所
食堂
四帖半大
居間
十帖大
床ノ
座敷
八帖
テラス
縁側


1階平面図

◉方
位◉

# 洋風二階建

# 108 號《ごう》

| 各坪数と売値 | | |
|---|---|---|
| 敷地 | | 401.66坪 |
| 建物 | | 31.50坪 |
| | 二階 | 9.50坪 |
| | 物置 | 1.50坪 |
| 売値 | （土地、建物、附帯工事共） | 12,600.00圓 |
| | 内入金 | 2,520.00圓 |
| | 残金 | 10,080.00圓 |
| | 十ヶ年月賦金 | 126.41圓 |
| | 十五ヶ年月賦金 | 100.20圓 |

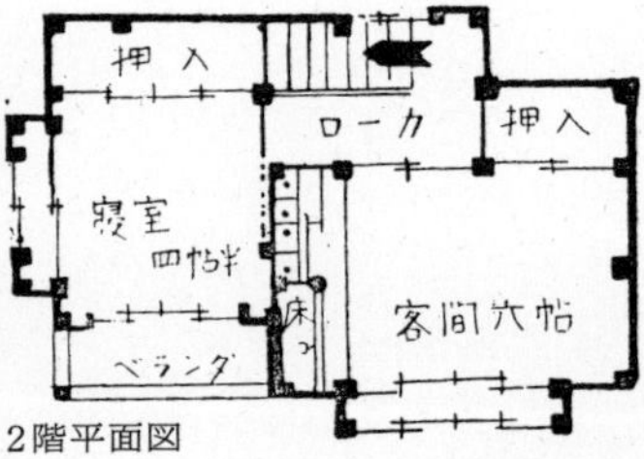

2階平面図

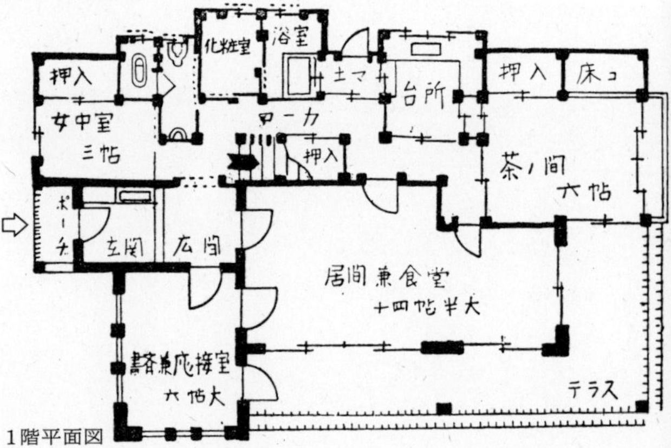

1階平面図

# 洋風二階建

# 111 號《ごう》

| 各坪数と売値 | | |
|---|---|---|
| 敷地 | | 290.14坪 |
| 建物 | | 27.25坪 |
| | 二階 | 10.25坪 |
| | テレス | 7.75坪 |
| | 物置 | 1.50坪 |
| 売値 | （土地、建物、附帯工事共） | 12,000$^{\underline{00}}$圓 |
| | 内入金 | 2,400$^{\underline{00}}$圓 |
| | 残金 | 9,600$^{\underline{00}}$圓 |
| | 十ヶ年月賦金 | 120$^{\underline{39}}$圓 |
| | 十五ヶ年月賦金 | 95$^{\underline{43}}$圓 |

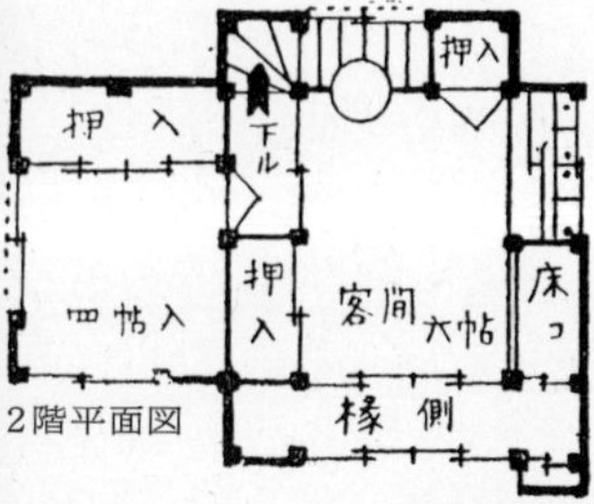

2階平面図

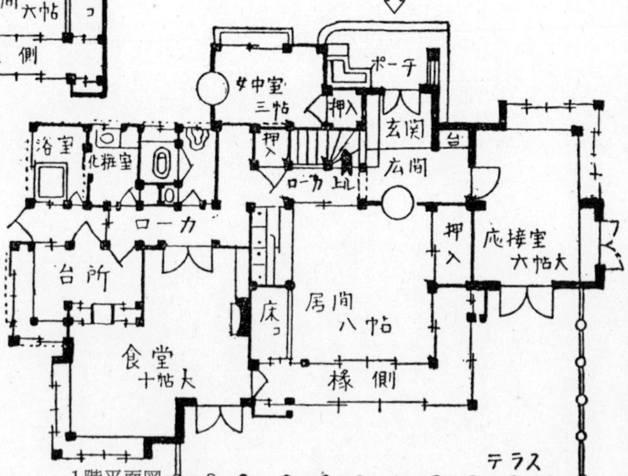

1階平面図

◉方　位◉

# 洋風二階建

# 121號《ごう》

| 各坪数と売値 | | |
|---|---|---|
| 敷地 | | 338.98坪 |
| 建物 | | 28.00坪 |
| | 二階 | 11.25坪 |
| | テレス | 3.00坪 |
| | バルコニー | 4.00坪 |
| | 物置 | 1.50坪 |
| 売値 | （土地、建物、附帯工事共） | 12,700$^{\underline{00}}$圓 |
| | 内入金 | 2,540$^{\underline{00}}$圓 |
| | 残金 | 10,160$^{\underline{00}}$圓 |
| | 十ヶ年月賦金 | 127$^{\underline{41}}$圓 |
| | 十五ヶ年月賦金 | 101$^{\underline{00}}$圓 |

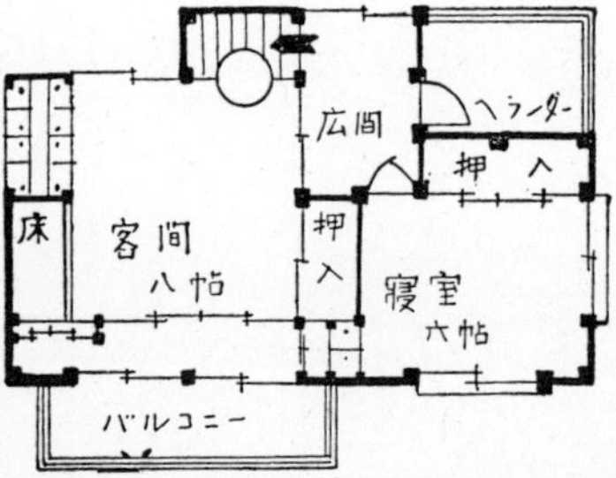


2階平面図

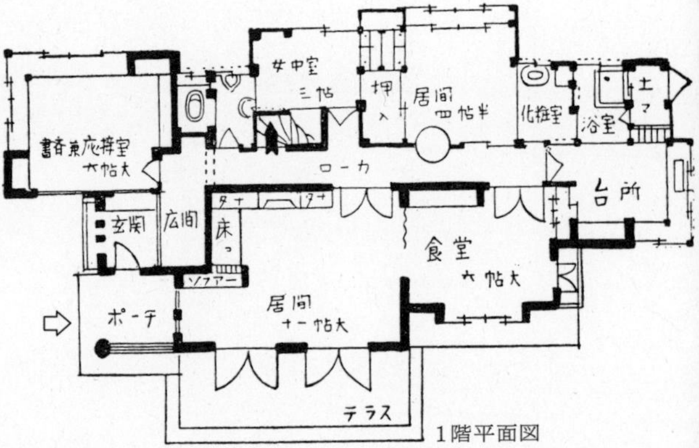


1階平面図

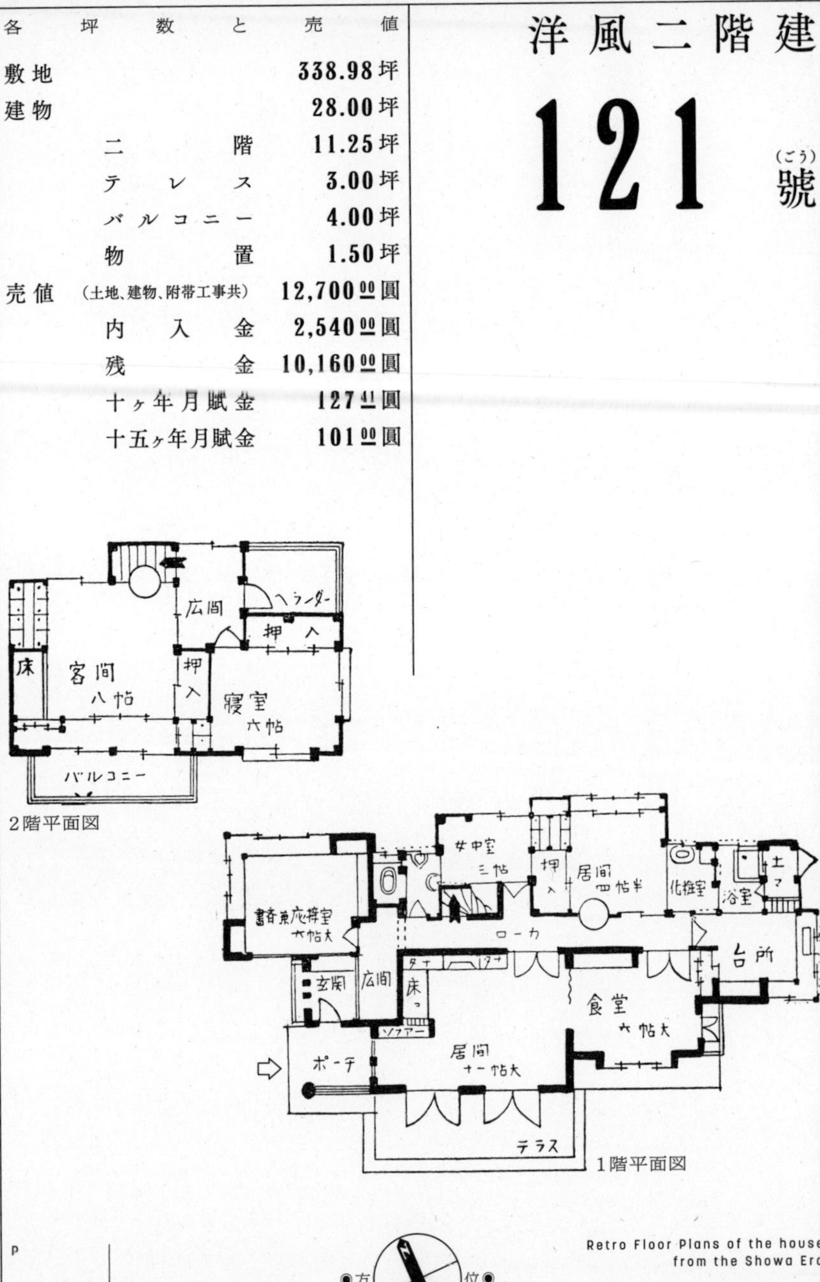

# 洋風二階建

# 317 號《ごう》

| 各坪数と売値 | | |
|---|---|---|
| 敷地 | | 328.09坪 |
| 建物 | | 27.25坪 |
| | 二階 | 12.00坪 |
| | テレス | 5.00坪 |
| | バルコニー | 4.00坪 |
| | 物置 | 1.50坪 |
| 売値 | （土地、建物、附帯工事共） | 12,400.00圓 |
| | 内入金 | 2,480.00圓 |
| | 残金 | 9,920.00圓 |
| | 十ヶ年月賦金 | 124.40圓 |
| | 十五ヶ年月賦金 | 98.61圓 |

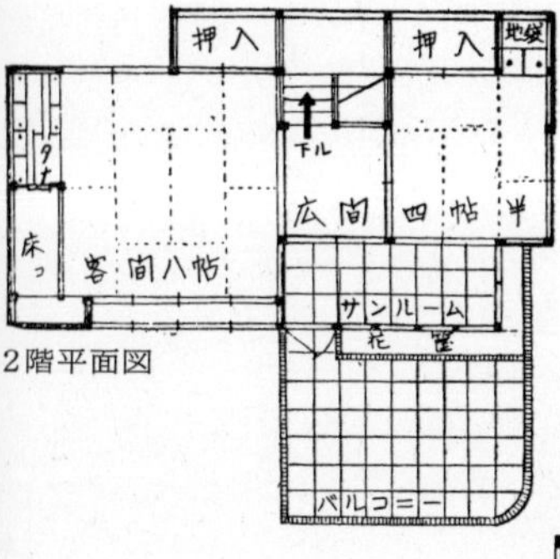


2階平面図

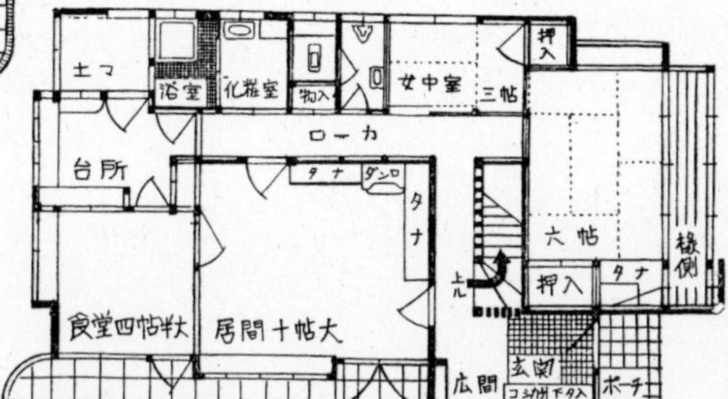


1階平面図

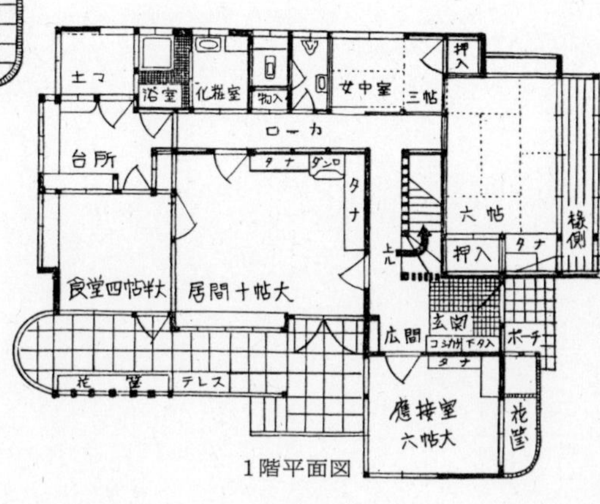

# 洋風二階建

# 318號《ごう》

| 各坪数と売値 | | | |
|---|---|---|---|
| 敷地 | | | 285.88坪 |
| 建物 | 一 | 階 | 28.25坪 |
| | 二 | 階 | 8.75坪 |
| | 物 | 置 | 1.50坪 |
| 売値 | (土地、建物、附帯工事共) | | 11,100.00圓 |
| | 内入 | 金 | 2,220.00圓 |
| | 残 | 金 | 8,880.00圓 |
| | 十ヶ年月賦金 | | 111.36圓 |
| | 十五ヶ年月賦金 | | 88.27圓 |

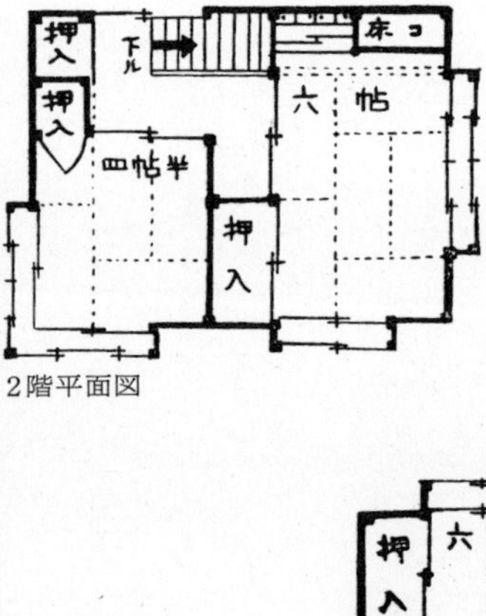

2階平面図

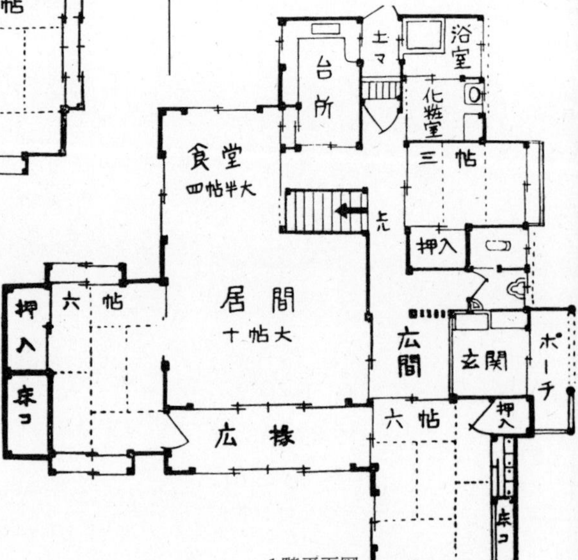

1階平面図

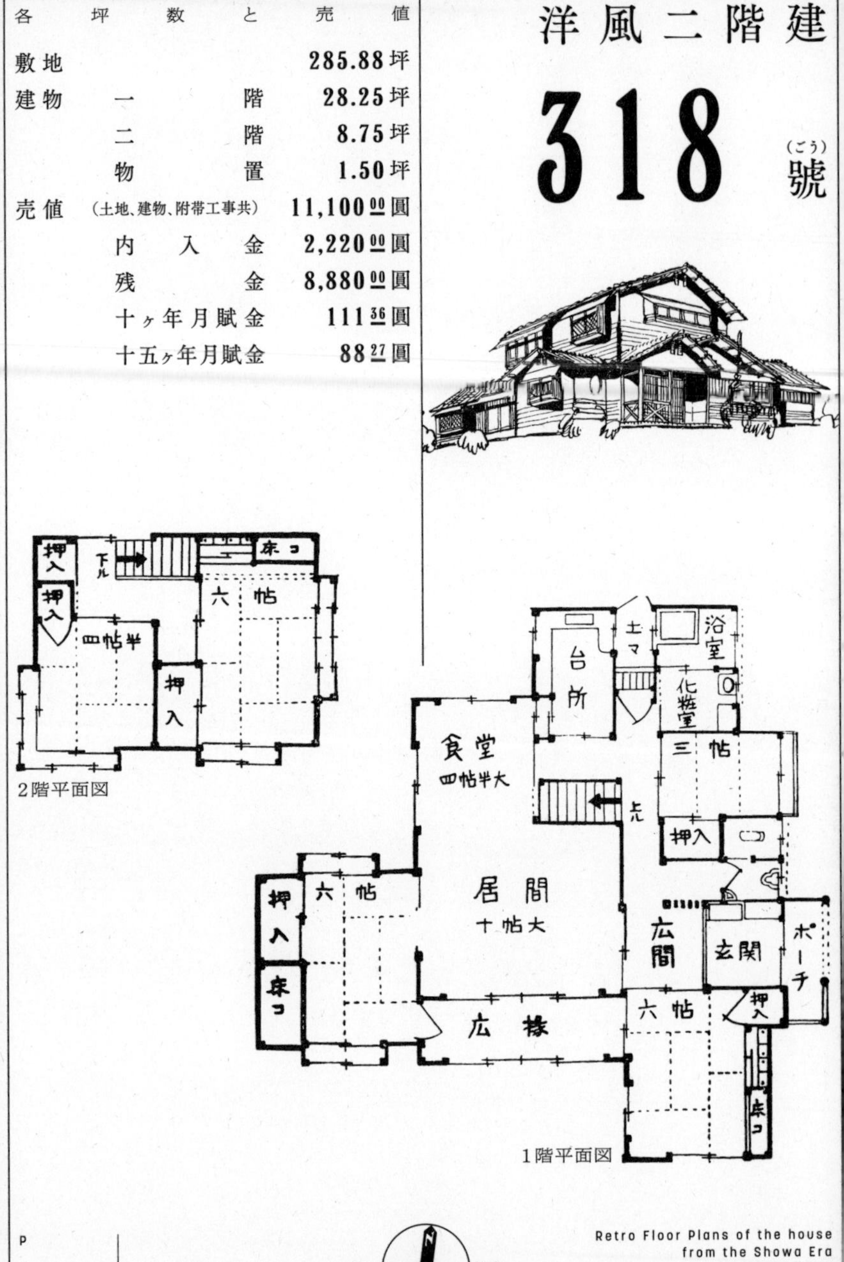

# 洋風二階建

# 320號《ごう》

| 各 | 坪 | 数と売値 |
|---|---|---|
| 敷地 | | 228.03坪 |
| 建物 | 一階 | 31.50坪 |
| | 二階 | 11.25坪 |
| | テレス | 4.00坪 |
| | 物置 | 1.50坪 |
| 売値 | （土地、建物、附帯工事共） | 12,200$^{00}$圓 |
| | 内入金 | 2,440$^{00}$圓 |
| | 残金 | 9,760$^{00}$圓 |
| | 十ヶ年月賦金 | 122$^{40}$圓 |
| | 十五ヶ年月賦金 | 97$^{02}$圓 |

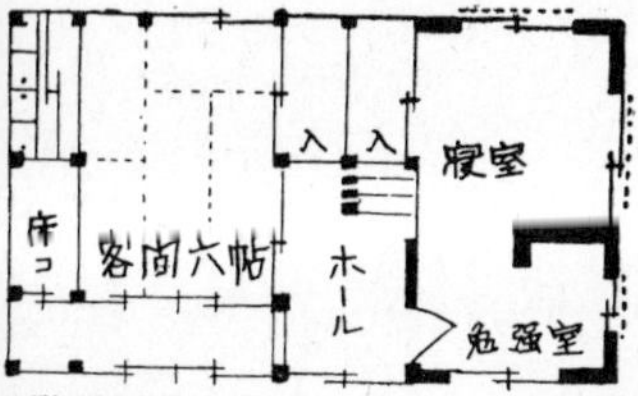


2階平面図

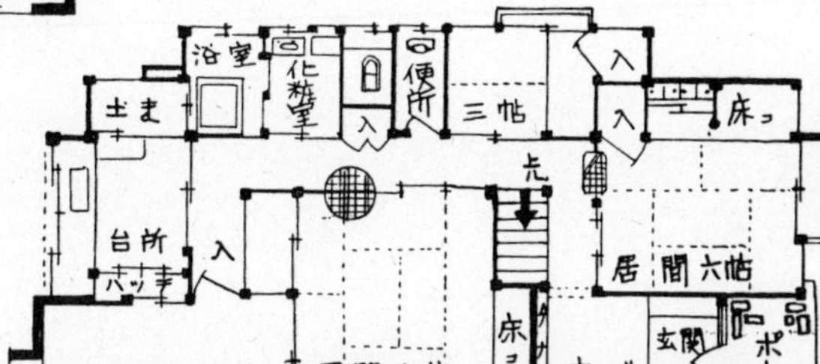


1階平面図

◉方  位◉

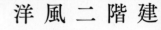

# 洋風二階建

# 321號《ごう》

| 各坪数と売値 | | |
|---|---|---|
| 敷地 | | 187.23坪 |
| 建物 | 地階物置 | 4.00坪 |
| | 一階 | 28.25坪 |
| | 二階 | 8.75坪 |
| | テレス | 2.75坪 |
| | バルコニー | 1.00坪 |
| | 物置 | 1.50坪 |
| 売値 | （土地、建物、附帯工事共） | 10,800$\underline{^{00}}$圓 |
| | 内入金 | 2,160$\underline{^{00}}$圓 |
| | 十ヶ年月賦金 | 108$\underline{^{35}}$圓 |
| | 十五ヶ年月賦金 | 85$\underline{^{89}}$圓 |

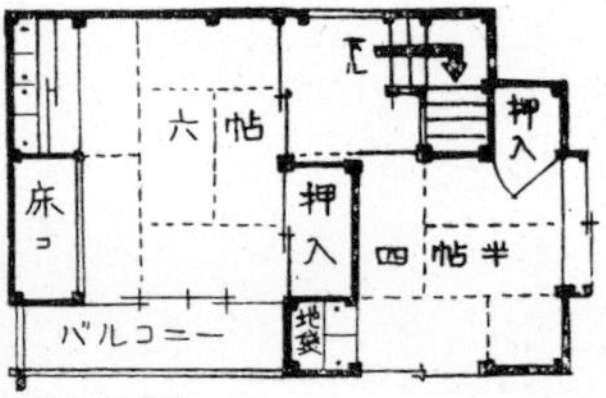

2階平面図

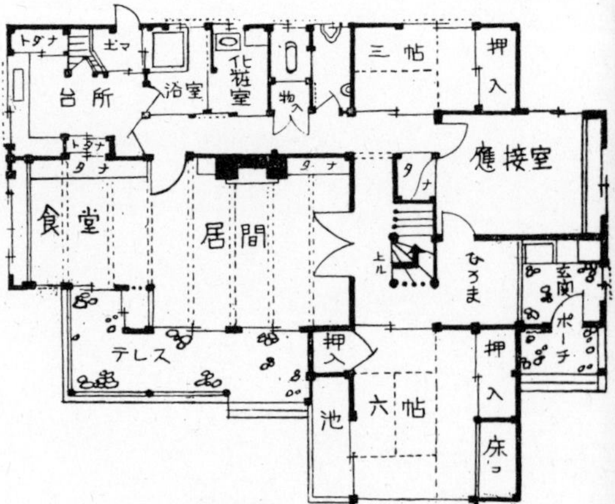

1階平面図

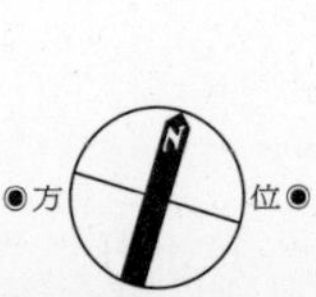

# 洋風平屋建

# 343號《ごう》

| 各坪数と売値 | | |
|---|---|---|
| 敷地 | | 243.19坪 |
| 建物 | | 33.875坪 |
| | テレス | 4.625坪 |
| | 物置 | 1.50坪 |
| 売値 | (土地、建物、附帯工事共) | 10,200$^{00}$圓 |
| | 内入金 | 2,040$^{00}$圓 |
| | 残金 | 8,160$^{00}$圓 |
| | 十ヶ年月賦金 | 102$^{33}$圓 |
| | 十五ヶ年月賦金 | 81$^{12}$圓 |

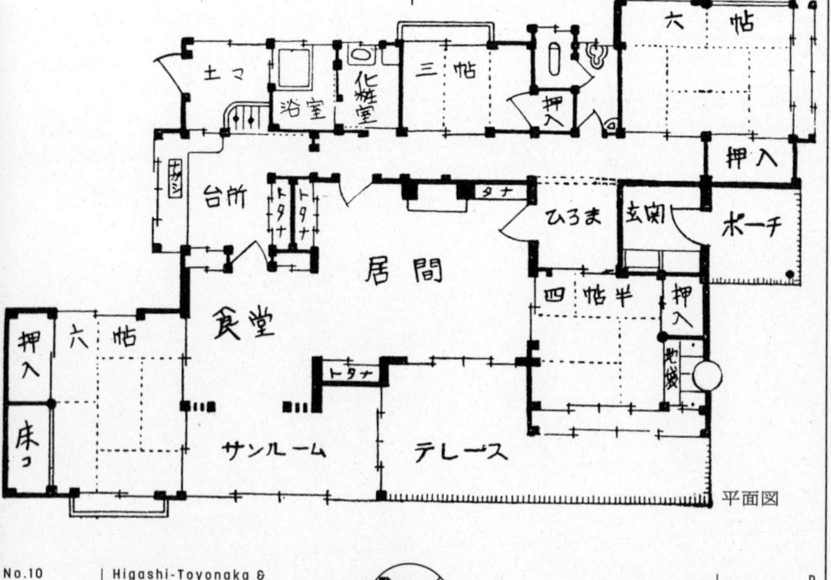


平面図

◉方  位◉

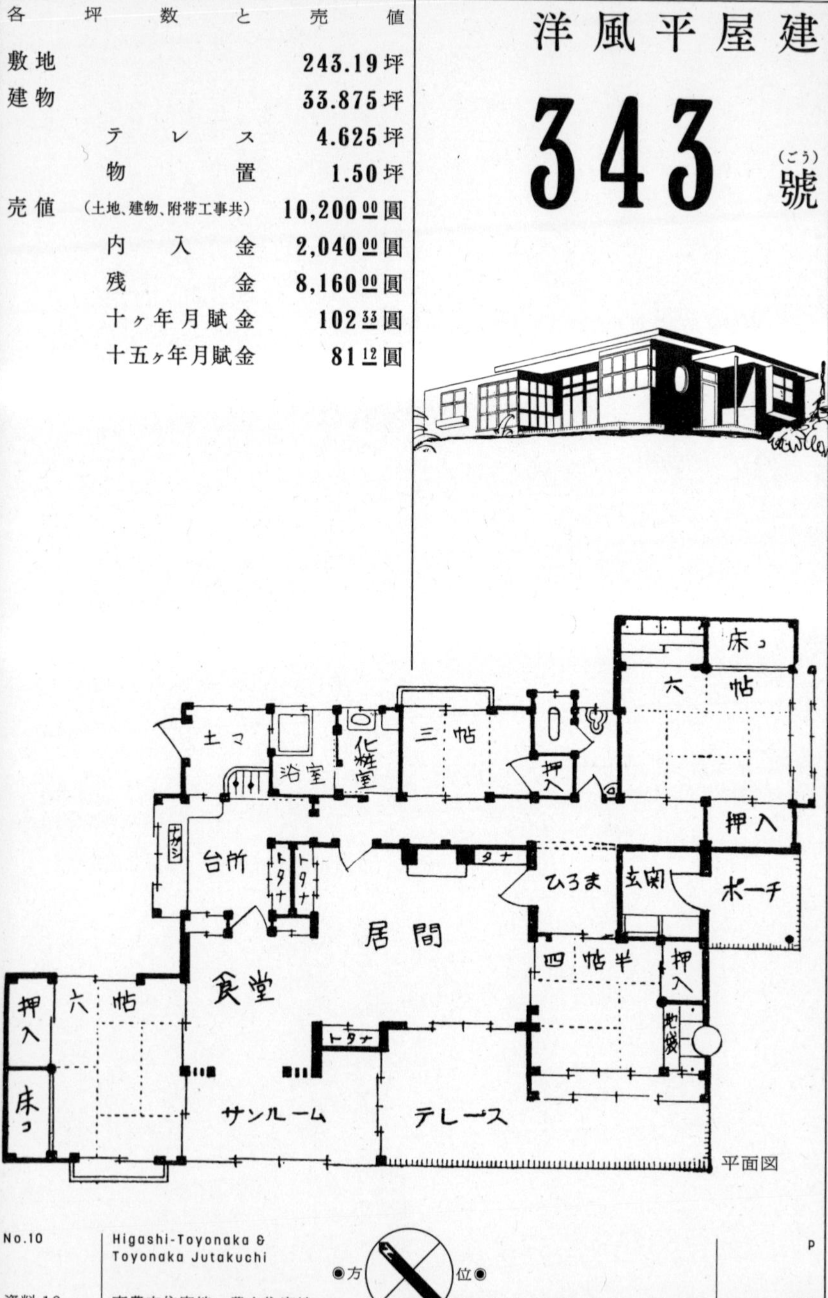

# 洋風二階建

# 344號《ごう》

| 各坪数と売値 | | | |
|---|---|---|---|
| 敷地 | | | 247.11坪 |
| 建物 | 一 | 階 | 27.875坪 |
| | 二 | 階 | 9.00坪 |
| | テレス | | 3.50坪 |
| | 物置 | | 1.50坪 |
| 売値 | (土地、建物、附帯工事共) | | 10,400$^{00}$圓 |
| | 内入金 | | 2,080$^{00}$圓 |
| | 残金 | | 8,320$^{00}$圓 |
| | 十ヶ年月賦金 | | 104$^{34}$圓 |
| | 十五ヶ年月賦金 | | 82$^{70}$圓 |

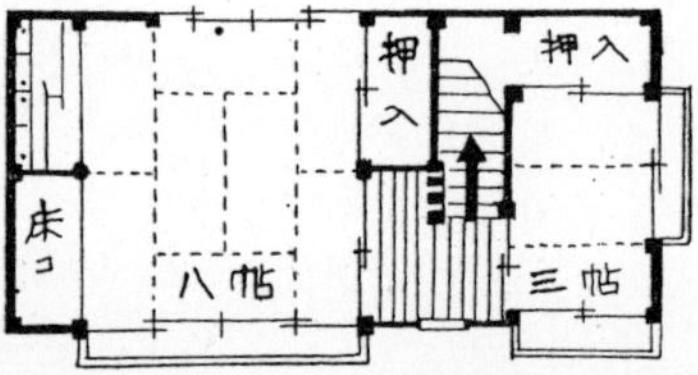


2階平面図

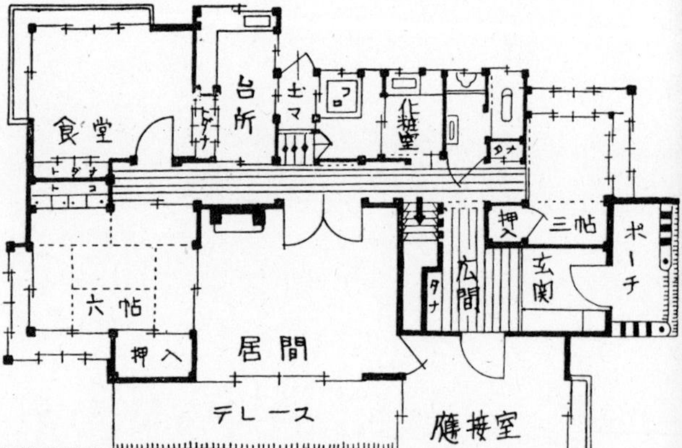


1階平面図

◉方  位◉

# 洋風二階建

# 347 號《ごう》

| 各坪数と売値 | | |
|---|---|---|
| 敷地 | | 272.64坪 |
| 建物 | 一階 | 27.41坪 |
| | 二階 | 11.75坪 |
| | テレス | 1.75坪 |
| | 物置 | 1.50坪 |
| 売値 | （土地、建物、附帯工事共） | 11,300$^{00}$圓 |
| | 内入金 | 2,260$^{00}$圓 |
| | 残金 | 9,040$^{00}$圓 |
| | 十ヶ年月賦金 | 113$^{37}$圓 |
| | 十五ヶ年月賦金 | 89$^{86}$圓 |

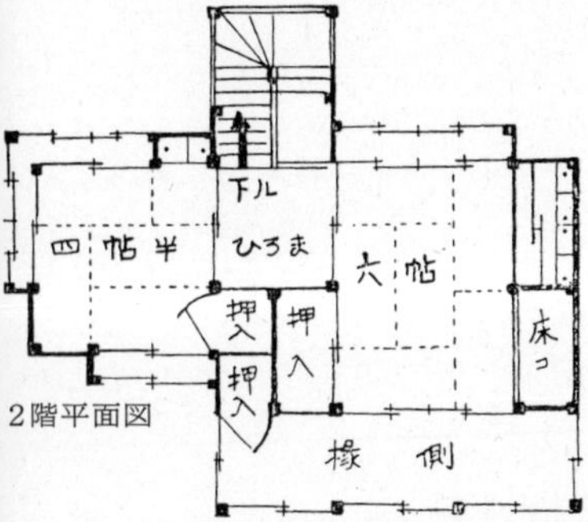

2階平面図

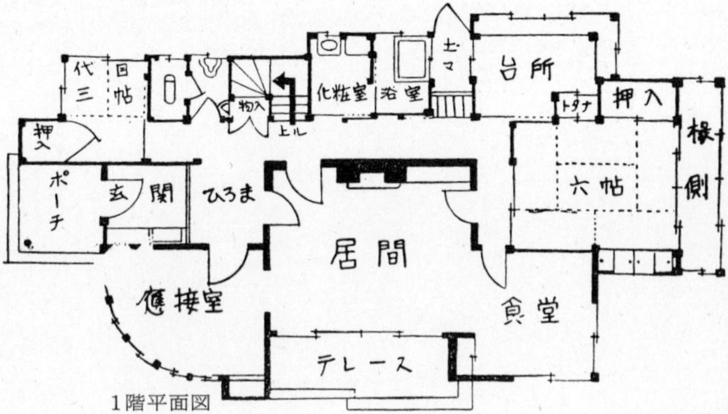

1階平面図

# 和洋折衷二階建

# 348號《ごう》

| 各坪数と売値 | | |
|---|---|---|
| 敷地 | | 285.03坪 |
| 建物 | 一階 | 29.25坪 |
| | 二階 | 10.25坪 |
| | テレス | 5.75坪 |
| | 物置 | 1.50坪 |
| 売値 | (土地、建物、附帯工事共) | 11,500$^{00}$圓 |
| | 内入金 | 2,300$^{00}$圓 |
| | 残金 | 9,200$^{00}$圓 |
| | 十ヶ年月賦金 | 115$^{37}$圓 |
| | 十五ヶ年月賦金 | 91$^{45}$圓 |

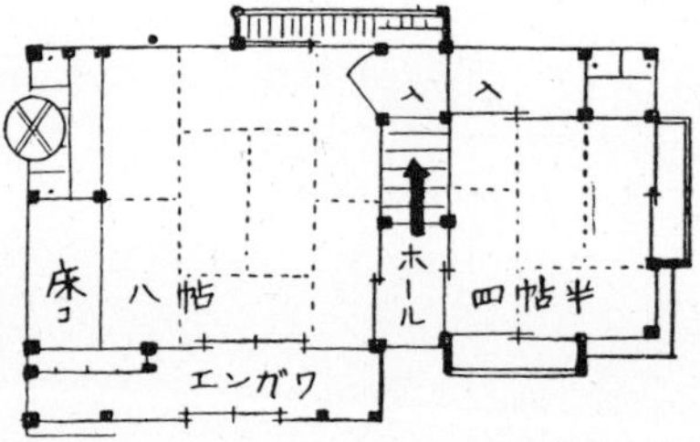

2階平面図

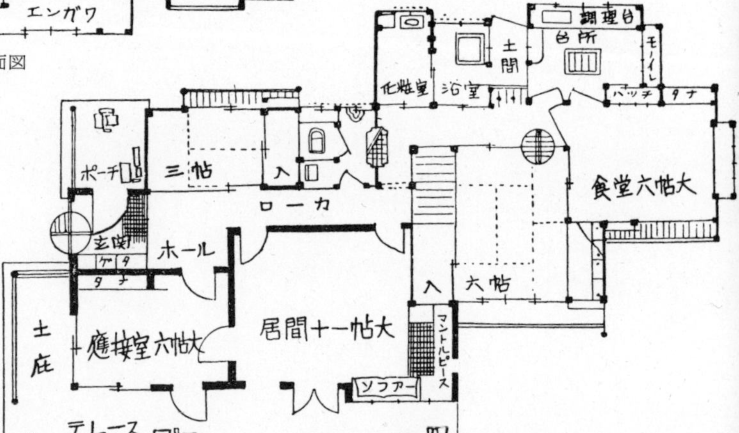

1階平面図

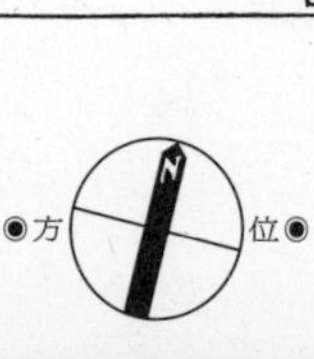

| 各坪数と売値 | | |
|---|---|---|
| 敷地 | | 267.56坪 |
| 建物 | | 34.50坪 |
| | 物置 | 1.50坪 |
| 売値 | (土地、建物、附帯工事共) | 10,300.00圓 |
| | 内入金 | 2,060.00圓 |
| | 残金 | 8,240.00圓 |
| | 十ヶ年月賦金 | 103.33圓 |
| | 十五ヶ年月賦金 | 81.91圓 |

# 和風平屋建

# 355號《ごう》

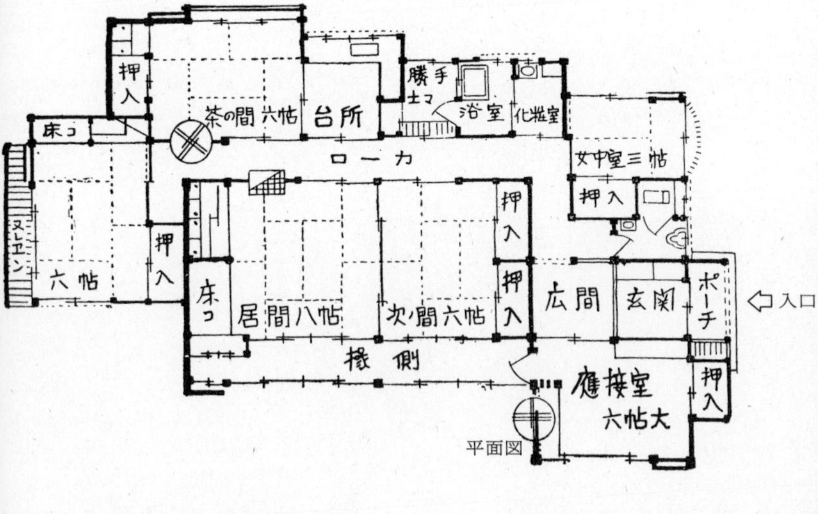

押入
床コ
茶の間六帖
台所
勝手
土マ
浴室
化粧室
ローカ
女中室三帖
押入
ヌレエン
六帖
押入
床コ
居間八帖
次ノ間六帖
押入
押入
広間
玄関
ポーチ
入口
椽側
應接室
六帖大
押入

平面図

# 洋風二階建

# 356 號《ごう》

| 各坪数と売値 | | |
|---|---|---|
| 敷地 | | 239.29坪 |
| 建物 | | 24.25坪 |
| | 二階 | 15.00坪 |
| | テレス | 1.00坪 |
| | 物置 | 1.50坪 |
| 売値 | (土地、建物、附帯工事共) | 10,900$^{00}$圓 |
| | 内入金 | 2,180$^{00}$圓 |
| | 残金 | 8,720$^{00}$圓 |
| | 十ヶ年月賦金 | 109$^{35}$圓 |
| | 十五ヶ年月賦金 | 86$^{68}$圓 |

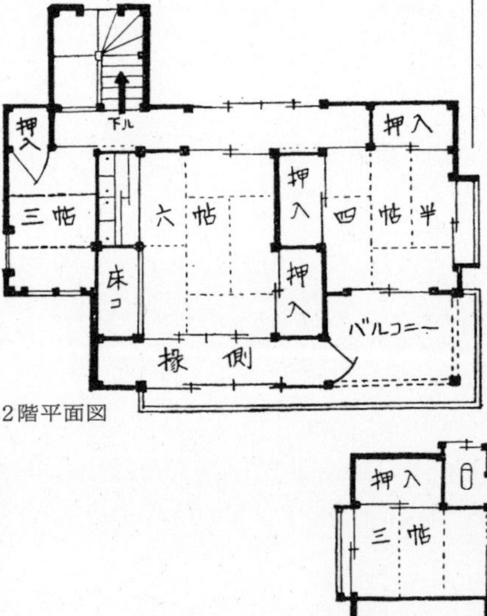


2階平面図

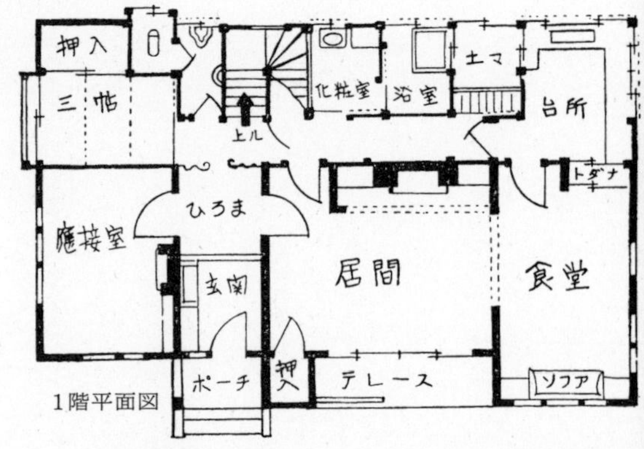

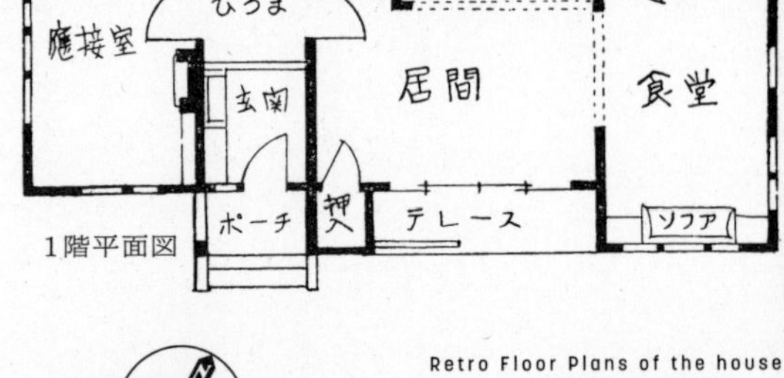


1階平面図

◉方 位◉

# あると落ち着く広縁

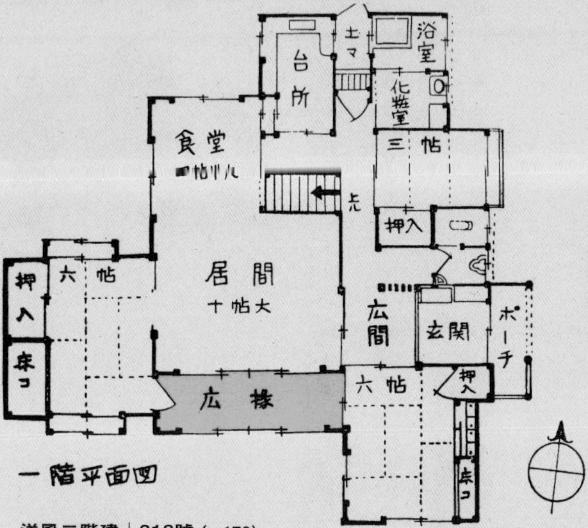


洋風二階建｜318號（p.173）

広縁とは、その名のとおり、幅を広くとった縁側のこと。旅館の個室などの窓際にある空間がこれにあたり、広縁があることで座敷を臨機応変に拡張することができます。また、日差しの強い夏は畳やふすまが日射で傷むのを防ぎ、日差しの角度が緩やかな冬にはやわらかな光や暖かさを部屋の奥まで届ける効果もあります。日本の気候に適した中間領域として、代表的な空間といえるでしょう。なくても困らないけれど、あると落ち着く空間です。（編集部）

阪急
稲野住宅
案内
大阪市北區角田町
阪神急行電鐵
地所課
電話北八〇一〇番

| 各坪数と売値 | | | |
|---|---|---|---|
| 敷地 | | | 110.40坪 |
| 建物 | 一 | 階 | 26.25坪 |
| | 二 | 階 | 9.25坪 |
| | 物 | 置 | 0.75坪 |
| 売値 | | | 7,900$^{\underline{00}}$圓 |
| | 内入金 | | 1,580$^{\underline{00}}$圓 |
| | 残金 | | 6,320$^{\underline{00}}$圓 |
| | 十ヶ年月賦金 | | 79$^{\underline{26}}$圓 |
| | 十五ヶ年月賦金 | | 62$^{\underline{83}}$圓 |

# 和風二階建 018號《ごう》

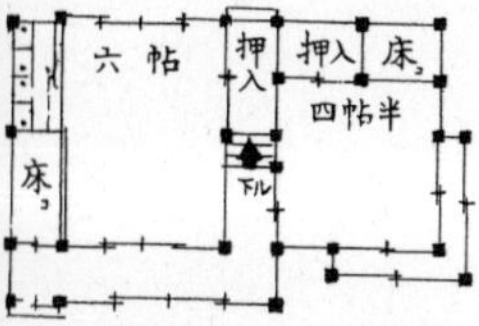

2階平面図

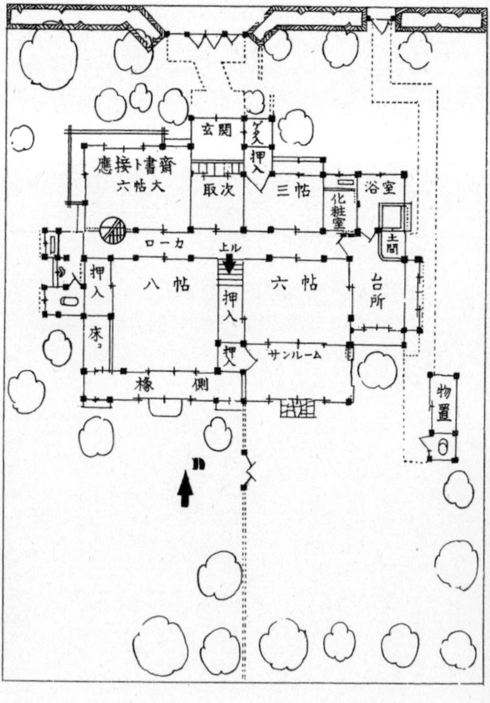

1階平面図

# 和風二階建

# 026 號《ごう》

| 各坪数と売値 | | |
| --- | --- | --- |
| 敷地 | | 132.00坪 |
| 建物 | 一階 | 24.00坪 |
| | 二階 | 9.75坪 |
| | 物置 | 0.75坪 |
| 売値 | | 8,400$^{\underline{00}}$圓 |
| | 内入金 | 1,680$^{\underline{00}}$圓 |
| | 残金 | 6,720$^{\underline{00}}$圓 |
| | 十ヶ年月賦金 | 84$^{\underline{27}}$圓 |
| | 十五ヶ年月賦金 | 66$^{\underline{80}}$圓 |

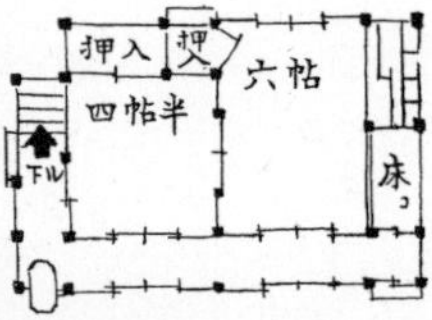


2階平面図

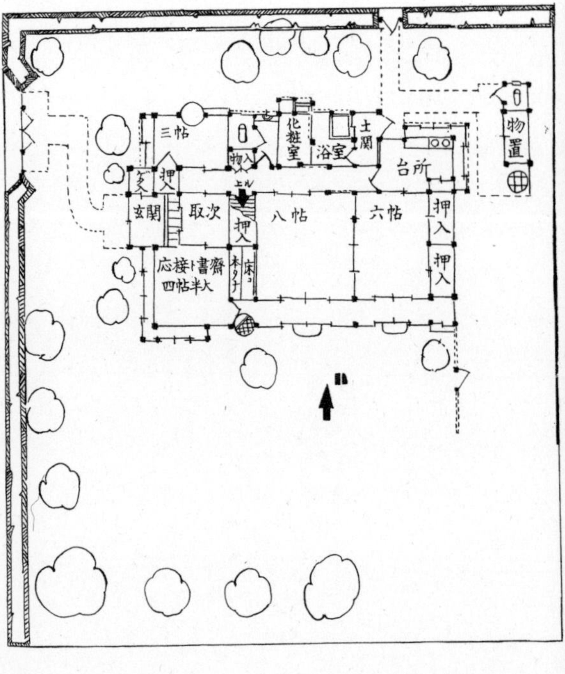


1階平面図

# 和風二階建

# 036 號《ごう》

| 各坪数と売値 | | |
|---|---|---|
| 敷地 | | 110.00坪 |
| 建物 | 一階 | 25.50坪 |
| | 二階 | 9.00坪 |
| | 物置 | 0.75坪 |
| 売値 | | 7,900$^{00}$圓 |
| | 内入金 | 1,580$^{00}$圓 |
| | 残金 | 6,320$^{00}$圓 |
| | 十ヶ年月賦金 | 79$^{26}$圓 |
| | 十五ヶ年月賦金 | 62$^{83}$圓 |

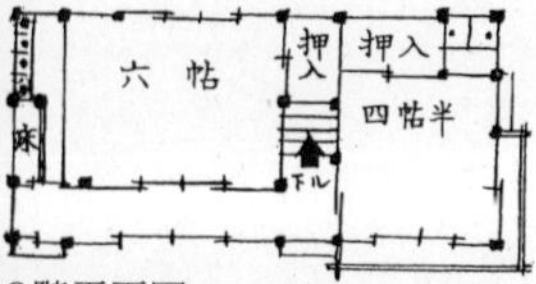

2階平面図

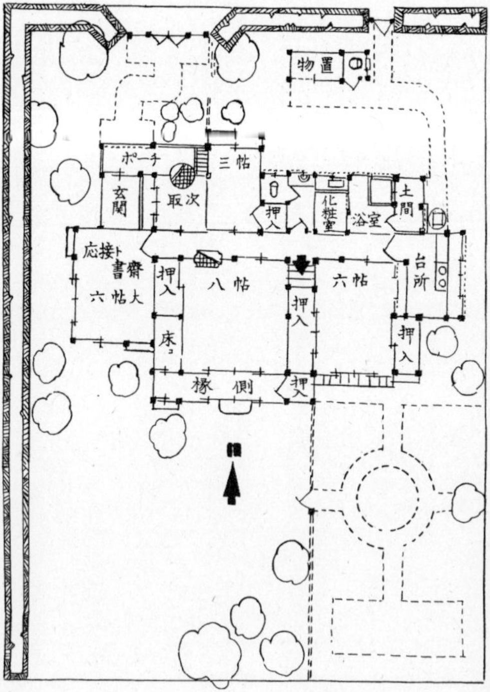

1階平面図

# 洋風二階建 044號（ごう）

| 各坪数と売値 | | |
|---|---|---|
| 敷地 | | 110.00坪 |
| 建物 | 一階 | 31.50坪 |
| | 二階 | 6.00坪 |
| | 物置 | 0.75坪 |
| 売値 | | 7,900$^{00}$圓 |
| | 内入金 | 1,580$^{00}$圓 |
| | 残金 | 6,320$^{00}$圓 |
| | 十ヶ年月賦金 | 79$^{26}$圓 |
| | 十五ヶ年月賦金 | 62$^{83}$圓 |

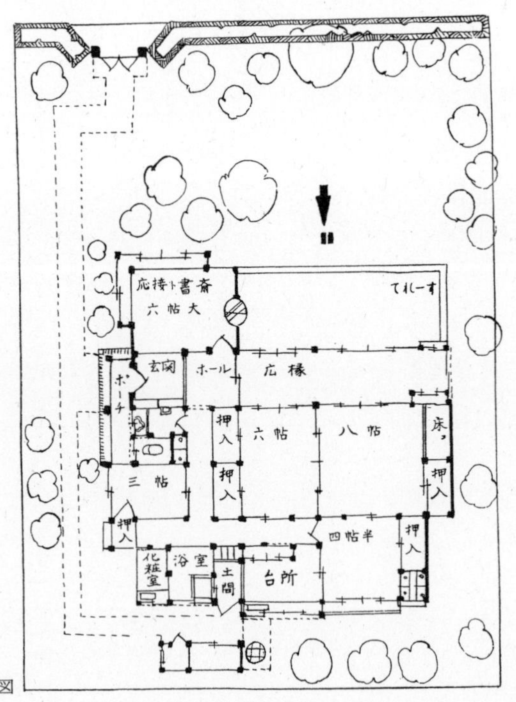

平面図

| 各坪数と売値 | | |
|---|---|---|
| 敷地 | | 110.00坪 |
| 建物 | 一階 | 25.25坪 |
| | 二階 | 9.00坪 |
| | 物置 | 0.75坪 |
| 売値 | | 8,100$^{00}$圓 |
| | 内入金 | 1,620$^{00}$圓 |
| | 残金 | 6,480$^{00}$圓 |
| | 十ヶ年月賦金 | 81$^{26}$圓 |
| | 十五ヶ年月賦金 | 64$^{42}$圓 |

# 洋風二階建

# 053號《ごう》

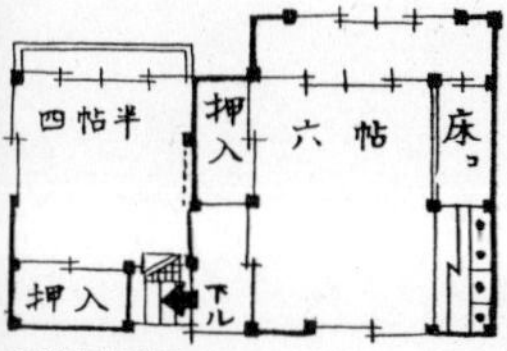

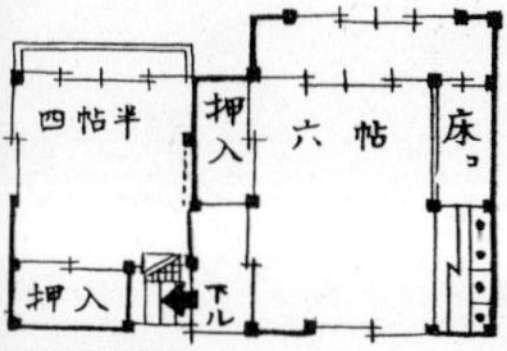

2階平面図

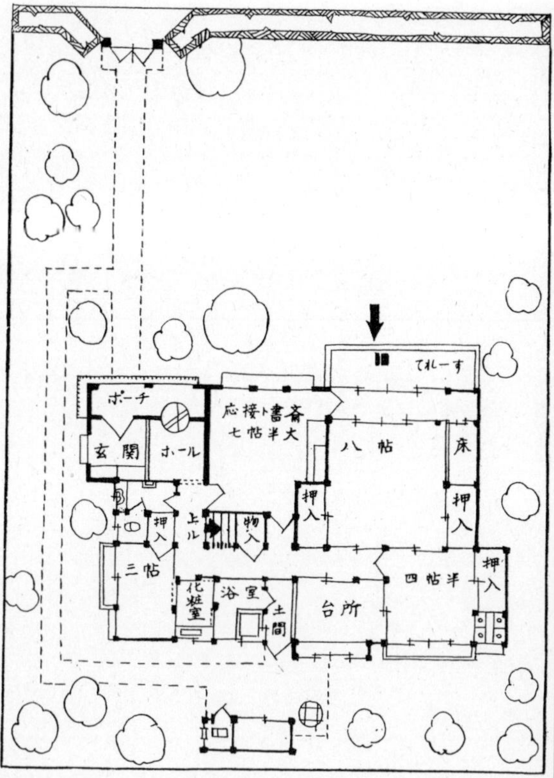

1階平面図

# 和風二階建

# 036號《（ごう）》

| 各 | 坪 | 数と売値 |
|---|---|---|
| 敷地 | | 70.21坪 |
| 建物 | 一階 | 15.50坪 |
| | 二階 | 6.00坪 |
| | 物置 | 0.50坪 |
| 売値 | | 4,800$^{00}$圓 |
| | 内入金 | 960$^{00}$圓 |
| | 残金 | 3,840$^{00}$圓 |
| | 十ヶ年月賦金 | 48$^{16}$圓 |
| | 十五ヶ年月賦金 | 38$^{17}$圓 |

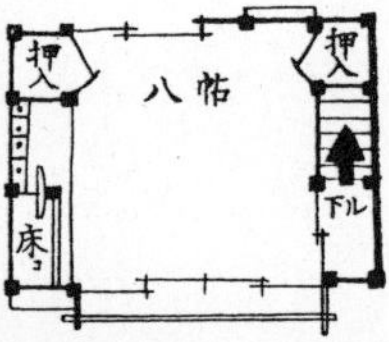


2階平面図

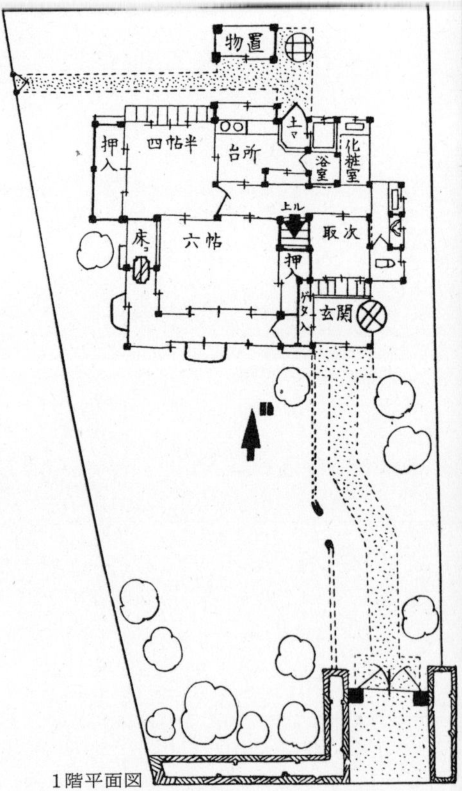


1階平面図

# 洋風二階建

# 037號《ごう》

| 各坪数と売値 | | |
|---|---|---|
| 敷地 | | 52.80坪 |
| 建物 | 一階 | 17.00坪 |
| | 二階 | 6.00坪 |
| | 物置 | 0.50坪 |
| 売値 | | 4,500$^{\underline{00}}$圓 |
| | 内入金 | 900$^{\underline{00}}$圓 |
| | 残金 | 3,600$^{\underline{00}}$圓 |
| | 十ヶ年月賦金 | 45$^{\underline{16}}$圓 |
| | 十五ヶ年月賦金 | 35$^{\underline{79}}$圓 |

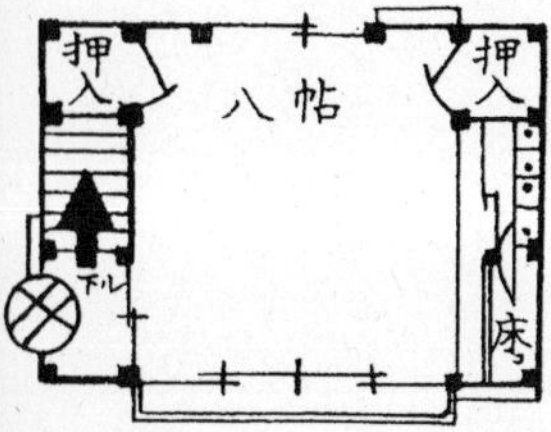

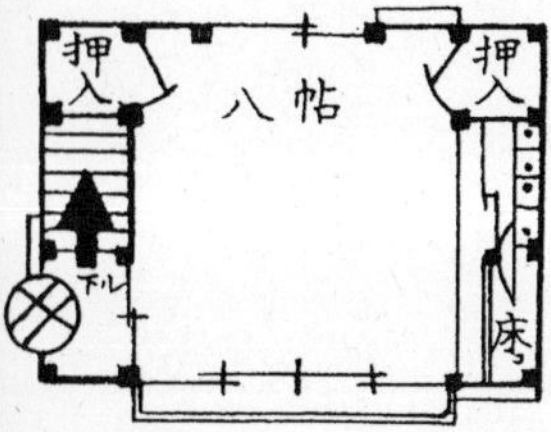

2階平面図

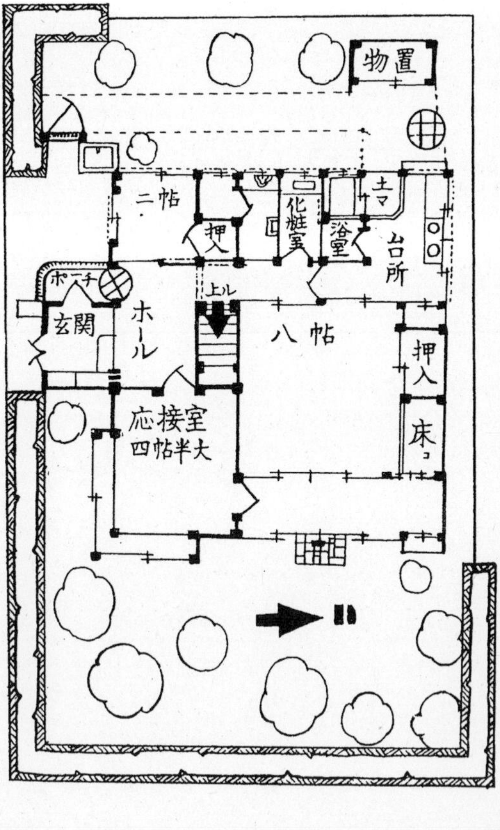


1階平面図

# 洋風二階建

# 060號《ごう》

| 各坪数と売値 | | | |
|---|---|---|---|
| 敷地 | | | 52.80坪 |
| 建物 | 一 | 階 | 16.50坪 |
| | 二 | 階 | 6.00坪 |
| | 物 | 置 | 0.50坪 |
| 売値 | | | 4,500$^{\underline{00}}$圓 |
| | 内入金 | | 900$^{\underline{00}}$圓 |
| | 残金 | | 3,600$^{\underline{00}}$圓 |
| | 十ヶ年月賦金 | | 47$^{\underline{16}}$圓 |
| | 十五ヶ年月賦金 | | 35$^{\underline{78}}$圓 |

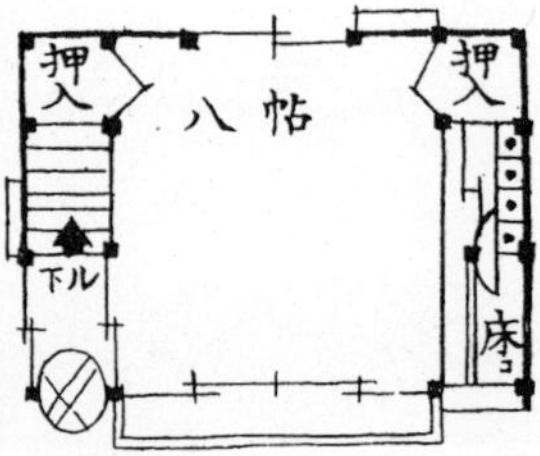

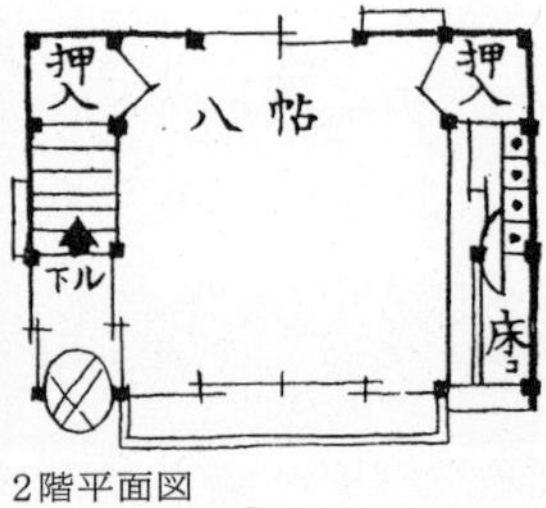

2階平面図

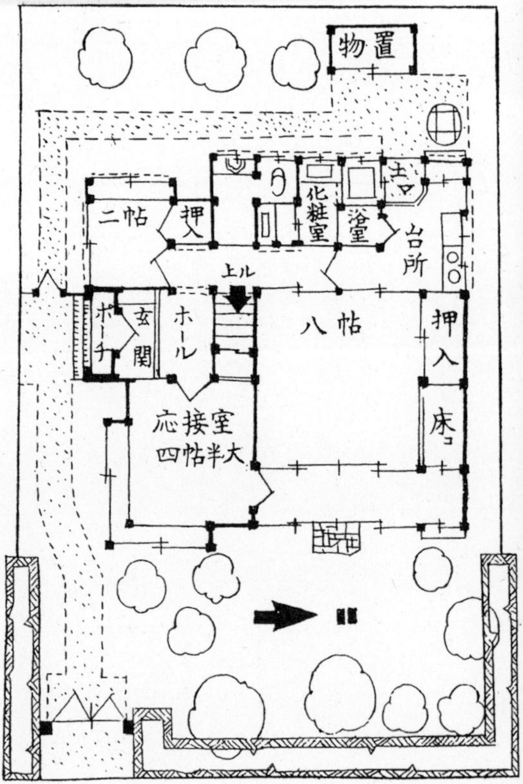

1階平面図

| 各坪数と売値 | | |
|---|---|---|
| 敷地 | | 52.80坪 |
| 建物 | 一階 | 17.00坪 |
| | 二階 | 6.00坪 |
| | 物置 | 0.50坪 |
| 売値 | | 4,700$^{00}$圓 |
| | 内入金 | 940$^{00}$圓 |
| | 残金 | 3,760$^{00}$圓 |
| | 十ヶ年月賦金 | 47$^{16}$圓 |
| | 十五ヶ年月賦金 | 37$^{38}$圓 |

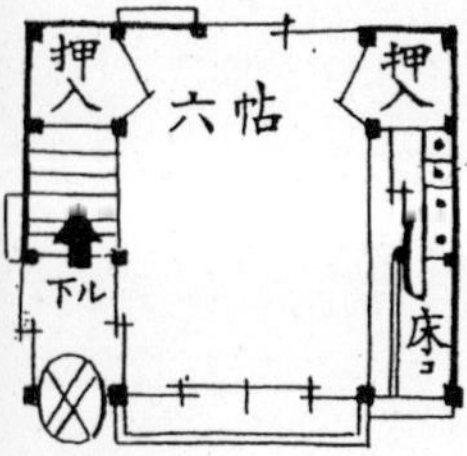

# 洋風二階建

# 061號《ごう》

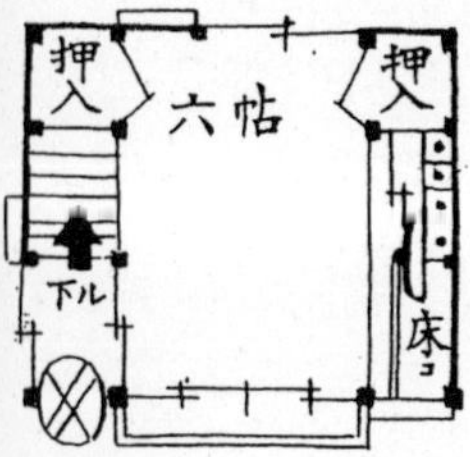


2階平面図

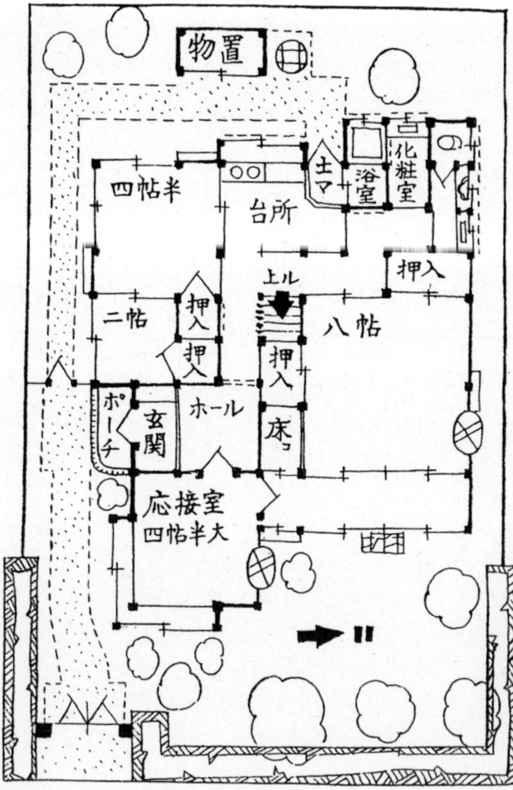


1階平面図

# 香里園

## 改善住宅展覽會

京阪線香里(急行停車)

會期

自昭和六年十月一日

至仝年十月末日

# 出品住宅設計圖案

各　坪　数　と　売　値

| | |
|---|---|
| 敷地 | 57.20坪 |
| 建物 | 32.38坪 |
| 売値 | 5,000$^{00}$圓 |

※但し水道工事、電気設備、浴槽、台所設備、庭園工事門塀工事一切を含む

設計者　竹井工務店
（京阪沿線香里園）

# 和風二階建

# 369號《ごう》

2階平面図

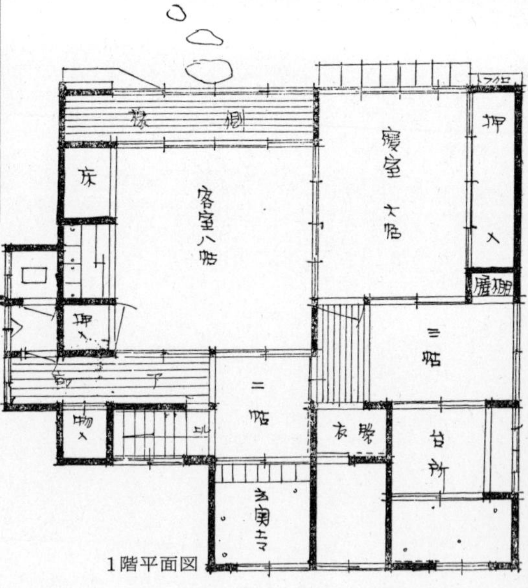


1階平面図

| 各坪数と売値 | |
|---|---|
| 敷地 | 72.28坪 |
| 建物 | 25.92坪 |
| 売値 | 3,850.00圓 |

※但し水道工事、電気設備、浴槽、台所設備、庭園工事門塀工事一切を含む

設計者　竹井工務店
（京阪沿線香里園）

# 和風平屋建

# 368號《ごう》

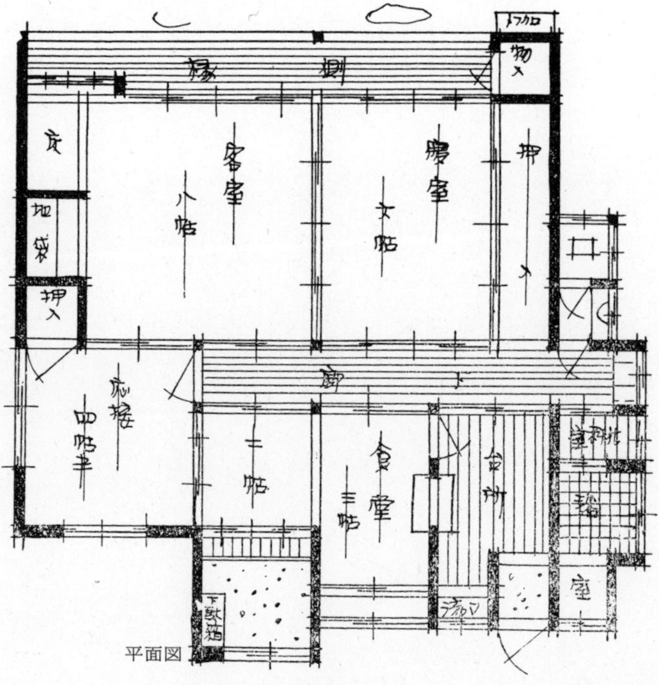


平面図

方位

Retro Floor Plans of the house from the Showa Era

# 和風平屋建

# 364 號《ごう》

| 各坪数と売値 | |
|---|---|
| 敷地 | 122.62坪 |
| 建物 | 33.54坪 |
| 売値 | 6,000$^{\underline{00}}$圓 |

※但し水道工事、電気設備、浴槽、台所設備、庭園工事門塀工事一切を含む

設計者　竹井工務店
（京阪沿線香里園）

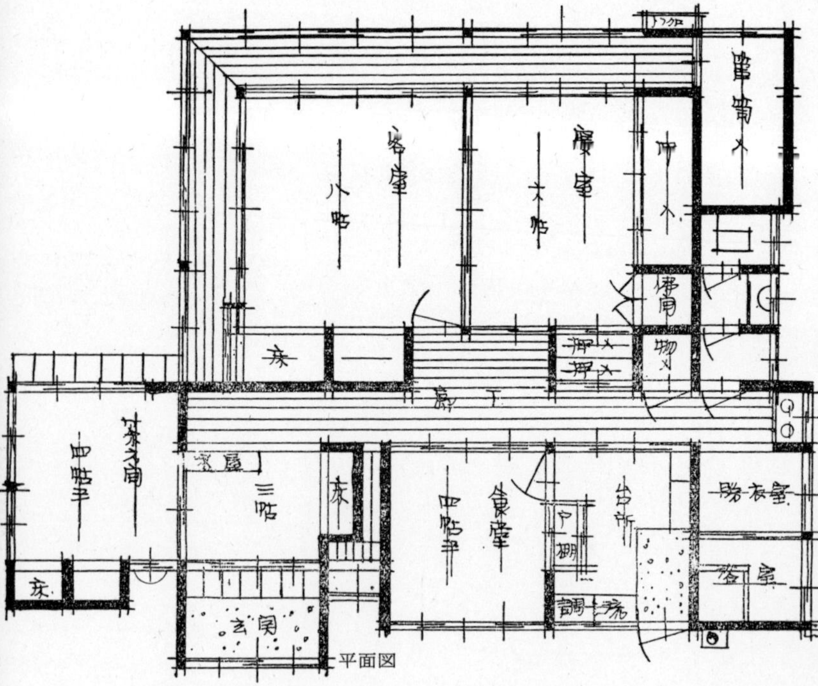


平面図

# 和風二階建

# 364 號《ごう》

各坪数と売値

| | |
|---|---|
| 敷地 | 82.16坪 |
| 建物 | 28.25坪 |
| 物置 | 0.345坪 |
| 売値 | 4,500$^{\underline{00}}$圓 |

※但し水道工事、電気設備、浴槽、台所設備、
庭園工事門塀工事一切を含む

設計者　竹井工務店
（大阪市北区堂島 堂島ビルディング）

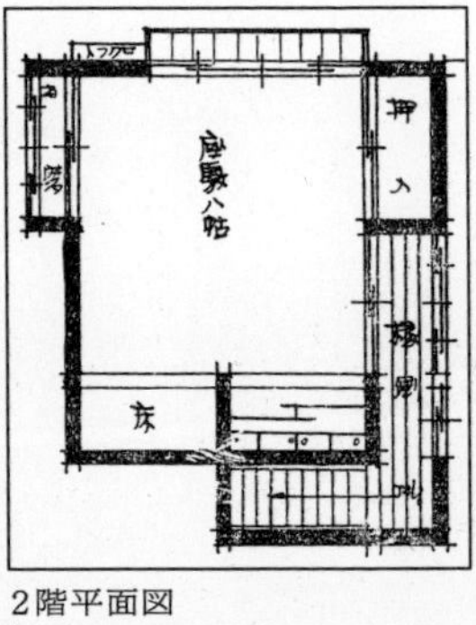

2階平面図

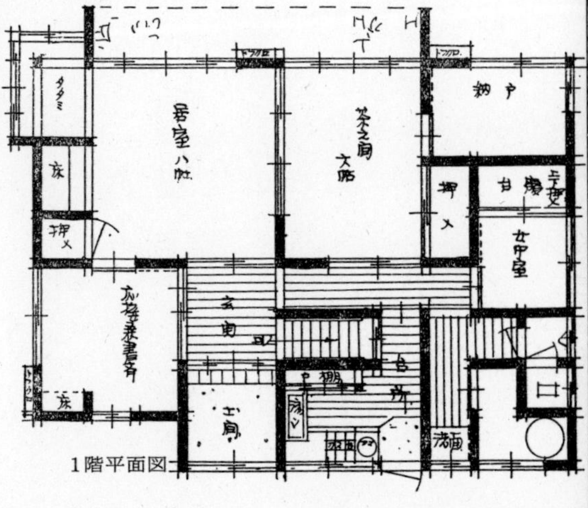

1階平面図

各坪数と売値

| | |
|---|---|
| 敷地 | 79.59坪 |
| 建物 | 39.08坪 |
| 売値 | 6,200<u>00</u>圓 |

※但し水道工事、電気設備、浴槽、台所設備、庭園工事門塀工事一切を含む

設計者　前田組
（大阪府下寝屋川村字木田）

# 和風二階建

# 363號《ごう》

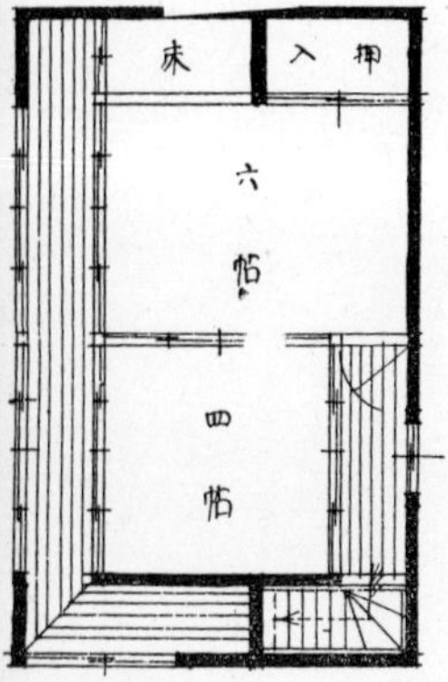


2階平面図

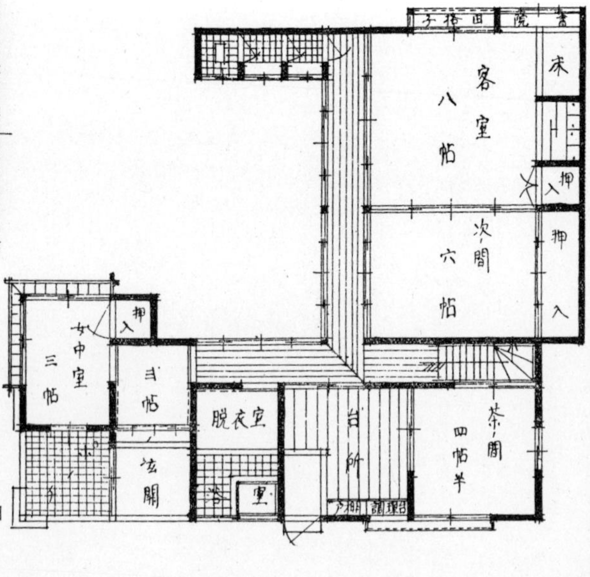


1階平面図

| 各坪数と売値 | |
|---|---|
| 敷地 | 75.01坪 |
| 建物 | 32.75坪 |
| 売値 | 5,38900圓 |

※但し水道工事、電気設備、浴槽、台所設備、庭園工事門塀工事一切を含む

設計者　清水組
（大阪市西区土佐堀二丁目）

# 和風二階建 378號《ごう》

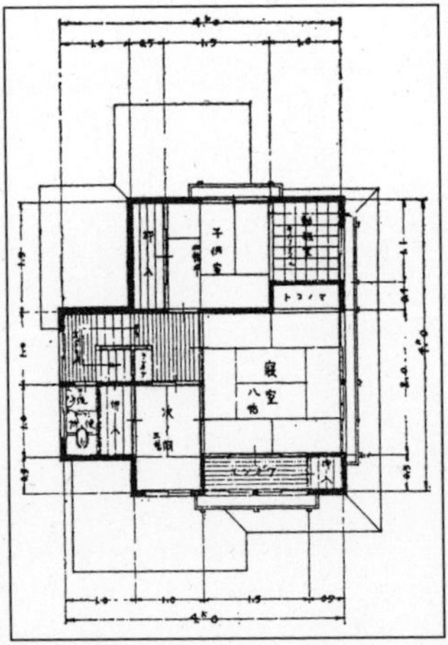


2階平面図

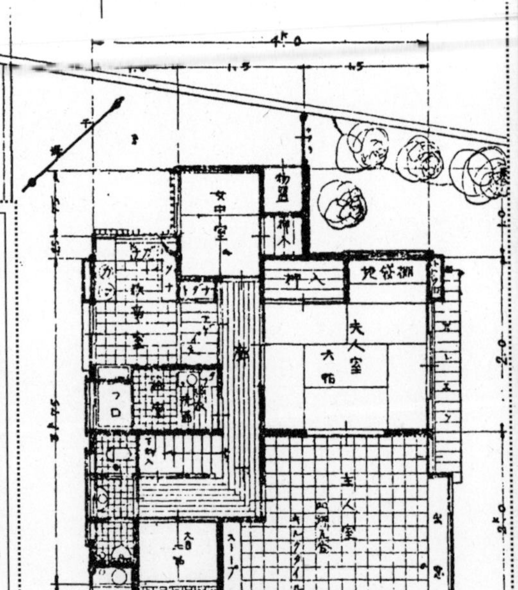


1階平面図

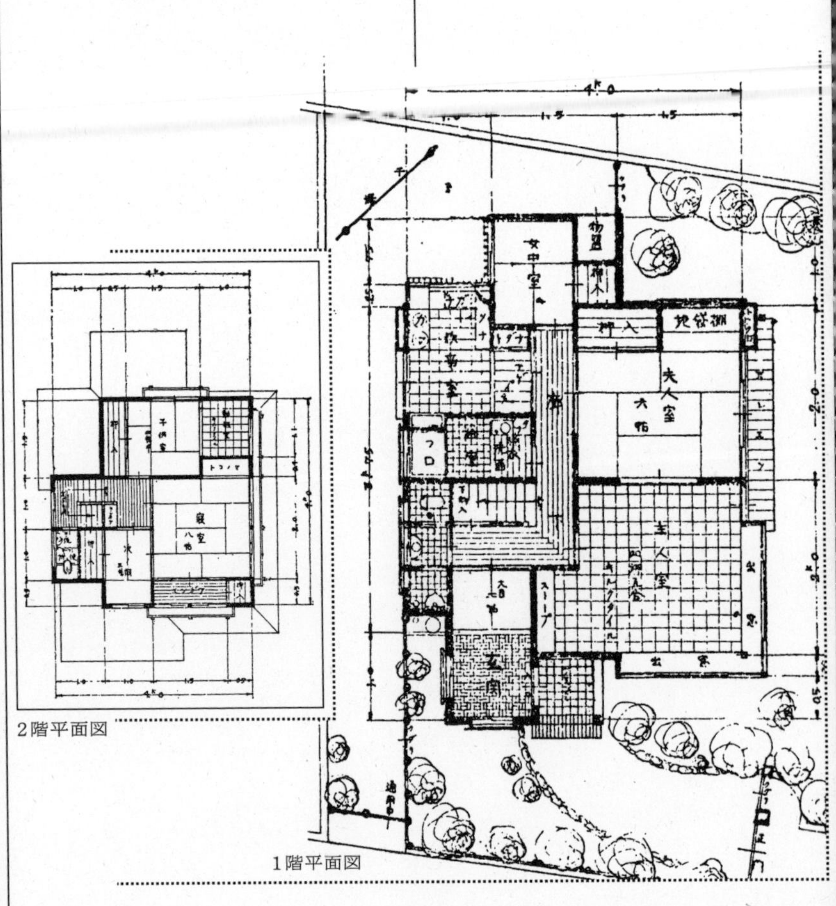

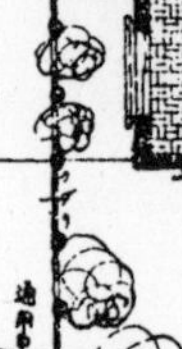

# 和風平屋建 377號《ごう》

| 各坪数と売値 | |
|---|---|
| 敷地 | 77.31坪 |
| 建物 | 30.62坪 |
| 売値 | 4,850.00圓 |

※但し水道工事、電気設備、浴槽、台所設備、庭園工事門塀工事一切を含む

設計者　朝永建築工務店
（大阪市東区空堀通一ノ八六）

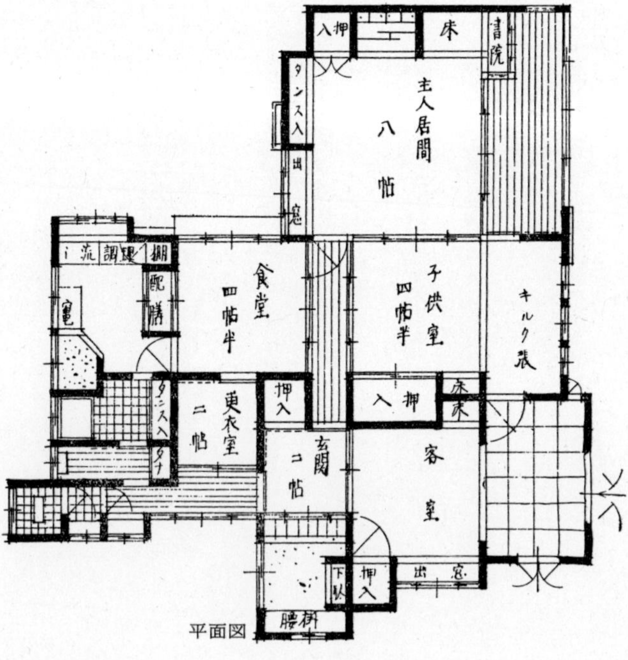


平面図

# 和風平屋建

# 380號《ごう》

| 各坪数と売値 | |
|---|---|
| 敷地 | 82.97坪 |
| 建物 | 22.21坪 |
| 売値 | 4,500.00圓 |

※但し水道工事、電気設備、浴槽、台所設備、庭園工事門塀工事一切を含む

設計者　大林組
（大阪市東区京橋三丁目）

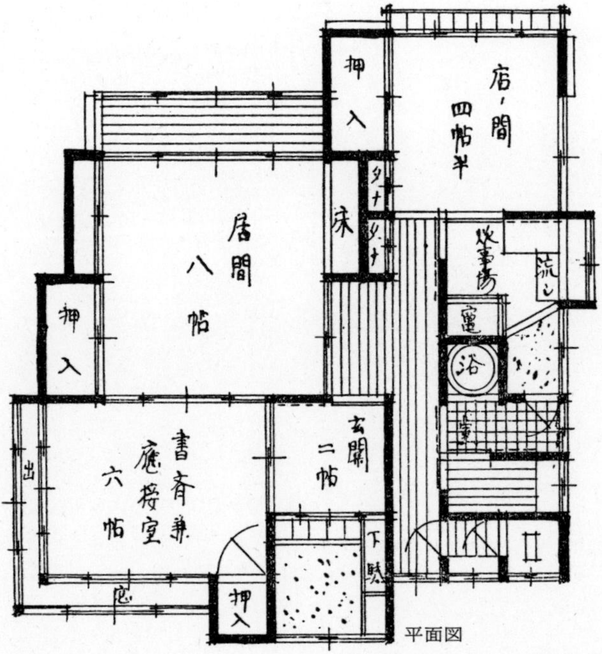


平面図

| 各坪数と売値 | |
|---|---|
| 敷地 | 68.30坪 |
| 建物 | 26.45坪 |
| 売値 | 3,600.00圓 |

※但し水道工事、電気設備、浴槽、台所設備、庭園工事門塀工事一切を含む

設計者　納谷富蔵
（大阪府下吹田町西吹田）

# 和風平屋建

# 381號《ごう》

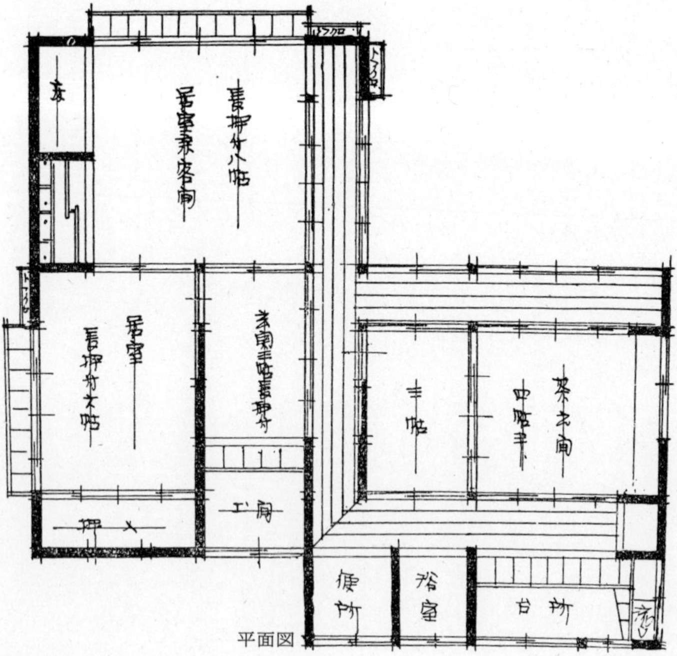


平面図

| 各坪数と売値 | |
|---|---|
| 敷地 | 82.33坪 |
| 建物 | 30.50坪 |
| 売値 | 4,200<u>00</u>圓 |

※但し水道工事、電気設備、浴槽、台所設備、
庭園工事門塀工事一切を含む

設計者　大沼組
（大阪府下高槻町）

# 和風二階建

# 372號《(ごう)》

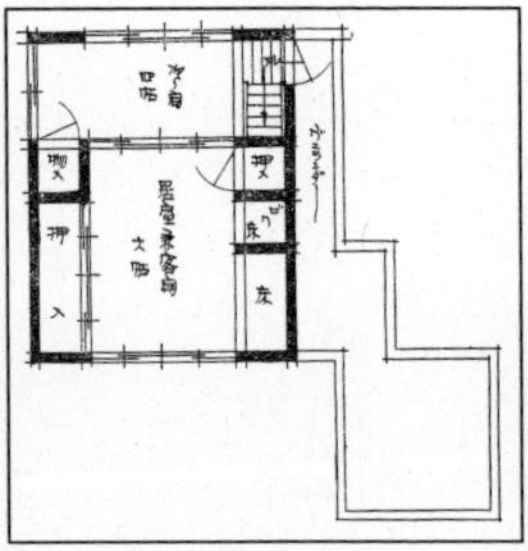


2階平面図（京間）

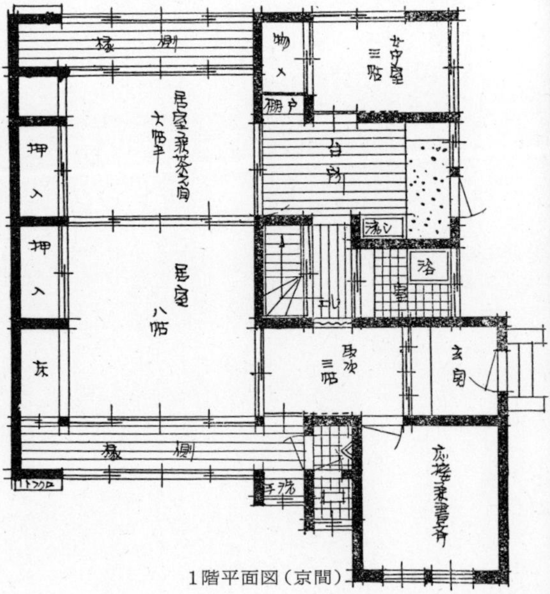


1階平面図（京間）

| 各坪数と売値 | |
|---|---|
| 敷地 | 68.76坪 |
| 建物 | 26.00坪 |
| 売値 | 3,670.00圓 |

※但し水道工事、電気設備、浴槽、台所設備、
庭園工事門塀工事一切を含む

設計者 高橋組
(大阪市北区樋上町一三八)

# 和風平屋建

# 385 號《ごう》

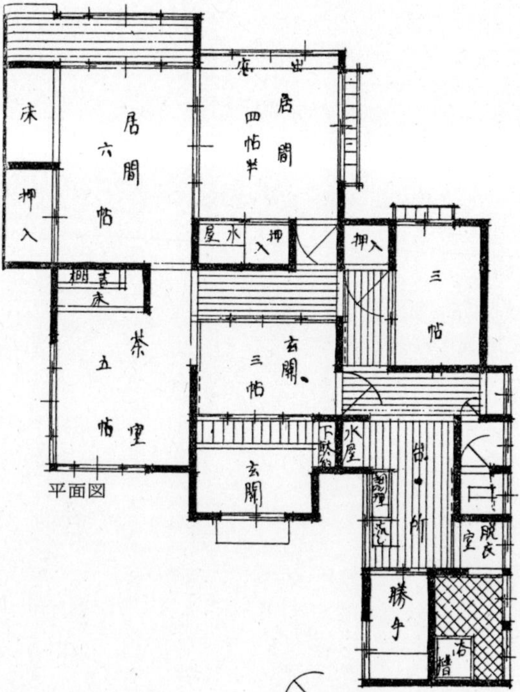


平面図

| 各坪数と売値 | |
|---|---|
| 敷地 | 68.07坪 |
| 建物 | 27.86坪 |
| 売値 | 3,400.00圓 |

※但し水道工事、電気設備、浴槽、台所設備、庭園工事門塀工事一切を含む

設計者　仲道猪三郎

# 和風二階建

# 386號《ごう》

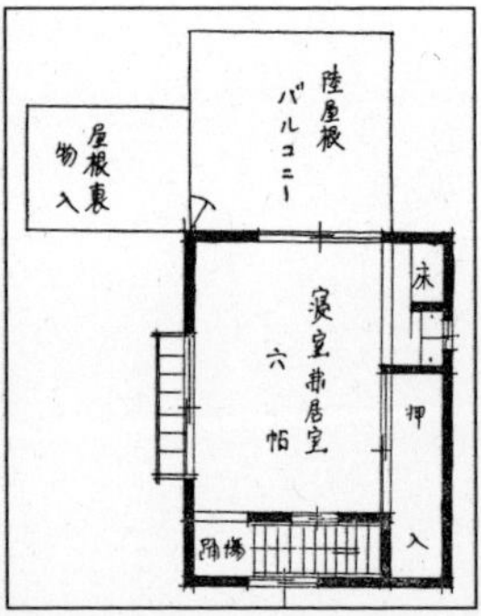


2階平面図

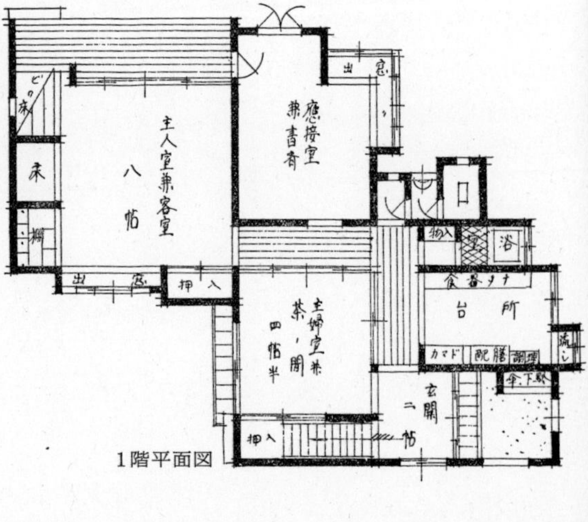


1階平面図

| 各坪数と売値 | |
|---|---|
| 敷地 | 67.72坪 |
| 建物 | 37.16坪 |
| 売値 | 4,500$^{00}$圓 |

※但し水道工事、電気設備、浴槽、台所設備、
庭園工事門塀工事一切を含む

設計者　井倉五左衛門
（大阪市住吉区阿部野橋六ノ二八）

# 和風二階建

# 387號《ごう》

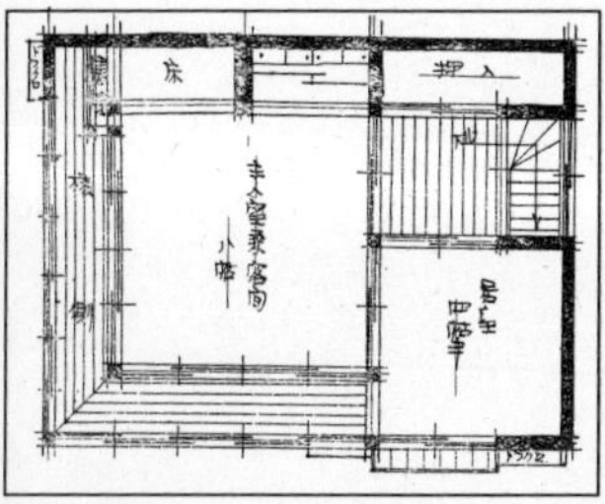


2階平面図

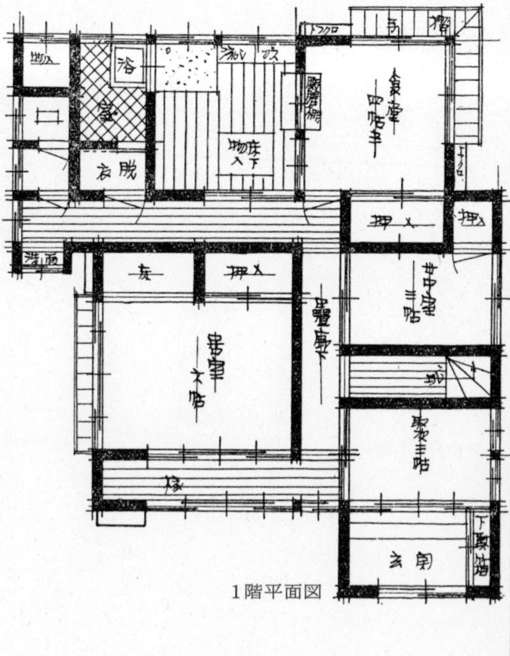


1階平面図

各坪数と売値

敷地 65.45坪

建物 20.54坪

売値 3,919$^{\underline{20}}$圓

※但し水道工事、電気設備、浴槽、台所設備、
庭園工事門塀工事一切を含む

設計者 あめりか屋
（大阪市西区土佐堀）

# 和風平屋建

# 397號《ごう》

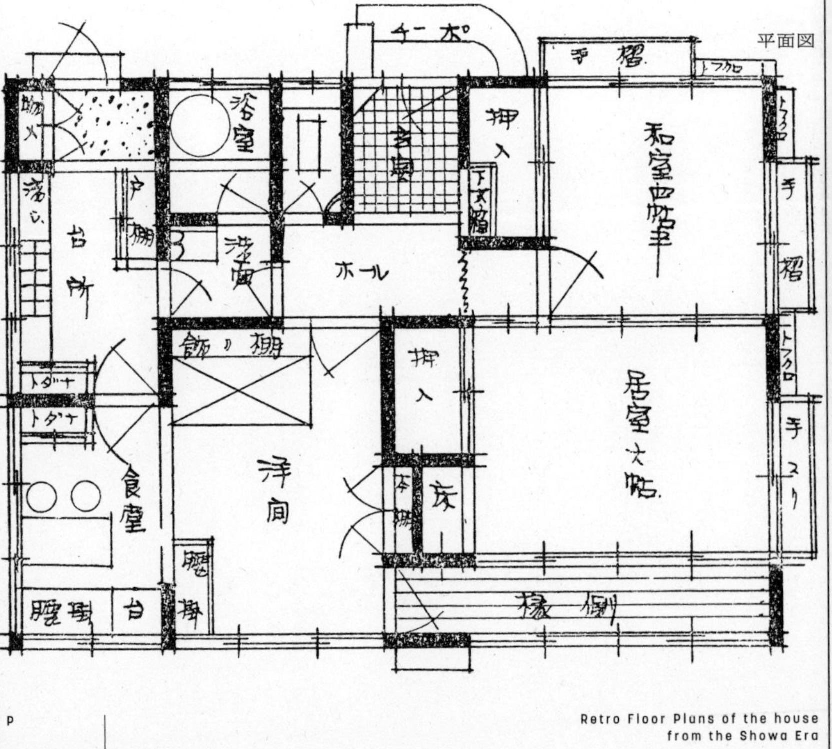


平面図

| 各坪数と売値 | |
|---|---|
| 敷地 | 68.76坪 |
| 建物 | 27.75坪 |
| 物置 | 0.75坪 |
| 売値 | 4,095⁰⁰圓 |

※但し水道工事、電気設備、浴槽、台所設備、
庭園工事門塀工事一切を含む

設計者　有山組
（大阪市東淀川区十三町二ノ九七）

# 和風二階建

# 390 號《ごう》

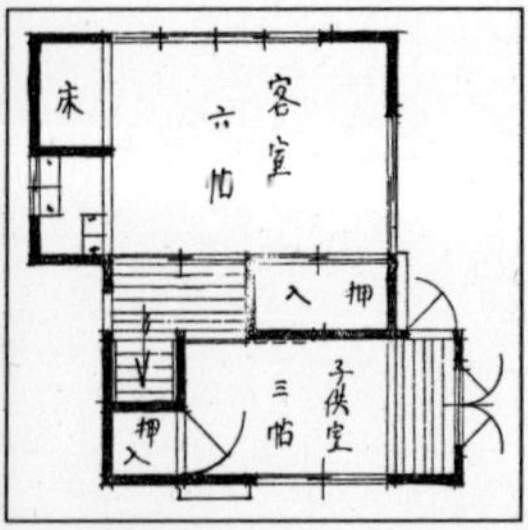


2階平面図

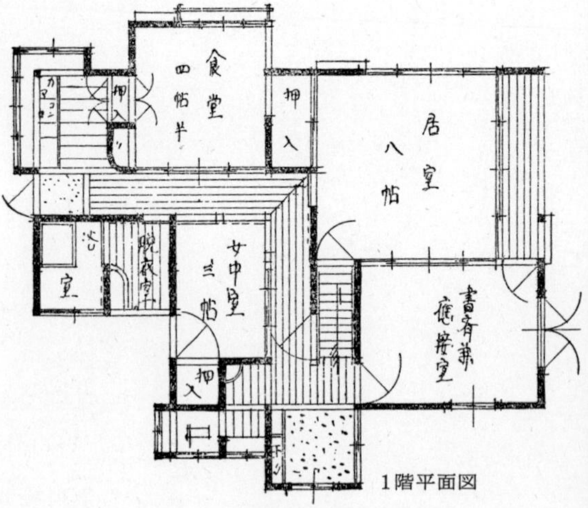


1階平面図

各坪数と売値

| | |
|---|---|
| 敷地 | 68.05坪 |
| 建物 | 22.29坪 |
| 売値 | 4,500$^{00}$圓 |

※但し水道工事、電気設備、浴槽、台所設備、庭園工事門塀工事一切を含む

設計者　大林組
（大阪市東区京橋三丁目）

# 和風平屋建

# 391號《ごう》

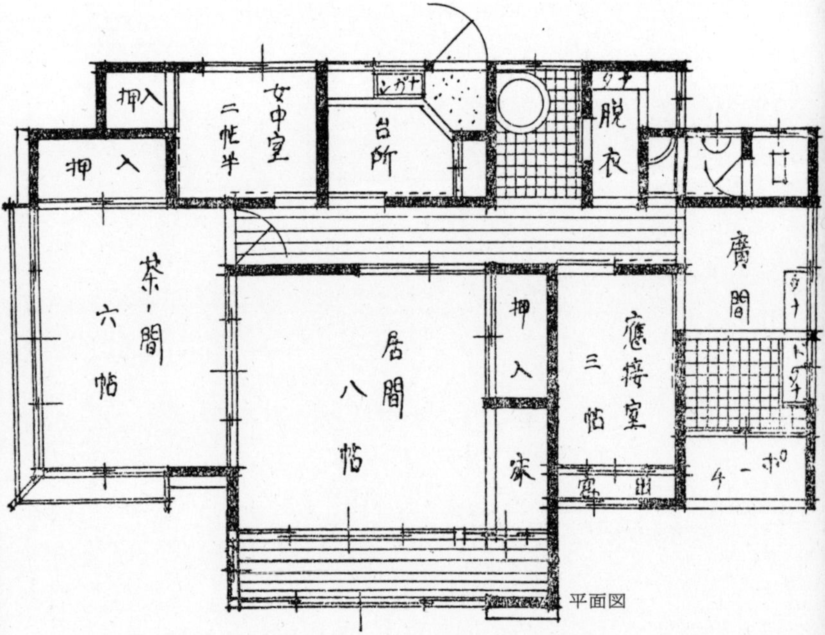


平面図

# 和風平屋建

# 392 號《ごう》

| 各坪数と売値 | |
|---|---|
| 敷地 | 78.93坪 |
| 建物 | 25.12坪 |
| 売値 | 3,650$^{\underline{00}}$圓 |

※但し水道工事、電気設備、浴槽、台所設備、
庭園工事門塀工事一切を含む

設計者　由上鶴蔵
(大阪府下吹田町二七〇一)

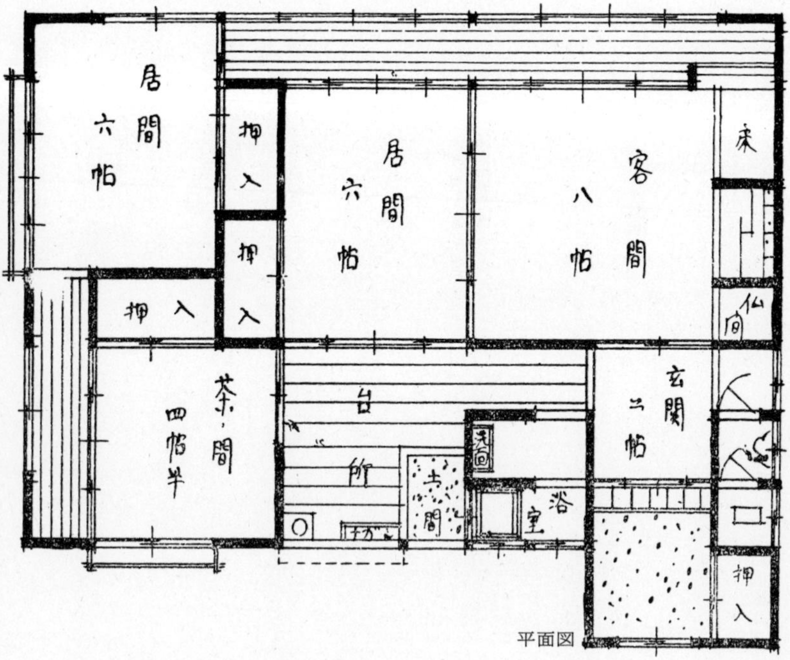


平面図

# 和風平屋建

# 395號《ごう》

各坪数と売値

| | |
|---|---|
| 敷地 | 74.75坪 |
| 建物 | 14.90坪 |
| 売値 | 3,270$^{00}$圓 |

※但し水道工事、電気設備、浴槽、台所設備、
庭園工事門塀工事一切を含む

設計者　中島忠兵衛
（京都市下京区土手町七条下ル）

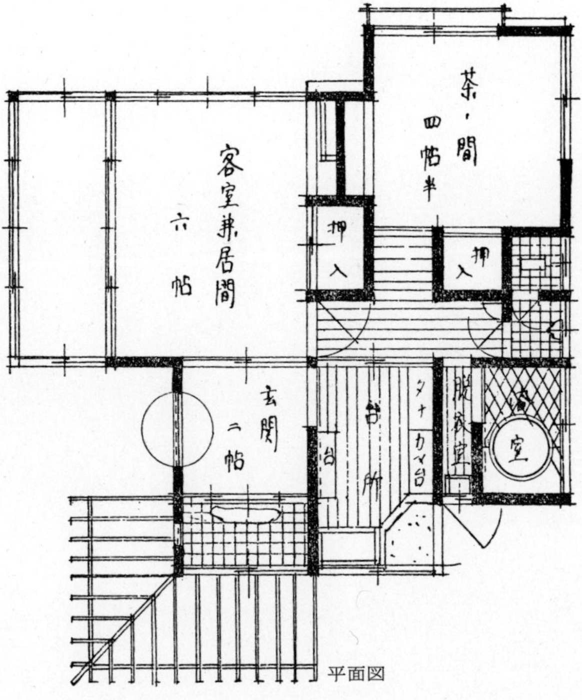


平面図

各　坪　数　と　売　値

| | |
|---|---|
| 敷地 | 80.51坪 |
| 建物 | 28.42坪 |
| 売値 | 4,500.00圓 |

※但し水道工事、電気設備、浴槽、台所設備、
庭園工事門塀工事一切を含む

設計者　前田建築工務店
（大阪市西区立売堀南通四ノ一八）

# 和風二階建

# 393號《ごう》

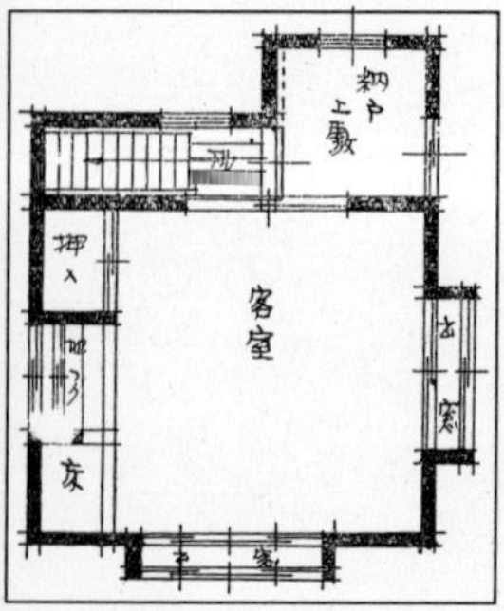


2階平面図

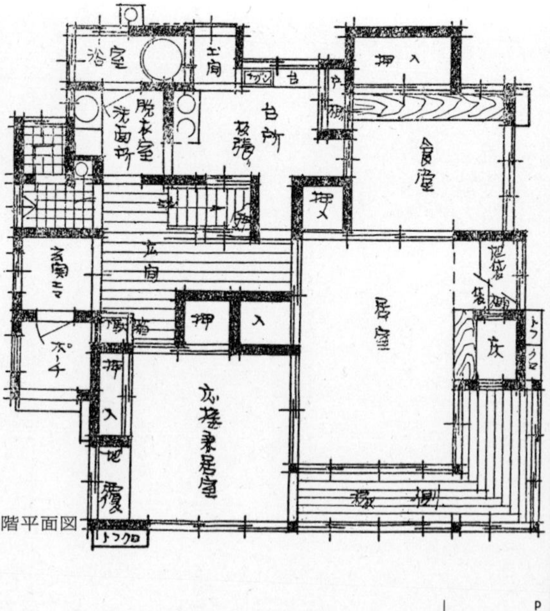


1階平面図

各坪数と売値

| | |
|---|---|
| 敷地 | 86.24坪 |
| 建物 | 25.00坪 |
| 売値 | 4,500.00圓 |

※但し水道工事、電気設備、浴槽、台所設備、庭園工事門塀工事一切を含む

設計者　藤木工務店
（大阪市東区瓦町一ノ九）

# 和風二階建

# 357號《ごう》

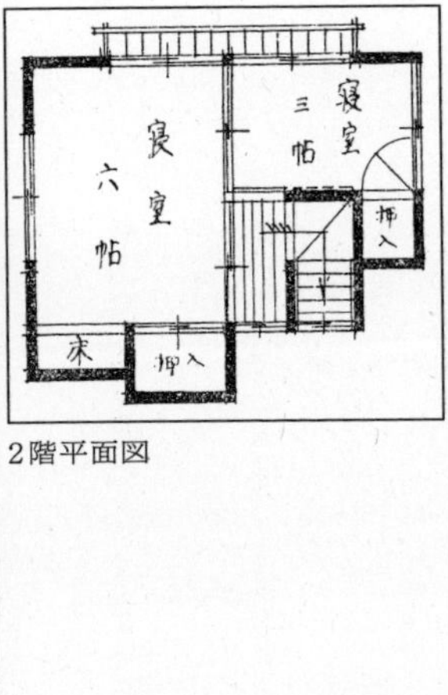


2階平面図

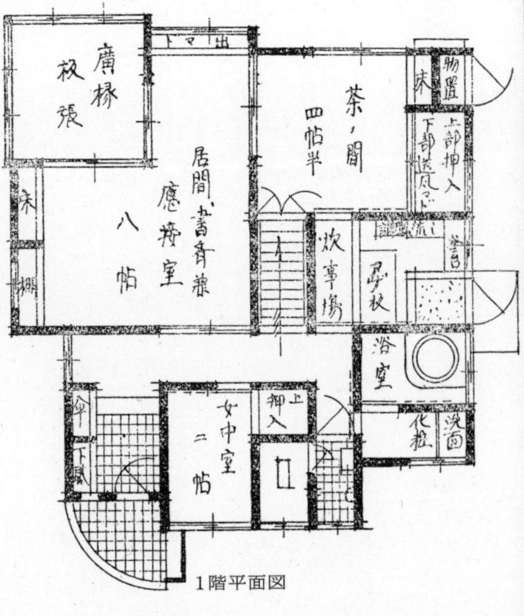


1階平面図

| 各坪数と売値 | |
| --- | --- |
| 敷地 | 81.11坪 |
| 建物 | 26.00坪 |
| 売値 | 4,100.00圓 |

※但し水道工事、電気設備、浴槽、台所設備、庭園工事門塀工事一切を含む

設計者　安達善藏
（大阪府千里山住宅地内）

# 和風平屋建

# 355號《ごう》

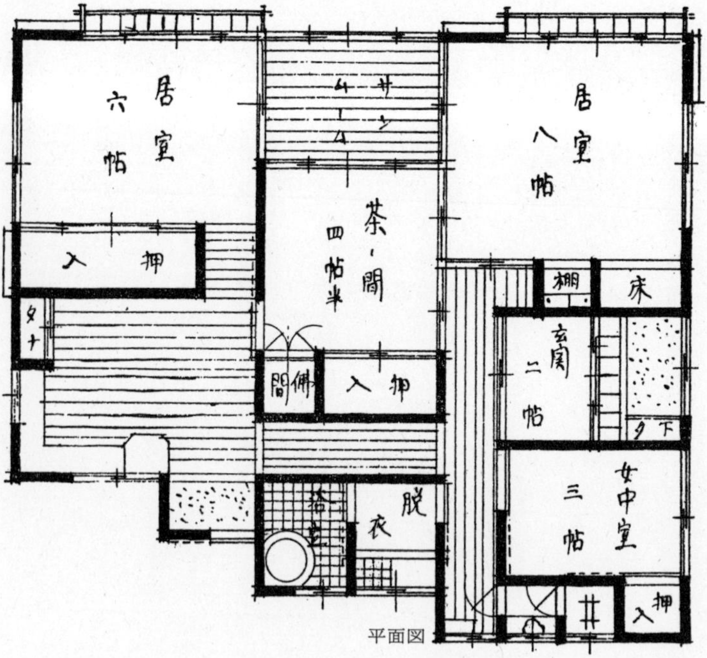


平面図

# 和洋二階建

# 326號《ごう》

| 各坪数と売値 | |
|---|---|
| 敷地 | 61.29坪 |
| 建物 | 30.00坪 |
| 売値 | 4,600.00圓 |

※但し水道工事、電気設備、浴槽、台所設備、
庭園工事門塀工事一切を含む

設計者　今中春吉
（大阪市東成区鴫野町八二五）

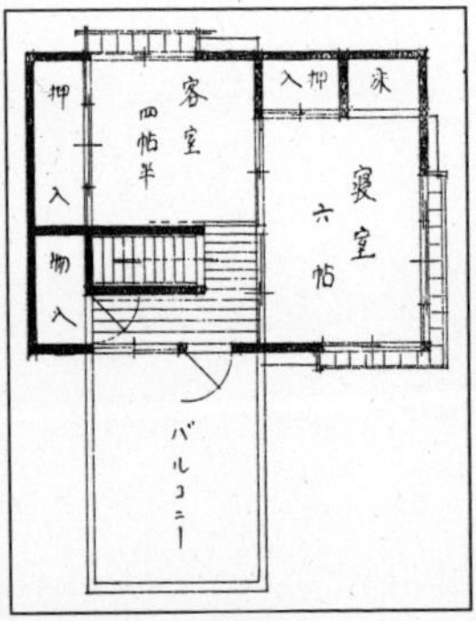


2階平面図（京間）

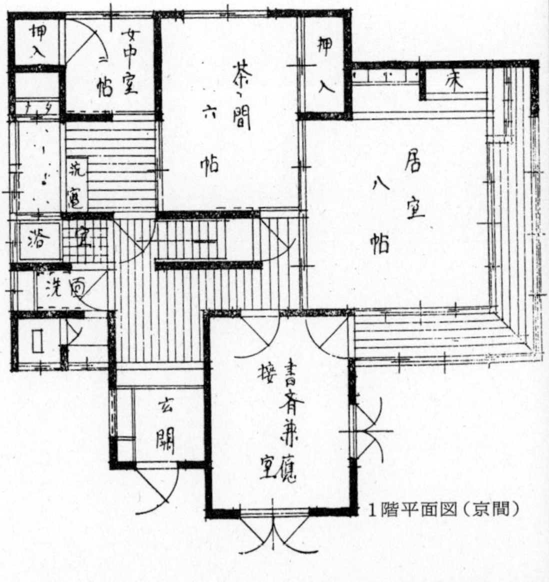


1階平面図（京間）

## Column 03 郊外住宅の多様性

昭和戦前期には、ユニークな住宅を販売する試みもあった。

温泉付きの住宅も分譲された。宝塚の「中洲楽園」は、湯元からひいた天然温泉「中洲温泉」を中心として、平塚嘉右衛門が手がけた貸別荘地であった。昭和4年には「温泉住宅地宝塚中洲荘園」の名で土地分譲も開始、一区画50坪以上、なかには5000坪という宅地もあった。住宅地内には温泉のほか、中洲クラブ、食堂、ダンスホール「宝塚会館」などが併設されていた。土地購入から一年以内に住宅を建設して転居した場合には、家族5名の「中洲温泉定期入浴券一ヵ年分」を贈呈する特典が用意された。

花卉《かき》栽培の農家や畜産業者など、特定の生産者を意識した分譲地もあった。昭和7年、阪急電車が事業化した石橋温室村住宅地では、500坪を単位に温室を付属する住宅が販売された。さらに昭和8年には、養鶏業者を対象とした伊丹養鶏村住宅地の販売も始まる。郊外居住にあわせて、近郊農業や畜産業を育成しようとする電鉄会社のアイデアであった。

いっぽうで海浜のリゾートに近接する郊外住宅地も企画された。たとえば南海電鉄系の南海土地建物が開発した高師浜経営地は、海水浴場に直結した住宅地であることがセールスポイントであった。販売資料を見ると「大阪南郊随一の景勝地」である土地の由緒に加えて、「風光の明媚」「生活の安易」「保健の理想郷」とうたい、海水浴と魚釣りを楽しめることを特色に掲げている。駅前には公会堂が設けられ、毎朝、住宅地内を巡回する魚屋と八百屋から食材を購入することができた。各戸の説明には、「瀟洒なる理想的小住宅」「海を見晴らす本座敷」「堂々たる門構の邸宅」「活きた間取りの二階建て」「お子様、ご老人に住みここち好き別荘」などと記載している。

大正14年に大鐵電車（現在の近畿日本鉄道）が開発した藤井寺経営地は、労働者向けの緑豊かな住宅地を整備しつつ、スポーツ施設と遊園を併設する事業であった。10万８０００坪を確保、街路を整備したのち、昭和2年3月に分譲を実施した。住宅地内に野球場を整備、さらに2万２０００坪を占める「教材園」を開設した。「教材園」では、自然の松林を活かしつつ、水中動植物養殖用池、果樹園、蔬菜園《そさいえん》、樹木見本園、温室、花卉園、動物舎などが配置された。大阪市内の小学生が花々に触れる機会を提供、あわせて球根などの教材を生産する農場を兼ねた特徴的な遊園であった。販売パンフレットでは上下水道・電灯・電話等の「文化的施設」を完備した「一大模範的田園都市」と称している。

Mini Column｜07

# 見たことのない、新しい時代の家

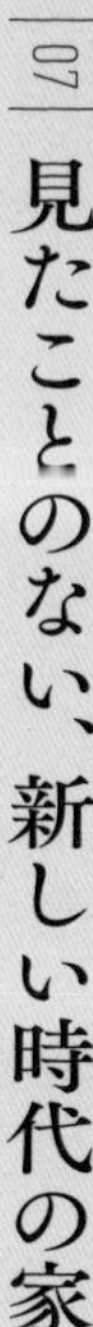

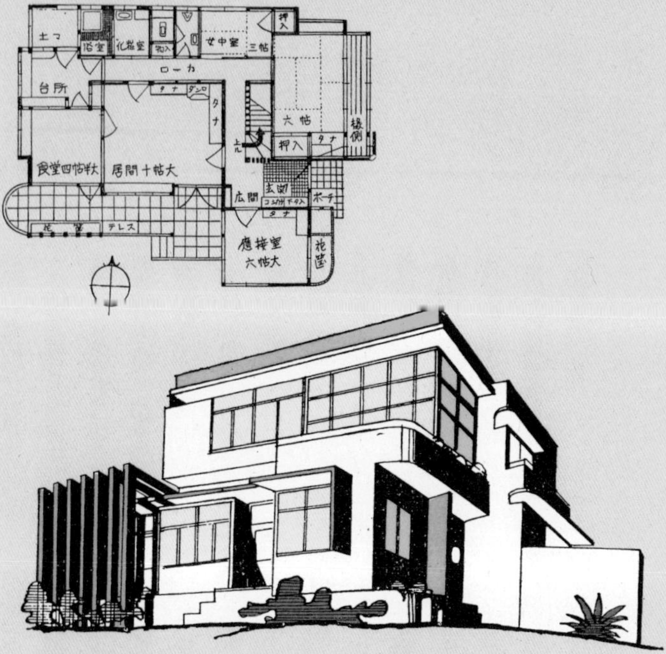


**洋風二階建**｜**317號** (p.172)

本書の間取り図の多くは、大正後期に売り出され、昭和期に実際の生活が営まれていた住宅のものです。ちょうど同じ頃、世界ではアール・デコなどの装飾美術が流行していました。モダニズム建築の巨匠と呼ばれるル・コルビュジエらが活躍したのもまさにこの時代です。これらの潮流は、当時の住宅デザインにも大きな影響を与えました。新しい時代を感じさせる家の姿は、当時の人々の目にさぞ斬新なものとして映ったことでしょう。（編集部）

大阪鐵道藤井寺住宅地案內
大阪阿部野橋
大阪鐵道株式會社
電話天王寺(77)331・332・333

# 和風平屋建

# 001號《（ごう）》

| 各坪数と売値 | | |
|---|---|---|
| 敷地 | | 70.00坪 |
| 建物 | | 15.25坪 |
| 売値 | | 2,937$^{50}$圓 |
| | 土地 | 1,260$^{00}$圓 |
| | 建物 | 1,677$^{50}$圓 |
| | 内金 | 637$^{50}$圓 |
| | 十ヶ年月賦金 | 29$^{71}$圓 |

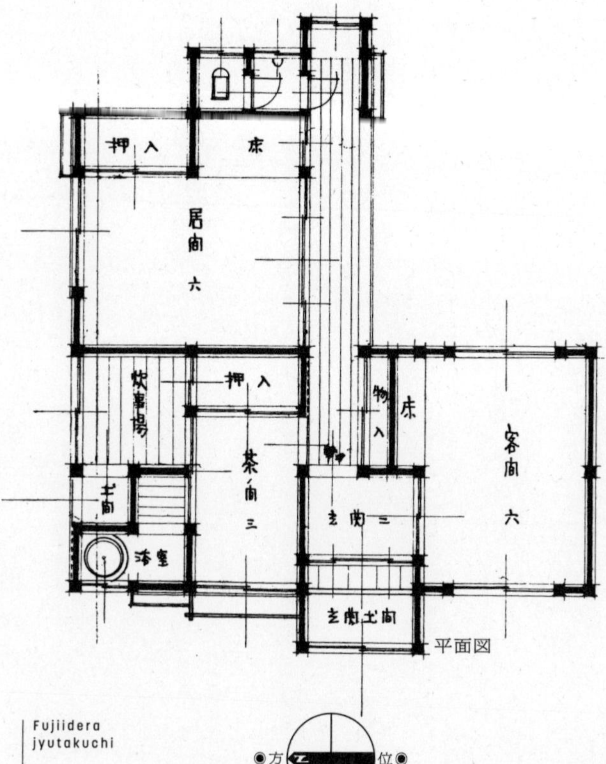


平面図

◉方 位◉

| 各坪数と売値 | | |
|---|---|---|
| 敷地 | | 93.85坪 |
| 建物 | 一階 | 18.75坪 |
| | 二階 | 5.00坪 |
| 売値 | | 4,301$^{\underline{80}}$圓 |
| | 土地 | 1,689$^{\underline{30}}$圓 |
| | 建物 | 2,612$^{\underline{50}}$圓 |
| | 内金 | 901$^{\underline{80}}$圓 |
| | 十ヶ年月賦金 | 43$^{\underline{93}}$圓 |

# 和風二階建 002號《ごう》

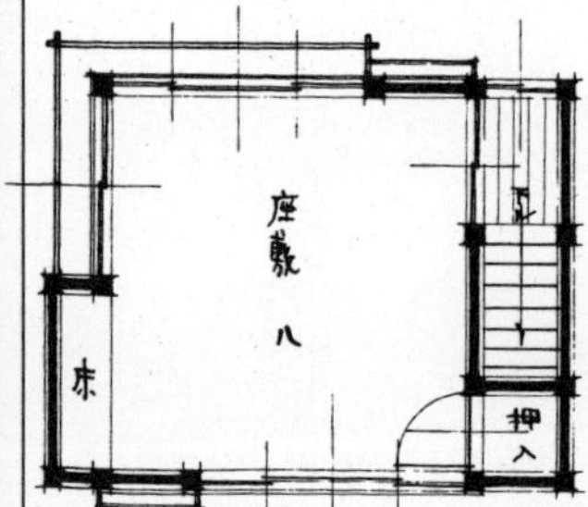


2階平面図

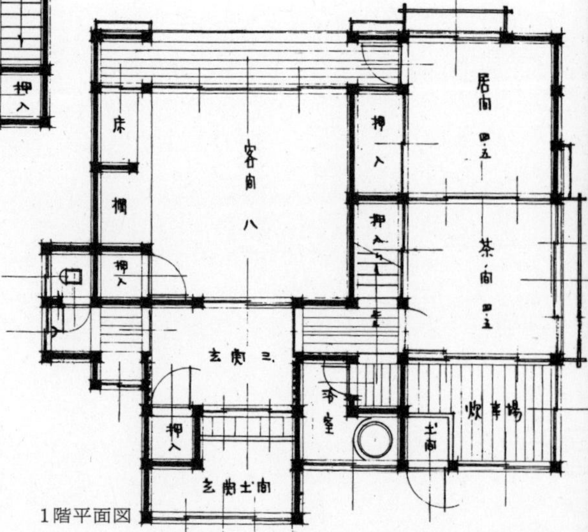


1階平面図

◉方 位◉

# 和風平屋建

# 003號《ごう》

| 各坪数と売値 | | |
|---|---|---|
| 敷地 | | 77.85坪 |
| 建物 | | 20.00坪 |
| 売値 | | 3,601$^{30}$圓 |
| | 土地 | 1,401$^{30}$圓 |
| | 建物 | 2,200$^{00}$圓 |
| | 内金 | 721$^{30}$圓 |
| | 十ヶ年月賦金 | 37$^{21}$圓 |

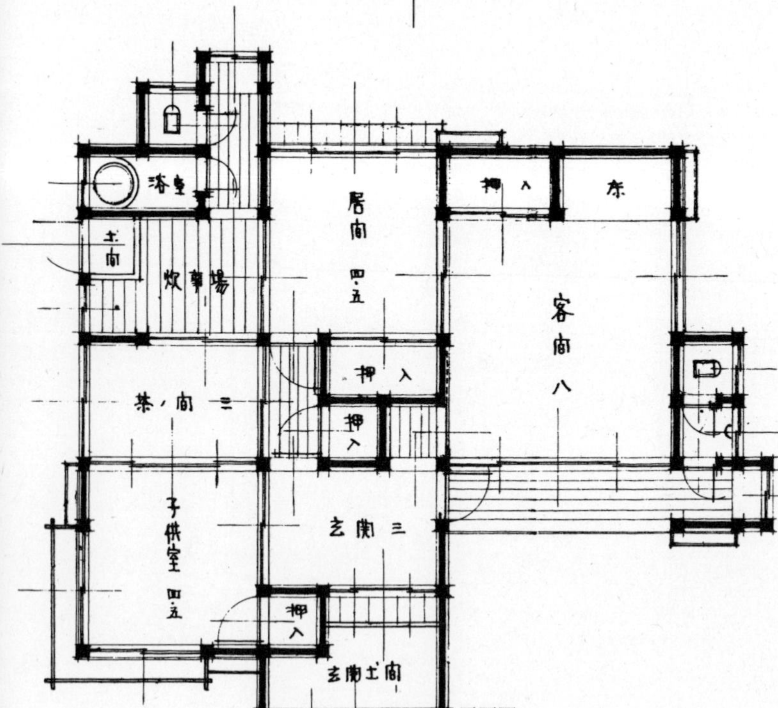


平面図

◉方  位◉

# 和風平屋建 004號《ごう》

| 各坪数と売値 | | |
|---|---|---|
| 敷地 | | 86.85坪 |
| 建物 | | 18.50坪 |
| 売値 | | $3,601^{\underline{00}}$圓 |
| | 土地 | $1,566^{\underline{00}}$圓 |
| | 建物 | $2,035^{\underline{00}}$圓 |
| | 内金 | $701^{\underline{00}}$圓 |
| | 十ヶ年月賦金 | $37^{\underline{47}}$圓 |

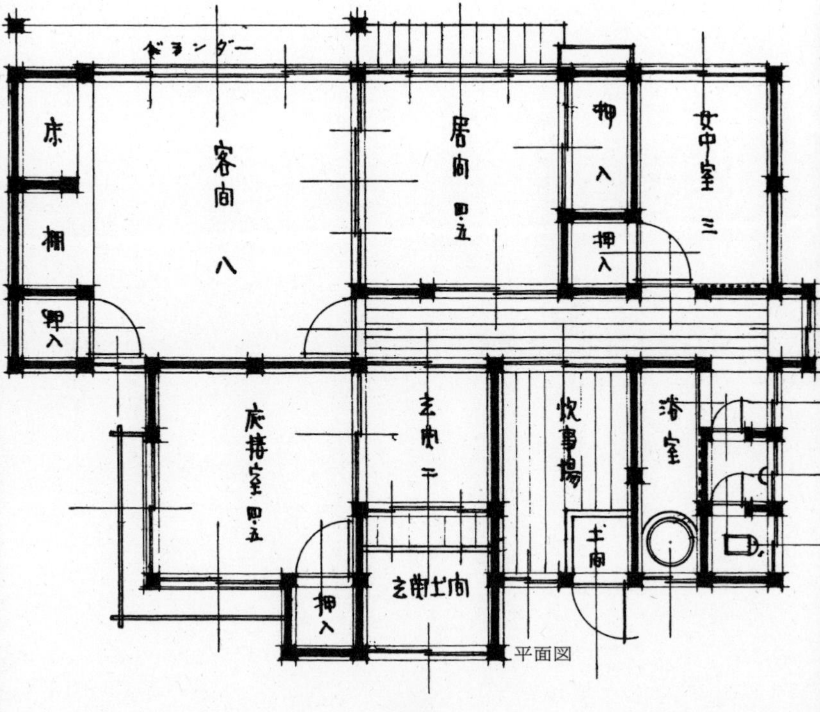


平面図

| 各坪数と売値 | | |
|---|---|---|
| 敷地 | | 78.00坪 |
| 建物 | | 19.50坪 |
| 売値 | | 3,549.00圓 |
| | 土地 | 1,404.00圓 |
| | 建物 | 2,145.00圓 |
| | 内金 | 749.00圓 |
| | 十ヶ年月賦金 | 36.18圓 |

# 和風平屋建 005號《ごう》

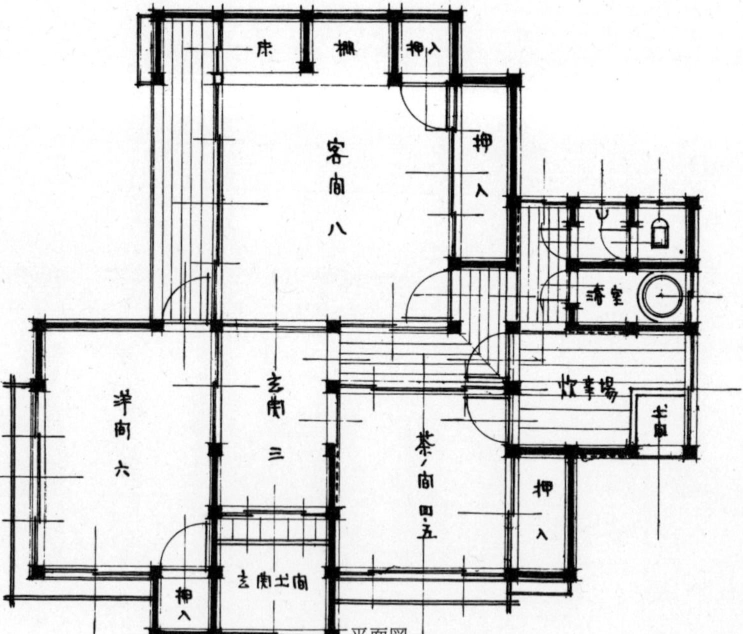


平面図

| 各坪数と売値 | | |
|---|---|---|
| 敷地 | | 82.00坪 |
| 建物 | | 18.25坪 |
| 売値 | | 3,483$^{\underline{50}}$圓 |
| | 土地 | 1,476$^{\underline{00}}$圓 |
| | 建物 | 2,007$^{\underline{50}}$圓 |
| | 内金 | 783$^{\underline{50}}$圓 |
| | 十ヶ年月賦金 | 34$^{\underline{88}}$圓 |

# 和風平屋建

# 006 號《ごう》

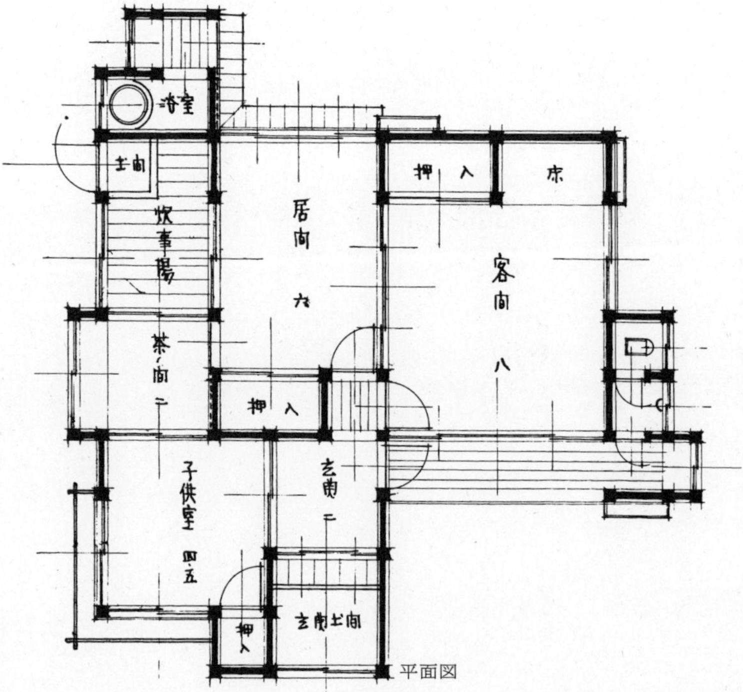


平面図

◉方 位◉

# 和風平屋建

# 007 號《ごう》

| 各坪数と売値 | | |
|---|---|---|
| 敷地 | | 86.00坪 |
| 建物 | | 18.75坪 |
| 売値 | | 3,600$\underline{50}$圓 |
| | 土地 | 1,548$\underline{00}$圓 |
| | 建物 | 2,062$\underline{50}$圓 |
| | 内金 | 710$\underline{50}$圓 |
| | 十ヶ年月賦金 | 37$\underline{47}$圓 |

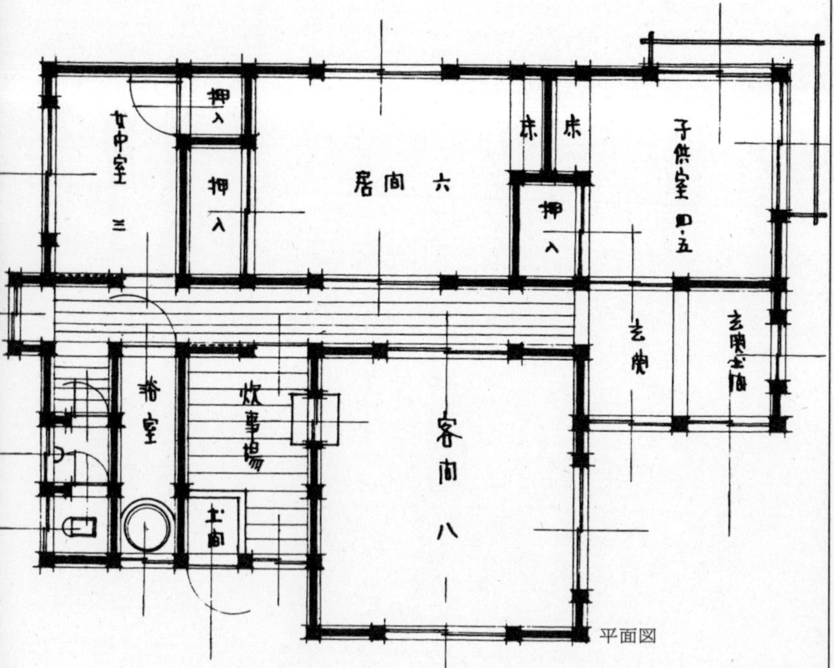


平面図

◉方 位◉

| 各坪数と売値 | | |
|---|---|---|
| 敷地 | | 92.00坪 |
| 建物 | | 19.75坪 |
| 売値 | | 3,828 50圓 |
| | 土地 | 1,656 00圓 |
| | 建物 | 2,172 50圓 |
| | 内金 | 728 50圓 |
| | 十ヶ年月賦金 | 40 05圓 |

# 和風平屋建

# 008號（ごう）

平面図

◉方 位◉

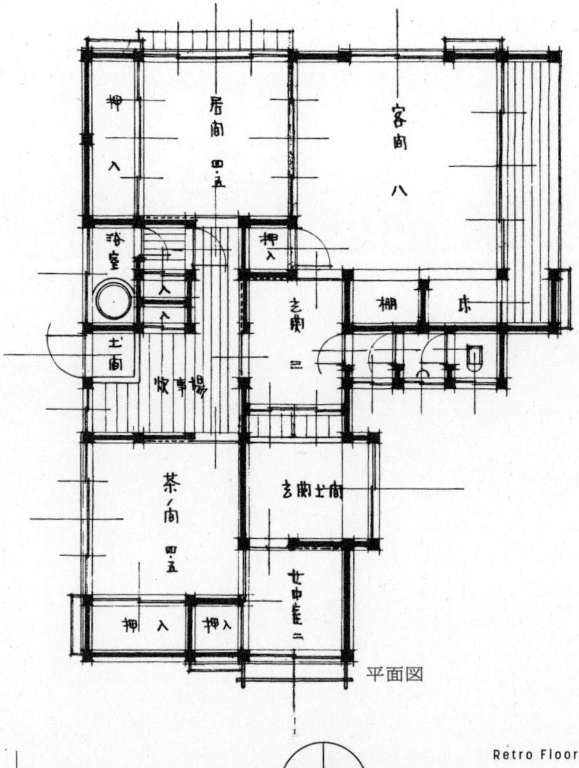

| 各坪数と売値 | | |
|---|---|---|
| 敷地 | | 77.85坪 |
| 建物 | 一階 | 19.00坪 |
| | 二階 | 6.00坪 |
| 売値 | | 4,151$^{\underline{30}}$圓 |
| | 土地 | 1,401$^{\underline{30}}$圓 |
| | 建物 | 2,750$^{\underline{00}}$圓 |
| | 内金 | 851$^{\underline{30}}$圓 |
| | 十ヶ年月賦金 | 42$^{\underline{64}}$圓 |

# 和風二階建

# 009號《ごう》

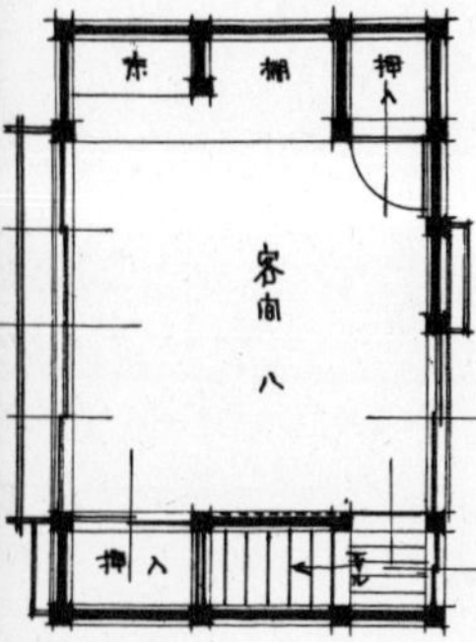


2階平面図

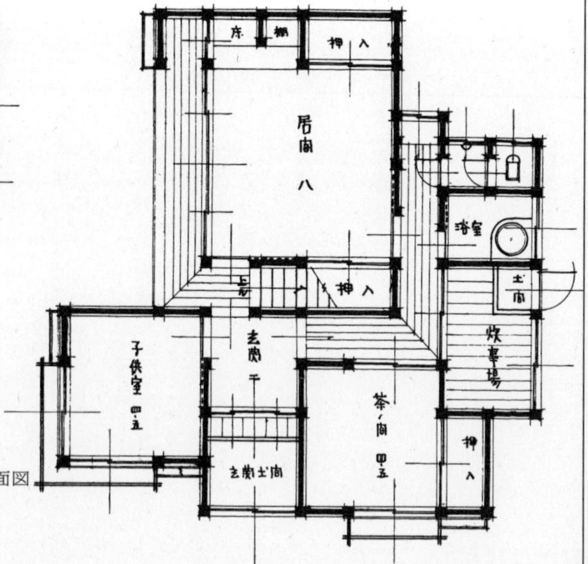


1階平面図

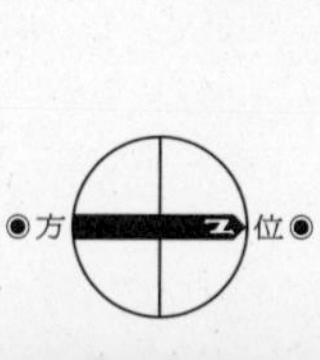

西双ヶ丘住宅展覧會
主催 住宅改良會 ★ 會期 昭和9年11月15日－12月10日
後援 嵐山電鉄 ★ 會場 嵐山電鉄高雄口下車南4町

| 各坪数と売値 | | | |
|---|---|---|---|
| 敷地 | | | 127.00坪 |
| 建築 | 一 | 階 | 23.40坪 |
| | 二 | 階 | 8.63坪 |
| 売値 | （造作、畳、建具、電燈、給水門、生垣、庭工事共） | | |
| | | | 3,450.00圓 |
| | 一 | 坪 | 23.00圓 |
| 設計者 | 住宅改良会 | | |

# 和風二階建

# 001號《ごう》

姿図

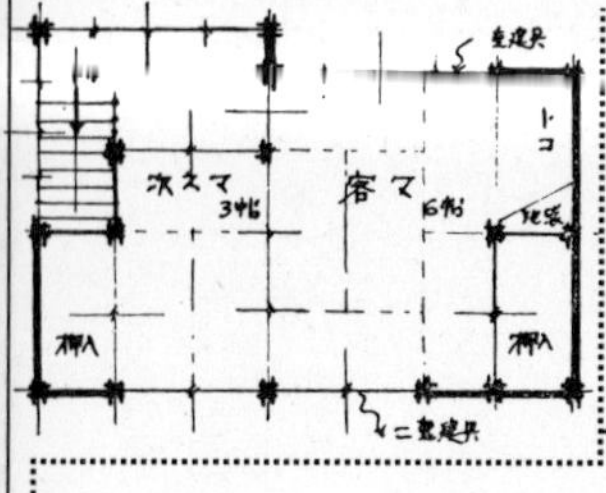


2階平面図

1階平面図

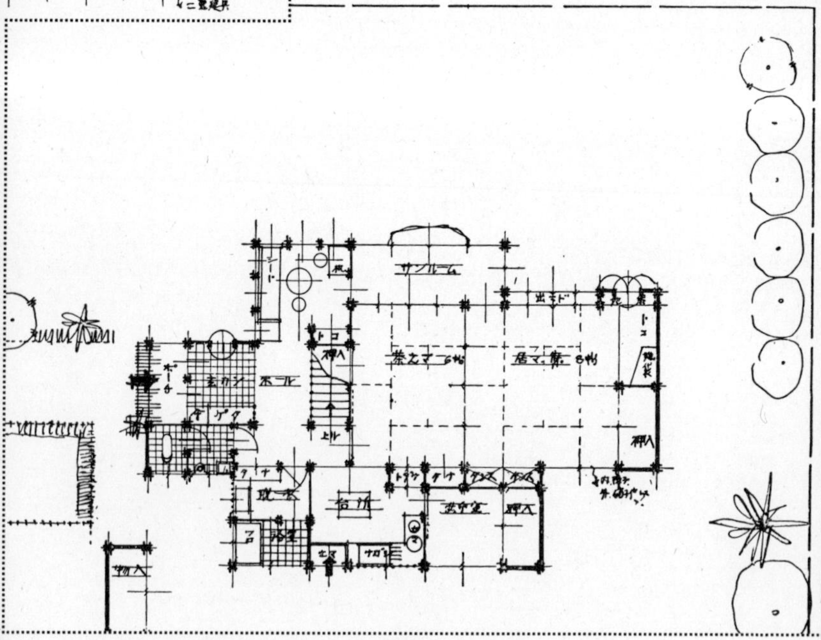

# 洋風平屋建 002號《（ごう）》

| 各坪数と売値 | |
|---|---|
| 敷地 | 121.00坪 |
| 建築 | 29.37坪 |
| 売値　（造作、畳、建具、電燈、給水門、生垣、庭工事共） | 3,200$^{00}$圓 |
| 一坪 | 25$^{00}$圓 |

設計者　あめりか屋京都店

姿図

平面図

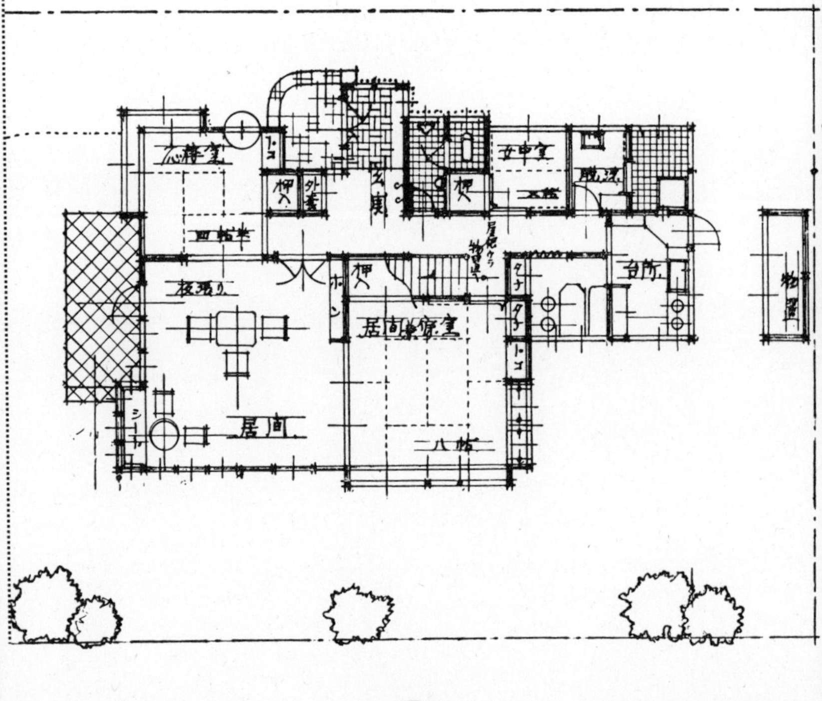

方位

# 和風二階建

# 003 號《ごう》

| 各坪数と売値 | | |
|---|---|---|
| 敷地 | | 121.00坪 |
| 建築 | 一階 | 22.82坪 |
| | 二階 | 8.78坪 |
| 売値 | (造作、畳、建具、電燈、給水門、生垣、庭工事共) | 3,500⁰⁰圓 |
| | 一坪 | 25⁰⁰圓 |
| 設計者 | あめりか屋京都店 | |

姿図

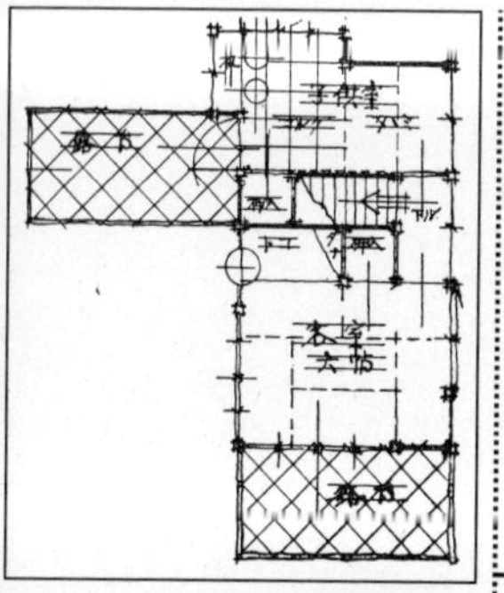

2階平面図

1階平面図

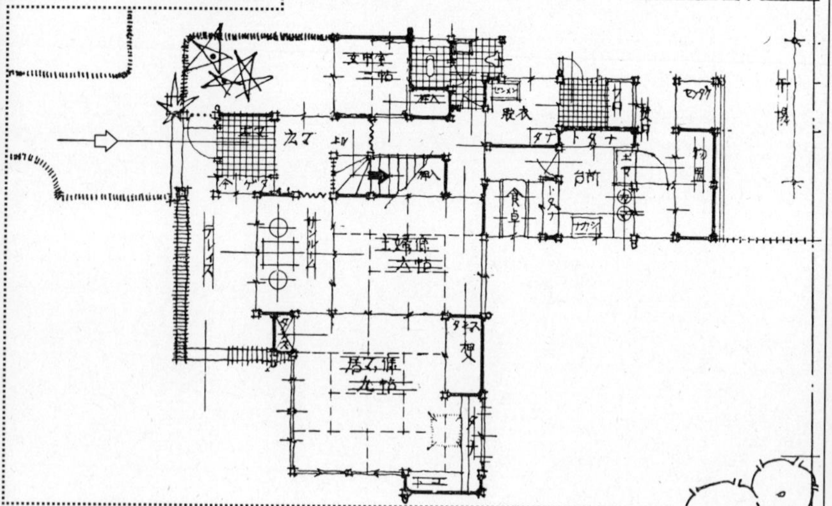

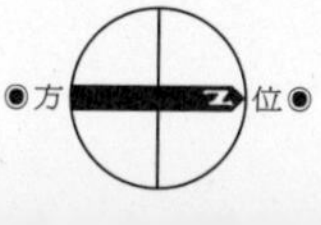

各　坪　数　と　売　値

敷地　121.00坪

建築　29.25坪

売値　（造作、畳、建具、電燈、給水門、生垣、庭工事共）

3,150.00圓

一　坪　25.00圓

設計者　熊倉工務店

# 和風平屋建

# 004號《ごう》

姿図

平面図

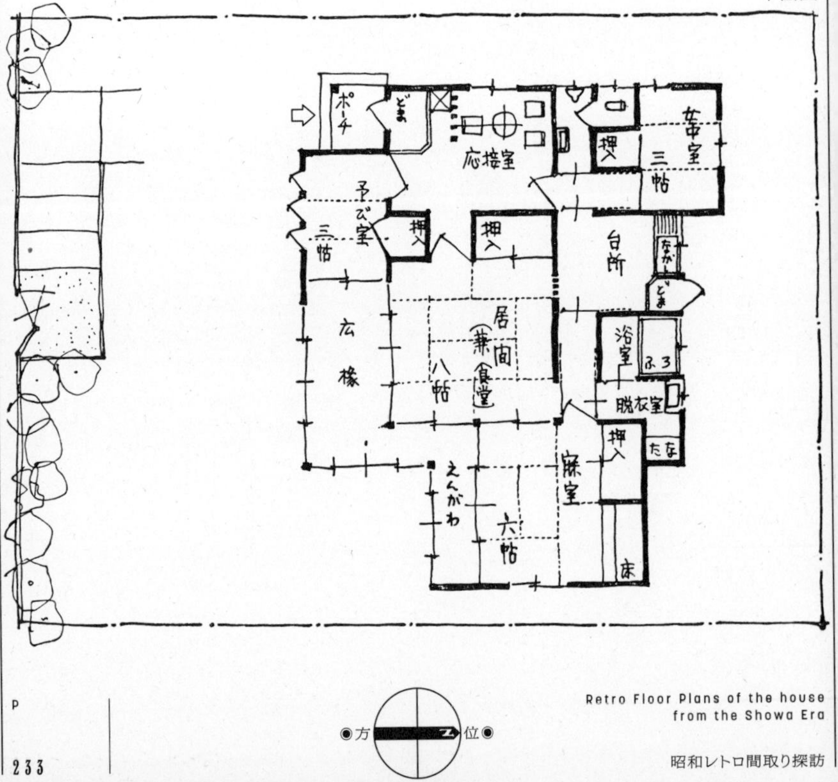

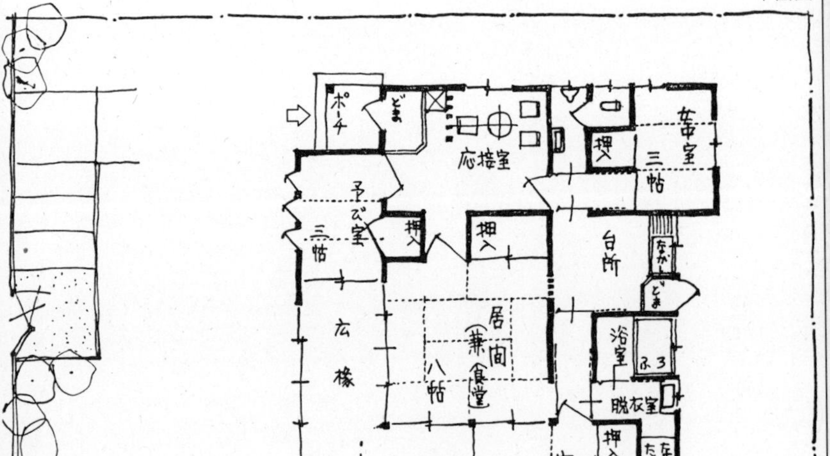


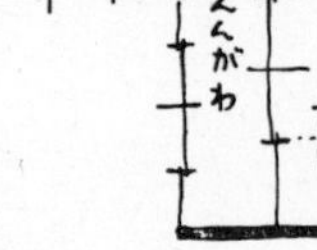


Retro Floor Plans of the house from the Showa Era

# 和風二階建

# 005號《（ごう）》

| 各坪数と売値 | | |
|---|---|---|
| 敷地 | | 114.00坪 |
| 建築 | 一階 | 24.87坪 |
| | 二階 | 8.70坪 |
| 売値（造作、畳、建具、電燈、給水門、生垣、庭工事共） | | 3,450$^{00}$圓 |
| | 一坪 | 25$^{00}$圓 |

設計者　千原工務店

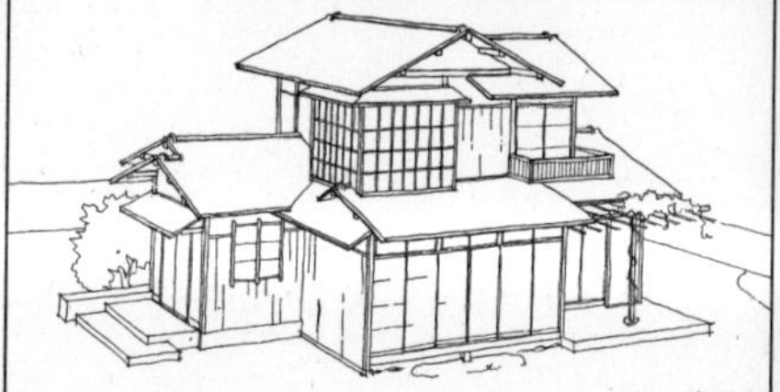

姿図

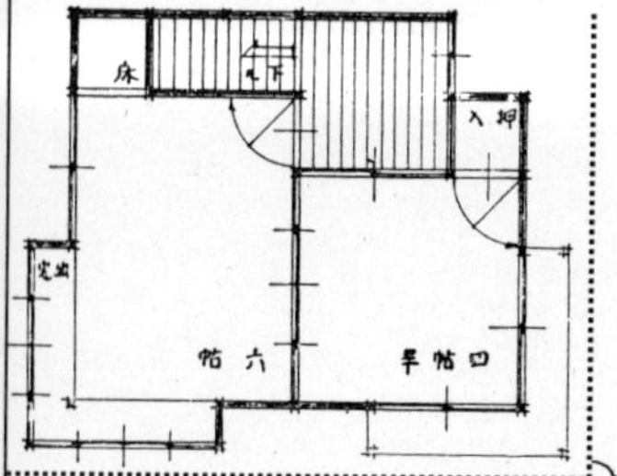


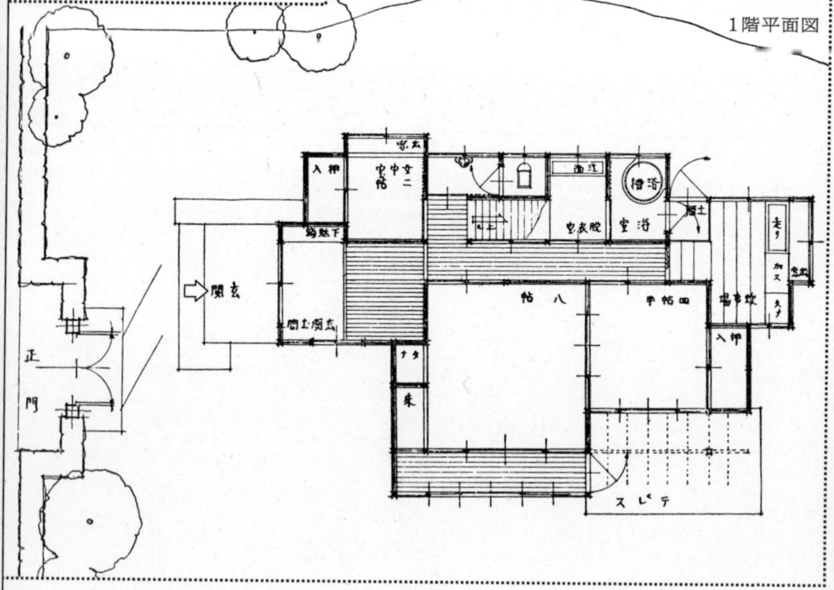


1階平面図

◉方　位◉

# 和風二階建

# 006 號《ごう》

各　坪　数　と　売　値

| | | | |
|---|---|---|---|
| 敷地 | | | 144.00坪 |
| 建築 | 一 | 階 | 23.32坪 |
| | 二 | 階 | 7.90坪 |

売値　（造作、畳、建具、電燈、給水門、生垣、庭工事共）

3,350⁰⁰圓

一　坪　24⁰⁰圓

設計者　住宅改良会

※この住宅は……
嘗て本会にて募集した改良小住宅懸賞図案の三等一席入選者、首藤貞助氏の設計図案を、多少の変更補修をなして作成したものです。

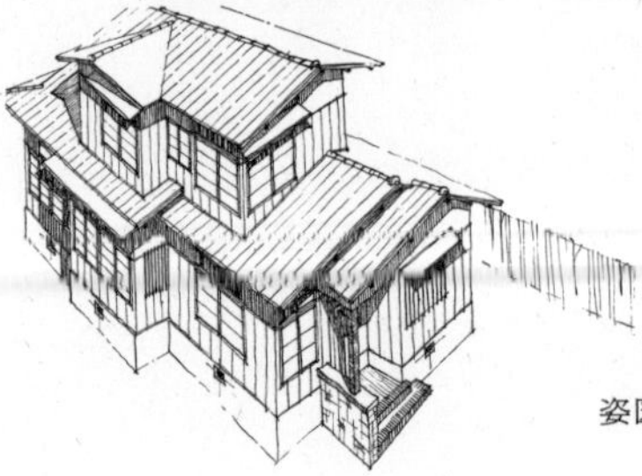

姿図

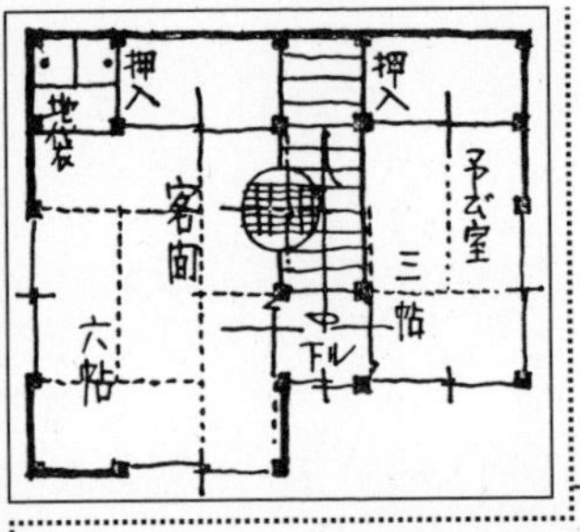


2階平面図

平面図

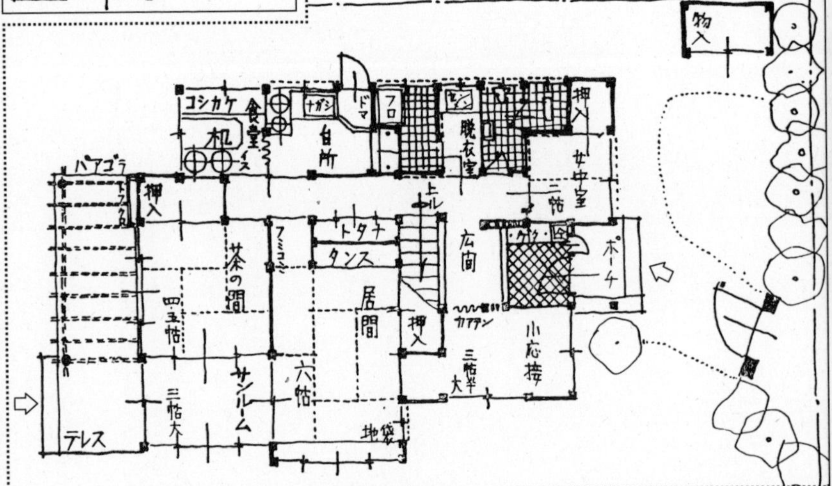

◉方　位◉

各　坪　数　と　売　値

敷地　131.00坪
建築　31.00坪
売値　（造作、畳、建具、電燈、給水門、生垣、庭工事共）
3,100.00圓
一坪　24.00圓

設計者　千原工務店

# 和風平屋建 007號（ごう）

姿図

平面図

玄関
玄関土間
下駄箱
ナゲ
床
入押
入押
床
八帖
四帖半
四帖半
脱衣室兼洗面室
浴室
土間
炊事場
タナ
ガス
走り
入押
入押
女中室二帖
四帖半
四帖半
スレテ

方位

No.14 Nishi-narabigaoka jyutakuchi

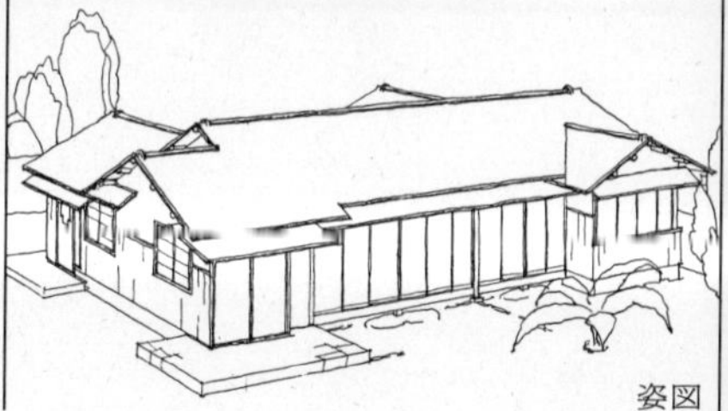

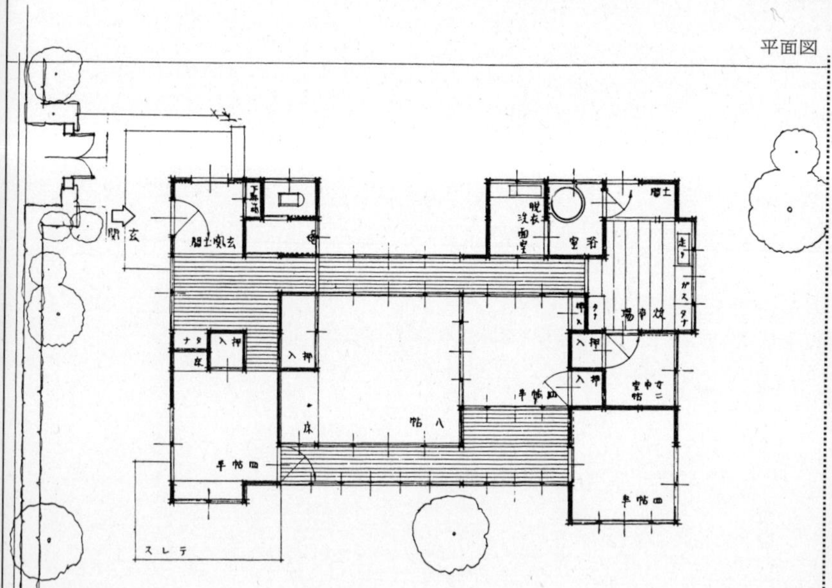

| 各坪数と売値 | | | |
| --- | --- | --- | --- |
| 敷地 | | | 110.00坪 |
| 建築 | 一 | 階 | 21.71坪 |
| | 二 | 階 | 11.03坪 |
| 売値 | （造作、畳、建具、電燈、給水門、生垣、庭工事共） | | |
| | | | 3,350.00圓 |
| | 一 | 坪 | 19.00圓 |

設計者　熊倉工務店

# 和風二階建

# 008號《（ごう）》

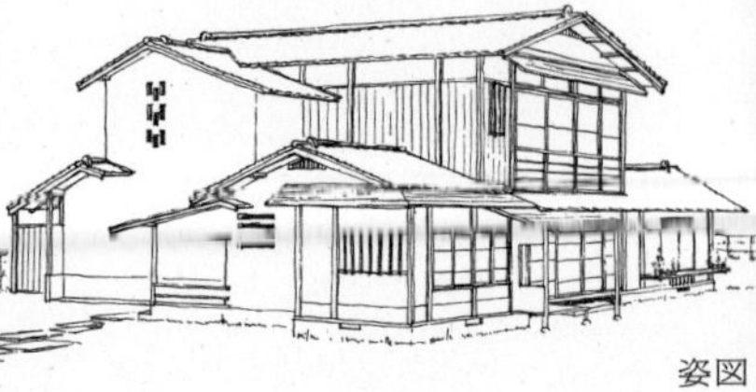

姿図

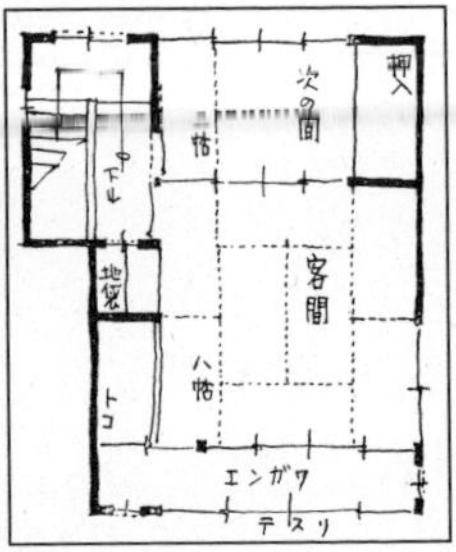


2階平面図

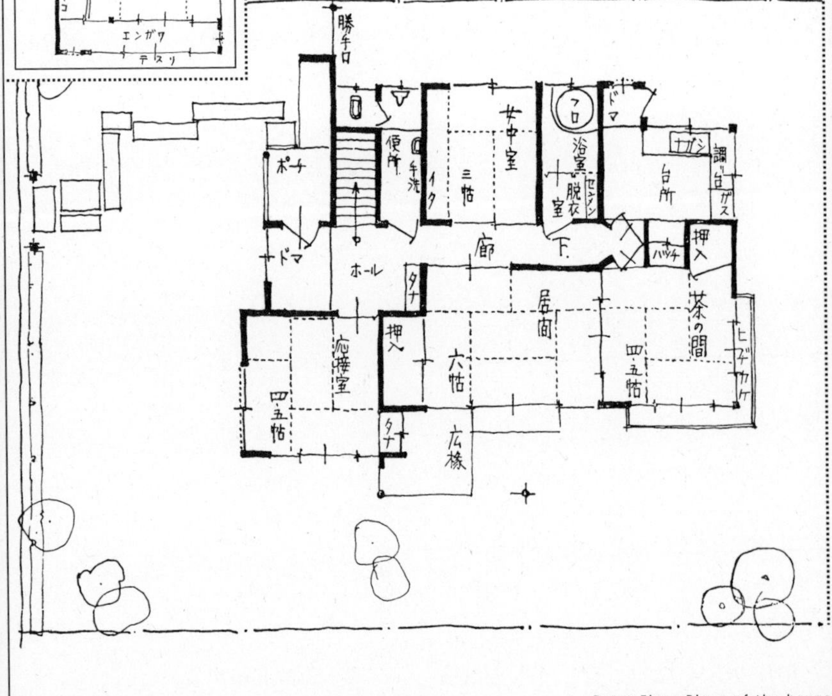


1階平面図

# おわりに

## 1

私たちの暮らしのなかに、「文明」と「文化」が混じりあっている。

洋服を普段着とし、自動車や電車、テレビやインターネットなどの電化製品など、世界に共通する「文明」の所産を利用している。いっぽうで漢字と仮名文字を併用し、伝統的な祭りや行事に親しむなど独自の「文化」を尊重している。ハロウィンを楽しみ、クリスマスが終わるとツリーを片付けて、門松を飾り、すぐにも新年を迎える用意を始める。世界標準と従来の習俗を、接ぎ木することに違和感はない。

ここでいう世界標準には、近代化の過程にあって、欧米などからもたらされたものが少なくない。私たちはそれらを称して「洋」という一文字で表現してきた。洋傘、洋食、洋楽など、いずれも西洋からもたらされたものだ。

「西洋」は「東洋」の対概念ではあるが、私たちは「東」と「西」で区分するのではなく、むしろ「和」と「洋」とのあいだに線を引く。対して中国では「洋」ではなく「西」を用いる。等しく西洋風という意味合いであっても、日本でいう「洋式」は、中国では「西式」となる。

「洋」とは、日本国内にある「和」の伝統に対して、新規に外国から外洋を越えてもたらされた外来のものという意味合いだろう。明治時代の先人は、日本に固有の精神を失わずに、西洋の知識を摂取し活用すべきであるということから「和魂洋才」を唱えた。もっとものその概念は、中国の知恵に学んできた「和魂漢才」

という言葉から派生したものだという。

いっぽうで「和洋折衷」という言葉も明治初頭に普及した。一説には、幕末に藩政改革や洋式軍制を導入した朱子学者斎藤拙堂が、日本風・中国風・西洋風を織りこみつつ、より良い制度を創案するという想いをもって提唱した「和漢洋」の発想に遡るという。古きに学びつつ、新しきを知る。伝統と新しい外来の文化を混淆しながら、私たちは創意工夫を重ねてきたわけだ。

住宅も例外ではない。テーブルと椅子で食事を採り、ベッドで休む。しかし玄関で靴を脱ぐ習慣は捨てず、畳の部屋で寛ぐと安心する。トイレは洋式が好まれるが、日本式にバスタブのある風呂で、ゆっくりと疲れを癒したいと考える。日々の暮らしのさまざまな場面で、世界標準と日本の伝統を巧みに使い分けている。

住宅展示場に足を運ぶと、木造和風住宅や洋風をうたうプレハブ住宅、さらにはモダンな外観の住まいまで、さまざまなタイプの住まいが並ぶ。住居のなかには、家族団欒の洋風のリビングとキッチンがあり、いっぽうで木の香りが心地よい和室がある。「和」と「洋」の要素が適度に混じり合った「洋風」の住まいが、私たちのスタンダードになっている。

## 2

日本独自の「洋風」の住まいの原点はどこにあるのだろう。

明治時代、長崎、横浜、神戸などの居留地に、外国人はコロニアルスタイルの住宅を建設した。それを見た日本人の大工棟梁は、見よう見まねで西洋風のデザインを取りいれた、いわゆる「擬洋風建築」を各地に建設する。いっぽう富裕層では、家族が過ごすための和館と、応接などに利用する洋館を設けて、使い分けることがステイタスとなった。

その後、大正時代から昭和戦前期にかけて、「和」と「洋」が適度に入り混じる住宅が普及する。本書で紹介した郊外住宅などが好例だろう。

鉄道会社は、沿線の人口を増やすべく駅近傍に直営の経営地を設けた。また地主なども土地会社を設立、農地や山林を宅地に転換させた。環境の良い郊外に住まい、都心に通勤する人たちが急増した。そこにあって事業者は、英国の田園都市に学びつつ、米国で流行していた郊外開発の手法をも参照として、日本独自の郊外住宅地を創案した。

新しい住宅地には、新しい生活様式にふさわしい、新しい住宅のスタイルが求められた。和風の伝統的な家屋に外来の要素を融合する、洋風住宅がここに一般化する。

本書は、私が大量に収集している戦前の住宅地の関連資料から、販売促進に用いられた案内やパンフレットに掲載されている建売住宅の間取り図を厳選して紹介するものだ。

あくまでも専門的な分析や考察を加えるべく、研究のために集めた資料である。建築学に貢献する歴史的な史料として復刻したいと願っていたところ、そうではなく、間取り図のデザインそのものが魅力的なので、そのままに提示すれば、一般の読者に楽しんでもらう本ができるのではないかというアイデアを青幻舎の楠田博子さんにいただいた。

デザイン帳のように、気楽に本書を眺めていただいて、一世紀前の最先端の住宅を、懐かしく遊んでいただければ幸いである。

二〇二〇年九月　船場瓦町の事務所にて　**橋爪紳也**

# 掲載資料一覧

01

02

03

## 01 | 神戸線新設武庫之荘駅前 武庫之荘大住宅地大売出

要項

**期間** | 10月20日より11月10日まで

**売値** | 土地：一区画80坪位より坪25圓より43圓まで
住宅：すぐ住める新築住宅土地附帯工事一式共¥7,350.00より

**交通至便** | 新設武庫之荘駅前、大阪へわずか14分、神戸へ17分

**施設完備** | 上下水道を始め、幹線舗装道路を中心に道路網広闊、各所に大小公園あり

**代金支払** | 即金又は手附金2割御納入の上残金に付き15ケ年まで年月賦払の便あり

※大阪ー武庫之荘間の一ヶ月の定期乗車券は8円30銭、学生で3圓35銭、尋常小学生で1圓65銭とある。

## 02 | 武庫之荘大住宅地 特価大売出 大阪梅田阪急電鉄地所課

要項

**売値** | 土地：一区画80坪位より坪22圓より43圓まで特価大提供
住宅：すぐ住める新築住宅土地附帯工事一式共¥9,300.00より

**交通至便** | 武庫之荘駅前、大阪へ14分、神戸へ17分

**施設完備** | 上下水道を始め、幹線舗装道路を中心に道路網ひろく展け、各所に大小公園、緑地帯あり

**代金支払** | 即金又は手附金2割御納入の上残金に付き15ケ年まで年月賦払の便あり

※大阪ー武庫之荘間の一ヶ月の定期乗車券は8円30銭、学生で3圓35銭、尋常小学生で1圓65銭とある。

## 03 | 武庫之荘大住宅地 特価大売出 大阪梅田阪急電鉄地所課

要項

**売値** | 土地：一区画80坪位より坪22圓より43圓まで
住宅：すぐ住める新築住宅土地附帯工事一式共¥9,300.00より

**交通至便** | 武庫之荘駅前、大阪へ14分、神戸へ17分

**施設完備** | 上下水道を始め、幹線舗装道路を中心に道路網ひろく展け、各所に大小公園、緑地帯あり

**代金支払** | 即金又は手附金2割御納入の上残金に付き15ケ年まで年月賦払の便あり

※大阪ー武庫之荘間の一ヶ月の定期乗車券は8円30銭、学生で3圓35銭、尋常小学生で1圓65銭とある。

西塚口住宅地
大阪梅田
阪急電鐵
土地經營部
電北8010番

04

西塚口住宅地
大阪梅田
阪急電鉄
土地經營部
電話北八〇一〇番
③

05

## 04 | 西塚口住宅地 大阪梅田阪急電鉄土地経営部

要項

**売値** | 土地：一区画70坪位より坪当り22圓より37圓まで
住宅：すぐ住める新築住宅土地附帯工事一式共¥14,007.88より
ただし住宅に係る不動産取得税、同附加税、建築税等諸税別

**交通至便** | 塚口駅より西北7町、大阪へ11分、神戸へ18分

**環境絶佳** | 住宅地を貫く道路は広く、上下水道は完備し、土地高燥にして阪神間稀に見る健康住宅地なり。近時素晴らしき発展を遂げつつある塚口住宅地に隣接し、日用品売店、郵便局、駐在所、中外商業、小学校等極めて近し

**代金支払** | 即金又は手附金2割御納入の上残金に付き15ヶ年まで年月賦払の便あり

※大阪ー塚口間の一ヶ月の定期乗車券は8円30銭、学生で3圓35銭、国民学校生徒で1圓65銭とある。

## 05 | 西塚口住宅地 大阪梅田阪急電鉄土地経営部

要項

**売値** | 土地：一区画70坪位より　坪当り22圓・37圓まで
住宅：すぐ住める新築住宅土地附帯工事一式共¥13,162.90より（ただし住宅に係る建築税は別）

**交通至便** | 塚口駅より西北7町、大阪へ11分、神戸へ18分（急行車停車）

**環境絶佳** | 住宅地を貫く道路は広く、上下水道は完備し、土地高燥にして阪神間稀に見る健康住宅地なり。既に前2回の売出に於て大好評裡に新築住宅80戸御買上を賜り全戸御居住中なり。なお日用品売店、郵便局、駐在所、中外商業、国民学校等極めて近し

**代金支払** | 即金又は手附金2割御納入の上残金に付き15ヶ年まで年月賦払の便あり

※大阪ー塚口間の一ヶ月の定期乗車券は6円80銭、学生で3圓40銭、国民学校生徒で1圓70銭とある。

06

07

凄まじき新伊丹の大發展
賣出開始以来漸く一年
新築住宅既に百五十五戸
此の比類なき急速の
大發展は雄弁に
本住宅地の真價を語る
申込殺到……至急現地御視察を乞ふ

08

## 06 | 西塚口住宅地
大阪梅田阪急電鉄土地経営部

要項

**売値** | 土地：一区画70坪位より　坪当り22圓より37圓まで
住宅：すぐ住める新築住宅土地附帯工事一式共¥13,162.90より
ただし住宅に係る不動産取得税、同附加税、建築税等諸税別

**交通至便** | 塚口駅より西北7町、大阪へ11分、神戸へ18分

**環境絶佳** | 住宅地を貫く道路は広く、上下水道は完備し、土地高燥にして阪神間稀に見る健康住宅地なり。近時素晴らしき発展を遂げつつある塚口住宅地に隣接し、日用品売店、郵便局、駐在所、中外商業、小学校等極めて近し

**代金支払** | 即金又は手附金2割御納入の上残金に付き15ケ年まで年月賦払の便あり

※大阪ー塚口間の一ヶ月の定期乗車券は8円30銭、学生で3圓35銭、国民学校生徒で1圓65銭とある。

## 07 | 住み易く買ひ易い
阪急経営新伊丹住宅地御案内
特価大売出 大阪市北区角田町
阪神急行電鉄地所課

要項

**期間** | 3月10日より4月末日まで

**特価** | 土地：一区画60坪以上200坪まで　坪13圓・15圓・18圓・20圓　四種
住宅：土地共¥5,700.00より¥10,500.00まで

**建築** | 土地御買上の方にて住宅の建築を弊社へ御委託の場合は設計監督無料

**代金支払** | 即金又は15ケ年までの年月賦払（前納金2割以上）

※梅田ー伊丹間の一ヶ月の定期乗車券は8円30銭、学生で3圓35銭、尋常小学生で1圓65銭とある。

## 08 | 阪急経営新伊丹住宅地住御案内
設計、設備、工法の優良
価格の低廉を以て鳴る阪急住宅　続々新築
更らに九戸竣工　土地共金五千圓より
住み易く、買ひ易い十万坪の大豪華住宅地
お申し込みはお早く大阪梅田阪急電鉄地所課

要項

**交通** | 伊丹線伊丹駅前　大阪より16分

**売値** | 手附金土地建物総代金の2割以上、残額は15年までの年月賦払または即金払

**施設** | 上下水道、舗装大幹線道路、小公園。本住宅地は大部分伊丹町に属し、同町には警察署各種官公衙、銀行、諸学校その他完備し日常生活至便

※梅田ー伊丹間の一ヶ月の定期乗車券は8円30銭、学生で3圓35銭、尋常小学生で1圓65銭とある。

09

10

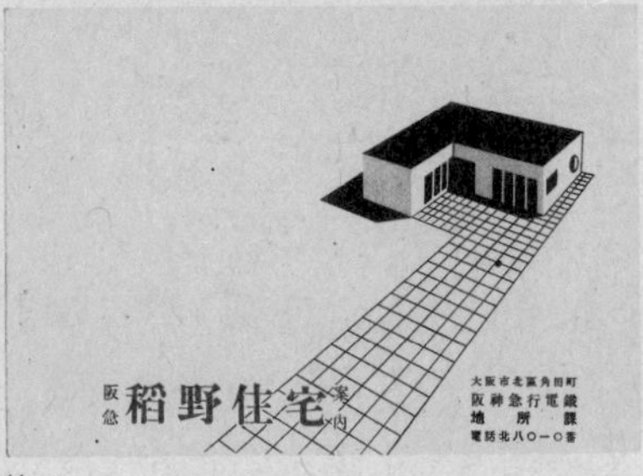


11

## 09 | 阪園田大住宅地大売出
## 大阪梅田阪急電鉄地所課

要項

**売値** | 土地：一区画60坪位より　坪16圓より40圓まで各種
住宅：土地共¥9,450.00より¥13,450.00まで

**建築** | 土地御買上の方にて住宅の建築を弊社へ御委託の場合は設計監督無料

**代金支払** | 即金又は手附金2割御納入の上残金に付き15ケ年まで年月賦払の便あり

※大阪ー園田間の一ヶ月の定期乗車券は8円30銭、学生で3圓35銭、尋常小学生で1圓65銭とある。

## 10 | 阪急住宅地特価大売出御案内
## 第三期新装なれる　東豊中
## 日常生活至便 興深き丘陵地　豊中
## 大阪市北区角田町 阪神急行電鉄株式会社

要項

**期間** | 5月1日より5月末日まで

**売値** | 土地：一区画200坪内外より　坪10圓・12圓均一
住宅：土地共¥9,800.00より¥12,700.00まで

**建築** | 土地御買上の方にて住宅の建築を弊社へ御委託の場合は設計監督無料

**代金支払** | 即金払又は15ケ年までの年月賦払（前納金2割以上）

※梅田ー豊中間の一ヶ月の定期乗車券は6円30銭、学生で3圓00銭、尋常小学生で1圓50銭、豊中ー東豊中間の連絡バスは片道10銭、往復15銭とある。

## 11 | 阪急稲野住宅案内
## 大阪市北区角田町
## 阪神急行電鉄地所課

要項

**期間** | 7月末日まで

**売値** | 土地：一区画100坪内外　1坪17圓ないし20圓
住宅：土地共¥4,500.00より¥8,400.00まで

**建築** | 土地御買上の方にて住宅の建築を弊社へ御委託の場合は設計監督無料

**交通至便** | 塚口駅より西北7町、大阪へ11分、神戸へ18分（急行車停車）

**環境絶佳** | 住宅地を貫く道路は広く、上下水道は完備し、土地高燥にして阪神間稀に見る健康住宅地なり。既に前2回の売出に於て大好評裡に新築住宅80戸御買上を賜り全戸御居住中なり。なお日用品売店、郵便局、駐在所、中外商業、国民学校等極めて近し

**代金支払** | 即金又は手附金2割御納入の上残金に付き15ケ年まで年月賦払の便あり

※大阪ー塚口間の一ヶ月の定期乗車券は6円80銭、学生で3圓40銭、国民学校生徒で1圓70銭とある。

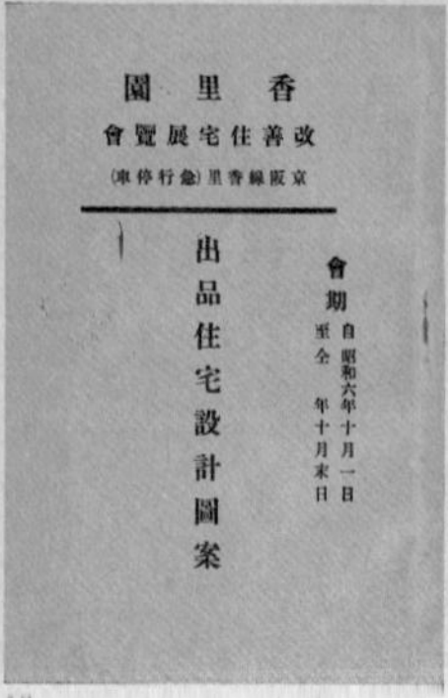


12

13

14

## 12 | 香里園　香里園改善住宅 京阪線香里園(急行停車) 出品住宅設計図案

要項

**主催** | 大阪時事新報社

**後援** | 日本建築協会、京阪電車

**会期** | 昭和6年10月1日より10月末日まで

**価格** | 土地、建物附金四千圓内外

**優待方法** | 一ヶ年以内に御住居の方には土地代金の五分払い戻し及び優待乗車券呈上

## 13 | 大阪鉄道藤井寺住宅地案内 大阪阿倍野橋 大阪鉄道株式会社

要項

**位置** | 藤井寺駅南側

**土地** | 大体一口100坪内外としてありますが御都合にて50坪位よりも分譲致します。

**交通** | 大阪阿倍野橋より約5分毎（朝夕は3分毎）に発車。運転時間は約19分。急行電車は14分、大阪市の中心まで約30分。

※大阪ー藤井寺間の一ヶ月の住所居住者定期は4圓9銭とある。

## 14 | 西双ヶ丘住宅展覧会

要項

**主催** | 住宅改良会

**後援** | 嵐山電鉄

**会期** | 昭和9年11月15日より12月10日まで

**会場** | 嵐山電鉄高雄口下車南4町

**敷地** | 土地の区割、道路（6m幅）、地均し等と、申し分なく整理完成された住宅地にして出品地の敷地は110坪位から色々区割されています。遊園地その他の造園施設も完備しています。

**地価** | 18圓から28圓まで。住宅展覧会開催中は特別奉仕として5分引にて提供致します。

**建物** | 1 建築費：坪1坪当り金100圓内外
2 建物は延面積、30坪内外であって、造作、畳、建具、電灯、給水付です
3 建物に応じ、門、生垣、庭園等の設備があります

**交通** | 1 嵐山電鉄北野線　高尾口停留所から南4町、御室停留所から西南4町、鳴瀧停留所から東5町
2 山陰線　花園駅より西北3町
3 嵐山行バス　花園停留所より西北5町
4 鶴ヶ岡行バス（省線 京都駅より）鳴瀧停留所より南3町

## 橋爪紳也　はしづめ・しんや

1960年大阪市生まれ。大阪府立大学研究推進機構特別教授、観光産業戦略研究所所長。

京都大学工学部建築学科卒、同大学院修士課程、大阪大学大学院博士課程修了。建築史・都市文化論専攻。工学博士。

『大大阪モダニズム遊覧』『大京都モダニズム観光』『瀬戸内海モダニズム周遊』『大阪万博の戦後史』『あったかも知れない日本』『「水都」大阪物語』『広告のなかの名建築』ほか著書は80冊以上。日本観光研究学会賞、日本建築学会賞、日本都市計画学会石川賞など受賞。

## 参考文献

- 日本建築協会創立70周年記念住宅展委員会『住宅近代化への歩みと日本建築協会』（1988年）
- 『建築と社会』第20輯、第7号

装丁・カバーデザイン／
本文デザイン（p1-13, 33, 46-47, 64-65,
88-91,107,122-125, 137, 147, 160-161,
182-183, 193, 216-219, 229, 238-248）
加藤賢策、守谷めぐみ（LABORATORIES）

編集
楠田博子、阿部優理恵（青幻舎）

地図作成
アトリエ・プラン

# 昭和レトロ間取り探訪
## 大大阪時代の洋風住宅デザイン

発行日　2020年10月25日　初版発行

著者　橋爪紳也

発行者　安田英樹

発行所　株式会社青幻舎
〒604-8136 京都市中京区梅忠町9-1
TEL｜075-252-6766
FAX｜075-252-6770

印刷・製本　株式会社サンエムカラー


Printed in Japan　ISBN 978-4-86152-811-8 C0052

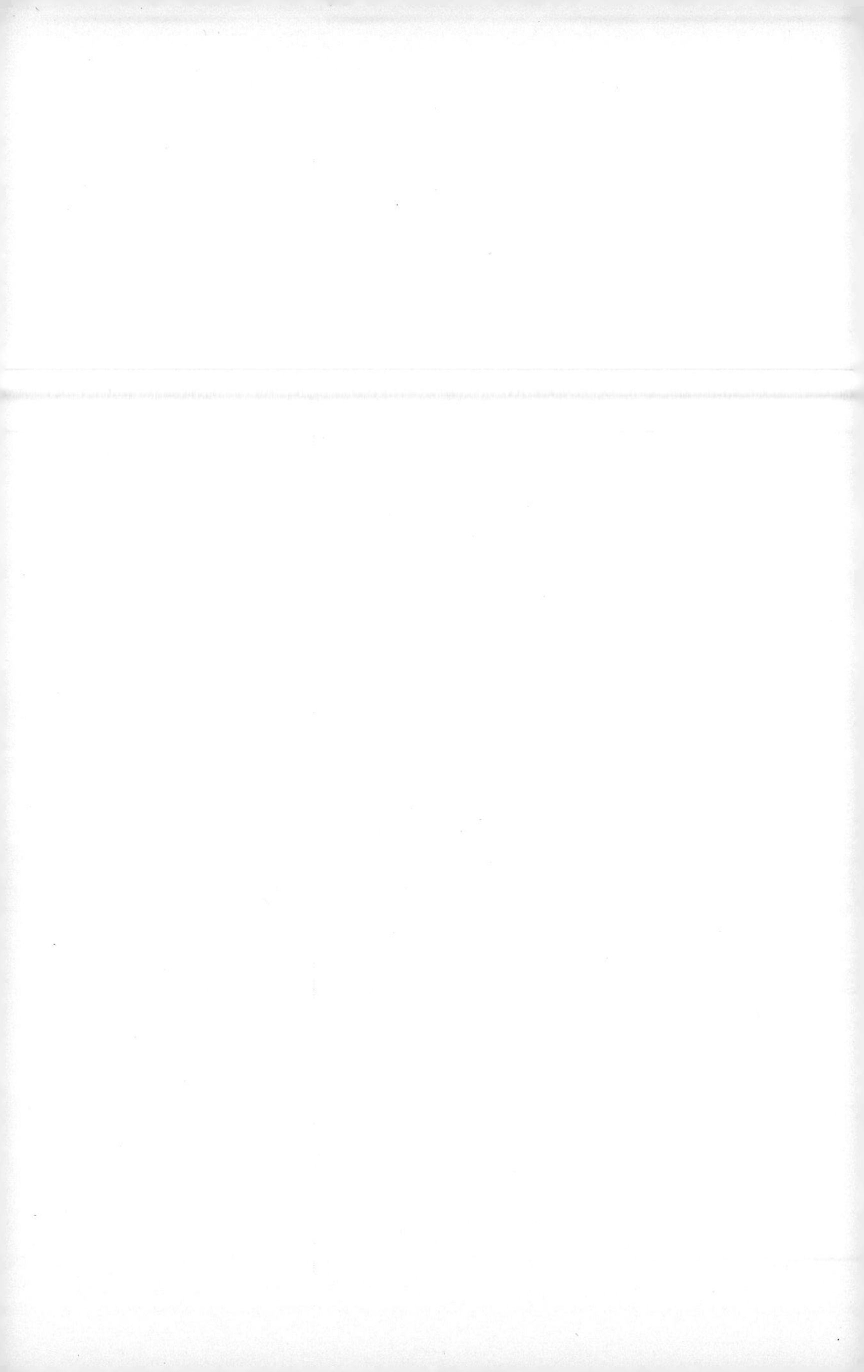